NS-Herrschaft: „Volksgemeinschaft" und Verbrechen

Handreichungen für den Unterricht

Erarbeitet von Dagmar Bäuml-Stosiek

Cornelsen

Kurshefte Geschichte
NS-Herrschaft:
„Volksgemeinschaft" und Verbrechen

Die Handreichungen wurden erarbeitet von:
Dagmar Bäuml-Stosiek, Hohenschäftlarn

Redaktion: Britta Köppen
Bildassistenz: Dagmar Schmidt
Umschlaggestaltung: Cornelsen Verlag Design
Umschlagbild: Felix Nussbaum, Selbstbildnis mit Judenpass, akg-images/
© VG Bild-Kunst, Bonn 2010
Layout und technische Umsetzung: David van der Kemp (FKW, Berlin)

www.cornelsen.de

1. Auflage, 2. Druck 2012

Druck: H. Heenemann, Berlin

ISBN 978-3-06-063975-5

Inhalt gedruckt auf säurefreiem Papier aus nachhaltiger Forstwirtschaft.

Inhalt

Erläuterungen zu den Materialien des Schülerbandes

Aktuelles: www.cornelsen.de/geschichte

Zur Gesamtkonzeption der Reihe *Kurshefte Geschichte*

Die ***Kurshefte Geschichte*** sind thematisch orientierte Quellensammlungen für den Geschichtsunterricht in der Sekundarstufe II. Die Reihe legt bei der Themenwahl den Schwerpunkt auf epochenbezogene Längsschnitte und eignet sich für Grund- und Leistungskurse.
Im Zentrum der problemorientierten Kapitel stehen die umfangreichen Quellensammlungen. Gemeinsam mit den kurzen Darstellungstexten sowie den Sonderseiten „Themen und Methoden" und „Weiterführende Arbeitsanregungen" verstehen sie sich als Angebote für einen methoden-, handlungs- und gegenwartsorientierten Geschichtsunterricht in der Oberstufe.
Darüber hinaus wollen die ***Kurshefte Geschichte*** bei den Schülerinnen und Schülern historisch-politische Interessen wecken und das selbstständige Arbeiten fördern. Aus diesem Grund gehört zu jedem Heft ein umfassender Serviceanhang und das Internet wird an ausgewählten Stellen der Kapitel thematisch gezielt mit eingebunden.

Die ***Titel der Reihe Kurshefte Geschichte*** decken alle Zeiträume von der Antike bis zur Gegenwart ab und berücksichtigen regionale, nationale, europäische und außereuropäische Handlungs- und Kulturräume, z. B.:
- Demokratie in Athen: Die attische Demokratie – Vorbild der modernen Demokratie?
- Das Römische Reich: Politik und Alltag
- Krisen der Römischen Republik
- Das Mittelalter: Materialien zur Geschichte und Geschichtskultur einer Epoche
- Europa und die Welt um 1500
- Spanischer Kolonialismus
- Die Französische Revolution
- Revolutionen in Europa: 1789 – 1917 – 1989
- Industrielle Revolution und Moderne um 1900
- Die Russische Revolution und die Sowjetunion
- Die Weimarer Republik: Politik und Gesellschaft in Zeiten des Umbruchs
- Weltwirtschaftskrise
- NS-Herrschaft: „Volksgemeinschaft" und Verbrechen
- Deutschland nach 1945: Geteilt und doch verflochten?
- Europa im 20. Jahrhundert: Die europäische Einigungsbewegung und das Europa der Menschen- und Bürgerrechte
- China: Kaiserreich und Moderne
- Die islamische Welt und Europa
- Die Geschichte der USA
- Sozial- und Wirtschaftsgeschichte der USA
- Theoriemodule Geschichte Oberstufe

Hilfen für Lehrerinnen und Lehrer bieten die ***Handreichungen für den Unterricht***. Sie erscheinen zu jedem Titel der Reihe und enthalten Erläuterungen und Tafelbilder zu allen Materialien eines Heftes.

Die Elemente der Kapitel und die Angebote der Serviceseiten im Schülerbuch

Darstellungen

Der Anfang jedes Kapitels weist die Sach-, Urteils- und Methodenkompetenzen aus, die innerhalb des Kapitels erarbeitet werden. Eine kurze Darstellung führt in Probleme und Hintergründe des Kapitelthemas ein. In der Marginalspalte finden sich Literaturtipps, Begriffserläuterungen, Webcodes und Verweise.

Kästen „Hinweise zur Arbeit mit den Materialien"

Um Themenschwerpunkte gemeinsam mit dem Kurs festzulegen, gehen dem Materialteil „Hinweise zur Arbeit mit den Materialien" voraus. In den farbig unterlegten Kästen werden die Auswahl der Quellen erläutert, die Themen der Sonderseiten vorgestellt, Kompetenzen ausgewiesen und Leitfragen angeregt.

Materialteile

Die Materialteile berücksichtigen geschichtliche Zeugnisse aller Art: autobiografische Texte, interne Protokolle, Reden, Gesetze, Zeitungsberichte, Karikaturen, Gemälde, Plakate, Fotografien, Statistiken sowie Sekundärtexte. Einzeln oder thematisch gruppiert und durch Arbeitsaufträge verknüpft, können sie vertiefend, erweiternd oder kontrastierend eingesetzt werden; auch bieten sie Anregungen für ideologiekritische und theoriegeleitete Verfahrensweisen. Die historischen Dimensionen – Politik, Gesellschaft, Wirtschaft, Kultur, Alltag, Geschlechterrollen – werden in den Kapiteln unterschiedlich gewichtet.

Die Rubriken „Geschichte und Theorie" sowie „Geschichte kontrovers"

Theoretische Texte zur Vertiefung der Kapitelinhalte sind mit einer eigenen Rubrik gekennzeichnet, ebenso die Zusammenstellungen von multiperspektivischen bzw. kontroversen Texten.

Methodenseiten

Gelb gekennzeichnete Methodenseiten unterstützen mit Arbeitsschritten, Übungen und Lösungshinweisen das selbstständige Einüben der Fachmethoden und Arbeitstechniken.

„Kompetenzen überprüfen"

Die letzte Doppelseite eines Kapitels (blau gekennzeichnet) setzt die Schwerpunkte bei der Handlungs- und Gegenwartsorientierung. Die linke Seite bietet Anregungen für Hausarbeiten, Exkursionen, Internetrecherchen, fächerverbindende Themen, Projekte und Präsentationen. Die rechte Seite wiederholt die Kapitelinhalte mithilfe kompetenzorientierter Aufgaben und zentraler Begriffe.

Vertiefungsseiten

Die grün markierten Sonderseiten bieten inhaltliche Vertiefungen der Kapitelthemen oder interessante Vernetzungen mit anderen Themengebieten unter einer ausgewiesenen Leitfrage.

Abiturvorbereitung

Die *„Tipps zur Vorbereitung auf die Abiturthemen"* (S. 216) bieten methodische Hilfestellung bei der Vorbereitung auf das schriftliche und mündliche Abitur; im Vorfeld werden die in den Abituraufgaben verwendeten *Operatoren* erläutert. Eine *Probeklausur* (S. 218 ff.) vermittelt den Schülerinnen und Schülern Anschauung und Übungsmaterial einer Aufgabenstellung unter Abiturbedingungen. Mithilfe der Lösungshinweise kann der eigene Lösungsweg überprüft werden. Die *Serviceseiten* bieten Hinweise auf Fachliteratur, eine Zeittafel, ein Begriffslexikon, ein Personenlexikon und -register sowie ein Sachregister.

Zur didaktischen Konzeption des Kursheftes „NS-Herrschaft: ‚Volksgemeinschaft‘ und Verbrechen“

Problemaufriss

Die zerstörerischen Kräfte des NS-Regimes entfalteten sich in allen politischen Bereichen. Die Außenpolitik war von Anfang an auf Eroberung und Unterwerfung anderer Völker ausgerichtet, das nationalsozialistische Deutschland entfesselte den Zweiten Weltkrieg bewusst und planmäßig. Konsequent verwirklichten die Nationalsozialisten ihre auf Ausgrenzung und Tötung von Menschen zielende Ideologie, deren Grundpfeiler ein fanatischer Rassismus und Antisemitismus waren. Der NS-Rassenkrieg begann mit der sogenannten „Euthanasie“ und gipfelte während des Weltkrieges in der Vernichtung der deutschen und europäischen Juden. Dieses Verbrechen ist einzigartig in der Geschichte. Hitler und die NS-Propaganda erzeugten und verbreiteten dabei mit großem Geschick ein idealisierendes Bild von der deutschen „Volksgemeinschaft“, das all die Verbrechen des NS-Regimes ausblendete. Stattdessen beschworen die Nationalsozialisten die Einheit von „Führer“ und „Volk“. An der Spitze der Deutschen stand mit Hitler der charismatische „Führer“, der das deutsche Volk in eine glanzvolle Zukunft führen werde. Dieser politische Heiland versprach nicht nur die nationale Wiedergeburt des Deutschen Reiches, das durch ihn größer und mächtiger werde, sondern wollte auch das deutsche Volk zu einer Einheit verschmelzen. Alle sozialen Unterschiede sollten verschwinden, die Deutschen wollte er zu einem einheitlichen ethnischen Verband, nämlich der von allen inneren Konflikten und Schwächen befreiten „Volksgemeinschaft“ zusammenführen. Bei der Beschäftigung mit der nationalsozialistischen Herrschaft stellen sich folgende Fragen: Wie war Hitler möglich? Welchen Charakter besaß die Herrschaft Hitlers und der Nationalsozialisten? Welche Folgen hatte die nationalsozialistische Politik für Deutschland, für Europa und darüber hinaus für die Welt? Wie konnte ein zivilisiertes, an rechtsstaatliches Denken gewöhntes Volk wie die Deutschen den Völkermord an den Juden und anderen als „rassisch minderwertig“ eingestuften Menschen mit vollziehen oder zumindest stillschweigend dulden? Warum haben sich die Deutschen nach der Katastrophe des Ersten Weltkrieges erneut zu einem Krieg verleiten lassen? Und welche Lehren können wir heute aus dieser Zeit für die Gegenwart ziehen? Das Kursheft „NS-Herrschaft: ‚Volksgemeinschaft‘ und Verbrechen“ liefert differenzierte Antworten auf diese komplexen Fragen.

Didaktische Struktur und Themenschwerpunkte

Das Einführungskapitel fragt, warum wir uns heute noch mit der Geschichte Hitlers und des Nationalsozialismus beschäftigen sollten. Kapitel 2 thematisiert den Aufstieg Hitlers und der NSDAP sowie das Scheitern der Weimarer Demokratie. Zudem stehen die Weltanschauung Hitlers und die Ideologie der Nationalsozialisten im Mittelpunkt der Materialien. Kapitel 3 dokumentiert die wichtigen Ereignissen und Entwicklungen der Jahre 1933/34, mit denen die Nationalsozialisten die alleinige Macht im Staate errangen, sowie die Herrschaftsmethoden des NS-Regimes bei der Errichtung der Diktatur 1933/34. Kapitel 4 beschäftigt sich mit der Organisation der NS-Herrschaft und den Herrschaftsmethoden des NS-Regimes: Führerkult, Inszenierung der charismatischen Herrschaft Hitlers, Kompetenzchaos zwischen Einrichtungen des Staates und der Partei, Gewalt und Terror im „SS-Staat“ sind hier die zentralen Aspekte. Kapitel 5 untersucht die wirtschaftspolitischen Motive und Ziele der Nationalsozialisten und kontrastiert an ausgewählten Beispielen Anspruch und Wirklichkeit der NS-Wirtschaftspolitik. Kapitel 6 ermöglicht eine differenzierte Auseinandersetzung mit dem Verhältnis von nationalsozialistischer Ideologie und Wirklichkeit, vor allem am Beispiel des NS-Konzeptes der „Volksgemeinschaft“. Kapitel 7 verdeutlicht, dass das NS-Regime seit der „Machtergreifung“ im Januar 1933 mit der Verfolgung der Juden begann. Die Vertiefungsseiten befassen sich mit einer weiteren Opfergruppe, den Sinti und Roma. Kapitel 8 thematisiert die fortschreitende Radikalisierung der nationalsozialistischen Judenverfolgung, die im Massenmord an den Juden mündet. Vorbereitet wurde sie durch die „Euthanasie“, d. h. den Mord der Nationalsozialisten an den behinderten Kindern sowie den körperlich, seelisch und geistig Behinderten. Verschiedene Historikertexte bieten die Möglichkeit, die intensive Auseinandersetzung der historischen Forschung mit den Ursachen des Holocaust kennenzulernen und die verschiedenen Meinungen gegeneinander abzuwägen. Die Texte der Vertiefungsseiten sind eine geeignete Grundlage für eine Diskussion über das Verhalten der nichtjüdischen Deutschen gegenüber ihren jüdischen Mitbürgern. Kapitel 9 analysiert die außenpolitischen Ziele und Maßnahmen der Nationalsozialisten. Kapitel 10 arbeitet die Kriegsziele des nationalsozialistischen Deutschlands heraus, charakterisiert die unterschiedliche Kriegsführung im Osten und Westen und beschreibt das Leid der betroffenen Bevölkerungen. Kapitel 11 untersucht Motive, Organisationsformen und Wirkungsmöglichkeiten unterschiedlicher Widerstandsgruppen. Kapitel 12 beschäftigt sich mit der Problematik von Schuld und Verantwortung gegenüber der nationalsozialistischen Vergangenheit. Kapitel 13 problematisiert, ob ein Lernen aus der Geschichte möglich sei, indem es die Stärken und Schwächen der Interpretation des „deutschen Sonderweges“ vorstellt und nach dem Stellenwert der Auseinandersetzung mit dem Nationalsozialismus fragt.

Zum Einsatz der Materialien in den einzelnen Kapiteln

Siehe dazu im Schülerbuch die Hinweise in den Kästen am Anfang der Materialteile, S. 16, 41, 57, 79, 99, 118, 136, 159, 172, 187, 195 und 209.

Zur Wiederholung und Abiturvorbereitung

Siehe dazu die Hinweise zu den Operatoren, Tipps zur Vorbereitung und zur Probeklausur im Schülerband S. 214 bis 222.

Fachmethodische Schwerpunkte

Vorwissenstest	S. 10
Schriftliche Quellen interpretieren	S. 26 ff.
Karikaturen interpretieren	S. 67 ff.
Ein historisches Urteil entwickeln	S. 89 ff.
Historische Spielfilme analysieren	S. 152 f.

Vertiefungen

Das Scheitern der Weimarer Republik	S. 11 ff.
Propaganda und Erlebnisangebote des NS-Staates	S. 70 ff.
Geschlechterrollen in Propaganda und Wirklichkeit	S. 106 ff.
Weitere Opfergruppen: Sinti und Roma	S. 127 ff.
Das Gedenken an den 8. und 9. Mai 1945	S. 179 ff.
Der 27. Januar als Gedenktag	S. 201 ff.
Lernen aus der Geschichte? – Deutschlands Selbstverständnis nach 1945	S. 206 ff.

Geschichte kontrovers

Hitlers charismatische Herrschaft – Realität oder Propaganda?	S. 59 ff.
Die Ursachen des Holocaust	S. 145 ff.
Den 8. Mai feiern	S. 181

Geschichte und Theorie

Die NS-Diktatur als „Revolution"?	S. 50 f.
Der „deutsche Sonderweg"	S. 209 ff.

Referate, Hausarbeiten, Präsentationen, handlungsorientierte Angebote (Auswahl)

Arbeitsteilige Gruppenarbeit: „Hitler und die Deutschen"	Aufg. 1+4, S. 9
Bildrecherche: Analyse von NS-Wahlplakaten	Aufg. 2, S. 21
Werturteil: Beurteilung von Hitlers Ernennung zum Reichskanzler durch Hindenburg	Aufg. 2, S. 24
Zeitungsanalyse: Auswertung von Lokalzeitungen zur Ernennung Hitlers zum Reichskanzler	Aufg. 3, S. 33
Tabelle: Wirtschaftspolitische Ziele Hitlers	Aufg. 1, S. 81
Bildinterpretation: Plakate zur „Arbeitsschlacht"	Aufg. 1, S. 84
Kurzreferat: Reichsarbeitsdienst	Aufg. 2, S. 84
Arbeitsteilige Gruppenarbeit: NS-Wirtschaftspolitik	Aufg. 1, S. 86
Präsentation: Hermann Göring und die Geschichte der „Reichswerke Hermann Göring"	Aufg. 3, S. 87
Diskussion: Industriegesellschaft oder Agrarutopie?	Aufg. 3, S. 103
Kurzvortrag: Foto „Der Junge aus dem Warschauer Getto"	Aufg. 3, S. 143
Lokalrecherche: „Stille Helden"	Aufg. 3, S. 145
Präsentation: Kontroverse über die „Wehrmachtsausstellung"	Aufg. 3, S. 176
Referat: Deutsche Besatzungspolitik in der Sowjetunion, in Norwegen, Dänemark, Serbien, Griechenland und Frankreich	Aufg. 2, S. 177
Referat und Diskussion: 8. Mai	Aufg. 2+3, S. 181
Geschichte vor Ort: Widerstand gegen das NS-Regime	Aufg. 3, S. 190
Arbeitsteilige Gruppenarbeit: Umgang mit der NS-Vergangenheit	Aufg. 1, S. 198
Arbeitsteilige Gruppenarbeit: Der „deutsche Sonderweg"	Aufg. 1, S. 210
Diskussion: Deutsches Selbstverständnis nach 1945	Aufg. 2, S. 210

Semesterverlaufsplan
„NS-Herrschaft: ‚Volksgemeinschaft' und Verbrechen"

mit den Schwerpunkten:

- **Hintergründe und Inhalte der NS-Ideologie (u. a. Sozialdarwinismus/Antisemitismus, Führerprinzip, „Volksgemeinschaft") und deren Umsetzung in die Praxis**
- **Zwischen Anpassung und Widerstand im nationalsozialistischen Deutschland (u. a. militärischer Widerstand)**
- **Aufarbeitung von Schuld und Verantwortung nach 1945 (u. a. für Holocaust/Schoah)**

Themen/Fragestellungen	Medien Schülerbuch (DT = Darstellungstext)	Methodisch-didaktische Hinweise (Aufg. = Aufgaben)
Einstieg		
	Kapitel 1: Einführung: „Hitler und die Deutschen" S. 6–10	
Haben wir Deutschen nicht genug von Hitler?	DT, S. 6 M 1, S. 6 M 2–M 5, S. 8 f.	Aufg. 1–3, S. 8 Aufg. 1–2, S. 9 (arbeitsteilige Gruppenarbeit)
Volksgemeinschaft und Verbrechen	DT, S. 6 f. M 4–M 7, S. 9	Aufg. 3–5, S. 9 (arbeitsteilige Gruppenarbeit)
Forschungsfragen und -perspektiven	DT, S. 7 f.	Aufg. 2, S. 8
Vorwissenstest	S. 10	
1. Schwerpunkt: Hintergründe und Inhalte der NS-Ideologie		
	Kapitel 2: Das Scheitern der Weimarer Republik	
Wie war Hitler möglich?	DT, S. 11 f. M 1, S. 11 M 8, S. 21 f. M 9, S. 23 f. M 12, S. 31 M 13 a, S. 32	Aufg. 1–2, S. 22 Aufg. 1–2, S. 24 (Werturteil) Aufg. 1, S. 31 Aufg. 1, S. 33
Scheitern der ersten deutschen Demokratie	DT, S. 12 f. M 3, S. 16–18 M 6, S. 20 M 13, S. 32 f. M 1, S. 34 M 11, S. 30 f. M 12, S. 31 M 13, S. 32 M 14, S. 33	Aufg. 1, S. 15 Aufg. 1–2, S. 18 Aufg. 2, S. 20 Aufg. 2, S. 33 Aufg. 1, S. 31 Aufg. 1–2, S. 32 Aufg. 1–2, S. 33 oben Aufg. 1–3, S. 33 unten
Nutznießer der Krise: Hitler und die NSDAP	DT, S. 13 M 4, S. 18 f. M 5–M 6, S. 19 f. M 8, 21 f.	Aufg. 1–2, S. 19 Aufg. 1, S. 20 Aufg. 1–2, S. 22
„Volksgemeinschafts"-Ideologie	DT, S. 14 M 2, S. 15 M 7, S. 21 M 2, S. 34	Aufg. 2, S. 15 Aufg. 1–2, S. 21 (Bildrecherche)

Themen/Fragestellungen	Medien Schülerbuch (DT = Darstellungstext)	Methodisch-didaktische Hinweise (Aufg. = Aufgaben)
Führerprinzip, Rassenantisemitismus, „Lebensraumpolitik“	DT, S. 14 f. M 2, S. 15 M 10, S. 24 f. M 2, S. 29	Aufg. 3, S. 15 Aufg. 1–2, S. 25 Aufg. 1, S. 29
Methode: Schriftliche Quellen interpretieren	DT, S. 26 M 1, S. 27 f.	Aufg. 1, S. 28 Lösungshinweise S. 28 f.
	Kapitel 3: Die Errichtung der NS-Diktatur – eine Revolution?	
Die „Revolution“ der Nationalsozialisten – Anspruch und Wirklichkeit der „Machtergreifung“	DT, S. 36 f. M 1, S. 37 M 4, S. 41 M 15–M 17, S. 48–51	Aufg. 1, S. 40 Aufg. 1–2, S. 42 Aufg. 1–2, S. 49 Aufg. 1–3, S. 51
Reichstagsauflösung	DT, S. 37	
Reichstagsbrand	DT, S. 37 f. M 5, S. 43	Aufg. 1–2, S. 43
Neuwahlen und Gleichschaltung der Länder	DT, S. 38 f. M 9–M 11, S. 46 f. M 1–M 2, S. 52	Aufg. 1–2, S. 47
Ermächtigungsgesetz	DT, S. 39 M 6, S. 43 f. M 7, S. 44 f.	Aufg. 1–3, S. 44 Aufg. 1–3, S. 45
Auflösung von Parteien und Gewerkschaften	DT, S. 39 f. M 2, S. 38 M 8, S. 46	Aufg. 1–2, S. 46
Verführung und Tradition – Terror und Gewalt	DT, S. 40 M 3, S. 40 M 9–M 11, S. 46 f. M 12–M 14, S. 47 f. M 3, S. 53	Aufg. 1, S. 40 unten Aufg. 1–2, S. 47 Aufg. 1, S. 48
2. Schwerpunkt: Zwischen Anpassung und Widerstand im nationalsozialistischen Deutschland		
	Kapitel 4: Der Führerstaat – Organisation und Methoden	
Der „Führerstaat“ – Legende oder Wirklichkeit?	DT, S. 54 M 1, S. 55 M 3–M 4, S. 58 M 5–M 6, S. 59–61	Aufg. 1, S. 56 Aufg. 1–2, S. 58 Aufg. 1–3, S. 58 unten Aufg. 1–2, S. 61 links
Herrschaftsorganisation	DT, S. 54 f. M 2, S. 57 M 4, S. 58 M 7, S. 61 M 8, S. 62	Aufg. 1–2, S. 58 unten Aufg. 1, S. 61 rechts Aufg. 1–2, S. 62
Herrschaftsmittel	DT, S. 55 f. M 9, S. 62–64	Aufg. 2, S. 56

Themen/Fragestellungen	Medien Schülerbuch (DT = Darstellungstext)	Methodisch-didaktische Hinweise (Aufg. = Aufgaben)
SS-Staat	DT, S. 56 M 9–M 13, S. 62–66	Aufg. 1, S. 56 Aufg. 1–2, S. 64 Aufg. 1, S. 66
Methode: Karikaturen interpretieren	S. 67–69 M 1, S. 68	Aufg. 1, S. 68 Lösungshinweise S. 68 f.
Vertiefung: Propaganda und Erlebnisangebote des NS-Staates	DT, S. 70 f. M 1–M 7, S. 70–73 M 1–3, S. 74 f.	Aufg. 1–2, S. 71 Aufg. 1, S. 72 Aufg. 1–3, S. 73
	Kapitel 5: Die NS-Wirtschaft – eine Ökonomie der Zerstörung?	
Der Kampf um „Lebensraum" und die Wirtschaft	DT, S. 76 M 1–M 3, S. 78–80 f.	Aufg. 1, S. 78 Aufg. 1, S. 80 Aufg. 1–3, S. 81
Die „Arbeitsschlacht" – Propaganda und Realität der NS-Wirtschaftspolitik	DT, S. 76 f. M 4–M 14, S. 82–88	Aufg. 1–2, S. 82 Aufg. 1–2, S. 82 f. Aufg. 1–2, S. 83 Aufg. 1–2, S. 84 (Bildinterpretation/Kurzreferat) Aufg. 1, S. 86 (arbeitsteilige Gruppenarbeit) Aufg. 1–3, S. 87 (Präsentation) Aufg. 1–2, S. 88
Mythos Reichsautobahn	DT, S. 77 M 8, S. 84–86 M 2, S. 94	Aufg. 1, S. 86 (arbeitsteilige Gruppenarbeit)
Die Organisation der Wirtschaft	DT, S. 77 f. M 4–M 5, S. 82	Aufg. 1–2, S. 82 Aufg. 1–2, S. 82 f.
Methode: Ein historisches Urteil auf der Grundlage von Sekundärtexten entwickeln	S. 89–93 M 2–M 4, S. 92	Aufg. 1–2, S. 91 Lösungshinweise S. 92 f.
	Kapitel 6: Die NS-Gesellschaft – eine „Volksgemeinschaft"?	
Die NS-„Volksgemeinschaft" – Mythos oder Realität?	DT, S. 96 M 3, S. 99 f.	Aufg. 1, S. 98 Aufg. 1–3, S. 100
Arbeiter und Bauern	DT, S. 96 f. M 1, S. 97 M 4, S. 100 f. M 5, S. 101 f. M 6, S. 102 M 7, S. 103 M 3, S. 113	Aufg. 1–2, S. 101 Aufg. 1–3, S. 102 f.
Bürgertum und bürgerliche Normen und Werte	DT, S. 97 M 8, S. 103 M 9, S. 103 f.	Aufg. 1–2, S. 104

Themen/Fragestellungen	Medien Schülerbuch (DT = Darstellungstext)	Methodisch-didaktische Hinweise (Aufg. = Aufgaben)
Jugend	DT, S. 98 M 10–M 12, S. 105 M 1, S. 112	Aufg. 1–3, S. 105
Vertiefung: Geschlechterrollen in Propaganda und Wirklichkeit	DT, S. 98 M 2, S. 98 M 1–M 5, S. 106–111 M 2, S. 112	Aufg. 1, S. 107 Aufg. 1–2, S. 110 Aufg. 1, S. 110 unten Aufg. 1–2, S. 111
	Kapitel 7: Die Verfolgung der Juden 1933–1939	
Arisierung und Wertewandel im NS-Regime	DT, S. 114 f. M 11, S. 124 f.	Aufg. 1, S. 117 Aufg. 1, S. 125
Diskriminierung und Verdrängung	DT, S. 115–116 M 1, S. 115 M 2, S. 116 M 3, S. 118 M 4, S. 119 M 5, S. 119 M 1, S. 130	Aufg. 1–2, S. 119
Ausgrenzung, Entrechtung und Enteignung	DT, S. 116 f. M 6, S. 120 M 7, S. 120 f. M 8, S. 121 M 9, S. 123 M 10, S. 123 f. M 11, S. 124 f.	Aufg. 1–2, S. 120 Aufg. 1–2, S. 121 Aufg. 1, S. 122 Aufg. 1, S. 123 Aufg. 1–2, S. 124 Aufg. 1, S. 125
Widerstand, Vertreibung, Exil	DT, S. 117 M 12, S. 126 M 2, S. 131	Aufg. 1–2, S. 126
Vertiefung: Weitere Opfergruppen: Sinti und Roma	DT, S. 127 M 1–M 6, S. 127–129	Aufg. 1–3, S. 129
	Kapitel 8: Der Völkermord an den Juden 1939–1945	
Beginn des Völkermords – Einzigartigkeit der Judenvernichtung	DT, S. 132 DT, S. 134 M 1, S. 132 M 2, S. 135 M 4, S. 137 M 5, S. 138 M 9, S. 139 f. M 10, S. 141 M 11, S. 142 M 12, S. 142 M 13, S. 143 M 1, S. 154 M 2, S. 155	Aufg. 1–2, S. 137 oben Aufg. 1, S. 138 Aufg. 1–3, S. 140 Aufg. 1–3, S. 141 Aufg. 1, S. 142 Aufg., 1–3, S. 143 (Kurz-vortrag) Aufg. 1–2, S. 143
Euthanasie	DT, S. 133 M 3, S. 136	Aufg. 1–2, S. 137

Themen/Fragestellungen	Medien Schülerbuch (DT = Darstellungstext)	Methodisch-didaktische Hinweise (Aufg. = Aufgaben)
Pläne zur territorialen Endlösung	DT, S. 133 M 6, S. 138 M 7, S. 138 f.	Aufg. 1, S. 139
Wannsee-Konferenz	DT, S. 134 M 8, S. 139	Aufg. 1–3, S. 139
Ursachen des Völkermords an den Juden	DT, S. 135 M 10, S. 141 M 15, S. 145 f. M 16, S. 146 f. M 17, S. 147 f. M 18, S. 148 f.	Aufg. 1–3, S. 141 Aufg. 1, S. 149
Die Deutschen und die Judenverfolgung – Schuld und Verantwortung	M 14, S. 144 f. M 19, S. 149 M 20, S. 149 f. M 21, S. 151	Aufg. 1–3, S. 145 (Lokalrecherche) Aufg. 1, S. 149 unten Aufg. 1, S. 150 Aufg. 1–2, S. 151
Methode: Historische Spielfilme analysieren	S. 152 f. M 1, S. 152	Filmlexikon (Auswahl) S. 153
	Kapitel 9: Die deutsche Außenpolitik 1933–1939	
Hitlers Doppelstrategie – zwischen Appeasement und Krieg	DT, S. 156 M 1–M 4, S. 159–161 M 6, S. 162 f.	Aufg. 1–2, S. 158 Aufg. 1, S. 161
Aufrüstung und Risikopolitik	DT, S. 156 f. M 5, S. 161 M 8, S. 163 f.	Aufg. 1, S. 164
Reaktionen des Auslandes	DT, S. 157 M 11, S. 165 M 6, S. 162 f. M 10, S. 164 f. M 11, S. 165 M 12, S. 165 M 2–M 4, S. 166 f.	Aufg. 1, S. 165 links oben Aufg. 1, S. 165 links unten Aufg. 1, S. 165 unten
Zerschlagung der Tschechoslowakei 1938/39	DT, S. 157 f.	
Entfesselung des Weltkrieges	DT, S. 158 M 9, S. 164 M 10, S. 164 f.	Aufg. 1, S. 164 unten

Themen/Fragestellungen	**Medien Schülerbuch (DT = Darstellungstext)**	**Methodisch-didaktische Hinweise (Aufg. = Aufgaben)**
	Kapitel 10: Der Zweite Weltkrieg 1939–1945	
Hitlers Krieg?	DT, S. 168	
Die Kriege im Westen	DT, S. 168 f.	
Der Vernichtungskrieg gegen die Sowjetunion	DT, S. 169 f. M 3, S. 172 f. M 7, S. 174 M 9, S. 175 f. M 1, S. 182	Aufg. 1–2, S. 173 Aufg. 1–3, S. 176 (Präsentation)
Kriegsende 1945	DT, S. 170 M 2, S. 182	
Charakter des Krieges	DT, S. 170 f. M 3, S. 183	
Besatzungspolitik	DT, S. 171 M 4–M 8, S. 173 f. M 10, S. 176 f. M 11, S. 177	Aufg. 1–2, S. 174 Aufg. 1–2, S. 177 (Referat)
Vertiefung: Das Gedenken an den 8. und 9. Mai 1945	DT, S. 179 f. M 1–M 2, S. 180 M 2–M 3, S. 181	Aufg. 1, S. 180 Aufg. 1–3, S. 181 (Referat, Diskussion)
	Kapitel 11: Opposition gegen Hitler – „Widerstand ohne Volk"?	
„Widerstand ohne Volk"? Bewertung des Widerstandes	DT, S. 184 M 10, S. 190	Aufg. 1–3, S. 190 (Geschichte vor Ort recherchieren)
Arbeiterbewegung	DT, S. 184 M 4, S. 187 M 5, S. 187	Aufg. 1, S. 187 oben Aufg. 1, S. 187 unten
Kirchen	DT, S. 185 M 6, S. 188	Aufg. 1, S. 188
Bürgertum	DT, S. 185	
20. Juli 1944: Attentat auf Hitler	DT, S. 186 M 1, S. 186 M 7, S. 188 f. M 2, S. 192	Aufg. 1–3, S. 189
Andere Widerstandsformen	DT, S. 186 M 2–M 3, S. 186 M 8, S. 189 M 9, S. 190 M 11, S. 191 M 1, S. 192 M 3, S. 193	Aufg. 1–2, S. 189 Aufg. 1, S. 190 oben Aufg. 1–2, S. 191

Themen/Fragestellungen	Medien Schülerbuch (DT = Darstellungstext)	Methodisch-didaktische Hinweise (Aufg. = Aufgaben)
3. Schwerpunkt: Aufarbeitung von Schuld und Verantwortung nach 1945		
	Kapitel 12: Aufarbeitung der NS-Vergangenheit nach 1945	
Aufarbeitung der NS-Vergangenheit in der DDR	M 3, S. 196 M 8, S. 200	Aufg. 1, S. 198 Aufg. 1, S. 200
Umgang mit der Schuld in der BRD	DT, S. 194 M 2–M 5, S. 196 ff. M 2, S. 204	Aufg. 1, S. 194 Aufg. 1–2, S. 198 (arbeitsteilige Gruppenarbeit)
Schuld und Schuldbegriff	M 1, S. 195 f.	Aufg. 1–2, S. 196
Aufarbeitung des Holocaust	M 6, S. 199 f. M 3, S. 205	Aufg. 1–2, S. 200
Vertiefung: Der 27. Januar als Gedenktag	DT, S. 201 M 1–M 2, S. 203	Aufg. 1–3, S. 203 oben Aufg. 1–2, S. 203 unten
	Kapitel 13: Lernen aus der Geschichte? – Deutschlands Selbstverständnis nach 1945	
Nationale Identität und deutsches Selbstverständnis	DT, S. 206 M 3, S. 211 f.	
Die These vom „deutschen Sonderweg“	DT, S. 206–208 M 1–M 3, S. 209–212 M 4, S. 213	Aufg. 1, S. 208 Aufg. 1–2, S. 210 (Diskussion) Aufg. 1–2, S. 211 Aufg. 1–2, S. 212
Abiturtraining		
Arbeitsaufträge in der Abiturklausur	S. 214 f.	Erläuterung der Operatoren
Tipps zur Vorbereitung auf die Abiturthemen	S. 216	Methodische Hinweise zur Wiederholung, Strukturierung, Erarbeitung und Sicherung von Inhalten und Ergebnissen
Fachliteratur	S. 217	
Probeklausur	M 1, M 2, S. 218 f.	Lösungshinweise S. 220 ff.
Zeittafel	S. 223	
Begriffslexikon	S. 224 ff.	
Personenlexikon und Personenregister	S. 227 ff.	
Sachregister	S. 230 f.	

Kapitel 1
Einführung: „Hitler und die Deutschen“

M 1, S. 6

Titelblatt des Ausstellungskatalogs „Hitler und die Deutschen“, 2010

Das Titelfoto zeigt Adolf Hitler am 1. Mai 1933 auf dem Tempelhofer Feld in Berlin, als er den ersten Jahresplan des deutschen Aufbaus verkündet. Hitler steht erhöht auf der Rednertribüne im Scheinwerferlicht, er gestikuliert mit geballter Faust (Demonstration von Macht und Entschlossenheit) und ist umringt von Parteigenossen im Braunhemd und mit Schirmmütze. Hinter Hitler sind groß NS-Fahnen mit Hakenkreuz aufgezogen, auch die aus Brettern gezimmerte Rednertribüne trägt vorn ein Hakenkreuz. Hans-Ulrich Thamer schreibt über „[d]ie Inszenierung von Macht“: „Hitlers Herrschaft entsprach wie kaum eine andere den Merkmalen einer charismatischen Herrschaft, wie sie der Soziologe Max Weber viele Jahre vor Hitlers Karriere und Macht definiert hat. [...] Zur Inszenierung des Charismas [in den Propagandadarstellungen] gehören Fahnen, Prozessionen, Treueeide, ‚liturgische‘ Handlungen und Redeformeln. Sie bewirken eine Sakralisierung der Politik und verleihen der charismatischen Bewegung zunehmend Formen einer politischen Religion“ (Hans-Ulrich Thamer, Die Inszenierung von Macht, in: Hans-Ulrich Thamer/Simone Erpel (Hg.), Hitler und die Deutschen. Volksgemeinschaft und Verbrechen. Ausstellungskatalog Deutsches Historisches Museum. Sandstein Verlag, Dresden 2010, S. 20). Angesichts der Tatsache, dass die NS-Regierung den 1. Mai zum Feiertag erklärte und am Abend desselben Tages, den die Arbeiterschaft mit Feiern beging, die Gewerkschaftseinrichtungen zerstören ließ, belegt die Fotografie die propagandistische Inszenierung von Macht *und* die Verschleierung von gewaltsamen Handlungen zur Etablierung der Diktatur gleichermaßen.

Zu Aufgabe 1 a, S. 8

Thamer fasst seine Motivation folgendermaßen zusammen: Er habe das Wissen „über Hitler“ einer größeren Öffentlichkeit zugänglich machen wollen und man könne dieses Thema nicht einfach mit den Worten abtun, man habe genug gehört.

Eine Stellungnahme zu diesen Aussagen kann im Sinne Thamers folgende Argumente enthalten:

- Die wissenschaftliche Auseinandersetzung fördert auch heute noch neue Erkenntnisse, Einsichten und Perspektiven zutage. Öffentliche Kontroversen wie der Historikerstreit und die Diskussion um die Historisierung des „Dritten Reiches“ zwischen Martin Broszat und Saul Friedländer in den Achtzigerjahren sowie die Goldhagen-Debatte in den Neunzigerjahren haben neue Akzente gesetzt. Die „Opferforschung“ rückte in den Fokus wissenschaftlichen und publizistischen Interesses, danach – begleitet von einer Reihe literarischer Werke – eroberten Biografien der Täter oder Mitläufer die öffentliche Aufmerksamkeit. Auch die biografische Auseinandersetzung mit der Person Hitlers hat sich gewandelt (Literaturhinweis: Peter Reichel, Harald Schmid, Peter Steinbach (Hg.), Der Nationalsozialismus – Die zweite Geschichte. Überwindung – Deutung – Erinnerung, C. H. Beck, München 2009).
- Die Zeit des Nationalsozialismus bildet überdies einen Schwerpunkt in der medialen Vermittlung. Dokumentationen und Dokudramen im Stil von Guido Knopp flimmern zur besten Sendezeit über die Bildschirme, Filme wie „Dresden“, „Die Flucht“ oder „Die Gustloff“ dienen primär der Unterhaltung und erzeugen ein bestimmtes Bild von Geschichte, das durchaus der Relativierung (eventuell in Form einer Ausstellung) bedarf.
- Das ungeheure Interesse, das die Öffentlichkeit nicht nur an der Ausstellung über „Hitler und die Deutschen“ zeigte, widerspricht deutlich dem Diktum, man habe „genug von Hitler“.

Zu Aufgabe 1 b, S. 8

Das grundsätzliche Ziel sollte darin bestehen, Wissen über die NS-Zeit und die Person Hitlers zu vermitteln. Dieses Wissen sollte eingesetzt werden, um medial vermittelte Narrative (siehe Kommentar zu 1 a, S. 8) zu dekonstruieren oder zumindest zu hinterfragen. Gleichzeitig gehört die Verantwortung für das Geschehen zwischen 1933 und 1945 zu den Koordinaten nationaler Identifikation in der Bundesrepublik, sie prägt das politisch-historische öffentliche und kommunikative Gedächtnis. Auch deswegen gehört das Wissen über die NS-Zeit zum Kernbestand politisch-historischer Bildung in der Schule. Nicht zuletzt gilt es auch, durch die Auseinandersetzung mit den Geschehnissen, Strukturen und Personen im Sinne von Karl Jaspers dem Gebot des „Nie wieder“ nachzukommen.

Zu Aufgabe 2 a, S. 8
Die Zuschreibung „Monster“ macht aus der Person Hitler eine Unperson, einen Unmenschen, ein Ungeheuer und Scheusal. Eine solche Deutung verstellt den Blick auf die Attribute der Person Hitlers, die ihm eine große Anhängerschaft zuführten. Die Bezeichnung „Mythos“ erfasst dagegen die charismatischen Aspekte der Herrschaft, blendet aber zerstörerische und fanatische Aspekte aus. Der dritte Begriff „Medium“ suggeriert, die Person Hitlers habe lediglich als Mittler zwischen einer (immer größer werdenden) Gruppe von Deutschen und außerhalb seiner selbst befindlichen Instanzen (politisch-programmatischer Natur oder Interessengruppen aus dem Bereich des Finanzkapitals, wie M 2, S. 8 suggeriert) fungiert. Eine solche Zuordnung vernachlässigt den Akteur und die von ihm ausgehenden Handlungen und Impulse.

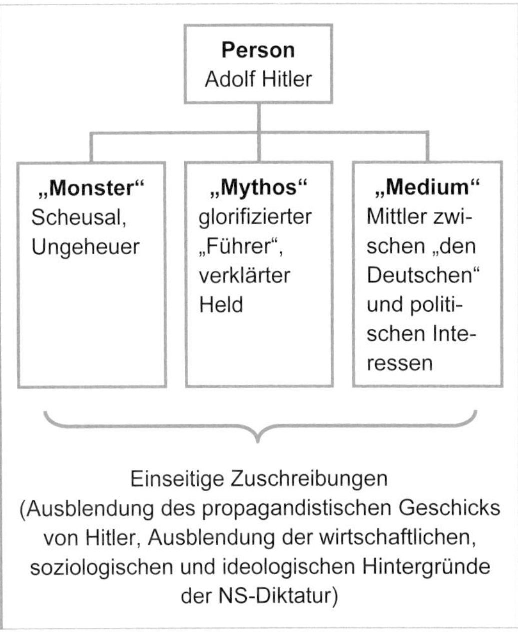

Die Diskussion in der Lerngruppe über die Bedeutung Hitlers für die Geschichte des Nationalsozialismus kann folgende Aspekte berühren:
- generell: Reflexion über die Bedeutung politischer Akteure in der Geschichte (Handlungsfähigkeit, Entscheidungskraft, Entschlossenheit etc.)
- Reflexion über die ideologische Verbindung zwischen dem „Führer“ und der „Volksgemeinschaft“
- Reflexion über den Stellenwert der Propaganda
- Reflexion über die Bedeutung nationalistischer Gefühlslagen (etwa: Gefühl der Demütigung nach dem Ersten Weltkrieg)

Zu Aufgabe 2 b, S. 8
Mit Blick auf die Materialien M 2 bis M 7 auf den Seiten 8, 9 lassen sich folgende Hypothesen über den Charakter der NS-Herrschaft aufstellen:
- diktatorische Herrschaft, einerseits unter Einsatz von Gewalt und Terror, andererseits mithilfe pseudolegaler Strategien (M 3)
- Unterstützung der Diktatur aus dem Bereich der Wirtschaft (M 2 und M 4)
- Akzeptanz der Diktatur bei weiten Teilen der Bevölkerung durch erhöhtes Arbeitsplatzangebot und Konsumanreize (M 4)
- massiver Einsatz von Propaganda (M 5)
- Verfolgung und Ermordung der europäischen Juden (M 6)
- Bereitschaft breiter Teile der Bevölkerung, das verbrecherische Vorgehen des Regimes gegen jene Bevölkerungsgruppen, die von der „Volksgemeinschaft“ ausgeschlossen wurden, mitzutragen (M 6)
- Raub des jüdischen Vermögens (M 7)

Zu Aufgabe 2 c, S. 8
Am Ende werden diese Hypothesen eine Bestätigung erfahren. Ein differenzierteres Bild sollte sich im Hinblick auf die Hypothese eines erhöhten Arbeitsplatz- und Konsumangebotes ergeben (Arbeitsdienst, erhöhte Rüstungsproduktion unter Aufnahme verdeckter Schulden, „Arisierung“ usw. suggerierten Wohlstand und wirtschaftliches Wachstum, das durch Krieg und Eroberung finanziert werden sollte).

Zu Aufgabe 3, S. 8
Im Kern sieht Jaspers die Gefahr einer Wiederholung, die nur durch eine permanente Verbreitung des Wissens über die NS-Vergangenheit verhindert werden kann.
Die Diskussion in der Lerngruppe wird den Rechtsextremismus heute berücksichtigen müssen und dabei die Frage nach einem NPD-Verbot stellen (Wiederholung von Kenntnissen aus dem Sozialkundeunterricht: Art. 79 Abs. 3 GG die sog. „Ewigkeitsklausel“). Mit Blick auf die gefestigten demokratischen Strukturen der zweiten deutschen Republik wird die Gefahr einer neuerlichen Rechtsdiktatur gering erscheinen, auf Defizite wie die sin-

kende Wahlbeteiligung und schwindendes Politikinteresse muss hingewiesen werden.
Die Forderung von Karl Jaspers nach einer permanenten Verbreitung des Wissens über die NS-Diktatur ist nachvollziehbar. Vor allem das Wissen über Machtübertragung und Machtübernahme, über die Etablierung der Diktatur, über die Wirkung von Propaganda und über die Aushebelung des Rechtsstaatsprinzips tragen zu einer politischen Sensibilisierung bei. Andererseits kann der moralisierende Ton, der vor allem den ersten Satz im Zitat von Jaspers prägt („sie zu vergessen ist Schuld ..."), auch zu Ablehnung und Desinteresse führen. Der Raum, den die Massenmedien – Rundfunk, Fernsehen, Printmedien – der Auseinandersetzung mit der NS-Vergangenheit geben, weist allerdings darauf hin, dass ein per Infotainment vermitteltes Wissen über die NS-Zeit auf hohes Interesse der Öffentlichkeit stößt. Problematisch ist in diesem Zusammenhang eher das selektive Vorgehen der Programmgestalter und Redakteure, die spektakulären und biografischen Themen den Vorrang vor strukturgeschichtlichen Aspekten einräumen.

VISUALISIERUNG

NS-Vergangenheit:
Wissen verhindert Wiederholung (Karl Jaspers)

Argumente für diese Mahnung:
- Wertschätzung des Rechtsstaats- und des demokratischen Prinzips im Wissen um Machtübertragung und Etablierung der Diktatur,
- Erkennen ideologischer Verblendung durch Aufklärung über NS-Verbrechen (etwa: Auschwitzlüge)

Argumente, die diese Mahnung relativ erscheinen lassen:
- Stabilität der zweiten deutschen Demokratie (Ewigkeitsklausel Art. 79 Abs. 3 GG)
- moralisierender Ton kann zu Desinteresse oder Ablehnung führen

M 2, S. 8
Fotomontage von John Heartfield, 1932

Zur Person: John Heartfield wurde 1891 in Berlin geboren (eigentlicher Name: Helmut Herzfeld). Heartfield war Mitbegründer der Berliner Dada-Gruppe und entwickelte die Fotomontage zum politischen Agitationsmittel. Seine Montagen veröffentlichte er vor allem in der auflagenstarken kommunistischen „Arbeiter-Illustrierten-Zeitung". Politische Plakate entwarf er meist für die KPD. 1933 emigrierte Heartfield über Prag nach Großbritannien (1938). Ab 1950 lebte er in Leipzig, später in Ostberlin, wo er 1968 starb.
Zum Bild: Die Montage von Heartfield ist in ihrer Aussage eindeutig: Der Nationalsozialismus ist demnach eine Diktatur des anonymen (die Geld gebende Figur wird ohne Kopf dargestellt) Finanzkapitals. Nicht die Deutschen waren Hitlers willige Vollstrecker, vielmehr Hitler der „willige Vollstrecker" des Finanzkapitals (Hitler wird wesentlich kleiner als die Geld gebende Figur abgebildet).

M 3, S. 8
„Wie Adolf Hitler das Wort ‚legal' in den Mund nimmt", Karikatur aus „Der Wahre Jacob", Berlin 1932

„Der wahre Jacob" war eine satirische Zeitschrift der deutschen Sozialdemokratie. Sie wurde 1879 gegründet und bereits 1881 wieder eingestellt. Sie erschien jedoch erneut zwischen 1884 und 1923 und von 1927 bis 1933. Die Karikatur verdeutlicht, dass sich Hitler verbal zur Legalität seiner politischen Strategie bekannte. Er nutzte den Bewegungsspielraum, den der pluralistische Rechtsstaat der politischen Betätigung eröffnete, maximal zur Bekämpfung der Republik aus, um ein Parteiverbot zu vermeiden. Die aggressive Stoßrichtung gegen die Demokratie wird durch den Gesichtsausdruck betont und dadurch, dass in dem weit aufgerissenen Mund mit dem Wort „Legal" dunkle Gestalten sichtbar werden, die mit Gewalt und Terror auf ihre Stunde warten.

M 4, S. 9
Grundsteinlegung zum großen Volkswagenwerk bei Fallersleben (Wolfsburg) anlässlich Hitlers 50. Geburtstag, Fotografie, 1938
Die Produktion des „Volks-Wagens" war ein Anliegen des NS-Regimes. Zu diesem Zweck einigten sich der Reichsverband der deutschen Automobilindustrie und der Konstrukteur Ferdinand Porsche im Jahr 1934 vertraglich. Die Organisation „Kraft durch Freude" suchte einen geeigneten Standort, der schließlich bei Fallersleben gefunden wurde, und die DAF (Deutsche Arbeitsfront) wurde mit dem Bau der damals größten Automobilfabrik in Europa beauftragt. Der Standort bot infrastrukturell günstige Voraussetzungen, die Stadt in der Nähe der Gemeinde Fallersleben und des Schlosses Wolfsburg wurde auf dem Reißbrett geplant und „Stadt des KdF-Wagens bei Fallersleben" genannt. Erst 1945 folgte die Umbenennung in Wolfsburg, heute ist diese Stadt die sechstgrößte Niedersachsens. Teile der Werksanlagen sind heute als Industriedenkmal geschützt. Der „Volks-Wagen" oder „KdF-Wagen" eignete sich in besonderer Weise, symbolhaft technischen Fortschritt, Massenkonsum und Freizeitverlockungen zu verbinden und insofern das Versprechen einer künftigen deutschen Wohlstandsgesellschaft unter nationalsozialistischer Herrschaft zu suggerieren. Allerdings verlor die Produktion des „KdF-Wagens" mit Beginn des Krieges an Bedeutung. Hergestellt wurden im großen Werk bei Fallersleben vornehmlich Fahrzeuge für die Wehrmacht sowie die Vergeltungswaffe V1.
In der Fotografie sieht man zwei „Volks-Wagen" im Vordergrund, links dahinter verkörpern drei typisch gekleidete Männer das Handwerk. In der unteren Bildmitte ist Hitler am Rednerpult platziert, vorne rechts ist Ferdinand Porsche zu erkennen. Die Fahnen und Standarten sowie das überdimensional große Hakenkreuz im Zahnradkreis (Emblem der DAF, eine Anspielung auf den Bereich der Industrie) verleihen dem Auftritt Hitlers Monumentalität und erhöhen die Grundsteinlegung geradezu zu einem mythischen Akt.

M 5, S. 9
Plakat für deutsche Behörden und Schulräume seit 1938/39
Die fotografische Vorlage zu diesem Plakat stammt von Heinrich Hoffmann. Es war mit anderen Aufnahmen Hoffmanns aufgenommen worden in einen von Hoffmann herausgegebenen Bildband zum 50. Geburtstag Adolf Hitlers („Das Antlitz des Führers", April 1938). Die Porträtaufnahme im Bildband zeigt nur das Gesicht mit dem konzentrierten, in die Ferne gerichteten, fast finster erscheinenden Blick. Herrscherpose und dunkler Hintergrund sind die „Zutat" des Künstlers.

M 6, S. 9
Plakat der Kreisleitung der NSDAP Miesbach, 1935
Das im mittleren Bildteil abgelichtete Plakat enthält unter der Überschrift „Bekanntmachung" folgenden Text: „Auf Grund verschiedener Ausschreitungen und herausfordernden Benehmens der Deutschen Bevölkerung gegenüber verlange ich, daß die als Kurgäste hier verweilenden Juden binnen 24 Stunden Rottach-Egern verlassen und aus den Bayer. Bergen verschwinden. Nach diesem Termin kann für ihre Sicherheit keine Garantie mehr übernommen werden." Unterzeichnet ist das Schreiben vom Kreisleiter der NSDAP in Miesbach Franz Danninger. Danninger gehörte zu den Parteimitgliedern der ersten Stunde, sein Parteieintritt im Jahr 1923 ist belegt. Nach 1925 machte er rasch eine regionale Parteikarriere. Als Kreisleiter in Miesbach fungierte er von 1932 bis 1945, 1934 gab er seinen Beruf als Materialverwalter und Rechnungsführer im Haushamer Bergwerk auf und wurde ehrenamtlicher Bürgermeister in Schliersee bis 1938. Danach war er hauptamtlich Kreisleiter in Miesbach. Nach dem Krieg wurde Danninger in einem ersten Spruchkammerverfahren als Hauptschuldiger eingestuft und mit zehn Jahren Arbeitslager und Vermögenseinziehung bestraft. Er ging in Revision und erreichte eine Herabstufung in die Gruppe der Belasteten und eine Reduzierung seiner Haftzeit auf drei Jahre. 1949 war er wieder ein freier Mann (Lit.: Reinhold Friedrich, Spuren des Nationalsozialismus im bayerischen Oberland. Schliersee und Hausham zwischen 1933 und 1945, Books on Demand, München 2011, S. 17–31). Das Plakat und das Handeln des fanatisch überzeugten Kreisleiters der NSDAP in Miesbach dürfen als Beleg für die von Ian Kershaw geprägte These dienen, Parteigenossen, Anhänger Hitlers und breite gesellschaftliche Gruppen hätten „dem Führer entgegenarbeiten" wollen. Die aus einer Quelle übernommene Formulierung kennzeichnet das Verhalten von

Parteifunktionären, Beamten und Funktionsträgern, die ihrerseits radikale Maßnahmen vorschlugen, um den Gefallen des „Führers" zu erreichen. Kershaw richtete damit das Forschungsinteresse auf die Projektionen von Hitlers Anhängern.

M 7, S. 9
Geschäftspostkarte, München, 1939

Die Postkarte veranschaulicht die nationalsozialistische „Arisierungs"-Politik, die 1938 begann und die Judenverfolgung in Deutschland verschärfte. Der NS-Staat erließ Gesetze und Verordnungen, die auf eine Ausplünderung und Enteignung der noch in Deutschland lebenden jüdischen Bevölkerung zielten. Hauptzweck dieser planmäßigen und praktisch entschädigungslosen Maßnahmen war die Aneignung jüdischer Vermögen und Wirtschaftsbetriebe, in diesem Falle eines jüdischen Optikunternehmens.

Zu Aufgabe 1, S. 9

Hilfestellung: Einfälle zum Stichwort Hitler können sich beziehen auf die Person, auf Projektionen seiner Anhänger, auf das Bild, das die Propaganda von ihm zeichnet.

Einfälle zum Stichwort „die Deutschen" können sich sowohl auf Anhänger wie auf Gegner des Regimes beziehen. (Manchmal waren „die Deutschen" beides.) Verschiedene gesellschaftliche und Altersgruppen sind zu betrachten (Alte, Junge, Adlige, Bürger, Arbeiter, Deklassierte usw.). Auch jüdische Deutsche sind gemeint.

Zu Aufgabe 2 a, S. 9

Vgl. den Kommentar zu den jeweiligen Materialien oben. Hilfestellung ist nötig bei der Bearbeitung von M 6. Der kleingedruckte Text ist nicht ohne Weiteres zu entziffern, die Rolle des Kreisleiters der NSDAP sollte etwas genauer umrissen werden.

Zu Aufgabe 2 b, S. 9

M 2: Aus der Fotomontage Heartfields ist eine gegen das Finanzkapital gerichtete Perspektive erschließbar. Der Erscheinungsort („Arbeiter-Illustrierten-Zeitung") belegt diesen Blickwinkel.

M 3: Die Karikatur entstammt der Feder eines Regimegegners. Wer nicht weiß, dass es sich bei der Zeitschrift „Der wahre Jakob" um ein sozialdemokratisches Blatt handelt, kann die Perspektive aus dem Erscheinungsjahr noch genauer erschließen: Die Sozialdemokratie gehörte zu den frühen und entschlossensten Gegnern der Nationalsozialisten.

M 4: Die Fotografie von der Grundsteinlegung des Volkswagen-Werkes hat affirmativen Charakter. Sie zeigt die glänzenden Seiten der Diktatur und rückt deren „Leistungen" in den Mittelpunkt.

M 5: Die Perspektive des Propagandaplakates ist eindeutig.

M 6: Die „Bekanntmachung" lässt nur indirekt Rückschlüsse über das Verhältnis zwischen Hitler und den Deutschen zu. Das Plakat stammt vom Kreisleiter der NSDAP in Miesbach und dient als Beleg für die Eigeninitiative der subalternen Funktionäre im Sinne „des Führers". Insofern ist die Perspektive hier die der fanatischen Anhängerschaft Hitlers.

M 7: Auch hier ist nur eine indirekte Erschließung möglich: Ein „arischer" Firmeninhaber kündigt seinen Eintritt in die Geschäftsnachfolge eines renommierten Geschäftes aus der Wertheimkette an. Die Perspektive ist diejenige eines durchschnittlichen Profiteurs, der möglicherweise nicht politisch denkt und eine gleichgültige Haltung einnimmt.

Zu Aufgabe 3, S. 9

Hilfestellung: Der erste Begriff regt zur Auseinandersetzung mit dem Wortbestandteil „Volk-" an. Dieser ist enthalten in: Volkswagen, Volksempfänger, Volksbank. Die Einsetzung dieses Begriffes suggeriert erstens eine für die breite Bevölkerung beabsichtigte „Wohltat", ein Konsumangebot bzw. ein Angebot zur Hilfe bei der Vermögensbildung. Zweitens wird durch diesen Begriff eine Einheitlichkeit angedeutet, die in Wirklichkeit so nicht vorhanden war. Der zweite Begriff kann im Rahmen dieser Erstbegegnung mit den Inhalten des Kursheftes verengt werden auf die Verbrechen gegenüber den jüdischen Deutschen. Hier werden die Schüler bereits wesentliches Vorwissen einbringen können.

Zu Aufgabe 4, S. 9

Vgl. den Kommentar zu M 6 und M 7 oben.

Beide Dokumente stehen im Kontext der Ausgrenzung und Entrechtung der jüdischen Bevölkerung. M 6 führt die aktive Bereitschaft regionaler Parteimitglieder vor Augen, die noch vor den Nürnberger Gesetzen, nämlich im August 1935 Realitäten in einem Ferienort schaffen wollten.

M 7 belegt mangelndes Unrechtsbewusstsein eines Profiteurs. Die Postkarte steht darüber hinaus für eine verbrecherische Umverteilung von jüdischem Besitz, an dem sich mancher Deutsche bereicherte.

Zu Aufgabe 5, S. 9

Leitfragen könnten sein:

- Welche Möglichkeiten der Realitätswahrnehmung und Ideologiekritik hatten „die Deutschen“ in der Zeit der Diktatur?
- Welche Voraussetzungen oder Hintergründe erleichterten Konformität oder die Affinität zum Regime?
- Welche Rolle spielte die Person Hitlers?
- Kann man von wirtschaftlichen Erfolgen in der Zeit der Diktatur sprechen?
- Welche Haltung nahm die jüdische Bevölkerung angesichts der Ausgrenzungs- und Entrechtungsmaßnahmen der Diktatur ein?

Abschließend zur Einstiegsphase in das Thema des Kursheftes kann folgendes Tafelbild eine Zusammenfassung bieten. Dabei werden einerseits die Ergebnisse aus der Beschäftigung mit den Materialien und Aufgabenstellungen aufgegriffen und andererseits ergänzende Informationen zur Biografie Hitlers und zur Verschiedenheit der deutschen Gesamtbevölkerung gegeben.

VISUALISIERUNG

Hitler und die Deutschen

„Führer“ – Charisma – Mythos	*„Volksgemeinschaft“* – Gleichheit – nationale Einheit – ethnische Einheitlichkeit
Widerspruch zwischen Ideologie, Propaganda und Realität	
– Schulabbrecher – gescheiterter Künstler – Weltkriegsgefreiter – geschickter Redner – Agent der Reichswehr	– „Reichsdeutsche“ – „Volksdeutsche“ – jüdische Deutsche – Bayern, Sachsen, Preußen etc. – Zugehörigkeit zu unterschiedlichen gesellschaftlichen Schichten

Lösungen zum Vorwissenstest, S. 10

1C – 2B – 3A – 4C – 5B – 6B – 7A – 8C – 9C – 10B – 11A – 12C

Kapitel 2
Das Scheitern der Weimarer Republik

M 1, S. 11
Hitler in der Nacht zum 31. Januar 1933 bei seiner ersten Rundfunkansprache

Das Bild zeigt, dass Hitler zur Stabilisierung und zum Ausbau seiner Macht alle modernen Propagandamittel einsetzt, also auch den Rundfunk, um die Masse der Bevölkerung zu beeinflussen.

Zu Aufgabe 1, S. 15

Im Darstellungstext werden folgende Hintergründe angesprochen:
- Weltwirtschaftskrise, 1929: hohe Arbeitslosigkeit in Deutschland
- Antidemokratische Einstellungen: Fortdauer der gefestigten Machtposition der alten Eliten des Kaiserreiches in Militär, Verwaltung, Justiz (Politische Justiz, vgl. den letzten Abschnitt des Kommentars zu Arbeitsauftrag 1, S. 20) und Wirtschaft, Vertrauensverlust der demokratischen Parteien und Politiker durch häufige Regierungswechsel
- Belastungen durch die militärische Niederlage: Kriegsschulden, Kriegsopferversorgung
- Belastungen durch den Versailler Vertrag: Gebietsabtretungen, Verpflichtung zu Reparationszahlungen, Artikel 231 (Festschreibung der Verantwortlichkeit Deutschlands für den Ausbruch des Ersten Weltkrieges)
- Sozialpolitische Gründe: mangelndes sozialstaatliches Engagement der Politik

Ergänzend sei schon hier auf die verhängnisvollen Bestimmungen der Weimarer Verfassung hingewiesen, die es einer kleinen Machtelite in den letzten Jahren der Weimarer Republik ermöglichte, demokratische Strukturen zu unterlaufen (Artikel 48: Gesetzgebungsrecht des Reichspräsidenten im Krisenfall, Artikel 25: Recht des Reichspräsidenten zur Auflösung des Reichstages, Artikel 53: Kontrolle der Regierung durch den Reichspräsidenten durch Ernennung und Entlassung von Kanzlern und Ministern). Siehe Visualisierung „Scheitern der Weimarer Republik".

Der Tafelanschrieb verweist lediglich auf strukturelle Aspekte. Im Unterricht kann diskutiert werden, welche Bedeutung das Handeln einzelner politischer Akteure hatte. Besonders die Rolle des Reichspräsidenten von Hindenburg werden Schülerinnen und Schüler der Sekundarstufe bereits ansatzweise erfassen können.

Zu Aufgabe 2, S. 15

Die Ideologie der „Volksgemeinschaft" strebte die Herausbildung einer homogenen, nach den Überzeugungen der Rassenlehre ausgewählten und dem übergreifenden nationalen Prinzip untergeordneten deutschen Bevölkerung an. Ausgegrenzt wurden all jene Bevölkerungsgruppen, die nach der rassistischen Dogmatik über „deutsches Blut" (das im germanischen oder „arischen" Menschen fließt, – in beiden Fällen handelt es sich dabei um Konstruk-

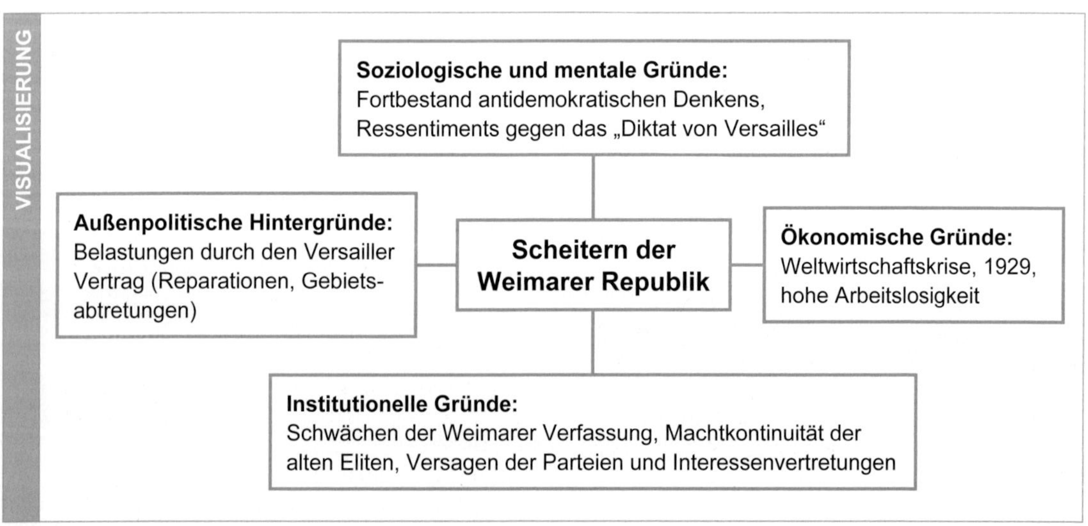

tionen nationalsozialistischer Ideologen) nicht verfügten:

- Juden
- Sinti und Roma
- Slawen

Im Begriff der „Rassenhygiene“ verbanden sich medizinische und erbbiologische Theorien und Handlungsansätze, die in ideologisierter Wissenschaftsgläubigkeit angeblich schlechte Erbanlagen ausmerzen wollten und die Tötung Kranker und schwacher Mitglieder der Gesellschaft zum Schutz der „Volksgemeinschaft“ rechtfertigten.

Eine solche „Volksgemeinschaft“ sollte dem Pluralismus der Interessen ein Ende bereiten und eine größtmögliche Kompatibilität mit dem Einparteienstaat aufweisen. M2 belegt den Unterricht im Fach „Rassenkunde“, das seit 1933 fester Bestandteil im Unterrichtskanon aller Schulen war. Die auf dem Foto gezeigten Bildtafeln suggerieren eine mögliche Zuordnung von Menschen zu bestimmten „Rassen“ aufgrund physiognomischer Merkmale.

Zu Aufgabe 3, S. 15

Im Begriff *„Rassenantisemitismus“* verbinden sich Rassismus und Antisemitismus. Beides sind weltanschauliche Überzeugungen, die sich im 19. Jahrhundert herausbildeten. Der französische Diplomat und Schriftsteller Arthur Gobineau gilt als Begründer einer pseudowissenschaftlichen Rassenlehre, die den „Arier“ als herrschenden Typus über alle anderen Rassen stellte. In der Zusammenfügung von Rassenlehre und Antisemitismus wandelten sich auch die Inhalte des zweiten Begriffes: Antisemitismus bedeutete nicht mehr – wie dies traditionell der Fall war – die Ablehnung jüdischer Menschen aus religiösen oder sozialen Gründen, sondern aufgrund einer mithilfe der Rassenlehre konstruierten Minderwertigkeit. Unterstellt wurden jetzt biologische Defizite, die jüdische Menschen unter „Arier“ stellen.

Der Begriff *„Antisemitismus der Tat“* stammt von dem Historiker Michael Wildt. Er will damit auf die Unterschiede zwischen dem bereits rassisch motivierten Antisemitismus des Kaiserreiches und dem Antisemitismus der Nationalsozialisten hinweisen. Mit diesem Begriff verbindet sich die These, dass antisemitische Ideen und Theorien in der Zeit des Kaiserreiches nicht in die Tat umgesetzt wurden, unter den Nationalsozialisten aber schon und zwar seit der Machtübernahme 1933.

Zu Aufgabe 4, S. 15

„Lebensraumpolitik“ basiert auf der Ideologie des Rassismus, des Sozialdarwinismus und des Rassenantisemitismus: Diese diente als Rechtfertigung für den Anspruch der Nationalsozialisten, in anderen Staaten und geografischen Räumen die Herrschaft zu übernehmen. Eine extreme Auslegung erfuhr der Anspruch auf „Lebensraum“, als die nationalsozialistische Kriegführung im Osten zu einem „Lebenskampf“ stilisiert wurde.

M 2, S. 15
„Rassekundlicher“ Unterricht in einem Schulungslager für Schulhelferinnen in Nürtingen, Fotografie, 1943

Auf der vermutlich arrangierten Aufnahme von Liselotte Orgel-Köhne, der in der NS-Zeit eine beachtliche Karriere als freiberufliche „Bildberichterstatterin“ gelang, sind zwei junge Frauen vor einer Wandtafel zu sehen, die „Bilder deutscher Rassen …“ zeigt. Erkennbar sind drei Fotoreihen, die jeweils Seiten- und Frontalansicht verschiedener Köpfe enthalten. Die Worterklärung unter der oberen Fotoreihe lautet „Ostbaltische Rasse“ (gemeint ist damit ein Menschentypus, den die NS-Rassentheoretiker vor allem östlich des baltischen Raums in Russland verorteten). Die Porträts der Mittelreihe sollen vermeintlich zeigen, wie die „Ostische Rasse“ aussieht (gemeint sind Menschen, die angeblich aus dem Osten in die mitteleuropäischen Gebirgsregionen der Alpen eingewandert sind). Ganz unten behauptet die Zuschreibung „Dinarische Rasse“, es gebe einen rassischen Typus, der insbesondere in den Dinarischen Alpen (Gebirge in Südosteuropa) verbreitet sei. Gegenüber der „nordischen Rasse“ (auf dem Bild nicht zu sehen) werden gemäß der NS-Rassenideologie die gezeigten Typen abgewertet.

M 3, S. 16 ff.
Musste die Weimarer Republik scheitern?

Siehe Erläuterungen zu den Aufgaben 1 und 2.

Zu Aufgabe 1, S. 18

Dem Ausschnitt aus der Darstellung Eberhard Kolbs lassen sich dieselben Begründungen entnehmen, die bereits im Kommentar zu Aufgabe 1, S. 15 genannt werden (siehe oben, vgl. auch die dort angebotene Visualisierung im Tafelanschrieb).

Kolb nimmt eine deutliche Gewichtung unter den von ihm genannten Faktoren vor, die das Ende der Weimarer Republik herbeiführten. Er betont die *zentrale Verantwortung der alten Eliten,* die – von antidemokratischem Denken und von Sehnsüchten nach autoritärer Herrschaft geprägt – „den Staat von Weimar in einer großangelegten Offensive zertrümmerten“ (Z. 165f.). Wie ein roter Faden durchzieht diese Akzentuierung den gesamten Textausschnitt: Eingangs beschreibt Kolb ausführlich die Entwicklung der politischen Mentalitäten seit Beginn der ersten deutschen Republik ausgehend von dem „Gründungskompromiss“, 1918/19 (Z. 44, genauer: Z. 15–45) zwischen den alten Eliten aus „Großlandwirtschaft und Industrie, Militäraristokratie und Großbürgertum“ (Z. 75f.) und den republiktreuen Kräften aus Arbeiterschaft und Bürgertum bis hin zur Aufkündigung eben dieses aus der Not geborenen Kompromisses seit 1928, als seitens der Unternehmer der Interessensausgleich zwischen Kapital und Arbeit allmählich „aufgekündigt“ worden sei (Z. 52f.). Auch als Kolb die *institutionellen Hintergründe für das Ende der Weimarer Republik* (Präsidialsystem, Versagen der Parteien und Interessensverbände) betrachtet (Z. 57–126), rückt er das antidemokratische Denken und Handeln der politischen Akteure in ein helles Licht (bes. Z. 107–112). Im selben Zusammenhang, also ebenfalls in untergeordneter Perspektive, verweist er auf die *Weltwirtschaftskrise* und deutet in der Formulierung, mit dieser seien „soziale Ängste“ äußerst virulent geworden (Z. 64), auch eine *psychologische Komponente im Bündel der Faktoren* an, die das Ende der Weimarer Republik herbeiführten. Am Ende des Textausschnittes nimmt der Historiker Eberhard Kolb eine Wertung vor, indem er trotz einer Kritik an den Fehleinschätzungen und Versäumnissen der demokratischen Mitte und Linken deren Versagen geringer gewichtet als das aktive Streben nach einer Beseitigung der Republik durch die politische Rechte im Deutschen Reich (Z. 142–155).

Aus dem Textausschnitt in M3 lassen sich folgende Gründe für das Scheitern der Weimarer Demokratie nicht herausarbeiten, sie sollten aber dennoch thematisiert werden:

- außenpolitische Belastungen als Folgen des Ersten Weltkrieges (Reparationsforderungen, Problematik der Gebietsabtretungen, Ressentiments gegen die Westalliierten aufgrund der einseitigen Zuweisung der Schuld am Ausbruch des Krieges an die Verlierer)
- Schwächen der Weimarer Verfassung (Wertneutralität, Fehlen einer Sperrklausel, quasimonarchische Position des Reichspräsidenten)
- Bedeutung einzelner Akteure (von Papen, Schleicher, Hindenburg)

Zu Aufgabe 2, S. 18

Folgende Übersicht, die auch mit Blick auf M6, S. 20, erstellt werden kann, erleichtert das Urteil:

Stabilisierende Faktoren:

- Bildung der „Weimarer Koalition“ aus SPD, Z, DDP nach den ersten Wahlen 1919 mit über zwei Drittel der Stimmen
- Bewältigung der Krisen 1920–1923
- Stinnes-Legien-Abkommen: Bündnis zwischen Unternehmern und Gewerkschaften 1918
- Abbau der Reparationsverpflichtungen bis zur völligen Einstellung der Zahlungen nach der Konferenz von Lausanne 1932
- Außenpolitik Gustav Stresemanns (DVP): Höhepunkte im Vertrag von Locarno, 1925, und im Beitritt zum Völkerbund, 1926

Destabilisierende Faktoren:

- Krisenphänomene 1920–23, v. a.: politische Justiz und Putschversuche
- Machtkontinuität der alten Eliten in Militär, Verwaltung, Wirtschaft
- Fehler der Weimarer Verfassung (Art. 48, 25, 53)
- Schwäche und Versagen demokratischer Parteien und Interessensvertretungen
- Weltwirtschaftskrise, 1929, und ihre Auswirkungen auf Deutschland (Existenzangst)
- Ressentiments gegenüber dem westlichen Ausland und Gefühl der Demütigung durch den Versailler Vertrag
- Streben nach monarchischer bzw. autoritärer Führung durch die bestimmenden Politiker der Jahre 1929–33
- allgemeine Verunsicherung durch das Tempo der Modernisierung in ganz Europa (Industrialisierung, politische Partizipation, kulturelle Liberalisierung): Entwicklung von Diktaturen und autoritären Systemen

---

Die Gegenüberstellung zeigt, dass deutlich mehr destabilisierende Faktoren auf die erste deutsche Republik einwirkten. Die These von einem geradezu zwangsläufigen Scheitern erscheint mit Blick auf die Entwicklung in den bereits länger bestehenden

parlamentarischen Systemen wie Großbritannien und Frankreich durchaus einleuchtend: Auch hier erschütterten die wirtschaftlichen Krisen der Zwanzigerjahre in der Folge des Ersten Weltkrieges und die Weltwirtschaftskrise die Gesellschaft beider Staaten, Linksparteien gewannen enormen Zulauf, aber ihnen gelang es nicht lange, eine Regierung zu führen. Extreme Rechtsparteien konnten in beiden Gesellschaften nur relative Erfolge erzielen und nicht die Wählerbasis konservativer und nationalliberaler Parteien gewinnen. Überdies – so paradox dies klingt – scheint die imperiale Tradition des Kolonialismus ein demokratiefreundliches Klima in Großbritannien und Frankreich gefestigt zu haben (ökonomische und soziale Vorteile für die Bürger, Ermöglichung breiter Aufstiegschancen, Unterfütterung der nationalen Wirtschaften).
Literaturtipp: Lutz Raphael, Imperiale Gewalt und mobilisierte Nation. Europa 1914–1945, C. H. Beck, München 2011.

M 4, S. 18 f.
Hitlers Bedeutung für die NSDAP

Siehe Erläuterungen zu den Aufgaben 1 und 2.

Zu Aufgabe 1, S. 19

Hitler wird nicht nur bei Wildt als derjenige vorgestellt, der in den Anfangsjahren der DAP/NSDAP für eine größere Anhängerschaft dieser neuen und noch kleinen Partei sorgte. Der Weltkriegsgefreite, der an der Front vorübergehend erblindet und nach dem Krieg als Agent der Reichswehr tätig war, fand durch seine Spitzeltätigkeit zur DAP, deren politischer Führer er nach der Umbenennung in NSDAP (1920) bald wurde. Ausschlaggebend war vor allem das rhetorische Geschick Hitlers. Zentral sind Wildts Aussagen in Z. 27–34:

- Zum einen betont er, eine Bagatellisierung und Verhöhnung der agitatorischen Reden Hitlers gleiche insofern der Einschätzung etlicher Zeitgenossen, die die Auftritte Hitlers lächerlich fanden und als ungefährlich einstuften.
- Zweitens legt Wildt Wert auf die Bedeutung der Rezeption dieser Rede-Auftritte, denn ohne eine bestimmte emotionale Empfänglichkeit breiterer Bevölkerungsgruppen wären diese nicht so erfolgreich gewesen. Diese Akzentuierung stellt Wildt den theoretischen Ausführungen Max Webers zur Beschreibung charismatischer Herrschaft gegenüber. Schon Weber hatte die Bedeutung der „charismatisch Beherrschten“ (Z. 67) hervorgehoben: Ihre Akzeptanz, Bewertung und treue Anhängerschaft verleiht dem Herrscher erst die Macht.

Zu Aufgabe 2, S. 19

Definition charismatischer Herrschaft nach Max Weber:

- Herausbildung einer Anhängerschaft, die einem Herrscher in quasireligiöser Verehrung folgt
- Erhöhung des Herrschers zu einer mythischen Größe (im Sinne einer unantastbaren, heldenhaften, unbesiegbaren Führergestalt)
- fraglose Akzeptanz der von einem solchermaßen verehrten „Führer“ geschaffenen oder vollendeten Ordnung

Nach Wildt bestand die Anziehungskraft Hitlers für die NSDAP vor allem darin, dass er die Partei durch seine rhetorischen Auftritte aus der Bedeutungslosigkeit herausholte und ihr eine größere Anhängerschaft verschaffte (Z. 10 f., 14–26).
Stellvertretend für die große Zahl der Anhänger Hitlers und damit der NSDAP nennt Wildt Hans Frank, den späteren Massenmörder und Generalgouverneur Polens. Dieser – ebenfalls einer der Getreuen der ersten Stunde – spricht von der „Seele“, die Hitler in allen Zuhörern angesprochen hätte (Z. 53 f.). Damit gibt Frank einen deutlichen Hinweis auf die irrationale Anziehungskraft, die der Parteiführer auf seine Anhänger ausübte. Ebenso ist mit diesem Zitat ein Aspekt der Definition Max Webers belegt, nämlich die fraglose, geradezu „gläubige“ Haltung derjenigen, deren innerste Emotionen vom charismatischen Herrscher angesprochen werden.

M 5, S. 19 f.
Organisation, Strategie und Taktik der NSDAP vor 1933

Siehe Erläuterungen zu den Aufgaben 1 und 2.

Zu Aufgabe 1, S. 20

Kolb verweist auf das wachsende Anhängerpotenzial der NSDAP Ende der Zwanzigerjahre im Zuge der Auswirkungen der Weltwirtschaftskrise. Gleichzeitig macht er darauf aufmerksam, dass nur eine ebenso stabile wie dehnungsfähige Organisationsstruktur die immer größer und differenzierter werdende Anhängerschaft der Demokratiegegner integrieren konnte.

Die *Organisation* der Partei nach ihrer Neugründung war folgendermaßen darauf ausgerichtet:
- Aufbau nach einem streng *hierarchischen Prinzip* (Folge: Unterordnung der paramilitärischen SA unter die politische Parteiführung, Z. 76–78, grundsätzlich: Gestaltung der Parteiorganisation nach dem unangefochtenen und unanfechtbaren Willen des Parteiführers Hitler)
- *Bildung entsprechender Unterorganisationen innerhalb der Partei*, um den unterschiedlichen Interessen und Bedürfnissen der unterhalb zentraler Sammlungs- und Bewegungsmotive divergierenden Vorstellungen der Parteimitglieder Rechnung zu tragen (Z. 91–103)
- *Herstellung von Querverbindungen* zu wirtschaftlichen Interessenverbänden, namentlich zu den Verbänden der Angestellten und der Landwirte und Gutsbesitzer, um weitere Anhängerschichten zu gewinnen (Z. 104–112). Dieses Vorgehen kann auch als *Strategie* bezeichnet werden.

Die *Taktik* der NSDAP veränderte sich nach ihrer Neugründung im Jahr 1925 entscheidend: Noch 1923 war der *gewaltsame Weg, der Putsch*, das probate Mittel, um Herrschaft zu erlangen. Das Scheitern des Putsches 1923, die anschließende Inhaftierung der Verantwortlichen und das vorübergehende Verbot der NSDAP führten zum Umdenken: Maßgeblich war nach 1925 die Taktik, *legal – über demokratisch nutzbare Möglichkeiten* – die Herrschaft zu erobern. Joseph Goebbels, der spätere Reichspropagandaminister, hatte dies bereits 1928 in einem Artikel (Der Angriff Nr. 18 vom 30. April) so formuliert: „Wir gehen in den Reichstag hinein, um uns im Waffenarsenal der Demokratie mit deren eigenen Waffen zu versorgen" (vgl. Kursheft, Arbeitsauftrag 6, S. 35).

Im Kontext dieser Aufgabenstellung sei ergänzend hingewiesen auf die verhängnisvolle Bedeutung der politischen Justiz in der Weimarer Republik: Hitler und weitere für den Putsch verantwortliche Mitglieder der NSDAP waren ursprünglich zu fünf Jahren Festungshaft verurteilt worden, eine Freilassung erfolgte aber bereits nach weniger als einem Jahr. So waren die Putschisten bereits 1925 wieder auf freiem Fuß und konnten die Zeit nutzen, um die NSDAP entsprechend den geänderten Zielen und der Strategie umzugestalten. Wenn die fünfjährige Haftzeit tatsächlich vollstreckt worden wäre, hätte die Partei im Jahr 1929 bei Ausbruch der Weltwirtschaftskrise längst keine so stabile und handlungsfähige Organisationsstruktur besessen.

Neugründung der NSDAP, 1925

Organisation:	*Strategie:*	*Taktik:*
strenge Hierarchie, Differenzierung durch Unterabteilungen	Herstellen von Verbindungen zu einflussreichen Verbänden	Ersetzen der Putschtaktik durch Legalitätstaktik

verhängnisvoll: frühe Umstrukturierung infolge politischer Justiz, Folge: Bestehen eines funktionstüchtigen Parteiapparates bei Beginn der Weltwirtschaftskrise 1929

M 6, S. 20
Ergebnisse der Reichstagswahlen 1919–1933

Siehe Erläuterungen zur Aufgabe 1.

Zu Aufgabe 2, S. 20

Gewinner der Wahl zur Nationalversammlung von 1919 war die SPD (37,9 %), die jedoch die absolute Mehrheit verfehlte. Ein Zusammengehen mit der USPD (7,6 %) hätte zur parlamentarischen Mehrheit nicht ausgereicht und war auch angesichts deren radikaleren linken Position nicht möglich. Die SPD entschied sich für ein Zusammengehen mit den bürgerlichen Parteien der Mitte, Zentrum/BVP (19,7 %) bzw. der DDP (18,5 %). Reichspräsident Ebert formte unter dem Sozialdemokraten Philipp Scheidemann eine Koalitionsregierung aus MSPD, Zentrum und DDP. Die sogenannte Weimarer Koalition bestand damit aus den Mehrheitsparteien des alten Reichstags, die seit Bildung des Interfraktionellen Ausschusses (1917) einander nähergerückt waren. Ihre gemeinsame Basis war das Streben nach Parlamentarisierung und Demokratisierung des Staatswesens. Bei den Wahlen zur Nationalversammlung vom Januar 1919 errangen die staatstragenden Parteien (SPD, Zentrum, DDP) 76,1 % der Stimmen. Bereits bei den Wahlen zum 1. Reichstag am 6. Juni 1920 schmolz der Stimmenanteil dieser Parteien erdrutschartig auf 48,2 % zusammen. Die Gefahr eines Putsches von rechts (Kapp-Putsch) bzw. die Enttäuschung über die gemäßigte Haltung der SPD stärkten das Lager der radikalen Linken (USPD 17,9 % [81 Sitze], KPD 2,1 % [4 Sitze], zusammen knapp 20 %). Die bevorstehende Unterzeichnung des Versailler Vertrages durch die deutsche Reichsregierung (28. Juni 1919) stärkte die rechten Gegner der Republik (DNVP 15,1 % [71 Sitze], DVP 13,9 % [65 Sitze], zusammen fast 29 %). Trotz der Bewältigung des Krisenjahres 1923 setzte sich bei den Wahlen zum 2. Reichstag (Mai 1924) die Talfahrt der „Weimarer Koalition" fort. Zwar verringerte sich der Stimmenanteil der radikalen Linken, der der Rechtsparteien indes stieg auf 35,2 %. Erst während der Phase der relativen Stabilisierung der Weimarer Republik (3./4. Reichstag 1924/28) gelang es der „Weimarer Koalition", ihre rechten und linken Gegner in die Schranken zu weisen, ohne dadurch allerdings die absolute Mehrheit erringen zu können. Die radikale Linke, nach der Auflösung der USPD vertreten durch die KPD, erreichte 9,3 bzw. 10,6 %, die Rechtsparteien 33,6 bzw. 25,5 %. DNVP und NSDAP zeigten deutliche Einbrüche zugunsten weniger radikaler Kleinparteien des republikfeindlichen Lagers („Sonstige"). Nach Ausbruch der Weltwirtschaftskrise Ende der 1920er-Jahre lässt sich eine stetige Abnahme des Wählerzuspruchs für die „Weimarer Koalition" beobachten, der 1930 auf 43,1 %, im Juli 1932 auf 38,3 %, im November 1932 auf 36,4 % und im März 1933 auf 33,1 % sank. Gleichzeitig zeigte sich ein enormes Erstarken der radikalen Gegner der Republik. Der NSDAP gelang der große Einbruch in das Lager der Anhänger der Rechtsparteien, sie konnte jedoch auch einstige Wähler der Mitte für sich gewinnen. Die Nationalsozialisten steigerten ihre Wahlergebnisse von 18,3 % (1930) auf 37,3 % (Juli 1932) und – nach einem leichten Rückgang bei den Wahlen zum 7. Reichstag vom November 1932 – schließlich auf 43,9 % (1933). Im Gegensatz dazu nahmen sich die Stimmengewinne der KPD eher bescheiden aus: 13,1 % (1930), 14,3 % (Juli 1932), 16,9 % (November 1932). Unter den eingeschränkten Bedingungen der Märzwahlen 1933 erreichte sie nur mehr 12,3 %.

Fazit: Im Verlauf der Weimarer Republik verloren die staatstragenden Parteien der „Weimarer Koalition" ihre anfangs führende Stellung. Die Gegner der Republik verzeichneten deutliche Stimmengewinne, dabei vor allem die Gegner von rechts, darunter seit 1930 namentlich die NSDAP.

M 7, S. 21
NSDAP-Plakate zu den Reichstagswahlen 1930 und 1932

Siehe Erläuterungen zu den Aufgaben 1 und 2.

Zu Aufgabe 1, S. 21

Aussage des Plakates ganz links:
Das Plakat richtet sich an die Frauen, deren Vertreterinnen im identifizierenden „Wir ..." unterstellt wird, sie wählten die NSDAP.

Darstellerische Mittel:
Von beiden Frauen sind nur die Gesichter zu sehen. Diese beiden Gesichter bilden Gegensatzpaare: Diejenige mit den dunklen, glatten Haaren ist vorne etwas tiefer als die hinten dargestellte blondlockige Frau platziert. Die Blonde blickt lächelnd in die Ferne, während die Dunkle melancholisch und ernst schaut. Das Identifikationsangebot richtet sich also an unterschiedliche Frauentypen.

Aussage des Plakates in der Mitte links:
Angesprochen sind hier die Bauern. Einer ihrer Vertreter wird in Übergröße gezeigt, betont und positiv dargestellt werden seine Gesundheit, Kraft und Handlungsbereitschaft. Im Text tritt ebenfalls das zur Identifikation aufrufende „Wir ..." auf.

Darstellerische Mittel:
Zentrale Metapher in Text und Bild ist das Ausmisten (des Stalles), das eine Anspielung auf die abwertend dargestellte Gesellschaft der Weimarer Republik enthält. Auf der Mistgabel des übergroßen blonden bäuerlichen Germanen befinden sich in verzerrter Darstellung gnomenhaft skurrile Gestalten, die als Repräsentanten der Sozialdemokratie (Ballonmütze), des Kapitals (Geldscheine) und der diffamierten jüdischen Bevölkerungsgruppe (krumme Nase) ausgewiesen werden. Zuletzt hebt ein zorniger Kommunist eine brennende Fackel hoch. Die Szene ist vor rotem Hintergrund abgebildet. Die Schlagzeile ist einprägsam und bildhaft.

Aussage des Plakates in der Mitte rechts:
Die NSDAP definiert sich nicht in Bezug auf das System der Weimarer Republik, sondern in Hinblick auf die karikierten Gegner, die sie in diesem System sieht – einen Kommunisten mit Dolch, einen Juden in gebückter Haltung, einen schwatzenden Sozialdemokraten mit Ballonmütze, Brüning mit

Art. 48 –, und den positiven Bezug zur Industrie und zum deutschen Arbeiter.

Darstellerische Mittel:

Vor einem riesigen Hakenkreuz in Form eines Betonblocks, der über einer Industriesilhouette thront, steht ein heldenhafter, entschlossener junger Arbeiter, barhäuptig im Hemd mit aufgerollten Ärmeln, und blickt ernst auf eine Gruppe zwergenhafter protestierender und unsympathischer Figuren: allen voran einen fetten, reklamierenden Sozialdemokraten mit Brille und Ballonmütze, der auf die Einflüsterungen eines sich feige hinter ihm bückenden Juden hört, der gefolgt wird von einem als Räuber mit spitzem, verborgenem Dolch verkleideten KPD-Mann. Zwischen den Beinen des jungen Arbeiters duckt sich Brüning, der den Art. 48, mit dessen Hilfe er regiert, hochreckt.

Aussage des Plakates ganz rechts:

Der starke Arm der NSDAP hält den Abfluss des Geldes auf, das angeblich der arbeitenden Bevölkerung von einem Sozialdemokraten entzogen werden soll. Die Darstellung richtet sich gegen die Reparationszahlungen, die das Deutsche Reich bis 1932 vor allem an Frankreich entrichten musste.

Darstellerische Mittel:

Ein rot gekleideter Sozialdemokrat trägt einen Geldsack mit der Aufschrift „2 Milliarden jährliche Tributlast“ nach Westen, im Hintergrund ist am linken Bildrand der Eiffelturm zu sehen. Ein übergroß, von oben rechts ins Bild ragender Arm mit dem Hakenkreuz auf der Armbinde hält den wie einen Dieb dargestellten Sozialdemokraten zurück. Der Text macht deutlich, dass der Abwanderung des Geldes Einhalt geboten wird, denn es „gehört dem schaffenden Volke“.

Fazit: Die Plakate sprechen vor allem Arbeiter, Bauern, Frauen und allgemein die „schaffende“ Bevölkerung (Angestellte, Handwerker) an. Deutlich wird die Gegnerschaft zu Sozialdemokratie und Kommunismus, ebenso zu vorgeblich jüdischen Spekulanten und Kapitalisten. Alle vier Plakate sind stilistisch einfach und auf eine emotionale Wirkung angelegt. Gearbeitet wird mit den Mitteln des Kontrastes und der grotesken Überzeichnung. Es handelt sich um eine negative Propaganda, die angeblich bestehende Zustände der Weimarer Republik anzugreifen suchte. Deutlich wird der Kontrast zwischen dem positiven „Wir“ und den diffamierten anderen, denen mit einem schlagkräftigen „Halt!“ Einhalt geboten wird. Dem entspricht die heroisch-idealisierte Darstellung des Bauern oder Arbeiters, denen grotesk überzeichnete, zwergenhafte Gegner gegenübergestellt werden. Die heroisch überdimensionierte blonde Männergestalt gehört ebenso zur angriffsbereiten Bildsymbolik wie geballte Fäuste, das Hakenkreuz und auf Einprägsamkeit angelegte Schlagworte.

Zu Aufgabe 2, S. 21

Eine Fundgrube bietet das virtuelle Museum des Deutschen Historischen Museums in Berlin: www.dhm.de/sammlungen/plakate/

M 8, S. 21 f. Der Historiker Reiner Marcowitz über das soziale Profil der NSDAP-Mitglieder und -wähler (2007)

Siehe Erläuterungen zu den Aufgaben 1 und 2.

Zu Aufgabe 1, S. 22

Die Wähler der NSDAP zwischen 1930 und 1933 stammten aus folgenden gesellschaftlichen Gruppen:

- Mittelstand: Angehörige des „alten“ Mittelstandes – Landwirte, Handwerker und Einzelhändler – waren deutlich überrepräsentiert; der „neue“ Mittelstand – Beamte, Angestellte – wählte dagegen nur im durchschnittlichen Maß die NSDAP (Z. 46–60).
- Höheres Bürgertum: Vor allem die Wähler der DNVP und der DVP wechselten zwischen 1930 und 1932 zur NSDAP (Z. 25–27).
- Arbeiterschaft: Auch in dieser Gruppe konnte die NSDAP Stimmengewinne verbuchen, allerdings deutlich weniger als in den beiden zuerst genannten Gruppen (Z. 29–31). Bemerkenswert: Arbeitslose wählten mehrheitlich nicht die NSDAP, sondern eher KPD und SPD (Z. 61–64).
- Protestanten: Hier ergibt sich eine auffällige Diskrepanz. Mehr als doppelt so viele Protestanten wie Katholiken wählten die NSDAP (Z. 69–73).

Fazit: Vor allem Frauen, Katholiken und Arbeitslose waren wenig empfänglich für die Werbung der NSDAP. Die Mitglieder der NSDAP rekrutierten sich ebenfalls überwiegend aus dem Mittelstand: In der Regel waren es Handwerker, kleine Beamte und Angestellte. Nicht am Anfang, aber im Verlauf der Zeit gewann die NSDAP auch Mitglieder aus dem Bildungsbürgertum. Die Zahl der Landwirte unter den Mitgliedern war hoch, gemessen an ihrem Anteil an der Zahl der Erwerbstätigen insgesamt. Relativ hoch war auch die absolute Zahl der Arbeiter unter den Mitgliedern, obwohl sie im Vergleich zum prozentualen Anteil der Arbeiterschaft an der Gesamtbevölkerung unterrepräsentiert waren. Grundsätzlich waren es eher die jüngeren Mitglieder der deutschen Bevölkerung, die nach 1890 Geborenen, für die die NSDAP ein attraktives Angebot darstellte (Z. 89–107).

Zu Aufgabe 2, S. 22
Tatsächlich zeigen drei der hier abgedruckten Plakate deutlich, *wogegen* sich die NSDAP wandte, aber es wird keineswegs klar, *wofür* man sich entschied, wenn man die NSDAP wählte. Lediglich das dritte Plakat von links deutet im Hintergrund an, dass sich die NSDAP für industriellen Fortschritt einsetzen will. Nachvollziehbar ist die These von Jürgen Falter auch insofern, als sich die Problematik einer solchen Sammlungs- und Bewegungspartei Ende 1932 bereits ankündigte, als bereits einzelne Wählergruppen wieder von der NSDAP abfielen (M 8, S. 21 f., Z. 120–128).

M 9, S. 23 f. Die Ernennung Hitlers zum Reichskanzler am 30. Januar 1933 – Ursachen und Hintergründe

Siehe Erläuterungen zu den Aufgaben 1 und 2.

Zu Aufgabe 1 a, S. 24
Der Textausschnitt ermöglicht eine Charakterisierung Hitlers und Hindenburgs. Erwähnt werden nebenbei Franz von Papen und Heinrich Brüning, allerdings lassen die entsprechenden Hinweise keine Charakterisierung zu.
Reichspräsident Paul von Hindenburg stand der DNVP nahe, er entstammte dem ostpreußischen Adel, dessen politische Einstellung und Interessen er weitgehend teilte. Als Reichspräsident fungierte er als Teil der Exekutive und trug Verantwortung für die Entscheidung, dem NSDAP-Vorsitzenden Hitler die Kanzlerschaft in einer Rechtskoalition zu überlassen. Wolfram Pyta zufolge traf Hindenburg diese Entscheidung, weil er das Reichspräsidentenamt aus der seit 1930 immer manifester werdenden Praxis einer Regierung mithilfe präsidialer Notverordnungen herausnehmen wollte (Z. 60–63). Die Aussicht auf Neuwahlen nach einer Auflösung des Reichstages und damit auf handlungsfähige Mehrheiten, die das von Hitler, der NSDAP und der DNVP angestrebte Ermächtigungsgesetz tragen würden, kam dem Reichspräsidenten gelegen, da auf diese Weise – ohne vordergründiges Agieren der präsidialen Exekutive – auf formal legale Weise dem parlamentarischen System ein Ende bereitet werden konnte (Z. 79–91). Hinzu kam, dass sich nach Hindenburgs Wahrnehmung in diesem neuen Kabinett erstmals alle „nationalen Kräfte“ (Z. 129) zusammengefunden hatten, was in dem greisen Sieger von Tannenberg die Hoffnung auf eine Wiederbelebung des „Geistes von 1914“ schürte. Aus der Perspektive des Biografen Pyta hat Hindenburg eine Bündelung der nationalen Kräfte gewünscht und durch präsidiale Handlungen und Entscheidungen die Beseitigung des Parlamentarismus vorangetrieben. Letztlich, so Pyta, habe der Reichspräsident erkannt, dass er diese Einigkeit der „nationalen Kräfte“ nicht erreichen konnte, solange die NSDAP nicht eingebunden war (Z. 143 bis 162).
Adolf Hitler hatte die Übernahme der Kanzlerschaft mit der Bedingung verknüpft, dass der Reichstag zugunsten von Neuwahlen aufgelöst würde. Diese Forderung war nur mithilfe präsidialer Rechte zu erfüllen und Hindenburg sagte die Auflösung des Reichstages zu, obwohl er dem NSDAP-Führer noch zwei Monate vorher sämtliche präsidiale Vollmachten verweigert hatte (Z. 14–17, 27–33). Pyta erkennt einen grundlegenden Unterschied zwischen Hitlers Kabinett der „nationalen Konzentration“ und den Präsidialkabinetten der Vorgänger: Während Letztere mit dem präsidialen Notverordnungsrecht fortlaufend regierten, habe Hitler Neuwahlen angestrebt und damit neue Machtverhältnisse, die ein permanentes Regieren mit präsidialen Notverordnungen obsolet machen würden. Das geplante Ermächtigungsgesetz sollte eine größere Unabhängigkeit der Regierung Hitlers vom Präsidentenamt und eine dem äußeren Anschein nach legale Umgestaltung des parlamentarischen Systems bewirken (Z. 43–51).

Zu Aufgabe 1 b, S. 24
Beide – Hitler wie Hindenburg – strebten die Beseitigung des parlamentarischen Systems an. Dieses Ziel einte sie, aber jenseits davon ergaben sich zahlreiche Unterschiede:
Ziele und Motive Hitlers:
- Errichtung einer Diktatur
- Eroberung aller *Macht für die NSDAP*

- Streben nach Reichstagsauflösung, Neuwahlen und stabilen Mehrheiten für das geplante Ermächtigungsgesetz, um die Diktatur in größerer Unabhängigkeit von den Befugnissen des Reichspräsidenten errichten zu können

Ziele und Motive Hindenburgs:
- Errichtung einer autoritären Herrschaft (Monarchie)
- *Unterordnung aller Interessen unter ein übergeordnetes nationales Ziel*
- Einwilligung in das Vorhaben der Reichstagsauflösung mit nachfolgenden Neuwahlen, um mit der Verwirklichung des Ermächtigungsgesetzes eine formal legale, vom Präsidentenamt scheinbar unbeeinflusste Beseitigung der Demokratie zu vollziehen

Zu Aufgabe 2, S. 24

Schülerinnen und Schüler werden formulieren, dass die Entscheidung Hindenburgs aus heutiger Sicht (im Wissen um die Opfer, die die Diktatur und der Zweite Weltkrieg forderten, und im Wissen um die nachfolgende Teilung Deutschlands) ziemlich verhängnisvoll war.

Werturteile innerhalb der Lerngruppe können sich nach folgenden Maßstäben richten:
- Im Bewusstsein über die *Bedeutung von Menschenrechten* wird man die Entscheidung Hindenburgs, die Gewalt, Terror, Massen- und Völkermord erst recht möglich machte, verurteilen.
- Im Wissen um die *Bedeutung des Friedens in der Welt* wird man die Entscheidung, die geradewegs in den Zweiten Weltkrieg führte, ebenfalls verurteilen.
- Entsprechend einer neuen *national-patriotischen Orientierung*, die in der Bundesrepublik nach dem Zweiten Weltkrieg erst allmählich reifen konnte, wird man die Entscheidung zur Übertragung der Kanzlerschaft an Hitler als eine der vielen Schlüsselentscheidungen begreifen, die den Weg zur NS-Diktatur ebnete, deren Geschichte heute einen Teil der deutschen Identität bestimmt.

Im Unterrichtsgespräch sollte der Rahmen weiter gesteckt werden. Eine Verengung der Diskussion auf das Handeln Hindenburgs lässt außer Acht, dass die Machtübertragung an Hitler und damit der Weg in die Diktatur von einer Reihe von Akteuren bestimmt war, die eine ebenfalls nicht geringe Verantwortung für diese Machtübertragung hatten (vgl. Zusatzmaterial ZM 2.1, S. 37). Das Vorgehen vor allem von Franz von Papen und Kurt von Schleicher sollte berücksichtigt und erörtert werden. Die Übersicht kann mithilfe folgender Arbeitsaufträge erläutert werden:
- Erörtern Sie die Gründe für die Tatsache, dass innerhalb von drei Jahren vier – mit dem Kabinett der „nationalen Konzentration" unter Kanzler Adolf Hitler – Präsidialkabinette gebildet wurden.
- Ermitteln Sie gemeinsame Vorstellungen Hindenburgs, Brünings, von Papens und Schleichers. Erarbeiten Sie aber auch die Unterschiede zwischen diesen Vorstellungen.
- Geben Sie eine begründete Einschätzung ab, welcher der hier genannten Akteure mehr Verantwortung trägt als andere.
- Diskutieren Sie, ob die Akteure einen größeren Einfluss auf den Verlauf der Geschichte haben als die Strukturen.

M 10, S. 24 f.
Auszüge aus Hitlers Buch „Mein Kampf" (1925)

Siehe Erläuterungen zu den Aufgaben 1 und 2.

Zu Aufgabe 1, S. 25

Hitlers Menschenbild steht in diametralem Gegensatz zum christlichen wie auch zum bürgerlich-liberalen Denken. Die Menschen werden von ihm nicht als unverwechselbare Individuen betrachtet. Sie besitzen nach nationalsozialistischer Vorstellung weder unveräußerliche Rechte (Menschen- und Grundrechte), noch sind sie von Natur aus gleich. Bestimmend für Hitlers Menschenbild war vielmehr der Rassismus. Nach dieser pseudowissenschaftlichen Lehre bestimmen biologische und damit erbliche Merkmale das gesamte menschliche, also auch das politisch-gesellschaftliche Verhalten. Überdies unterstellt der Rassismus Hitlers die Höher- bzw. Minderwertigkeit unterschiedlicher „Rassen". Mit dieser Annahme untrennbar verbunden ist eine sozialdarwinistische Sicht von Geschichte und Politik: Sie erscheinen als ständiger Kampf der Menschen, Völker, Staaten und „Rassen", wobei sich stets die Stärkeren gegenüber den Schwächeren durchsetzen. Kampf, nicht Verständigung erscheint Hitler als das eigentliche Lebensprinzip der internationalen Staatenwelt. Alle Bemühungen der deutschen Außenpolitik sollen auf die Revision des Versailler Friedens bzw. die Wiederherstellung der deutschen Großmacht- und Weltmachtposition ausgerichtet werden. Hitler und die Nazis sind dabei von Anfang an entschlossen, skrupelloser als die Weimarer Außenpolitiker vorzugehen. Die Notwendigkeit einer aggressiven Außen- und Kriegspolitik begründen sie mit ihrer Rassenideologie. Das angeblich biologische Prinzip des Lebenskampfes wird so zur Legitimation einer expansionistischen Kriegs- und Vernichtungspolitik herangezogen und mit dem Begriff „Lebensraumpolitik“ verharmlost.

Zu Aufgabe 2, S. 25

Rassenantisemitismus und Lebensraum-Doktrin bedingten sich gegenseitig. Die nach außen gerichtete Lebensraum-Doktrin besaß eine rassistische Grundlage. Sie sollte die „arische“ Vorherrschaft über die slawischen und andere „Untermenschen“ legitimieren. Und der Rassenantisemitismus richtete sich nicht nur „nach innen“ gegen die deutschen Juden, sondern gegen alle Juden weltweit.

M 2, S. 29
Plakat zur Ausstellung „Der ewige Jude“ in München, November 1937

Attribute des Juden auf dem Plakat: leicht vorgebeugte Gestalt mit schwarzem Kaftan, randloser Kopfbedeckung, langem Bart (Schläfenlocken erahnbar), breiter Hakennase und dicker Unterlippe, den Blick auf Goldmünzen in der rechten Hand gerichtet, in der linken Hand (etwas abgewandt) eine Knute. Die gesamte Erscheinung soll an das Stereotyp des Ostjuden appellieren („Untermensch aus dem Osten“). Es verfestigte sich vor allem seit dem Ende des 19. Jahrhunderts in Österreich, besonders in Wien, wo sich galizische Juden verstärkt niederließen. Der scheinbar unterwürfige, ärmlich und ungepflegt erscheinende Jude wird als der „ewige Jude“ (wegen des Mordes an Christus verdammt zum ewigen heimatlosen Herumziehen) denunziert und als geldgierig (Goldmünzen) und unbarmherzig herrschsüchtig (Knute) vorgeführt. Als sein eigentliches Ziel wird ein kommunistisches Deutschland (Kartenausschnitt rechts oben mit dem Sowjet-Symbol „Hammer und Sichel“) angedeutet. Die Textzeile im Plakat assoziiert hebräische Schriftzeichen. Die Textzeilen, ganz unten auf dem Plakat, weisen auf den Veranstaltungsort im Deutschen Museum in München und die Ausstellungseröffnung am 8. November 1937 hin, eine Reminiszenz an den Hitlerputsch (8./9. November 1923).

Zu Aufgabe 1, S. 29

Siehe Erläuterungen zu M 2.

Unter Berücksichtigung von M 1, S. 27 f. werden die Schülerinnen und Schüler feststellen, dass das Plakat die wesentlichen Aussagen in der Rede Hitlers unterstützt: Die Münzen in der rechten Hand dienen dem Klischee des geldgierigen und egoistischen Juden (Z. 112–115). Das kommunistische Symbol rechts im Bild über der Karte des Deutschen Reiches will die zersetzende Kraft „des Juden“ im Hinblick auf das Staatswesen verdeutlichen (M 1, S. 27 f., Z. 127–138).

M 11, S. 30
Das 25-Punkte-Programm der NSDAP, 24. Januar 1920

Siehe Erläuterungen zu den Aufgaben 1 und 2.

Zu Aufgabe 1, S. 32

Art. 1–9 enthalten die Vorstellungen der NSDAP über den von ihr angestrebten Staat. Die Forderung nach einem geschlossenen Staatsgebiet zielt auf die Revision der Grenzziehungen im Versailler Vertrag und will Posen, Pommern, Westpreußen und Schlesien wieder dem Reich einverleiben. Art. 3 strebt die Vergrößerung des Reiches um neuen „Lebensraum“ an. Art. 4–8 widmet sich der Herstellung einer ausschließlich aus deutschen Staatsbürgern bestehenden Gesellschaft, der „Volksgemeinschaft“, zu der ausdrücklich – gemäß der antisemitischen Doktrin – jüdische Deutsche nicht gehören. Art. 22 will den Gedanken des Volksheeres beleben und bezeichnet die reduzierte Reichswehr als „Söldnertruppe“. Angedeutet ist damit die Vergrößerung des Heeres – entgegen den Bestimmungen des Versailler Vertrages – und die Einführung der Allgemeinen Wehrpflicht. Art. 25 intendiert die Schaffung eines Zentralstaates mit streng hierarchischer Struktur.

Art. 11–21 umreißen die Vorstellungen von einer künftigen Gesellschaft: Art. 13, 14, 16, 17 stellen Forderungen auf, die sich den Prinzipien der „Volksgemeinschaft“ unterordnen lassen (Bodenreform, Verstaatlichung, Gewinnbeteiligungen an Großbetrieben). Vordergründig werden hier Versprechungen gegeben zur Schaffung eines Wirtschaftssystems, in dessen Rahmen vorrangig dem „Gemeininteresse“ (Z. 85) gedient werden soll. Dass dieses „Gemeininteresse“ sich lediglich auf die gemäß der Rassenideologie als Deutsche ausgewiesenen Personen bezieht und dass ebenso hauptsächlich jene gemeint sind, die der Partei unkritisch gegenüberstehen, lässt sich Art. 23–24 entnehmen. Beide Artikel kündigen den Bruch mit der Glaubens-, Meinungs- und Pressefreiheit an.

Zu Aufgabe 2, S. 32
Folgende „publikumswirksame Phrasen" lassen sich im Parteiprogramm finden:
- „Zusammenschluss aller Deutschen aufgrund des Selbstbestimmungsrechtes der Völker" (Z. 1–3)
- „Gleichberechtigung des deutschen Volkes" (Z. 5 f.)
- Kampfansage an „korrumpierende Parlamentswirtschaft" (Z. 26 f.)
- „Gleiche Rechte und Pflichten" für „alle Staatsbürger" (Z. 44 f.)
- „Brechung der Zinsknechtschaft" (Z. 54 f.): Übernahme eines negativ konnotierten Begriffes aus einer längst vergangenen Zeit der Grundherrschaft
- „Verstaatlichung" (Z. 62)
- „Gewinnbeteiligung" (Z. 65)
- „Schaffung eines gesunden Mittelstandes" (Z. 69 f.)
- „Verhinderung jeder Bodenspekulation" (Z. 82)
- „Abschaffung der Söldnertruppe" vs. „Bildung eines Volksheeres" (Z. 117–119)
- „Freiheit aller religiösen Bekenntnisse" (Z. 147 f.)

Zu den populären Forderungen dieses Parteiprogrammes gehören jene, die
- eine Revision des Versailler Vertrages anstreben (Art. 1, 2),
- eine rigorose Ausweisungspraxis und Einwanderungsbeschränkung ankündigen (Art. 5, 7, 8),
- eine Umverteilung des nationalen Gewinns im Interesse des Gemeinwohls bezwecken (Art. 14–18).

Die These von Wolfgang Benz lässt sich durch diese und weitere Textbelege eindeutig verifizieren.

M 12, S. 31
Jacobus Belsen, „Das Firmenschild", Karikatur, 1930 erschienen in „Der Wahre Jacob"

Zu Aufgabe 1 a, S. 31
Zu dieser Karikatur schreibt Michael Sauer: „Diese Doppelkarikatur zeigt in der Grundanlage zweimal dasselbe Bild. Der Effekt liegt in der Variation. Ein Mann – an Frisur, Bart und Hakenkreuz unschwer als Hitler zu erkennen – präsentiert sich und seine Partei (in Form eines Firmenschildes) vor einem Publikum. Um welches Publikum es sich jeweils handelt, wird in der Bildunterschrift gesagt. Im Bild selbst ist es an der Kopfbedeckung erkennbar: Die ‚Proleten' tragen Schiebermützen, die ‚zahlungsfähigen Kreise' Zylinder, beide Gruppen in typisierter Einförmigkeit. Für jedes Publikum preist Hitler seine Partei mit einem anderen Schild an: Groß hervorgehoben im Namenszug ist jeweils das, was für das betreffende Publikum zugkräftig ist. Die Hitlerfigur selbst ist überspitzt dargestellt, sie wirkt fast wie ein Puppenkasper: übertriebene Gestik, oben fordernd, unten einschmeichelnd, eine allzu elegante Uniform mit Wespentaille, das Hakenkreuz nicht nur auf der Brust, sondern auch auf den Manschettenknöpfen.
Absicht des Zeichners ist es offenbar, Hitler und die NSDAP, die bei den Reichstagswahlen 1930 gerade zur zweitstärksten Partei geworden sind, als politische Rosstäuscher zu entlarven. Hitler, so die Aussage, hat kein klares politisches Programm, sondern erzählt jedem, was er hören will – es geht allein um den Erfolg. Damit ist sicherlich ein wesentliches Merkmal für den Aufstieg der NSDAP, aber auch für die Zustimmung beschrieben, die die Nationalsozialisten nach der Machtübernahme mehr und mehr fanden: Man bot vielen vieles." (Michael Sauer, Bilder im Geschichtsunterricht, Kallmeyer'sche Verlagsbuchhandlung, Seelze-Velber 2000, S. 106 f.)

Zu Aufgabe 1 b, S. 31
Auch die Wahlplakate von 1930 und 1932 bezeugen, dass sich die NSDAP an verschiedenste gesellschaftliche Gruppen richtete, deren Interessen nicht leicht unter einen Hut zu bringen waren (Arbeiterschaft vs. Bauernstand). Die Plakate offenbaren vielmehr eine negative Überzeichnung der die Weimarer Republik tragenden Gruppen und der aus dem Versailler Vertrag resultierenden Belastungen. Sie offerieren an keiner Stelle ein konkretes Programm. Insofern lässt sich die Intention des Karikaturisten durch die Wahlplakate der NSDAP bestätigen. Das Parteiprogramm enthält Forderungen, die insbesondere im Interesse der „kleinen Leute" (Mittelstand: Handwerk, mittelgroße bis kleine bäuerliche Betriebe) lagen (Art. 11, 13–17, 20). Es rückt rigoros nationale Bedürfnisse in den Vordergrund: Art. 1–9. Vor allem die ersten beiden

Artikel entsprachen den Vorstellungen breiter national-konservativer Kreise, zu denen Großbürgertum und Adel gehörten. Insofern bietet auch das Parteiprogramm eine breite Palette von Forderungen, die viele Gruppen der deutschen Gesellschaft ansprechen konnten.

M 13, S. 32 f.
Parteipolitische Reaktionen auf die Ernennung Hitlers zum Reichskanzler

Siehe Erläuterungen zu den Aufgaben 1 und 2.

Zu Aufgabe 1, S. 33

Zur Person Duesterbergs und den in der Quelle genannten Personen: s. Schülerband S. 227 ff.
Zur Quelle: Der Text lässt zwei unterschiedliche Reaktionen der konservativen Eliten auf die Kanzlerschaft Hitlers erkennen: Auf der einen Seite lehnt der Bundesführer des „Stahlhelms", Duesterberg, ein Zusammengehen mit Hitler und der NSDAP ab, weil er die in seinen Augen fanatische Massenbewegung der Nazis für politisch unkontrollierbar hält. Aus diesem Grunde verzichtet er auch auf seinen Eintritt in das Kabinett Hitlers. Auf der anderen Seite glauben Papen, Hugenberg und Seldte, dass die konservativen Kräfte Hitler und dessen Anhänger „einrahmen", also zähmen bzw. für ihre politischen Ziele instrumentalisieren könnten.

Zu Aufgabe 2, S. 33

Anders als die konservativen Eliten, die Hitler zähmen zu können glaubten, lehnt die KPD eine Beteiligung Hitlers und der NSDAP an der Regierung strikt ab. Die Kommunisten betrachten die NS-Herrschaft als blutige, barbarische Terrorherrschaft, die die sozialen Rechte der Werktätigen, vor allem der armen Bauern und Arbeiter, abschaffen will (Konterrevolution). Zum Kampf gegen die Nazis empfiehlt die KPD die Mobilisierung der Bevölkerung: Mithilfe von Massendemonstrationen, Betriebsstilllegungen, Massen- und Generalstreik soll das NS-Regime verhindert werden.
Der dritte Text enthält folgende wesentliche Aussagen über Situationsanalyse und Strategie der SPD:

- Das Kabinett Hitler-Papen-Hugenberg ähnelt der Harzburger Front. – Dieser Zusammenschluss der „nationalen Opposition" aus DNVP, Stahlhelm und NSDAP organisierte am 31. Oktober 1931 in der Stadt Bad Harzburg eine gemeinsame Großkundgebung, die verbunden war mit gewaltigen Aufmärschen paramilitärischer Verbände. Das Ziel bestand in der Mobilmachung gegen das Weimarer „System", worunter die unterschiedlichen Bündnispartner alles verstanden, was die politische Rechte verabscheute: Marxismus und Liberalismus, parlamentarische Demokratie und verständigungsbereite Außenpolitik. Die Folge war eine Umbildung des Kabinetts Brüning, der dadurch die Distanz zwischen Regierung und Parlament deutlicher als vorher markierte.
- Der Kampf gegen das Kabinett Hitler muss mit allen legalen, d. h. in der Verfassung vorgesehenen Mitteln geführt werden, um einem Parteiverbot zu entgehen. Eigenmächtige Aktionen bestimmter Gruppen werden aus diesem Grunde strikt abgelehnt.

M 14, S. 33
Reaktionen der Bevölkerung auf die Ernennung Hitlers zum Reichskanzler

Siehe Erläuterungen zu den Aufgaben 1 und 2.

Zu Aufgabe 1, S. 33

Die Quellentexte lassen folgende Reaktionen auf das Kabinett Hitler erkennen:

- Obwohl mit einem jüdischen Offizier verheiratet, verliert die Lehrerin in M 14 a kein Wort über den Antisemitismus Hitlers und der Nationalsozialisten. Die Rede vom „nationalsozialistischen Schwung" verdeutlicht vielmehr die Wirkung eines ganz besonderen werbenden Elementes der NS-Propaganda auf Teile der Bevölkerung. Gemeint ist das Image der Jugendlichkeit, der ungebrochenen Vitalität und Schlagkraft der NSDAP und ihres „Führers". Gemeinsam mit den führenden Repräsentanten der politischen Rechten Hugenberg, Seldte und Papen sollte Hitler, so die Erwartung, die „nationale Erhebung" („meiner deutschen Hoffnung") durchsetzen. Insofern scheint M 14 a die Position der republikfeindlichen national-konservativen Rechten wiederzugeben.
- Die Stellungnahme der österreichischen Architektin in M 14 b zeigt eine gewisse Reserviertheit des gehobenen Bürgertums gegenüber den als plebejisch wahrgenommenen Nationalsozialisten. Deren Anhänger und Parteigänger werden entweder als „ein bisschen primitiv" oder als „arme Kerle" wahrgenommen. Der Ehemann scheint mit der politischen Rechten sympathisiert

und das Kabinett Hitlers zunächst begrüßt zu haben. Allerdings rückte er schon rasch von dieser positiven Haltung ab, weil er erkennen musste, dass sich Hitler nicht zähmen ließ. Darüber hinaus lässt M 14 b erkennen, dass die Regierung Hitler von dem angesprochenen Landwirt sowie von dem Arbeiter, der sich als SA-Mann herausstellt, vorbehaltlos begrüßt wird.

- Die in M 14 c beschriebene Reaktion eines Bürgers mit deutschnationaler Gesinnung empfindet die Regierungsbeteiligung der braunen Bewegung zunächst als „Schande": Beruhigend wirkte sich jedoch die Nachricht auf ihn aus, dass die führenden Repräsentanten der politischen Rechten Hitler „einrahmten".

Zu Aufgabe 2, S. 33

Die Reaktionen der deutschen Bevölkerung auf das Kabinett Hitler im Jahre 1933 lassen sich nicht auf eine einfache Formel bringen. Man wird nur schwer eine Mehrheitsmeinung feststellen können. Zur Vertiefung und Ergänzung der Diskussion über die unterschiedlichen Stimmungen in der Bevölkerung bietet sich ein zusätzlicher, analytischer Text an, der den aktuellen Forschungsstand zusammenfasst:

„Bis weit nach 1945 ist darüber gerätselt worden, warum sich nicht bereits am 30. Januar entschiedener Widerstand gegen Hitler formiert hat und welche Erfolgsaussichten eine solche Gegenwehr überhaupt gehabt hätte. Die Stimmung in der Bevölkerung damals war gespalten und uneinheitlich, von einer ‚Revolution der Deutschen', wie Goebbels emphatisch meinte, keine Spur. Auf der einen Seite befand sich die gläubige braune Gefolgschaft durchaus noch in der Minderheit. Auf der anderen Seite kamen standfesten Republikanern in der Arbeiterbewegung und in den linken Parteien, in den Redaktionen der liberalen Blätter und im katholischen Milieu Süddeutschlands erste schwere Bedenken; viele jüdische Mitbürger ahnten schon damals, dass sie in ihrer Heimat bald nicht mehr sicher sein würden. Die Mehrheit der Bevölkerung nahm die Nachricht von der Ernennung Hitlers, wie es der britische Botschafter in Berlin, Rumbold, registrierte, aber ‚gleichgültig' auf. Die Hörer von Radio Berlin seien durch die ‚geschwollenen Reden' der Kommentatoren des Umzuges ‚um ihre normale Abendunterhaltung gebracht und mit der absurd sentimentalen Schilderung des Fackelzuges und des endgültigen Triumphs der nationalsozialistischen Bewegung eingedeckt' worden. Die Menschen waren unsicher, was geschehen würde, konzentrierten sich auf ihre privaten materiellen Kümmernisse und trauten den braunen Amateuren kaum zu, dass sie die Not bald würden lindern können. Vielen – übrigens auch vielen Beobachtern im Ausland, vor allem in Moskau – erschien die ‚nationale Erhebung' als ein kurzes Strohfeuer, das bald unter der erdrückenden Last der Tagesprobleme wieder verglimmen werde. Aber für die Weimarer Republik wollte sich eigentlich auch kaum mehr jemand recht schlagen. Sie galt als morsch und verbraucht, ihre Repräsentanten und Institutionen als unfähig, die akuten Wirtschaftsprobleme zu lösen. Republikanischer Geist und demokratischer Selbstbehauptungswille, in Deutschland sowieso nie sehr tief verwurzelt, waren bei der Mehrheit der Deutschen längst Resignation und politischer Lethargie gewichen. Der Übergang in die Diktatur wurde als gleitend erlebt, das Geschehen des 30. Januar nach den vielen vergeblichen Anläufen Hitlers zur Macht eigentlich eher als Überraschung aufgenommen, denn als Zäsur empfunden. Den wirklich ‚starken Mann' in dieser scheinbar rekonstruierten ‚Harzburger Front' sah die politische Linke in dem ‚Wirtschaftsdiktator' Alfred Hugenberg, für sie geradezu die Inkarnation reaktionärer kapitalistischer Gesinnung, dem es nunmehr offenbar gelungen sei, den braunen ‚Trommler' und seine Bewegung für seine eigenen restaurativen Absichten zu engagieren." (Bernd Jürgen Wendt, Deutschland 1933–1945. Das „Dritte Reich", Fackelträger, Hannover 1995, S. 77 f.)

Zu Aufgabe 3, S. 33

In den Archiven und Bibliotheken sind die großen Zeitungen und teilweise auch Lokalzeitungen aus dieser Zeit als verfilmte Kopien zugänglich. Die Schülerinnen und Schüler können sich von den Mitarbeitern vor Ort beraten lassen. Überregionale Zeitschriften können teilweise auch in der digitalisierten Fassung im Internet eingesehen werden. Beispielsweise könnte erforscht werden, wie die Satirezeitschriften „Simplicissimus", „Kladderadatsch" und „Der Wahre Jacob" mit Karikaturen und Texten auf die Ernennung Hitlers zum Kanzler reagierten.

- www.simplicissimus.info/
- www.ub.uni-heidelberg.de/helios/digi/kladderadatsch.html
- diglit.ub.uni-heidelberg.de/diglit/wj

Erarbeiten Sie Präsentationen

M 1, S. 34
Karikatur von E. Schilling, Februar 1931

Biografisches: Erich Schilling (1885–1945) arbeitete als Karikaturist zuerst für die der SPD nahestehende Satirezeitschrift „Der Wahre Jacob“, dann für den „Simplicissimus“ (1459 Beiträge in den Jahren 1907 bis 1944). Er wandelte sich nach 1933 von einem entschlossenen Kritiker des Nationalsozialismus zu einem überzeugten Anhänger der Partei. Schilling beging Selbstmord beim Einmarsch der US-Truppen in Bayern.

Aussage der Karikatur: Die politischen Demonstrationen, vor allem wenn sie von den extremen Parteien durchgeführt werden, haben seit Beginn der Dreißigerjahre ihren friedlichen Charakter verloren und fordern Tote auf beiden Seiten.

Darstellerische Mittel: Gezeigt wird eine triste städtische Winterlandschaft. Durch die Straßen ziehen abwechselnd Demonstrationszüge der Nationalsozialisten und der Kommunisten, erkennbar an den Fahnen, die ihre Teilnehmer schwenken, und an den Emblemen, die auf den am Ende jedes Zuges folgenden Leichenwagen zu sehen sind. Nicht sichtbar sind die Gewalttätigkeiten, zu denen es beispielsweise ganz besonders exzessiv am „Altonaer Blutsonntag“ im Juli 1932 kam. Eine makabere Anspielung verbirgt sich dennoch in der Darstellung der drei Leichenwägen.

Historischer Hintergrund: Altona, eine damals noch eigenständige Stadt vor den Toren Hamburgs, war in den Zwanziger- und Dreißigerjahren eine kommunistische Hochburg, während im Umland die NSDAP starken Zulauf erhielt. In dieser Stadt führte die SA einen Propaganda-Marsch durch, der in einer blutigen Straßenschlacht endete und 18 Tote forderte (zwei SA-Männer, drei Kommunisten, 13 Unbeteiligte). Die Karikatur aus dem Simplicissimus spielt allerdings auf Gewalttaten Anfang 1931 an, die den Berliner Polizeipräsidenten veranlasst hatten, das NSDAP-Organ „Der Angriff“ (Hg: Joseph Goebbels) zu verbieten, das immer wieder nationalistisch-antisemitische Gewalttaten gerechtfertigt hatte. Anfang 1931 spitzte sich die Wirtschaftskrise in Deutschland merklich zu, als die Zahl der Arbeitslosen auf fast 5 Mio. gestiegen war.

M 2, S. 34
„Der Bildhauer Deutschlands“, Karikatur von Oskar Garvens aus dem „Kladderadatsch“ vom 30. Januar 1933

Zur Biografie: Der Karikaturist Oskar Garvens wurde 1874 in Hannover geboren. Seine Künstlerlaufbahn begann er in Berlin als Bildhauer und dann als Karikaturenzeichner. Seit 1919 wirkte er ausschließlich als politischer Zeichner. Von 1924 an war er ausschließlich für das politisch-satirische Wochenblatt „Kladderadatsch“ tätig. Garvens starb vermutlich 1951 in Berlin.

Interpretation der Karikatur:
Die Karikatur ist viergeteilt, in allen Teilen wird Hitler dargestellt. Die beiden ersten Zeichnungen leben vom Kontrast der beiden Personen: der ängstliche, bebrillte, Intellektualität ausstrahlende Künstler und der herrisch und dominierend auftretende Hitler. Der Künstler hat eine komplexe Menschengruppe geschaffen, die Hitler mit einem Faustschlag zerstört – genauso wischt er den Künstler weg, er ist in den letzten beiden Teilen der Karikatur nicht mehr existent. Aus dem zerstörten Werk schafft Hitler allein, mit sicherem Griff das Material beherrschend, den neuen Menschen: kraftvoll, athletisch, zum Herrschen geboren.

M 3, S. 35
Reichspräsident Paul von Hindenburg und Adolf Hitler auf dem Weg zur Kundgebung am 1. Mai 1933, Fotografie

Das Bild illustriert das Bündnis zwischen der nationalsozialistischen Bewegung und den alten konservativen Eliten. Die alten Eliten des Kaiserreiches werden repräsentiert durch Hindenburg, den ostpreußischen Junker, den Generalfeldmarschall des Ersten Weltkrieges und den „Helden von Tannenberg“, jetzt Reichspräsident der Republik, wiewohl Monarchist, der kurz vor seinem Tod Hitler noch zum Reichskanzler ernannt hat, zu dem dieser aus eigener Kraft nicht hätte werden können. Für die Nationalsozialisten steht Hitler, lange Zeit ein Namenloser mit ungesicherter Existenz, bis vor kurzem Österreicher, „geadelt“ durch die Weltkriegsteilnahme und das Eiserne Kreuz, aber großen Teilen der gehobenen Gesellschaft in Adel und Bürgertum mehr als suspekt durch politischen Radikalismus mit dem Ziel nicht nur der nationalen, sondern auch der sozialen Revolution durch eine „Krawallpartei“.

Sachkompetenz

Zu Aufgabe 1, S. 35
Vgl. den Kommentar zu M 1, S. 34.
Die Karikatur verweist darauf, dass Taktik und Strategie der Nationalsozialisten in Gewaltanwendung und der Aufstellung einer schlagkräftigen Parteiarmee bestanden. Sie verdeutlicht außerdem, dass die NSDAP vordergründig und scheinbar innerhalb eines legalen Rahmens (Demonstrationsrecht) agierte, den sie auf dem Weg zur Erlangung der Macht nutzte und auch überschritt.

Zu Aufgabe 2, S. 35
Folgende Ziele Hitlers und der NSDAP lassen sich aus den Karikaturen erarbeiten:
- Einsetzen von Gewalt, um an die Macht zu gelangen
- Zerstörung der pluralistischen Gesellschaft, Errichtung einer monistischen Gesellschaft (Ideologie der „Volksgemeinschaft")
- Errichtung eines autoritären Systems
- Realisierung einer von rassenideologischem Denken bestimmten Nation (Erschaffung eines „starken Germanen" im letzten Bild Garvens)

Zu Aufgabe 3, S. 35
Vgl. Zusatzmaterial ZM 2.2, S. 38 zu diesem Arbeitsauftrag. Hilfreich für die Arbeit der Schüler kann es sein, wenn die übergeordnete Beschriftung der Zeilen und Spalten angegeben wird, die Lernenden aber die jeweiligen Inhalte selbst ergänzen müssen.

Zu Aufgabe 4, S. 35
Die zentralen Begriffe sind im Schülerband vorgegeben. Erläuterungen dazu finden Sie im Kapitel und im Begriffslexikon auf den Seiten 224 ff.
NSDAP: Nationalsozialistische Deutsche Arbeiterpartei, gegründet 1919 unter dem Eisenbahnarbeiter Anton Drexler; Beitritt Hitlers als 55. Mitglied; steigende Anhängerschaft durch Redeauftritte Hitlers; Umbenennung in NSDAP und Aufstellung eines Parteiprogramms 1920; Wahl Hitlers zum ersten Vorsitzenden 1921. Nach dem Scheitern des Putsches von 1923 Wechsel zur Strategie der „legalen" Eroberung der Macht; Ausbau des Parteiapparates seit der Neugründung nach dem vorübergehenden Verbot 1925.

Methodenkompetenz

Zu Aufgabe 5, S. 35
Vgl. den Kommentar zur Fotografie selbst.

Urteilskompetenz

Zu Aufgabe 6, S. 35
Goebbels hat die Wertneutralität der Weimarer Verfassung als deren entscheidende Schwäche erkannt und genutzt. Aus dem Politikunterricht sollten die Lernenden wissen, dass das Grundgesetz dieser Schwäche Rechnung getragen hat, indem es wertgebunden ist und zentrale Prinzipien (Demokratie, Rechtsstaat, Föderalismus, Sozialstaat, Menschenwürde) zu einem unveränderlichen Wesenskern der Bundesrepublik Deutschland erklärt (Art. 79 Abs. 3 GG). Das Wissen um die Wertgebundenheit unserer heutigen Verfassung kann sie dazu anleiten, die Bedeutung von Normen zu erkennen: Demokratie galt erstmals als höchstes Prinzip in der Weimarer Republik. Menschenwürde und Menschenrechte waren im Vergleich dazu von nachrangiger Bedeutung. Bei der Formulierung eines Werturteils können sich die Schülerinnen und Schüler folgender Haltungen bewusst werden:
- Verurteilung der Aussage und Strategie von Goebbels entsprechend einem *moralischen Bewusstsein, das vom heutigen Standpunkt aus gesehen* nur als problematisch und verhängnisvoll eingestuft werden kann.
- *Differenzierung der eigenen Wahrnehmung* im Hinblick auf die Aussage Goebbels', der in diesem Zitat die antiparlamentarische Grundposition der NSDAP betont und lediglich die Möglichkeiten demokratischer Staatsorganisation zur Abschaffung ebendieser Staatsorganisation nützen will (die Analyse der Argumentation Goebbels' kann zur Auseinandersetzung über die Frage führen, inwieweit durch das demokratische Prinzip auch antidemokratische Entwicklungen zugelassen werden dürfen und inwiefern das Bekenntnis zur Demokratie eines normativen Schutzes bedarf). Eine solche Auseinandersetzung führt hin auf den folgenden Aspekt:
- *Identifikation mit den Prinzipien des Grundgesetzes*, die ihrerseits eine Antwort auf die Erfahrungen aus der ersten deutschen Republik sind.

Zusatzmaterial ZM 2.1
zu Aufgabe 2, S. 24

Strukturen und Akteure am Ende der Weimarer Republik

Tiefere Ursachen für die Auflösung der Republik

Strukturen

Wirtschaftskrise
- steigende Arbeitslosigkeit bis 1932
  → Existenzkrise für jeden dritten von der Arbeitslosigkeit betroffenen Erwerbstätigen
- Kürzung der Löhne und Gehälter für Beamte und Angestellte

Verfassungskrise
- Regierung mit Notverordnungen und Parlamentsauflösungen → Schwäche des Parlaments

Krise der Demokratie
- Zunahme antidemokratischen Potenzials: Befürworter der Monarchie, Befürworter einer starken „völkischen“ Führung
- Sehnsucht nach einer einigenden Führerfigur angesichts der Uneinigkeit der Parteien im Reichstag
- Beförderung der Entwicklung einer Massenpartei durch die Massenkultur der Zwanzigerjahre

Akteure

Kanzler Hermann Müller (SPD)
- Nachgeben in der Zerreißprobe mit Gewerkschaften
- Tolerierung der Politik Brünings für den Erhalt der Republik

Kanzler Heinrich Brüning (Z): Präsidialkabinett 28. März 1930 bis 30. Mai 1932
- 1. Ziel: Restauration der Monarchie
- 2. Ziel: Deflationspolitik als Instrument zur Beseitigung der Reparationen

Reichspräsident Hindenburg
- 1. Ziel: ordnende Hand der Reichswehr
- 2. Ziel: dauerhafte konservative Führung in einer konstitutionellen Monarchie mit einem starken Staatsrat
- Mittel: Anwendung der §§ 48 und 25

Kanzler Franz von Papen (Austritt aus Z): Präsidialkabinett 30. Mai bis 2. Dezember 1932
- 1. Ziel: Rückkehr zur konstitutionellen Vorkriegsordnung mit Schaffung eines neuen Herrenhauses
- 2. Ziel: Reichsreform mithilfe der Reichswehr

Kanzler General Kurt von Schleicher: Präsidialkabinett 2. Dezember 1932 bis 30. Januar 1933
- zuvor: Position des Reichswehrministers
- Ziel: Spaltung der NSDAP und Bildung einer Querfront vom „sozialen“ Strasser-Flügel der NSDAP bis zur SPD mit dem Ziel einer konservativen Verfassungsreform (chancenloses Vorhaben)
- nach Scheitern des Planes: Erklärung des Staatsnotstandes

Zusatzmaterial ZM 2.2
zu Aufgabe 3, S. 35

Die wichtigsten Stationen der NS-Bewegung bis zur Machtübertragung im Januar 1933

	Historischer Kontext	**Entwicklung der NSDAP; Stationen Hitlers auf dem Weg zur Macht**	**Hintergründe und Folgen der Entwicklung der NSDAP und der Strategie Hitlers**
Krisen-jahre 1919–1923	Angriffe auf die Republik sowohl von rechts wie von links; Hyperinflation und Ruhr-kampf	*Gründung 1919 als „Deutsche Arbeiterpartei" unter Anton Drexler; Umbenennung in NSDAP 1920; Formulierung des Parteiprogramms (maßgebliche Beteiligung Hitlers); Wahl Hitlers zum ersten Vorsitzen-den der NSDAP (Sommer 1921); systematischer Ausbau der Partei und Gründung der SA; Scheitern des Hitler-Putsches in München, 1923*	Formierung einer antidemo-kratischen, antisemitischen Kraft auf der äußersten rech-ten Seite des politischen Spektrums; Festigung der Führungsposition Hitlers; Erfahrung des Scheiterns bei gewalttätigem Vorgehen
Bewälti-gung der Krise 1923/24	Einführung: Rentenmark; Bereitstellung von US-Krediten; politische Justiz	*Prozess gegen Adolf Hitler und weitere Verantwortliche (u. a. Erich Ludendorff) vor dem Münchner Volksgerichtshof wegen Hoch-verrates; Verurteilung zu fünf Jahren Festungshaft in Landsberg (Herab-setzung der Haft auf neun Monate); Verbot der Partei*	äußerst mildes Urteil gegen die Verantwortlichen des Put-sches; Ermöglichung einer frühen Reorganisation der NSDAP infolge der kurzen Haftzeit; Wechsel zur „Legali-tätstaktik"
Phase relativer Stabilität 1925–1929	außenpoliti-sche Erfolge: Vertrag von Locarno, Beitritt zum Völkerbund; „Goldene Zwanziger"	*Neugründung der NSDAP nach der Freilassung Hitlers; Umstrukturie-rung und Ausrichtung der Partei-taktik auf ein scheinbar legales Vorgehen; Aufnahme Hitlers in den höheren Kreisen der Münchner Gesellschaft*	Ausnutzung der nun verfügba-ren Massenmedien und der technischen Innovationen (Flugzeug als Transportmittel zu Parteiveranstaltungen, Radio, Film); Ausbau der „Legalitätstaktik"
Ende der Weimarer Republik 1930–1933	Weltwirt-schaftskrise; steigende Arbeitslosig-keit; Präsidi-alkabinette, sinkendes Vertrauen in die Republik	*Stimmengewinne der NSDAP bei den Reichstagswahlen 1930 und 1932; stärkste Fraktion im Reichstag mit 37,4 % im Sommer 1932, aber sinkender Abgeordnetenzahl (33,1 %) nach den Wahlen im Nov. 1932; Niederlage Hitlers als Gegenkandidat Paul von Hinden-burgs bei der Reichspräsidenten-wahl 1932 im zweiten Wahlgang; unbedingtes Streben Hitlers nach der Kanzlerschaft*	Verfügbarkeit eines straff organisierten Parteiapparates, einer großen und schlagkräfti-gen Parteiarmee (SA) und einer sehr großen Anhänger-schaft, die sich allerdings Ende 1932 wieder zu verlieren begann

Zusatzmaterial ZM 2.3
zu Aufgabe 3, S. 33

Autobiografisch geprägte Urteile zur Machtübertragung

M 1 Wilhelm Hoegner (1887–1980) über den 30. Januar 1933 (1977)

Hoegner war SPD-Reichstagsabgeordneter und emigrierte nach 1933 in die Schweiz. Nach 1945 war er zweimal bayerischer Ministerpräsident (1945–47 und 1954–57).

Am [...] 30. Januar 1933 erfuhren wir in einer der sinn- und zwecklos gewordenen Fraktionssitzungen, dass Hitler zum Reichskanzler ernannt worden war. [...] Die Dunkelheit war bereits hereingebrochen, als wir Bayern am Abend dieses Tages vom Reichstag [...] zum Anhalter Bahnhof gingen. Zahllose Stahlhelmer und SA-Leute strömten gegen das Brandenburger Tor. Jugend, nichts als Jugend, ohne Bartflaum, frische Knabengesichter, hastig, eifrig, „im Dienst“. Sie eilten zum Fackelzug, der an diesem Abend Hindenburg und Hitler dargebracht wurde. Leuchtende Helle kam von der Straße „Unter den Linden“ her. [...] Nur rasch weg von Berlin, wir hatten hier nichts mehr zu suchen! München, Bayern, unsere Heimat war vielleicht unser letzter Zufluchtsort. [...] [Na]ch dem 30. Januar hatten wir keine Munition mehr. Wir hatten stillschweigend kapituliert. Es dauerte freilich noch einige Monate, bis wir es merkten.

Wilhelm Hoegner, Flucht vor Hitler. Erinnerungen an die Kapitulation der ersten deutschen Republik 1933, Fischer, Frankfurt/M. 1979, S. 42 f.

M 2 Maria Gräfin von Maltzan (1909–1997) über die Machtübertragung (1986)

Maria von Maltzan war Biologin, Tierärztin und Widerstandskämpferin.

Unmittelbar nach der Machtergreifung Hitlers am 30. Januar 1933 begann die Drangsalierung jüdischer Bürger in aller Öffentlichkeit. An den jüdischen Geschäften hingen Plakate mit Hakenkreuzfahnen und der Aufschrift: „Deutsche! Kauft nicht bei Juden!“ Ich konnte nicht widerstehen, einfach in so einen kleinen Laden hineinzugehen, vor dem uniformierte Boykottüberwacher standen. Die hielten mich auch prompt an und fragten, was ich denn kaufen wolle. „Nichts“, erwiderte ich. „Ich möchte nur eine Rechnung bezahlen.“ Als ich dann in dem Laden stand, sagte die Inhaberin, eine ältere Jüdin, nachdem sie die Sprache wiedergefunden hatte, als Erstes: „Um Gottes Willen, Sie gefährden sich unnötig!“ Daran hatte ich keinen Moment lang gedacht.

Maria Gräfin von Maltzan, Schlage die Trommel und fürchte dich nicht. Erinnerungen, Ullstein, Berlin 1995, S. 75.

M 3 Joachim C. Fest (1926–2006) über seine Erinnerung an den 30. Januar 1933 (2006)

Fest wuchs in Berlin auf. Sein Vater war Lehrer und Zentrumsmitglied. Nach 1945 arbeitete Fest als Journalist und Redakteur. Von 1973 bis 1993 war er Herausgeber der „Frankfurter Allgemeinen Zeitung“.

An den 30. Januar 1933 habe ich lediglich aufgrund späterer Erzählungen im Familienkreis eine Erinnerung, aber das tage- oder wochenlange Erschrecken, das in unserem Hause spürbar war, hat sich mir tief ins Bewusstsein eingefressen. Mein Vater hatte, wie ich später erfuhr, auf die Nachricht von der Ernennung Hitlers zum Reichskanzler das Schulbüro in Lichtenberg unverzüglich verlassen und war zu einem Treffen in die Innenstadt gefahren. Erst gegen Mitternacht sei er zurückgekommen und habe bis in die frühen Morgenstunden mit meiner Mutter gesprochen. Er gab sich keiner der Täuschungen hin, der damals so viele politisch bewanderte Köpfe zum Opfer fielen: dass Hitler Vernunft annehmen, vom Erfolg milder gestimmt oder auch als Scharlatan, der er nun einmal war, scheitern würde.

Joachim Fest, Ich nicht. Erinnerungen an eine Kindheit und Jugend, © Rowohlt Verlag GmbH, Reinbek bei Hamburg 2006, S. 49.

1 Fassen Sie die jeweilige Reaktion der drei Verfasser auf die Übertragung der Kanzlerschaft an Hitler zusammen.

2 Die Texte sind aus dem Abstand vieler Jahre niedergeschrieben. Begründen Sie, welche Textstellen darauf verweisen.

Kapitel 3
Die Errichtung der NS-Diktatur – eine Revolution?

M 1, S. 37
Fackelzug am 30. Januar 1933, nachgestellte Fotografie, Sommer 1933

Vgl. dazu: Christoph Hamann: Bilderwelten und Weltbilder. Fotos, die Geschichte(n) mach(t)en, hg. vom Berliner Landesinstitut für Schule und Medien, Berlin 2001, S. 16–37 (online verfügbar unter: www.mediaculture-online.de/fileadmin/bibliothek/hamann_bilderwelten/hamann_bilderwelten.html)

Hamann schreibt: „Zwei Wochen nach dem 30. Januar 1933 berichtet die NS-Zeitschrift *Illustrierter Beobachter* über den vom Berliner Gauleiter Joseph Goebbels inszenierten Fackelzug durch das Brandenburger Tor und die Wilhelmstraße mit den Worten: ‚Ein unendlicher Strom, der Massen aller Stände, aller Klassen wallt durch die Straßen. Fackeln leuchten auf, und unter den Klängen preußischer Märsche biegen die braunen Kolonnen ein in das Regierungsviertel, ziehen in die Wilhelmstraße, die Soldaten Deutschlands, die kämpften, die bluteten, die alles hingaben und deren großer Sieg dieser Tag ist.‘ Damit war das Muster der Deutung des 30. Januar formuliert: In der NS-Tradition war dieser der Tag der ‚nationalen Erhebung‘ unter der Führung Adolf Hitlers und der NSDAP, die das gesamte deutsche Volk erfasste. Entworfen wird das Bild einer Zeitenwende, in der sich die Zukunft vollkommen von der Vergangenheit unterscheiden sollte. […]

Stellvertretend für die NS-Sicht steht das Foto vom Fackelzug durch das Brandenburger Tor. Die zweifelhafte Suggestivkraft und den propagandistischen Wert dieses Bildes nutzt auch der Rechtsextremismus von heute. […]

Problematisch erscheint, dass dieses Foto und damit indirekt auch die NS-Interpretation des Ereignisses in Geschichtsbüchern Verwendung findet. Wir wissen retrospektiv um den historischen Charakter des 30. Januar 1933, die Wahrnehmung der Zeitgenossen war jedoch eine andere. Mit dem Bild jener ‚gelenkten Jubelparade‘ (Ian Kershaw) suggerieren die Lehrbücher, auch bei den Menschen von damals sei das Bewusstsein einer Zeitenwende vorhanden gewesen oder sie hätten sie gar in ihrer Mehrheit begrüßt. Tatsächlich jedoch war die Stimmung äußerst heterogen: Angst, Widerstand, Skepsis, aber eben auch Apathie und vollkommene Gleichgültigkeit zeigten sich. Der damalige britische Botschafter in Berlin, Horace Rumbold, urteilte, die Bevölkerung nehme im ganzen Land die Nachricht ‚phlegmatisch‘ auf und der Historiker Ian Kershaw urteilt: ‚Wer nicht gerade ein nationalsozialistischer Fanatiker oder aktiver Regimegegner war, zuckte mit den Schultern und setzte sein bisheriges Lebens fort.‘ […]

Vollkommen fragwürdig wird aber der Umgang mit der medialen Präsentation der Ernennung Hitlers zum Reichskanzler in Schulbüchern dadurch, dass in den meisten Lehrwerken nicht ein Foto erscheint, das am 30. Januar gemacht wurde, sondern eines vom Sommer 1933. In der Vergrößerung ist dies auch deutlich zu erkennen. Die Menschen tragen Sommerkleidung und statt der vielen Fackeln sieht man am linken und am rechten Bildrand große Beleuchtungsscheinwerfer. Gegenüber dem originalen Foto hat dieses den Vorteil, dass die militärischen Formationen der Vorbeimarschierenden deutlich zu erkennen sind, und auch die Bevölkerung am Rand der Straße hebt geschlossen den rechten Arm zum Hitler-Gruß. Das Original dagegen zeigt nur ein helles Band. Es ist das der Marschierenden, das sich durch das Brandenburger Tor und über den Pariser Platz schlängelt. Die Belichtungszeiten und die Dichte der Fackeln ließ eine andere Bildauflösung nicht zu. Und auch die Zuschauer sind nur als dicht stehende Menge auszumachen, einen Hitler-Gruß sieht man nicht.

Ein halbes Jahr nach dem Machtantritt ließ Joseph Goebbels den Spielfilm *Hans Westmar* drehen, der den ‚unbekannten SA-Mann‘ (Vorbild Horst Wessel) verherrlichen sollte. In diesem Zusammenhang wurde der Fackelzug nachinszeniert. Gegenüber dem Original hatte das Filmbild Vorteile in der Deutlichkeit der Darstellung. Das NS-Filmfoto ist jenes aus den Schulbüchern. Diese übernehmen also eine doppelte Inszenierung. Das Ereignis wird inszeniert und als solches medial optimiert noch einmal in Szene gesetzt.

Die NS-Berichterstattung unterschlägt natürlich, dass es nicht riesige Massen, sondern etwa 25 000 Menschen waren, die am 30. Januar 1933 nicht spontan, sondern wohl organisiert den Zug durchführten. Nicht genannt wird auch, dass der Stahlhelm mit seinen Formationen als Ausdruck der Koalition mit dem konservativen Lager Teil des Zuges war. Der britische Botschafter berichtete nach London von der ‚philosophischen Ruhe‘ der deutschen Bevölkerung an diesem eisig kalten

Januartag. Von Begeisterung konnte also nicht die Rede sein."

M 2, S. 38
SA-Männer besetzen am 2. Mai 1933 das Gewerkschaftshaus am Engelufer in Berlin, Fotografie

Zum Bild: 14 uniformierte SA-Männer beherrschen den Raum vor dem Gewerkschaftshaus. Drei Frauen und ein Junge blicken in Richtung Eingangsbereich, ein Mann eilt vorbei. Im Hintergrund, mit deutlichem Abstand zum Geschehen, sind weitere Personen auszumachen.
Hintergrund: Einen Tag nach dem von Hitler als „Feiertag der nationalen Arbeit" propagierten 1. Mai besetzen SA- und SS-Truppen im gesamten Reich Gewerkschaftshäuser, beschlagnahmen Akten, zerstören die Einrichtung und verhaften die führenden Gewerkschaftsführer. Bereits vor dem Maifeiertag waren zahlreiche Gewerkschaftszentralen von der SA besetzt worden, da die nationalsozialistische Führung den Einfluss der Gewerkschaften fürchtete. Das Vermögen der Gewerkschaften wird beschlagnahmt und fließt der am 10. Mai gegründeten nationalsozialistischen Deutschen Arbeitsfront (DAF) zu, in der auch die Gewerkschaftsmitglieder zusammengefasst werden. Die Beseitigung der Gewerkschaften beraubt die SPD ihrer wichtigsten Stütze. Geplant wurde die Liquidierung der Gewerkschaften von Robert Ley, dem Leiter des „Komitees zum Schutz der deutschen Arbeit", der zugleich auch an der Spitze der Deutschen Arbeitsfront stand.

M 3, S. 40
Der Tag von Potsdam: Reichskanzler Hitler, Wehrminister Blomberg und Reichspräsident Hindenburg vor der Garnisonkirche in Potsdam, Fotografie, 21. März 1933

Das Foto bildet eine Dreierkonstellation (Hitler, Blomberg, Hindenburg) und einen deutlichen Kontrast ab (Reichskanzler in ziviler Kleidung, Reichspräsident in Festtagsuniform: Politik und Militär, Jung und Alt). Aufgenommen wurde das Bild am 21. März 1933, als in der Garnisonkirche von Potsdam die feierliche Eröffnung des neuen Reichstages (gewählt am 5. März 1933) stattfand. Der Ort war mit Bedacht gewählt, denn er symbolisierte die preußische Tradition, die im Kaiserreich von 1871 dominierte (vgl. auch die Pickelhaube Hindenburgs und den Stahlhelm Blombergs), und war geeignet, dessen Geschichte und die nationalsozialistische Erneuerung zu verbinden. In diesem Sinne inszenierte Propagandaminister Goebbels diesen Tag. Die Eröffnung des Reichstages konnte nicht im vom Brand verwüsteten Reichstagsgebäude vollzogen werden. Vgl. dazu den Artikel von Klaus Fieberg: Der Händedruck am „Tag von Potsdam", in: Praxis Geschichte 6/2002, S. 44 f.
Fieberg schreibt: „Das Foto wird bis heute – nicht zuletzt in unseren Schulgeschichtsbüchern – immer wieder als das Bild präsentiert, das den ‚Tag von Potsdam' als Teil der Machtübertragung sichtbar macht. Zugleich wird es als Ausdruck und Beleg für die politische Inszenierungskunst der Nationalsozialisten sowie für ihre Täuschungs- und Beschwichtigungsstrategie herangezogen. Tatsächlich scheint das Foto exakt eine zumindest zeitweilig propagandistisch beabsichtigte Aussage zum Ausdruck zu bringen: Hitler, ganz Staatsmann, mit Hindenburg versöhnt. Trotz oder gerade wegen der hohen Symbolhaltigkeit des Bildes darf nicht versäumt werden, die vorliegende Bildquelle daraufhin zu prüfen, wann und wo und in welchem Kontext genau sie entstanden ist. Günter Kaufmann vertritt in einem 1997 veröffentlichten, ausgezeichneten Beitrag über die ‚Karriere eines Bildes' die Auffassung, es handle sich bei dem Händedruck-Foto in Wahrheit um ein ‚Stellvertreterbild', dem aus unterschiedlichen Motiven ein besonders hoher symbolischer Gehalt zugeschrieben wurde. [...]
Wie eine Rekonstruktion des Geschehens in Potsdam am 21. März zeigt, kann der Händedruck zwischen dem seit dem 30. Januar im Amt befindlichen Reichskanzler Hitler und dem Reichspräsidenten Hindenburg weder eine Begrüßungsszene sein (beide trafen erst innerhalb der Kirche zusammen), noch kann es sich um die in den Quellen bezeugte Danksagung Hindenburgs im Anschluss an Hitlers Regierungserklärung handeln, die dieser im Zuge des Staatsaktes in der Garnisonkirche hielt. Dort hatten sich nach getrennten Gottesdiensten in der Nicolaikirche und der katholischen Stadtpfarrkirche St.-Peter-und-Paul die neu gewählten Abgeordneten (mit Ausnahme der Mitglieder der Fraktionen der SPD sowie der bereits von massiver Verfolgung betroffenen KPD), der Reichskanzler, sein Kabinett und der Reichspräsident sowie zahlreiche Ehrengäste zu einem Staatsakt versammelt. Diesen Akt dokumentiert ein anderes Foto, das

Hitler während der Verlesung seiner Regierungserklärung zeigt, der Reichspräsident sitzt ihm gegenüber. Um eine demonstrative Geste des Reichspräsidenten im Anschluss an diese Rede kann es sich bei dem fraglichen Foto nicht handeln, denn der abgelichtete Händedruck fand offensichtlich im Freien statt! […] Es ist vielmehr zu vermuten, dass es sich hier eher um einen Schnappschuss des für die New York Times tätigen Fotografen Theo Eisenhart handelt, der eben keine bewusst in Szene gesetzte Demonstration festhält.
Veröffentlicht wird das Foto erstmals in einer Sondernummer der ‚Berliner Illustrierten Zeitung' vom 21. März 1933 mit dem sachlich klingenden Untertitel ‚Nach dem Festakt in der Garnisonkirche: Der Reichspräsident verabschiedet sich vom Reichskanzler'. […] Anders als in der ersten Veröffentlichung erhielt das Bild dann in einer anlässlich des Todes von Reichspräsident Hindenburg am 7. August 1934 erschienenen Sonderausgabe der Illustrierten ‚Die Woche' folgenden Begleittext: ‚Mit einem Händedruck nimmt Hindenburg, der Präsident des Reiches, die Bekräftigung der Treue vom Führer entgegen, der Hüter der großen alten Tradition und der Führer der jungen gewaltigen deutschen Bewegung sind eins geworden.'
Damit ist dem Bild genau die Deutung zugeschrieben, die es – ungeachtet der tatsächlichen Umstände – für die nationalsozialistische Propaganda so verwertbar werden ließ. Es leuchtet ein, dass das Foto, welches Hitler in einer Art Demutshaltung dem greisen Reichspräsidenten gegenüber zeigt, auf Dauer nicht als taugliches Propagandainstrument dienen konnte. Wohl aus diesem Grunde wird das Foto bis 1945 dann kaum noch publizistisch verwertet. […]
In der Nachkriegszeit wird der Prozess der Umdeutung dieser Bildquelle weitergeführt. In den Begleittexten wird die Perfidität des demutsvoll vollzogenen Händedrucks betont. So erscheint dann das Bild als Ausdruck listiger Täuschung, mit der Hitler die konservativen Kräfte für sich hatte gewinnen können. Zweifellos hat auch die Tatsache, dass das Foto als eine symbolhafte Verdichtung des Geschehens betrachtet werden kann und zudem – wesentlich stärker als die Aufnahmen vom Staatsakt selbst – das Augenmerk auf die Personen Hitler und Hindenburg konzentriert wird, dazu geführt, dass in der späteren bundesdeutschen Überlieferungspraxis das Foto einen solchen Stellenwert erhalten konnte."

Literaturtipp: Stiftung Haus der Geschichte der Bundesrepublik Deutschland (Hg.), Bilder im Kopf. Ikonen der Zeitgeschichte (Begleitbuch zur Ausstellung), Köln 2009. Darin: Manfred Görtemaker, Der Händedruck von Potsdam. Symbol der „Machtergreifung", S. 30–39 (zahlreiche weitere Bildbeispiele mit Bezug auf das Original).

Zu Aufgabe 1 (Darstellungstext), S. 40
Die wichtigsten Stationen in chronologischer Folge:
- Ernennung Hitlers zum Reichskanzler am 30. Januar 1933
- Auflösung des Reichstages und Festsetzung von Neuwahlen am 5. März 1933
- Reichstagsbrand und „Verordnung zum Schutz von Volk und Staat" (Reichstagsbrandverordnung) am 27. und 28. Februar 1933
- Reichstagswahlen am 5. März 1933 (keine absolute Mehrheit für die NSDAP)
- Gleichschaltungsprozess seit 5. März 1933 betreffend die Länder ebenso wie gesellschaftliche Institutionen (Gewerkschaften, Verbände, Kirchen)
- „Tag von Potsdam" am 21. März 1933 (feierliche Inszenierung der Eröffnung des neuen Reichstages)
- Ermächtigungsgesetz am 23. März 1933
- Einrichtung des KZ Dachau als „Schutzhaftlager" im März 1933
- Beseitigung der innerparteilichen Opposition („Röhm-Putsch", Juni 1934)
- Vereinigung des Reichspräsidentenamtes mit dem Kanzleramt nach Hindenburgs Tod im August 1934
- Vereidigung der Reichswehr auf den „Führer", Umbenennung in „Wehrmacht"

Das Unterrichtsgespräch über diese Stationen im Einzelnen sollte verdeutlichen, dass sich der Weg zur Diktatur in unterschiedlichen Dimensionen vollzog: propagandistische Inszenierung, Umbau des Staatssystems, Terror und Gewalt. Dazu bietet sich eine Visualisierung an, die in reduzierter Form wesentliche Ereignisse entsprechend diesen drei Dimensionen strukturiert (vgl. Zusatzmaterial ZM 3.1, S. 55).

Zu Aufgabe 1, S. 40, zu M 2, S. 38, und M 3, S. 40
Fraglich ist, ob es sich bei M 2 um eine Selbstdarstellung handelt. Vgl. zu beiden Bildquellen die Erläuterungen oben.

Zum Eindruck, den die beiden Aufnahmen erwecken:
- M2 signalisiert Ordnung, Überwachung, Kontrolle.
- M3 bezeugt eine Harmonie zwischen den alten Eliten des preußisch dominierten Kaiserreiches und der aufstrebenden Macht der Nationalsozialisten.

M4, S.41 f.
Die wichtigsten Gesetze zur Errichtung der NS-Diktatur 1933/34

Siehe Erläuterungen zu den Aufgaben 1 und 2.

Zu Aufgabe 1, S.42

Die Übersicht lenkt den Blick auf den vordergründig legalen Umbau des Systems. Ausgeblendet werden die Mittel der Propaganda und politischen Inszenierung („Tag von Potsdam"), die den Wahlkampf bis zum 5. März 1933 prägten, und die zahlreichen Akte des Terrors, die die Etablierung der Diktatur flankierten. Die größte Zahl der hier aufgenommenen legislativen Maßnahmen betrifft die *Ausweitung der Herrschaft des „Führers" über den Staat*: Erkennbar ist, dass sich Hitlers Koalitionsregierung der „nationalen Konzentration" sehr rasch der staatlichen Machtmittel bediente, um ihre Gegner noch effektiver bekämpfen zu können. Bereits in der ersten Regierungswoche, am 4. Februar 1933, erfolgte die Einschränkung der Pressefreiheit mittels Notverordnung. So konnten die Kommunisten faktisch zum Schweigen gebracht und die Sozialdemokraten maßgeblich behindert werden.

Weitaus wichtiger noch ist die Reichstagsbrandverordnung vom 28. Februar 1933, die von dem bedeutenden Politikwissenschaftler Ernst Fraenkel (1898–1975) auch als *„Verfassungsurkunde" des nationalsozialistischen Reiches* bezeichnet wurde (zit. nach: Norbert Frei, Der Führerstaat. Nationalsozialistische Herrschaft 1933 bis 1945, 6. Aufl., dtv, München 2001, S.51). Diese Verordnung ermöglichte tatsächlich weitgehende Eingriffe in die Freiheit der politischen Gegner. Diese konnten so ohne gerichtliche Prüfung auf unbestimmte Zeit inhaftiert werden. Den *Abschluss der ersten Etappe des Staatsumbaus* bildet das „Ermächtigungsgesetz", das nach der Wahl vom 5. März 1933 verabschiedet wurde. Es besiegelt das Ende des Parlamentarismus und die Aufhebung der Gewaltenteilung insofern, als es eine Übertragung der Legislative auf die Exekutive vorsieht. Ein Blick auf die verfassungsmäßigen Grundlagen der gesetzlichen Maßnahmen in der vierten Spalte der Übersicht lässt deutlich werden, dass *nach der Verabschiedung des „Ermächtigungsgesetzes" tatsächlich nur noch Regierungsbeschlüsse* umgesetzt werden.

Die genannten drei ersten Maßnahmen in den ersten zwei Monaten der Kanzlerschaft Hitlers führten bereits dazu, dass dieser den *Zugriff diktatorischer Macht auf staatliche Organe und Institutionen* massiv ausbauen konnte. (Keine Erwähnung finden in der Übersicht M4 der „Schießerlass" in Preußen, den Hermann Göring in seiner Eigenschaft als geschäftsführender preußischer Innenminister am 17. Februar 1933 verkündete und der den Einsatz „schärfste[r] Mittel" in der Auseinandersetzung mit Regimegegnern befahl [vgl. M9, S.46 im Schülerband]. Auch die Übernahme des Polizeipräsidentenamtes in München im März 1933 durch Heinrich Himmler, einen der frühen Gefolgsleute Hitlers, deutet einen konsequenten Zugriff der Nationalsozialisten auf die staatlichen Sicherheits- und Überwachungsorgane nach der Machtübertragung an.)

Das Gesetz „zur Sicherung der Einheit von Partei und Staat" am 1. Dezember 1933 bildet gewissermaßen den *Abschluss der Annäherung von Partei- und Staatsführung*, indem die NSDAP als „Trägerin des deutschen Staatsgedankens" vorgestellt und eine unauflösliche Verbindung zwischen Partei und Staat verkündet werden. Erst im Sommer des Folgejahres kommt es dann zur *endgültigen Verschmelzung der Ämter des Reichskanzlers und des Reichspräsidenten* (1. August 1934).

Die *Erfassung der Gesellschaft* durch legislative Akte der NSDAP/DNVP-Koalition vollzieht sich durch weitere Maßnahmen:
- Gesetz „zur Wiederherstellung des Berufsbeamtentums" (7. April 1933);
- Gesetz „gegen die Neubildung von Parteien" (14. Juli 1933).

Die *Beseitigung der bundesstaatlichen Ordnung* setzt ebenfalls früh ein. In diesen Zusammenhang gehören die in der Übersicht genannten Gesetze vom 31. März 1933, vom 7. April 1933, vom 30. Januar 1934 und vom 14. Februar 1934.

Im Rahmen dieser Gesetze wurden die Landtage und kommunalen Selbstverwaltungsorgane nach dem Ergebnis der Reichstagswahlen vom 5. März 1933 neu zusammengesetzt. In einer zweiten Maßnahme wurden „Reichsstatthalter" für die Umsetzung der Direktiven des Reichskanzlers in den

Ländern eingesetzt. Bereits kurz nach der Wahl am 5. März 1933 waren Parteigenossen als Reichskommissare zur Kontrolle über die Polizei in den verschiedensten Bundesländern ernannt worden. Am 9. März wurde der einstige Freikorps-Befehlshaber Franz Xaver Ritter von Epp der erste mit allgemeiner Reichsvollmacht ausgestattete Kommissar für Bayern. Diese auch in anderen Ländern vorgenommene Umschichtung politischer Macht von den Landesregierungen auf untergeordnete Parteiführer führte zum Rücktritt der frei gewählten Regierungen in den Ländern des Reiches. Erst im Januar 1934 folgt die zweite Etappe gesetzgeberischer Maßnahmen, die nun zu einer vollständigen Aufhebung der Länderparlamente führen und die totale Unterordnung der Länder unter das Reich bezwecken (Gesetz „über den Neuaufbau des Reiches“ vom 30. Januar 1933). Daraus folgt letztlich auch die Aufhebung des Reichsrates, also die Aufhebung der Ländervertretung, so wie sie nach der Weimarer Verfassung vorgesehen war.
Mögliche Visualisierung: Vgl. Zusatzmaterial ZM 3.2, S. 56.

Zu Aufgabe 2, S. 42
Zunächst ist festzuhalten, dass das NS-Regime in den Anfangsjahren mit Vorsicht agierte und den Weg des geringsten Widerstandes bzw. Aufruhrs suchte. Auch wollte man gegenüber Beobachtern aus dem Ausland den Anschein verlässlicher, verfassungskonformer Politik erwecken. Darüber hinaus spielen aber für das vordergründig legalistische Vorgehen tiefer gehende Hintergründe eine Rolle:
- Der britische Historiker Ian Kershaw, der sich intensiv mit der Herausbildung des Hitler-Mythos beschäftigt hat, beschreibt die geradezu messianischen Erwartungen, die ein großer Teil der Deutschen mit dem Ruf nach einem starken Mann und charismatischen Führer verband (Ian Kershaw, Der Hitler-Mythos. Führerkult und Volksmeinung, DVA, Stuttgart 1999; ursprünglich 1987 erschienen). Kershaws Studien zufolge bildete der Personenkult um Hitler das Integrationszentrum für mehr oder weniger politische Haltungen, die zunächst abseits der NSDAP angesiedelt waren und sich im Lauf der Zeit der Parteiideologie annäherten. Aus dieser *integrativen Funktion des Führerkults* ergibt sich folglich auch die Taktik eines legalistischen Vorgehens, da ein revolutionäres, auf gewaltsamen Umsturz bedachtes Vorgehen eine größere Akzeptanz in breiten Schichten der deutschen Gesellschaft verhindert hätte.
- Norbert Frei (Der Führerstaat. Nationalsozialistische Herrschaft 1933 bis 1945, dtv, 6. Aufl., München 2001, S. 93–95) stützt sich auf den Ansatz Ian Kershaws. Er arbeitet aber noch differenzierter die *Kombination zwischen Diktatur und Plebiszit* heraus, die in kurzer Zeit zu einer stupenden „Selbststabilisierung“ der neuen Ordnung geführt habe. Er verweist dabei besonders auf das Plebiszit vom 12. November 1933, das immerhin von 95,1 Prozent der deutschen Wahlbevölkerung mit „Ja“ beantwortet wurde. (Folgende Fragestellung lag den Wählern vor: „Billigst Du, deutscher Mann, und Du, deutsche Frau, diese Politik Deiner Reichsregierung, und bist Du bereit, sie als den Ausdruck Deiner eigenen Auffassung und Deines eigenen Willens zu erklären und Dich feierlich zu ihr zu bekennen?“)

Tatsächlich dominierte innerhalb der deutschen Bevölkerung zu Beginn der Dreißigerjahre der Wunsch nach Stabilität und Sicherheit. Die Krisenerfahrungen des vergangenen Jahrzehnts und die massiven Interessenskonflikte, die zu Beginn der Republik und in ihrer Endphase auch in Straßenkämpfen und extremen existenziellen Unsicherheiten erlebt wurden, steigerten das Bedürfnis nach Ruhe und Ordnung. Diesem Bedürfnis schien die NSDAP mit ihrem Vorgehen auf der Grundlage der Weimarer Verfassung – auch als Regierungspartei – nachzukommen. Gewiss wäre es aber falsch, das scheinbar legale Vorgehen der Nationalsozialisten isoliert zu betrachten. Nur im Zusammenspiel mit der Entfachung einer immensen Propaganda-Maschinerie (die allerdings die Gesetzestreue der neuen politischen Kräfte stets betonte) und der terroristischen Überwachung der Bevölkerung gelang die rasche und vollständige Umgestaltung zur Diktatur.

M 5, S. 43
Aus der Notverordnung zum „Schutz von Volk und Staat“ vom 28. Februar 1933, erlassen anlässlich des Reichstagsbrandes vom Vortag
Siehe Erläuterungen zu den Aufgaben 1 und 2.

Zu Aufgabe 1, S. 43

Folgende Grundrechte werden außer Kraft gesetzt (Z. 5–17):

- Recht auf persönliche Freiheit,
- Recht der freien Meinungsäußerung,
- Pressefreiheit,
- Versammlungs- und Vereinigungsfreiheit,
- Recht auf Telegrafen-, Fernsprech-, Brief- und Postgeheimnis,
- Recht auf Unverletzlichkeit der Wohnung,
- Recht auf Gewährleistung des Eigentums.

In Z. 18–28 wird der Reichsregierung ein grundsätzliches Einspruchsrecht in die Befugnisse der Landesbehörden zugesprochen. Insofern kann die „Reichstagsbrandverordnung" *auch* als erste Maßnahme auf dem Weg zur Beseitigung der föderalen Ordnung angesehen werden.

Zu Aufgabe 2, S. 43

Vordergründig stellte die „Reichstagsbrandverordnung" eine Reaktion auf den Reichstagsbrand am Vortag dar. Die Verantwortung dafür lastete man der kommunistischen Partei und ihren Anhängern an. Angeblich sollte diese Notverordnung also der „Abwehr kommunistischer staatsgefährdender Gewaltakte" dienen (vgl. Z. 2 f.).

Paragraf 5 enthält eine Verschärfung des Strafrechts: Fortan gilt die Todesstrafe für bislang mit Zuchthaus geahndete Verbrechen: Hochverrat, Brandstiftung, Sprengstoffanschläge Ausführung bzw. Versuch eines Attentats, einer Vergiftung, eines Sprengstoffanschlags und vorsätzliche Beschädigung von infrastrukturellen Einrichtungen, schwerer Aufruhr und schwerer Landfriedensbruch unter Anwendung von Waffengewalt und Versuch oder Durchführung einer Geiselnahme.

Die Maßnahmen, die durch die „Reichstagsbrandverordnung" möglich werden, greifen weit über die Verfolgung der mutmaßlichen Brandstifter hinaus. Letztlich gilt die Androhung der Todesstrafe ab dem 28. Februar 1933 für jeden, der gegen das Regime aktiv wird, sei es in Form von Sabotageakten oder in Form direkter Anschläge auf Leib und Leben der Protagonisten des Systems.

Die Aufhebung der Grundrechte schafft den Rahmen für die Einrichtung eines totalen Überwachungsapparates und für willkürliche Eingriffe in die persönliche Freiheit und Eigentumsrechte des Einzelnen, sobald auch nur der Verdacht regimekritischen Verhaltens bestand.

VISUALISIERUNG

„Reichstagsbrandverordnung"

Zweck:
- Verfolgung und Bestrafung der angeblich kommunistischen Brandstifter,
- Abschreckung im Hinblick auf weitere Anschlagsversuche von kommunistischer Seite

Möglichkeiten:
- Abschreckung im Hinblick auf regimekritisches Verhalten im weitesten Sinne,
- Aufbau eines umfassenden Spitzelsystems,
- Eingriffe in persönliche Freiheits- und Eigentumsrechte bei bloßem Verdacht auf regimekritisches Verhaltens

M 6, S. 43 f.
Ermächtigungsgesetz

a) Aus dem „Gesetz zur Behebung der Not von Volk und Reich" (Ermächtigungsgesetz) vom 24. März 1933:

Das sogenannte Ermächtigungsgesetz besitzt folgenden zentralen Inhalt: Die Reichsregierung kann alle Gesetze (auch entgegen der Verfassung) beschließen, wenn sie die Rechte des Reichspräsidenten wahrt und die Einrichtungen Reichstag und -rat nicht antastet.

Die verfassungsrechtliche Bedeutung des Gesetzes besteht im Wesentlichen in folgenden Punkten:

- Ausschaltung des parlamentarischen Gesetzgebungsverfahrens, damit wird die Volksvertretung bedeutungslos;
- Aufhebung der Gewaltenteilung und damit der parlamentarischen Kontrolle über die Regierung: Regierungsdiktatur.

b) Aus der Regierungserklärung Adolf Hitlers vom 23. März 1933 zum Ermächtigungsgesetz:

Die zentralen Argumente Hitlers für die Verabschiedung des „Ermächtigungsgesetzes" waren:

- Maßnahmen der „Regierung der nationalen Erhebung" erfordern Verfassungsänderungen;

- die Zustimmung des Reichstages von Fall zu Fall würde Autorität und Ansehen der Regierung schaden;
- eine weitere Tagung des Reichstages ist unmöglich (revolutionäre Erregung);
- die souveräne Stellung der Regierung ist für eine ruhige Entwicklung Deutschlands notwendig;
- es gibt eine Bestandsgarantie für Reichstag, Reichsrat, die Rechte des Reichspräsidenten, der Länder und der Kirchen.

Zu Aufgabe 1, S. 44
Siehe Kommentar zu M 6, S. 43 f.

Zu Aufgabe 2, S. 44
Siehe Kommentar zu M 6, S. 43 f.

Zu Aufgabe 3, S. 44
Nach dem Grundgesetz der Bundesrepublik Deutschland stehen Gesetzgebung, Regierung und Rechtsprechung gleichrangig nebeneinander. Es gibt kein oberstes Staatsorgan. Das Bundesverfassungsgericht spricht sogar vom „Gleichgewicht staatlicher Gewalten". Im Vordergrund steht dabei nicht die Unterscheidung der einzelnen Funktionen (funktionale Gewaltenteilung), die auch in totalitären Staaten selbstverständlich ist, sondern die organisatorische Gewaltenteilung: Kraft der Verfassung selbstständige und voneinander unabhängige Organe sind für die Ausübung der verschiedenen Funktionen, also Legislative, Exekutive, Judikative, zuständig.
In der Bundesrepublik Deutschland ist die Gesetzgebung Angelegenheit der Parlamentarier, die ein freies Mandat ausüben und rein rechtlich betrachtet völlig unabhängig nur ihrem Gewissen verpflichtet sind (Art. 38 Abs. 1 GG). Auch muss in jedem Fall der Bundespräsident mitwirken, der zumindest bei formellen Verstößen gegen das Grundgesetz die Ausfertigung zu unterlassen hat. Hinzu kommt die Gerichtskontrolle der Gesetzgebungsakte auf ihre Verfassungsmäßigkeit.
Im Unterschied zur Bundesrepublik Deutschland schaltete der NS-Staat im „Ermächtigungsgesetz" das Parlament als Gesetzgeber aus und hob damit die Gewaltenteilung auf. Die Regierung wurde nicht länger vom Reichstag kontrolliert, sondern konnte eigenmächtig handeln.

M 7, S. 44 f.
Aus der Reichstagsdebatte über das Ermächtigungsgesetz
a) Reinhold Otto Maier (1889–1971) war Jurist und Reichstagsabgeordneter der DDP, die sich 1930 in Deutsche Staatspartei umbenannte. Während der Zeit des Nationalsozialismus arbeitete er als Rechtsanwalt. 1945 wurde er von der amerikanischen Besatzungsmacht zum ersten Ministerpräsidenten Württemberg-Badens ernannt. Dieses Amt behielt er bis zur Auflösung des Landes 1952.
Maier begründete in seiner Reichstagsrede am 23. März 1933 die Zustimmung seiner Fraktion zum Ermächtigungsgesetz:
- In den gegenwärtigen Notzeiten seien „besondere Maßnahmen" erforderlich (Z. 2).
- Die weit reichenden Vollmachten sollen der Regierung eine ungestörte Arbeit ermöglichen (Z. 6 f.).
- Gleichzeitig besteht die „Erwartung einer gesetzmäßigen Entwicklung" seitens der linksliberalen Fraktion (Z. 33 f.).

Gleichzeitig verweist Maier auf ernsthafte Bedenken seiner Partei:
- Im „vorliegenden Gesetzesentwurf" fehle eine „ausdrückliche Sicherung vor Eingriffen" in die Grundrechte und die bürgerliche Rechtsordnung (Z. 14–18).
- Hingewiesen wird insbesondere auf die Unantastbarkeit der unabhängigen Gerichte, des Berufsbeamtentums, des Koalitionsrechtes der Berufe (Berufsverbände, Gewerkschaften), der staatsbürgerlichen Gleichberechtigung sowie der Freiheit von Kunst, Wissenschaft und Lehre (Z. 18–24).

b) Otto Wels (1873–1939) war gelernter Tapezierer. Seit 1907 arbeitete er für die SPD zunächst als Bezirkssekretär und seit 1913 im Vorstand der Partei. Dem Reichstag gehörte er seit 1912 an. Nach der Verabschiedung des Ermächtigungsgesetzes emigrierte er nach Prag und arbeitete im Exilvorstand der SPD. Als dieser seinen Sitz nach Paris verlegte, zog Wels ein Jahr vor seinem Tod in die französische Metropole. Wels nennt folgende Gründe für die Ablehnung des Ermächtigungsgesetzes durch die SPD-Fraktion im Reichstag:
- Die in den Wahlen am 5. März 1933 errungene Mehrheit verpflichtet die Regierungskoalition zu einer verfassungsgemäßen politischen Arbeit (Z. 6–11).
- Weitere Zugeständnisse hinsichtlich einer Machterweiterung für die Regierungskoalition

seien unverantwortlich angesichts der bereits bestehenden Allmacht der Koalition und angesichts fehlender Pressefreiheit (Z. 15–21).
- Die parlamentarische Kontrolle sei schon jetzt weitgehend reduziert (Z. 13–16).
- Angesichts der Verfolgungen, denen die sozialdemokratischen Abgeordneten durch die Nationalsozialisten ausgesetzt seien, verbiete sich eine Zustimmung ohnehin (Z. 1–6).
- Das Ermächtigungsgesetz verstoße gegen das Rechtsbewusstsein des Volkes (Z. 38–43).
- Im Festhalten an den Prinzipien der Weimarer Reichsverfassung und an den Grundsätzen der Menschlichkeit, der Freiheit, der Gerechtigkeit und des Sozialismus lehnen die Sozialdemokraten das Ermächtigungsgesetz ab (Z. 44–55).

Zu Aufgabe 1, S. 45

a) Vgl. die Ausführungen zu M 7, S. 44.

b) Der Vergleich der Aussagen und Argumente sollte folgende Aspekte berücksichtigen:
- Die SPD als Partei, die früh *Verfolgung und Inhaftierung ihrer Genossen* seitens der Nationalsozialisten erfahren musste, steht einem weiteren Machtzuwachs der NSDAP/DNVP-Koalition natürlich ablehnend gegenüber. Dagegen wirkt der *Vertrauensvorschuss*, den die Fraktion der Deutschen Staatspartei zu geben bereit ist, ausgesprochen gutmütig und wenig kritisch.
- Deutlicher als Reinhold Maier betont Otto Wels die Bindung seiner Partei an die Prinzipien der Weimarer Verfassung.
- Entgegen der Betonung von Otto Wels, die NSDAP sei ohnehin schon fast allmächtig geworden, ist Maier bereit, durch weitere Zugeständnisse das alleinige Herrschaftspotenzial der Regierungskoalition zu steigern.

c) Die Schülerinnen und Schüler sollten bei der Beurteilung der Positionen Maiers und Wels' bewusst die parteipolitischen (liberale, sozialdemokratische) Perspektiven bedenken. Des Weiteren sollten sie dazu angehalten werden, das Ermächtigungsgesetz aus der Perspektive der Zeitgenossen zu betrachten. Eventuell bietet es sich an dieser Stelle an, die kritische Haltung vieler Bürger der Weimarer Republik gegenüber der ersten deutschen Demokratie noch einmal zu beleuchten.

Zu Aufgabe 2, S. 45

Maier verweist auf den Fortbestand des Parlaments trotz seiner Entmachtung. Die weitere Entwicklung hat gezeigt, dass das *Gesetz „gegen die Neubildung von Parteien" (14. Juli 1933)* letztlich jede *Wiederbelebung der Volksvertretung* verhindert hat. Der Glaube daran, dass durch ein Festhalten an einer nur noch formal bestehenden Einrichtung eine Reorganisation möglich wäre, erweist sich als *illusionistisch*. Immerhin aber muss gesagt werden, dass zumindest auf dem Papier die Selbstentmachtung des Parlaments auf vier Jahre Dauer angelegt war (bis zum 1. April 1937).
Nüchterner und *realistischer* war die Einschätzung der bereits verfolgten Sozialdemokraten, die um die *antidemokratische Taktik* dieser Regierung wusste, die sich eine Regierung „der nationalen Konzentration" nannte.

Zu Aufgabe 3, S. 45

a) Argumente für die Behauptung von der „Selbstaufgabe der Demokratie":
- Es waren die republiktreuen, demokratisch eingestellten Parteien bzw. Fraktionen (Deutsche Staatspartei, DVP, Zentrum), die freiwillig – wenn auch nach heftigen Diskussionen – für das Ermächtigungsgesetz und damit für die Preisgabe der Legislative stimmten.
- Betrachtet man lediglich die institutionelle Ebene der staatlichen Organe, so hat das Parlament am 23. März 1933 tatsächlich im Rahmen einer „demokratischen" Abstimmung sein Ende herbeigeführt.

Argumente gegen diese Behauptung:
- Das Schlagwort von der „Selbstaufgabe der Demokratie" suggeriert, die republiktreuen Parteien – und nicht nur diese, sondern auch die demokratisch gesinnten Bürger – hätten ohne Not und Widerstand die Demokratie preisgegeben. Insofern wird der historische Hintergrund des Ermächtigungsgesetzes (Terror, Verfolgung, Missachtung der Grundrechte, Wunsch eines großen Teils der Bevölkerung nach einem starken „Führer") ignoriert.
- Es waren auch nicht die Demokraten im Parlament, die eine solche Entwicklung angestrebt hatten. Vielmehr war von vornherein klar, dass Hitler als Kanzler des neuen Kabinetts die Parteiendemokratie beseitigen wollte. Aus diesem Grund hatte sich eine Koalition unterschiedlicher Kräfte aus deutschnationalem Bürgertum, Großagrariern, Unternehmern, Ministerialbürokraten und Militärs bereitgefunden, den Parteiführer der NSDAP an der Regierung zu beteiligen.

b) Mögliche Titel:
– „Preisgabe der Demokratie“
– „Ende/Untergang der Demokratie“
– „Ende der Gewaltenteilung“
– „Ende des Parlamentarismus“
– „Preisgabe des Parlaments“

Je nach Wahl der Begriffe (Demokratie, Parlament, Gewaltenteilung, Legislative) ergeben sich andere Gewichtungen, die mit den Schülern besprochen werden sollten. Hinzuweisen ist auf die plebiszitäre Komponente, die den Weg zur Diktatur begleitete und die sich als Missbrauch demokratischen Rechts erwies.

M 8, S. 46
Der Befehl der NSDAP zur gewaltsamen Gleichschaltung der Freien Gewerkschaften vom 21. April 1933

Siehe Erläuterungen zu den Aufgaben 1 und 2.

Zu Aufgabe 1, S. 46

Es handelt sich um einen *Parteibefehl*. Mit der Durchführung dieses Befehls werden von der *NSBO (Nationalsozialistischen Betriebszellenorganisation) zusammengestellte „Aktionskomitees“* (Z. 5, Z. 15 f.) beauftragt. Die geplanten Aktionen sollen am 2. Mai, einen Tag nach dem erstmals von Hitler gewährten Feiertag für die Arbeiter, stattfinden. Eine leitende Rolle sollen dabei die *Gauleiter* spielen, in deren Entscheidung es liegt, welche Institutionen und Verbände über die hauptsächlich als Gegner genannten Einrichtungen hinaus betroffen sein sollen (Z. 11 f. und 14 f.).

Die Maßnahmen sollen sich gezielt *gegen den Allgemeinen Deutschen Gewerkschaftsbund (ADGB) und den Allgemeinen Freien Angestelltenbund (Afa-Bund)* richten. Vorgesehen ist die Besetzung folgender Einrichtungen:
– Gewerkschaftshäuser,
– Büros der Freien Gewerkschaften,
– Parteigebäude der SPD, wenn sich darin Gewerkschaftsbüros befinden,
– Büros der Verbände,
– Filialen und Zahlungsstellen der „Bank der Arbeiter, Angestellten und Beamten AG“,
– Bezirks- und Ortsausschüsse des ADGB und des Afa-Bundes (Z. 22–31).

Alle Besetzungen sollen mithilfe der SA und SS stattfinden. *Befohlen wird die Inhaftierung („Schutzhaft“,* Z. 31) aller *Verbandsvorsitzender, Bezirkssekretäre und Filialleiter* der oben genannten Bank. *Ortsausschussvorsitzende und Angestellte der Verbände werden nicht verhaftet, sondern zur Weiterarbeit aufgefordert.* Dies ist ein Zeichen für die Bevölkerung, speziell für Arbeiter und Angestellte, dass sich die *Besetzung erklärtermaßen nicht gegen die Arbeiter und Angestellten richtet*, sondern gegen die Exponenten eines „überalterte[n] und mit den Interessen der deutschen Nation nicht übereinstimmende[n] System[s]“ (Z. 43–45).

Zur Verdeutlichung der Stoßrichtung der NS-Aktionen werden „möglichst bald“ Massenkundgebungen veranstaltet, zu denen die Gewerkschaftsmitglieder freien Eintritt erhalten und die den *Erhalt der Rechte von Arbeitern und Angestellten versprechen* sollen (Z. 46–52).

Fazit: Es handelt sich hier um Maßnahmen, die durchweg über den Parteiapparat kontrolliert und ausgeführt werden. Genutzt wird die rechtliche Ausnahmesituation, die durch die „Reichstagsbrandverordnung“ geschaffen wurde.

Zu Aufgabe 2, S. 46

Vgl. dazu Norbert Frei, Der Führerstaat. Nationalsozialistische Herrschaft 1933–1945, dtv, 6. Aufl., München 2001, S. 73 f. und S. 75:

„Die Aktion begrenzt zu halten, war schon aus praktischen Gründen geboten, und ihr Zweck war ja auch weniger die institutionelle Zerschlagung als die definitive politische Ausschaltung der Gewerkschaften. Für den Aufbau der von Robert Ley angekündigten ‚Deutschen Arbeitsfront‘ (DAF) war das alte Organisationsgerüst durchaus brauchbar. [...] Bereits nach drei Tagen hatten sich fast alle Arbeiter- und Angestelltenverbände (mit insgesamt acht Millionen Arbeitnehmern) dem Komitee [gemeint ist das von Robert Ley geleitete Aktionskomitee zur Zerschlagung der Freien Gewerkschaften, d. Verf.] unterstellt; nur die christlichen Gewerkschaften genossen noch eine Sonderfrist bis zum Sommer. [...]

Zunächst und in erster Linie war die DAF [...] ein Instrument zur Formierung der Arbeiterschaft. Das zeigte sich nur neun Tage nach ihrer offiziellen Gründung, als mit dem ‚Gesetz über Treuhänder der Arbeit‘ am 19. Mai staatlicher Zwang an die Stelle der bisherigen Tarifautonomie trat. Formal wurden Kapital und Arbeit dadurch in gleicher Weise eingeschränkt, in Wirklichkeit aber bedeutete das Gesetz eine Stärkung der Arbeitgeber, denn die 13 hohen Beamten, die künftig als ‚Reichstreuhänder der Arbeit‘ wirkten, standen der Wirtschaft meistens näher als der Arbeitnehmerseite […]. Zweifellos verfolgten die Nationalsozialisten mit der DAF weitergehende Ziele als die von der Wirtschaft begrüßte Ausschaltung der Gewerkschaftsmacht. Neben der sozialpolitischen Zwangsbefriedung ging es um die Erfassung und Kontrolle der Arbeiterschaft, schließlich um die ideologische Durchdringung der gesamten Arbeitswelt.“

M 9, S. 46

Aus dem Runderlass des Reichskommissars für das preußische Ministerium des Innern, Hermann Göring, an alle Polizeibehörden vom 17. Februar 1933

Siehe Erläuterung zur Aufgabe 1.

Zu Aufgabe 1, S. 47

Der Erlass formuliert folgende zentrale Anforderungen an das Rollenverständnis der Polizeibeamten:
- Unterstützung aller nationalen Verbände (SA, SS, Stahlhelm) und nationalen Parteien;
- Kampf gegen staatsfeindliche Organisationen;
- Einsatz aller Mittel, auch Schusswaffengebrauch.

Ein Rollenverständnis als Staatsdiener wird von einem preußischen Polizisten – diesen spricht der sogenannte Schießerlass Görings ja an – nicht erwartet. Vielmehr soll er sich in harmonischer Einheit verbunden fühlen mit einem paramilitärischen Parteiverband wie der SA, mit der bewaffneten Eliteeinheit der NSDAP, der SS, und dem Stahlhelm, einer ebenfalls paramilitärischen Einrichtung der nationalen Rechten. Erwartet wird von einem Polizisten, dass er sich mit den Anliegen der NSDAP identifiziert und Gewaltanwendung in ihrem Sinne gegen den politischen Gegner einsetzt.

M 10, S. 47

Terrormaßnahmen gegen die Zentrumspartei und die Linksparteien (1933)

Der US-Botschafter registriert hier die Auswirkungen des Runderlasses, den Göring am 17. Februar 1933 für Preußen ausgab. Er beschreibt einen Angriff von Nazis auf den früheren Reichsarbeitsminister Stegerwald, der dem Zentrum angehörte, und er weist auf den in der Parteizeitung des Zentrums, „Germania“, veröffentlichten Appell an Reichspräsident Hindenburg hin, den gewalttätigen Ausschreitungen Einhalt zu gebieten.

M 11, S. 47

Ernennung von SS-Männern zu Hilfspolizisten, Fotografie, Februar 1933

Das Bild verdeutlicht die Herrschaftsmethoden des NS-Regimes. Die Anwendung brutaler Gewalt gegen den „inneren Feind“ bildete von Anfang an ein Kernelement der nationalsozialistischen Machteroberung und -erhaltung. Terror und Gewalt wurde dem NS-Regime nicht durch den Zwang zur „Gegnerbekämpfung“ aufgenötigt, wie oft entschuldigend behauptet wurde. Die NS-Ideologie war eine reine Gewaltideologie, ihr ausführendes Organ im Inneren waren die Organe des „SS-Staates“, wobei am Anfang der nationalsozialistischen Herrschaft durchaus improvisiert werden musste.

Zu Aufgabe 2, S. 47 (zu M 10 und M 11)

Siehe die Erläuterungen zu M 10 und M 11.
Folgende Maßnahmen kennzeichnen die Strategie des NS-Regimes nach dem Runderlass Görings:
- Zulassen von gewalttätigen Aktionen gegen Angehörige von Oppositionsparteien (v. a. KPD, SPD, später auch Zentrum) durch die Polizei (Einschüchterung)
- Versuche der Vermischung von staatlicher Polizei und bewaffneten Parteiverbänden durch die Aufnahme von SS-Männern als Hilfspolizisten (Verwischen der Grenzen zwischen staatlichen und Parteiorganen)
- grundsätzlich: Einschüchterung, Machtdemonstration

M 12, S. 47

Bescheid aus dem Konzentrationslager in Oranienburg, Februar 1934

Der Text der Nachricht lautet: „Der Arbeiter Hermann Hagendorf, geboren am 18.2.1900 in Coswig, ist hier am 20.6.1933 an Urämie (innere Harnvergiftung) infolge Nierenentzündung gestorben. Der Tod ist nicht die Folge erlittener [unleserlich, möglicherweise: Misshandlung, Behandlung] gewesen.“ Unterzeichnet wird das Dokument vom leitenden Lagerarzt.
Hermann Hagendorf stammte aus Sachsen-Anhalt, er war ungelernter Arbeiter und gehörte der KPD an. Die Website der Gedenkstätte Oranienburg zitiert nach der späteren Erinnerung von Hagendorfs Tochter folgenden Grund für die Verhaftung: „Hermann Hagendorf sagte zu seiner 5-jährigen Tochter: ‚Häschen, was sagt man denn nun?‘ Sie

antwortete ihm: ‚Rot Front, Vati!'. Daraufhin musste sie mit ansehen, wie ihr Vater von SA-Männern misshandelt und abgeführt wurde. Hermann Hagendorf wurde kurze Zeit nach seiner Verhaftung in das Konzentrationslager Oranienburg gebracht. Dort schlug ihn die SA innerhalb von vier Tagen mit Stahlruten zu Tode." (www.stiftung-bg.de/kz-oranienburg)

M 13, S. 48
Artikel aus der Zeitung „Münchner Neueste Nachrichten" vom 21. März 1933

Im Februar 1933 hatte Heinrich Himmler das Münchener Polizeipräsidium übernommen (Leiter seiner politischen Abteilung: Reinhard Heydrich). Funktionäre der KPD, teilweise der SPD werden als Gefahr für die Staatssicherheit verhaftet. Um eine Überfüllung der Untersuchungsgefängnisse zu vermeiden, werden sie zusammengezogen, damit sie sich im Dachauer Moos ein Lager errichten.
Die „nationale Bevölkerung" (d. h. NS-Anhänger und alte Eliten) wird in der Zeitungsmeldung beruhigt, dass es „nur" gegen „Marxisten" geht. Aber auch Katholiken wird versichert, die Oppositionellen Gerlich („Der gerade Weg") und von Aretin (bayerischer Monarchist) würden menschlich korrekt behandelt. Das Ziel dieser Pressemeldung besteht darin, die politischen Gegner abzuschrecken und die NS-Anhänger zu beruhigen.

M 14, S. 48
SA-Männer zwingen jüdische Mitbürger, öffentlich eine Häuserwand zu säubern, Chemnitz, 11. April 1933

Das Foto ist ein früher Beleg für den Ausschluss jüdischer Mitbürger aus einer sich formierenden nationalsozialistischen „Volksgemeinschaft". Michael Wildt schreibt dazu: „In der politischen Praxis vor Ort hieß das zuerst, soziale Distanz herzustellen, jedwede Solidarität und jedes Mitleid mit den Verfolgten zu stigmatisieren, um die jüdischen Nachbarn zu isolieren und für rechtlos, ja vogelfrei zu erklären. Während in den Großstädten unter den Augen ausländischer Beobachter und konzentrierter Kontrolle durch die Polizei der Boykott nach dem 1. April 1933 fürs Erste abgebrochen wurde, eröffnete er in der Provinz, in den Kleinstädten und Dörfern, den örtlichen Partei- und SA-Gruppen eine politische Arena, in der sie die soziale, kulturelle und politische Ordnung des Ortes verändern konnten." (Michael Wildt, „Volksgemeinschaft" als Selbstermächtigung. Soziale Praxis und Gewalt, in: Hans-Ulrich Thamer/Simone Erpel (Hg.), Hitler und die Deutschen. Volksgemeinschaft und Verbrechen. Ausstellungskatalog, Sandstein, Dresden 2010, S. 90–93, hier S. 91)

Zu Aufgabe 1, S. 48

a) Vertreter der NSDAP (SA- und SS-Leute) wirken entschlossen und unnachgiebig, Passanten eher zögernd und abwartend, manchmal auch erschrocken.
b) Siehe die Erläuterungen zu M 13, S. 48.
c) Der Bescheid wirkt zynisch, zumal er über ein halbes Jahr nach dem Tod Hagendorfs ausgestellt ist. Durch ein Telegramm war die Familie allerdings bald nach dem Tod des Ehemannes und Vaters benachrichtigt worden. Die Angabe der Todesursache (Urämie) wirkt wenig glaubhaft, denn der Zusatz, der Tod sei keinesfalls eine Folge erlittener Behandlung im Lager, erweckt den Eindruck, als solle hier ein Mord vertuscht werden. Hintergründe zum Tod Hagendorfs finden sich unter www.stiftung-bg.de/kz-oranienburg.

M 15, S. 48 f.
Hitler auf dem Parteitag über die „nationalsozialistische Revolution", 5. September 1934

Siehe Erläuterungen zu den Aufgaben 1 und 2.

Zu Aufgabe 1, S. 49

a) Die zentralen Gedanken Hitlers in dieser Rede lassen sich folgendermaßen zusammenfassen:
- Die Ereignisse und Maßnahmen des vergangenen Jahres werden gleichsam als Krieg gegen die Gegner des Nationalsozialismus gewertet (Z. 3–10).
- Andererseits wird die politische Arbeit der NS-Regierung in dieser Zeit als konstruktiv und produktiv dargestellt und der Vorgang der „nationalsozialistischen Revolution" als abgeschlossen betrachtet (Z. 11–20).
- Die nationalsozialistische Revolution wird als produktiv beurteilt, weil sie „im Dienst einer besseren und damit höheren Idee erfolgt" (Z. 26 f.) sei und weil sie den „geschichtlichen Auftrag" erfüllt habe, der vom „Volkswille[n]" ausgegangen sei (Z. 41 f.).

- Die Verschmelzung der Ämter (des Reichskanzlers und des Reichspräsidenten) und die Bestätigung des „Führers“ als Staatsoberhaupt sowie die Unterstellung der Wehrmacht und Verwaltung unter die persönliche Befehlsgewalt des „Führers“ (Treueeid) wird als „Krönung“ der vergangenen Entwicklung empfunden (Z. 47–54).
- Angriffe auf die Macht des „Führers“ sollen „im Keime erstickt“ (Z. 58) werden.

Mit dieser abschließenden massiven Drohgebärde geht die Absage an künftige Revolutionen (die sich gegen das gefestigte Regime richten können) einher.

b) Hitler unterschiedet zwischen „wahrhaften Revolutionen“ (Z. 39), die den „geschichtlichen Auftrag“ des Volkes erfüllen und im Dienst einer höheren Idee stehen, und Revolutionen, „die in der Niederwerfung des politischen Gegners oder in der Vernichtung früherer Leistungen“ (Z. 31–33) ausschließlich ihren Zweck haben. Diese zweite Form der Revolution – so die abschließende Drohung – wird durch das NS-Regime mit brutaler Gewalt niedergeschlagen werden.

M 16, S. 49
Der Politikwissenschaftler Jens Hacke über die Funktionen der NS-Revolutionsrhetorik (2004)

Hacke betont folgende Funktionen der Revolutionsrhetorik:

- Integration sozialrevolutionärer Gruppierungen (z. B. Teile der ehemaligen KPD-Wählerschaft),
- Akzeptanz der nationalsozialistischen Revolution im bürgerlichen Lager, die durch „Erneuerungsmetaphorik“ (Z. 12 f.) und Akzentuierung disziplinierten Vorgehens erreicht werden sollte,
- Erzeugung einer Toleranz gegenüber Gesetzesbrüchen durch die Verwendung und Betonung des Revolutionsbegriffes,
- Deklaration des Vorgehens der SA um Ernst Röhm als „zweite Revolution“, die als Anarchismus bezeichnet und verurteilt wurde.

Zu Aufgabe 2, S. 49

a) Hitlers Revolutionsrhetorik auf dem Parteitag 1934 fällt in die letzte Phase der Errichtung der Diktatur. Die Revolution wird von ihm für beendet erklärt. Er betont die Effekte des „Vollzug[es] einer neuen Berufung“ (Z. 40) und des „Neuaufbaus“ (Z. 30), dementsprechend auch die „konstruktive[r] und produktive[r] Arbeit“ (Z. 13 f.) im Lauf der Revolution (Akzeptanz im bürgerlichen Lager!). Gleichzeitig ist von einem negativ konnotierten Revolutionsbegriff die Rede, der in Zusammenhang gebracht wird mit „nihilistischen Trieben der Vernichtung“ (Z. 28 f.) Hinter diesen Worten verbirgt sich eine Anspielung auf die Vorwürfe im Zusammenhang mit der Ausschaltung Ernst Röhms.

b) Siehe die Erläuterungen zu M 16, S. 49.

M 17, S. 50 f.
Der Historiker Hans-Ulrich Wehler über die totalitäre Revolution der Nationalsozialisten (2009)

Siehe Erläuterungen zu den Aufgaben 1 bis 3.

Zu Aufgabe 1, S. 51

Merkmale der totalitären Revolution:

- Ergebnis: trotz Durchsetzung der revolutionären Kräfte keine „progressive Aufwärtsbewegung“ in der Geschichte (Z. 38 f., 23–26),
- Etablierung totalitärer Herrschaft (Z. 31–33),
- Ausgehen von einer monistischen Ideologie und Praxis (Z. 41–48).

Zu Aufgabe 2, S. 51

Wehler beschreibt den Weg zur Führerdiktatur entlang der wissenschaftlich akzeptierten Revolutionskriterien:

- Wie in jeder Revolution entwickelte sich auch im Rahmen der Etablierung der NS-Diktatur eine grundlegende Umwälzung mit konstruktiven (im Sinne der Nationalsozialisten: Aufbau der Diktatur) und destruktiven (Zerstörung der Weimarer Demokratie) Elementen (Z. 61–85).
- Im Lauf der Errichtung der Diktatur veränderten sich auch das Gesellschaftssystem und die Mentalität (Z. 78, 84 f., 150–171).
- Der Weg zur Diktatur war geprägt von deutlicher „Polarisierung und Politisierung“ (Z. 86).
- Ähnlich wie im Verlauf von Revolutionen entwickelte sich in den Jahren 1933 und 1934 ein innerer Machtkampf zwischen den revolutionären Gruppen, in dessen Verlauf eine Gruppe (beispielsweise Hitler und sein Gefolge gegen Röhm) sich durchsetzte (Z. 93–106).
- Kennzeichen von Revolutionen ist ebenfalls die Außerkraftsetzung herkömmlicher Strukturen: So beseitigten die Nationalsozialisten sehr schnell

die Ordnungsprinzipien der Demokratie und des Rechtsstaates (Z. 107–117).
- Der Wechsel der Eliten vollzog sich in den ersten Jahren unter dem NS-Regime bis weit in die unteren Verwaltungsebenen hinein – auch dies gilt als Kennzeichen revolutionärer Entwicklungen (Z. 118–149).
- Eine große Zahl von Opfern markiert den Weg zur Diktatur ebenso wie den Verlauf von Revolutionen (Z. 173–185).

Zu Aufgabe 3, S. 51

Wehlers These wirkt anregend und auf den ersten Blick überzeugend. Allerdings lassen sich auch kritische Fragen stellen: So wird der Revolutionsbegriff im Kern definiert als Umsturz im Rahmen eines offenen Gewaltausbruches, der unter Beteiligung breiter Bevölkerungsschichten stattfindet. Dieses Kennzeichen erfüllt gerade die „Machtübertragung“ nicht. Überhaupt ist die Taktik der Nationalsozialisten, den Schein der Legalität zu wahren und im Rahmen der Demokratie „mit deren eigenen Waffen“ (Goebbels, siehe Schülerband S. 35, Aufgabe 6) vorzugehen, zumindest ungewöhnlich, wenn man die Entwicklung auf dem Weg zur Diktatur als revolutionär bezeichnen will. Auch zeigten die Märzwahlen 1933, dass die deutsche Bevölkerung mehrheitlich nicht bereit war, den Nationalsozialisten ihre Stimme zu geben. Man hat von den „Märzgefallenen“ gesprochen, denn der weitere Verlauf der Entwicklung trug dem NS-Regime tatsächlich eine große Zustimmung seitens der deutschen Bevölkerung ein. Wehlers Argumentation zielt außerdem eher auf langfristige Prozesse, denn auf einen raschen Umsturz herkömmlicher Ordnungsprinzipien ab. Aus seiner Argumentation ergibt sich aber auch, dass ein großer Teil der deutschen Bevölkerung von der revolutionären Bewegung erfasst wurde oder sich von der massiven Propaganda (Fackelumzug, „Händedruck von Potsdam“) bereitwillig instrumentalisieren ließ. Diese Schlussfolgerung entspricht gegenwärtigen Forschungsergebnissen, deren Ausgangsinteresse weit mehr auf die Befindlichkeiten und Voraussetzungen innerhalb der deutschen Bevölkerung gerichtet ist als auf das Vorgehen der nationalsozialistischen Eliten. Ein Urteil über Hans-Ulrich Wehlers Position lässt sich konkreter und differenzierter fassen, wenn man eine zweite zentrale Forschungsmeinung vergleichend heranzieht. Geeignet ist ein Auszug aus Ian Kershaws Aufsatz über den „Führerstaat“ aus dem bereits mehrfach zitierten Ausstellungskatalog Hitler und die Deutschen (siehe Zusatzmaterial ZM 3.3, S. 57). Grundsätzlich zeigt die gemeinsame Betrachtung der Texte von Wehler und Kershaw, dass Letzterer auf der Basis von Max Webers Theorie das personale Element und in diesem Zusammenhang die „charismatische Herrschaft“ Hitlers weitaus stärker akzentuiert als Wehler, der von revolutionstypischen Strukturen ausgeht.

„Machtergreifung“ – eine totalitäre Revolution?

Argumente für diese Kennzeichnung:	Kritische Einwände:
– rascher Systemwechsel, – weitgehender Elitenaustausch, – Wandel der Ideen bzw. der Ideologie, – Vorgehen mit Gewalt und Propaganda, – Basis: Massenbewegung	– Vorgang der Machtübertragung (30. Januar 33), – Legalitätstaktik

Fazit: Entfachung einer Revolution nach der Machtübertragung?

Zu den Präsentationen, S. 52

Folgende Internetseiten können hilfreich sein:
- www.dhm.de/lemo/html/nazi
- www.bpb.de/publikationen/08088896480389708701525882301191,0,Nationalsozialismus_I.html
- www.bpb.de/publikationen/01646950938424722470412600973617,0,0,Nationalsozialismus_II.html
- www.bpb.de/themen/XNLHOF,0,0,Nationalsozialismus_und_Zweiter_Weltkrieg.html
- www.politische-bildung.de/nationalsozialismus.html
- www.netz-gegen-nazis.de/seite/buecher-zum-download (Jugendlexikon Nationalsozialismus zum Download)

M 1, S. 52
Wahlplakat der NSDAP zur Reichstagswahl vom 5. März 1933

Das Plakat stellt einen Vertreter der SPD – erkennbar an dem roten Anzug und an der Matrosenmütze – und einen Vertreter des Zentrums – in der Kleidung eines Priesters – dar. Beide sind mit einer Schnur mit Hakenkreuz-Symbol zusammengebunden und beiden versetzt ein gewaltiger Stock – ebenfalls mit Hakenkreuz-Symbol – einen kräftigen Stoß, sodass die beiden Figuren auseinandergetrieben werden. Der Vertreter des Zentrums hält einen Zettel in der Hand mit der Aufschrift „Notverordnung" und auf dem Blatt des Sozialdemokraten steht: „Brauchen Propaganda". Die Wahl dieser Begriffe kann so gedeutet werden, dass die NSDAP erstens ankündigt, einer Politik der Notverordnungen – die dem Zentrum (Kanzler Heinrich Brüning) angelastet wird – ein Ende bereiten zu wollen. Zweitens wird die Hilflosigkeit der Sozialdemokraten betont, die vermeintlich nicht gehört werden und daher nach „Propaganda" rufen. Der Text „Den letzten Stoß! Liste 2" ruft aggressiv die Wähler auf, beiden Parteien, die sich gegen die Machterweiterung der Nationalsozialisten wehrten, eine endgültige Absage zu erteilen. Deutlich wird im Adjektiv des Textes der Wille der NSDAP, beide Parteien zu beseitigen.

M 2, S. 52
Ein politischer Witz zum Thema „Gleichschaltung" aus der NS-Zeit

Der Witz spielt auf eine Erfahrung der Zeitgenossen an, die in den ersten Jahren der Diktatur häufig gemacht wurde. Vor allem das „Gesetz zur Wiederherstellung des Berufsbeamtentums" und das erste Gleichschaltungsgesetz (vgl. M 4, S. 41 f.) ermöglichten einen Personalaustausch in großem Stil. Indirekt lässt sich aus diesem Witz auch erschließen, dass die neuen Machthaber vor allem jüngeren und bislang beruflich wenig erfolgreichen Deutschen Einstiegs- und Aufstiegschancen boten.

M 3, S. 53
„Was der König eroberte, der Fürst formte, der Feldmarschall verteidigte, rettete und einigte der Soldat", Postkarte 1933

Die Porträtreihe von Friedrich II. von Preußen („der König"), Bismarck („der Fürst"), Hindenburg („der Feldmarschall") stellt die Inhaber staatlicher Spitzenpositionen in zwei Jahrhunderten preußisch-deutscher Geschichte nebeneinander. Hier wird einerseits eine „Ahnen- und Traditionsreihe" von Friedrich zu Hitler konstruiert, andererseits die Rolle der aristokratischen Vorgänger relativiert und ein „Verdienstadel" suggeriert, der in den persönlichen Fähigkeiten Hitlers kumuliert.

Zentrale Begriffe, S. 53

Im Unterricht können die Begriffe aufgegriffen werden, indem Namen, Daten und Ereignisse an der Tafel notiert werden. Die Schüler sollen dann die Namen, Daten und Ereignisse dem jeweiligen Grundwissensbegriff zuordnen und die Zusammenhänge erklären. Mögliche Namen, Daten und Ereignisse:

Legalitätstaktik – Schutzhaft – Robert Ley – „Schießerlass" – 1. Mai 33 – 23. März 1933 – Otto Wels – Reichsstatthalter – SS – Dachau – Gewerkschaften – „Zähmungskonzept" – Länderparlamente – 1. August 1934 – Gewaltenteilung – „Führer" – Joseph Goebbels – 31. März 1933 – 28. Februar 1933 – Aufhebung der Grundrechte – SA – Ernst Röhm – Machtübertragung – 30. Januar 1933 – Reichsarbeitsminister – Fackelumzug

Lösungen:
- *Deutsche Arbeitsfront:* Robert Ley – Reichsarbeitsminister – 1. Mai 33 – Gewerkschaften
- *Ermächtigungsgesetz:* 23. März 1933 – Otto Wels – Gewaltenteilung
- *Gleichschaltung:* Reichsstatthalter – Länderparlamente – 31. März 1933
- *Konzentrationslager:* SS – Schutzhaft – Dachau
- *„Machtergreifung":* Machtübertragung – 30. Januar 1933 – „Zähmungskonzept"
- *NS-Diktatur:* Legalitätstaktik – 1. August 1934 – „Führer"
- *Propaganda:* Joseph Goebbels – Fackelumzug
- *Reichstagsbrand:* 28. Februar 1933 – Aufhebung der Grundrechte
- *Terror:* SA – Ernst Röhm – „Schießerlass"

Sachkompetenz

Zu Aufgabe 1, S. 53
Die Entwicklung sollte im Wesentlichen entlang der Ereignisse beschrieben werden, die bereits im Kommentar der vorliegenden Handreichungen zu Aufgabe 1 (DT), S. 40, aufgelistet sind.

Zu Aufgabe 2, S. 53
Gründe für das Scheitern der „Zähmung“:
- Fehleinschätzungen,
- Wirkungen von Terror und Propaganda,
- Taktik der NSDAP,
- Ablehnung der Republik in weiten Teilen der deutschen Bevölkerung.

Zu Aufgabe 3, S. 53
Folgen der Reichstagsbrandverordnung und des Ermächtigungsgesetzes:
- Etablierung der Diktatur auf der obersten Ebene des Staates: Beseitigung der Grundrechte und der Gewaltenteilung,
- Eröffnung von Möglichkeiten für parteiliche Terrorakte und Verfolgungen,
- Möglichkeit zur willkürlichen Verhaftung von Regimegegnern,
- Wegfall der parlamentarischen Kontrolle für Entscheidungen der Regierung,
- Voraussetzung für den Umbau des Staates auf der mittleren und unteren Ebene.

Methodenkompetenz

Zu Aufgabe 4, S. 53
Vgl. den Kommentar zu M 1, S. 52.
Die wesentliche Funktion des Wahlplakates besteht in einer deutlichen Polarisierung zwischen den demokratischen und republiktreuen Parteien und der NSDAP, die keinen Hehl aus ihrer antidemokratischen Haltung machte.

Zu Aufgabe 5, S. 53
a) Der Witz entfaltet seine Wirkung aus der Perspektive derjenigen, zu deren Lasten und auf deren Kosten die Etablierung der Diktatur ging. Indirekt wird Kritik geübt an den Maßnahmen der „Gleichschaltung“, die im Wortsinne nur für die Nationalsozialisten eine solche sein konnte. Für betroffene Staatsdiener, Abgeordnete o. a., die ihre Posten verloren, bedeutete Gleichschaltung Ausgrenzung, Entrechtung und Gefährdung der eigenen Existenz.
b) *Möglichkeiten:*
- Versicherung des Einverständnisses unter Gleichgesinnten,
- kleine Erleichterung durch Einnahme einer ironischen Perspektive (auch die Machthaber wussten um diese Ventilfunktion und duldeten daher manche – nicht zu weit gehende – ironische Kritik, etwa in Form eines gleichwohl zensierten Kabaretts),
- Ausdruck von Kritik und Verweigerung.

Grenzen:
- Gefahr der Denunziation,
- Harmlosigkeit und daher Wirkungslosigkeit.

Zahlreiche weitere Flüsterwitze aus der NS-Zeit bietet die Website: www.mahnung-gegen-rechts.de/pages/fluesterwitze-01.htm.

Zu Aufgabe 6, S. 53
Vgl. Kommentar oben zu M 3, S. 53.

Urteilskompetenz

Zu Aufgabe 7, S. 53
Im Zitat wird die totale Unterordnung unter den NS-Staat bzw. noch deutlicher: unter die Macht des „Führers“ gefordert.
Folgen für politische Parteien: Sie werden obsolet, da der Einparteienstaat in kurzer Zeit aufgerichtet wurde. Das bedeutete, dass diejenigen verfolgt und unterdrückt wurden, die einer der verbotenen oder aufgelösten Parteien angehörten.
Folgen für Interessenorganisationen, soziale Gruppen: Offiziell geht man davon aus, dass es keine Interessen gibt, die dem NS-Staat entgegenstehen. Alle Vertreter andersartiger Interessen werden zu Regimegegnern. Widerstand gegen das NS-System macht sorgfältige Geheimhaltung und Taktik nötig.
Folgen für den Einzelnen bestehen in einem weit reichenden Verlust von Freiheit und Individualität. Vom Mitglied der „Volksgemeinschaft“ wurde Gehorsam und Anpassung gefordert, eigene Vorstellungen konnten jedenfalls öffentlich nicht mehr vertreten werden.

Zusatzmaterial ZM 3.1 zu Aufgabe 1, S. 40	Die Errichtung der Diktatur

Propagandistische Inszenierung	**Beseitigung von Demokratie, Rechtsstaat, Gewaltenteilung und Pluralismus**	**Terror und Gewalt**
Fackelzug (30. Januar 1933) Händedruck von Potsdam (21. März 1933)	Brandverordnung (28. Februar 1933) Reichstagswahlen (5. März 1933) Gleichschaltung der Länder (ab dem 5. März 1933) Ermächtigungsgesetz (24. März 1933) Gleichschaltung gesellschaftlicher Institutionen (Gewerkschaften, Kirchen, Auflösung von Parteien) ab März 1933	Errichtung des ersten Konzentrationslagers in Dachau bei München im März 1933 Gewalt durch SA und SS, Einrichtung und Ausbau der Politischen Polizei seit 1933

Zusatzmaterial ZM 3.2 zu Aufgabe 1, S. 42	**Der Umbau der föderalistischen Demokratie in eine zentralstaatliche Diktatur unter dem „Führer“ Hitler**

Von der demokratischen Republik zur Führerdiktatur

Beseitigung von Demokratie und Recht
- 4.2.1933: Einschränkung der Pressefreiheit (Art. 48)
- 28.2.1933 „Brandverordnung“: Beseitigung der Grundrechte (Art. 48)
- 24.3.1933 „Ermächtigungsgesetz“: Beseitigung der Gewaltenteilung
- 1.12.1933 „Gesetz zur Sicherung der Einheit von Partei und Staat“: Deklaration der NSDAP zur „Trägerin des deutschen Staatsgedankens“
- 1.8.1934 „Gesetz über das Staatsoberhaupt des Deutschen Reiches“: Verschmelzung von Kanzler- und Reichspräsidentenamt

Einschränkung des gesellschaftlichen Pluralismus
- 7.4.1933 „Gesetz zur Wiederherstellung des Berufsbeamtentums“: Entfernung regimekritischer und „nicht arischer“ Beamter
- 14.7.1933 „Gesetz gegen die Neubildung von Parteien“: Festlegung des Einparteienstaates

Beseitigung der bundesstaatlichen Ordnung
- 31.3.1933 „Erstes Gesetz zur Gleichschaltung der Länder mit dem Reich“: Besetzung der Landtage nach dem Reichstagswahlergebnis vom 5.3.1933
- 7.4.1933 Zweites Gleichschaltungsgesetz: Erfüllung der Richtlinien des „Führers“ durch „Reichsstatthalter“
- 30.1.1934 „Gesetz über den Neuaufbau des Reiches“: Auflösung der Länderparlamente, Einziehung der Hoheitsrechte der Länder durch das Reich
- 14.2.1933 „Gesetz über die Aufhebung des Reichsrates“

Zusatzmaterial ZM 3.3 zu Aufgabe 3, S. 51	Der britische Historiker Ian Kershaw über den „Führerstaat“ (2010)

Bei den meisten großen politischen Umwälzungen geht die erste blutige Phase nach einer Weile zu Ende, und ein neues System stabilisiert sich auf Basis von mehr oder weniger routinierter, wenn auch rücksichtsloser Unterdrückung von Gegnern, begleitet von banaler, plumper Propaganda. Das Erlangen und Erhalten der Macht ist in der Regel ein Selbstzweck. Bei der charismatischen Herrschaft Hitlers verhielt es sich anders. Die Ziele waren hier sowohl grenzenloser als auch utopischer Art – ideologische Fernziele, deren Verwirklichung nur durch Gewalt zu erreichen sein würde. Da diese Ziele keinen feststellbaren Endpunkt hatten, gehörte von vorneherein eine nicht aufzuhaltende Dynamik von sich erweiternder Gewalt immanent dazu. Hitlers eigene Weltanschauung hatte seit Mitte der 1920er-Jahre zwei Fixpunkte: die „Entfernung“ der Juden und die Erlangung von „Lebensraum“. [...] Das Dynamische lag aber gerade darin, dass sie nicht näher definiert wurden, sondern vielerlei bedeuteten und daher als Ansporn zum ungezügelten Aktivismus gelten konnten. Die Ergebnisse waren einerseits eine stets eskalierende Judenverfolgung und andererseits eine „rassische Säuberung“, ein rasantes Tempo der Aufrüstung und der „Wehrmachthaftung“ – Hitler musste nicht mehr tun, als die „Aktionsrichtung“ vorgeben.
Hitlers Führerfunktion war dabei eine dreifache. Sie bestand hauptsächlich in der Integration von Staat und Bewegung hinter solchen Fernzielen, in der Ermunterung zu Aktionen, die im Sinne der Fernziele waren, und in der Legitimation von Initiativen, die vielfach von anderen stammten, aber ebenfalls in Richtung dieser Fernziele drängten. Es ist daher meines Erachtens nützlich, dem Begriff der „charismatischen Herrschaft“ einen zweiten Begriff zur Seite zu stellen, um die Funktionsweise des NS-Regimes und den Prozess der „kumulativen Radikalisierung“ etwas näher zu beleuchten: „dem Führer entgegenarbeiten“. Buchstäblich oder metaphorisch, bewusst oder unbewusst haben viele, nicht zuletzt die Funktionseliten, die Empfehlung in einer Rede von Werner Willikens, Staatssekretär im Reichsernährungsministerium, im Jahr 1934 verinnerlicht, als er sagte, es sei jedermanns Pflicht, im neuen Reich „zu versuchen, im Sinne des Führers ihm entgegenzuarbeiten“.
Von größter Bedeutung war die Institutionalisierung der weltanschaulichen Fernziele in der SS, der am stärksten ideologischen Einheit der NS-Bewegung, die ab 1936 mit dem Unterdrückungsapparat der Sicherheitspolizei verschmolzen wurde. Der Kampf gegen den „inneren Feind“ galt hier als Pendant zum Kampf gegen den äußeren Feind, der von der Wehrmacht ausgefochten werden sollte. Die Befugnisse der Polizei wurden nicht konventionell rechtsgemäß definiert, sondern richteten sich nach der „Säuberung“ des Volkskörpers von allen „kranken“, „zersetzenden“ Einflüssen, die zu einer Degeneration der „Volksgemeinschaft“ führen würden. Als solche, erklärte Heinrich Himmler, Reichsführer SS und Chef der Deutschen Polizei, konnten diese Befugnisse „nicht einschränkend ausgelegt werden“. Dementsprechend wurden immer neue „Volksfeinde“ erfunden, die Konzentrationslager wurden Mitte der 1930er-Jahre weiter ausgebaut, also gerade zu einer Zeit, als die Zahl der tatsächlichen politischen Gegner auf ein Minimum zusammengeschrumpft war.

Ian Kershaw, „Führerstaat“: Charisma und Gewalt, in: Hans-Ulrich Thamer/Simone Erpel (Hg.), Hitler und die Deutschen. Volksgemeinschaft und Verbrechen, Sandstein Verlag, Dresden 2010, S. 58–67, hier S. 64 f. (ohne Nennung des Übers.).

1 Vergleichen Sie Ian Kershaws Darstellung mit Hans-Ulrich Wehlers Ansatz: Wo finden sich Übereinstimmungen zu Wehlers Interpretation der Machtsicherung als „totalitäre Revolution“? Wo finden sich kontroverse Positionen?

2 Erläutern Sie die Bedeutung der „charismatischen Herrschaft“ Hitlers für die Etablierung der Diktatur.

Kapitel 4
Der Führerstaat – Organisation und Methoden

M 1, S. 55
Schaufensterdekoration eines Cafés in einer rheinischen Kleinstadt zum Fronleichnamsfest, 1937

Das Foto verdeutlicht die pseudoreligiöse Erhöhung, die Hitler seitens der Bevölkerung entgegengebracht und die natürlich auch gezielt durch Reden und Inszenierungen herbeigeführt wurde.

Statt eines Christusbildes findet sich unter Blumenschmuck das Porträt Hitlers inmitten von Schriftzügen, die durch Blumenarrangement hergestellt sind: „Freiheit", „Ehre", „Frieden" und das Hakenkreuz als Symbol der Partei und des neuen Staates sind Schaufensterschmuck am Fronleichnamstag, an dem man eigentlich christliche Inhalte erwartet hätte.

Zu Aufgabe 1, S. 56

Der Begriff „Führerstaat" verdeutlicht, dass die Gesellschaft des Deutschen Reiches vollkommen auf Adolf Hitler als messianischen Heilsbringer hin orientiert war. Hierbei spielt das charismatische Element (vgl. Kapitel 1) eine tragende Rolle.

Daneben zeigt sich im zweiten Begriff „SS-Staat", dass bloße Heilserwartungen und die Unterordnung gleichsam in Form einer Glaubensgemeinschaft nicht ausreichten, um die Diktatur zu erhalten. Im Darstellungstext wird darauf hingewiesen, dass die SS die eigentliche Exekutive des NS-Regimes war. Überwachung, Kontrolle, Verfolgung jeglicher Regimekritik waren die Aufgaben dieses riesigen und verzweigten Parteipolizeiapparates.

Siehe als mögliche Visualisierung Zusatzmaterial ZM 4.1 auf S. 69.

Zu Aufgabe 2, S. 56

„Schutzhaft": Aufgabe und Funktion dieser willkürlichen Form der Verhaftung war die Entfernung von regimekritischen Bürgern aus der „Volksgemeinschaft". Ihre Wirkung sollte in Drohung und Abschreckung bestehen.

Konzentrationslager: Aufgabe und Funktion dieser Lager bestand darin, die zahlreicher werdenden Verhafteten aufzunehmen und eine Form der Inhaftierung einzurichten, die der staatlichen Verwaltung entzogen war. Die Wirkung bestand in einer größeren Verunsicherung und einer völligen Rechtlosigkeit der Gefangenen, die zunehmend verfolgt und eingesperrt wurden, weil sie nicht „arisch" waren oder als Angehörige einer „untergeordneten Rasse" definiert wurden. Mit Kriegsbeginn verschärfte sich die Situation, Vernichtungslager wurden im besetzten Polen eingerichtet und an diesen Orten wurde der Massenmord verübt.

Zwangsarbeit: Vielfach wurden Häftlinge schon vor 1939 zu Zwangsarbeit eingesetzt. Sie verrichteten härteste Arbeit in Steinbrüchen und auf Baustellen. So konnten Arbeitskräfte für gigantische Bauvorhaben (z. B. Reichsparteitagsgelände in Nürnberg) rekrutiert werden. Hier bestand die Wirkung in Abschreckung und Ausbeutung der Lebenskraft.

M 2, S. 57
Struktur des NS-Staates

Siehe Erläuterungen zur Aufgabe 1.

Zu Aufgabe 1, S. 57

Das Schaubild veranschaulicht die Doppelfunktion, die Hitler als Parteiführer und Staatsoberhaupt einnahm. Gleichzeitig wird die hierarchische Ordnung des Systems erkennbar, auch wenn unterhalb der Ebene des „Führers" eine Vielzahl von Personen um Vorrechte stritt. Volksgerichtshof und SS stehen in direkter Abhängigkeit zu Hitler. Gerade das Nebeneinander von SS, Gestapo (ursprünglich) und staatlicher Polizei lässt den Kompetenzwirrwarr erahnen, der sich in der Praxis aus der Parallelität von Partei- und Staatsämtern ergab. Die „Volksgemeinschaft", also die nach ideologischen Kriterien formierte nationale Gesellschaft, hat akklamierende Funktion. Diese ist nicht zu unterschätzen, sorgt sie doch für eine wiederholte Aktivierung von Zustimmungsbekundungen.

M 3, S. 58
Adolf Hitler fährt während des Reichsparteitages der NSDAP in Nürnberg an Verbänden der HJ vorbei, 16. September 1938

Vgl. dazu die Erläuterung aus: Geschichte für Alle e. V. (Hg.), Geländebegehung. Das Reichsparteitagsgelände in Nürnberg, Sandberg Verlag, Nürnberg 2002, S. 81–83: „Der ‚Tag der Hitlerjugend' war ein fester und wichtiger Programmpunkt der Reichsparteitage, bei dem die besondere Verbundenheit der deutschen Jugend mit Adolf Hitler und ihre Begeisterung für den neuen Staat demonstriert werden sollten. Die Einbeziehung der Kinder und Jugendlichen in die braune Bewegung und ihre möglichst frühzeitige Beeinflussung waren ein wichtiger Punkt in der nationalsozialistischen Ideologie. [...] Höhepunkt des Reichsparteitags für die Kinder und Jugendlichen war der Appell der Hitlerjugend im ‚alten Stadion'. Vor der Haupttribüne für die Ehrengäste wurde eine Tribüne für die Reden Hitlers und Schirachs aufgebaut, die Gegengerade wurde mit Holzbauten und zwei Türmen für die Trommler, Fanfarenbläser und Chöre hergerichtet."

Zu den Aufgaben 1 und 2, S. 58 (zu M 1 und M 3)
1. Beide Bilder dokumentieren die quasireligiöse Verehrung, die Hitler entgegengebracht wird. Auf dem ersten Foto (M 1) wird diese Verehrung überdies an einem hohen Kirchenfeiertag demonstriert. Das zweite Bild ist auf der wichtigsten alljährlichen Propagandaveranstaltung des Regimes aufgenommen: Hitler, stehend auf dem Beifahrersitz in einem Paradefahrzeug, grüßt in langsamer Vorbeifahrt die Massen der HJ. Im Fond sitzen die Paladine (rechts: Rudolf Heß). Das Foto, das die Rückenansicht Hitlers und die Masse der Hitlerjungen von vorne zeigt, fängt eine Woge von zum Hitlergruß erhobenen Armen ein (Verschmelzung des „Führers" mit der Gemeinschaft der Hitlerjungen).
2. Sowohl die Wirklichkeit wie auch zwei durchaus unterschiedliche Inszenierungen sind zu sehen. Die Wirklichkeit, die hier erkennbar ist, besteht in der massenhaften Geste einerseits und dem hingebungsvoll drapierten Blumenschmuck andererseits. Auf die Inszenierung verweist jeweils der Entstehungshintergrund: Beide Fotografien sind an besonderen Feiertagen gemacht worden, die der Partei Gelegenheit zur besonderen Selbstdarstellung gaben.

M 4, S. 58
Bericht des Oberpräsidenten der Rheinprovinz über das Ansehen der NSDAP-Unterführer vom 11. Februar 1935

Siehe Erläuterungen zu den Aufgaben 1, 2 und 3.

Zu Aufgabe 1, S. 58
a) Kritisiert werden:
- rücksichtsloses Karrierestreben (Z. 24–33),
- Geltungsbedürfnis (Z. 20),
- Profitgier, Unterschlagungen (Z. 39–42).

b) Der „Führer" wird als Idealgestalt dargestellt, die sich in Einklang mit den Wünschen der Volksgemeinschaft befindet, ihr Mut zuspricht und Konsens zwischen alten und neuen NS-Anhängern herbeiführt (Z. 1–13).

Zu Aufgabe 2, S. 58
In Z. 21–24 wird explizit darauf hingewiesen, dass der „Führer" von den Missständen keine Ahnung habe. Diese stereotype Behauptung diente dazu, die zentrale, heldenhaft erhöhte Leitfigur freizuhalten von Vorwürfen und Anschuldigungen. So blieben die Integration und die Bindung an den Führerstaat über die Verehrung der Leitfigur erhalten.

Zu Aufgabe 3, S. 58
Als idealisierte Leitfigur stand Hitler geradezu über dem System und wurde gleichsam wie ein Gott verehrt. So blieb der Glauben an dieses System erhalten. Für eine bedingungslose Anhängerschaft und Treue der „Volksgemeinschaft" war eine solche herausgehobene Stellung essenziell.
Andererseits musste auch „nachgeholfen" werden, wenn aus der Gesellschaft Kritik oder auch nur Murren kam. Insofern ist der SS-Staat tatsächlich die zweite Grundlage der NS-Herrschaft.

M 5, S. 59
Die Deutung des Historikers Hans-Ulrich Wehler (2009)

Siehe Erläuterungen zu den Aufgaben 1 und 2.

M 6, S. 60 f.
Die Deutung des Historikers Ludolf Herbst

Siehe Erläuterungen zu den Aufgaben 1 und 2.

Zu Aufgabe 1 a, S. 61
Wehler betrachtet sowohl die Kriterien, die dem „außeralltäglichen Sendboten" Hitler (Z. 21 f.) zum Erfolg verhalfen, sowie die Erwartungen in weiten Teilen der deutschen Gesellschaft, auf deren Basis die Monopolisierung der Macht gelingen konnte.
Kriterien für den Erfolg des charismatischen Herrschers Hitler:
- extreme Stilisierung zum „Heilsbringer" mit den Mitteln der Propaganda (Z. 7–12),
- Wertekonsens zwischen Bevölkerung und „Führer" (Z. 16–33),

- „Bewältigung“ der Krisensituation, wie sie sich mit Massenarbeitslosigkeit und wirtschaftlicher Not gegen Ende der Weimarer Jahre zeigte (Z. 56–85).

Erwartungen seitens der Bevölkerungsmehrheit:
- Sehnsucht nach einem starken „Führer“ angesichts der Demütigung von Versailles (Z. 34–41),
- Nationalismus und Streben nach Wiedergewinn von Ansehen und Macht für das Deutsche Reich (S. 44–48).

Wehler weist daraufhin, dass gerade die Anerkennung, die Hitler aufgrund der Bewältigung der wirtschaftlichen und politischen Krise gewonnen habe, in Verbindung mit dem heldenhaften Nimbus ein gefährliches Potenzial enthielt: Um dem Charisma neue Impulse zu verschaffen, konnte leichtfertig eine neue Krise heraufbeschworen werden (Z. 88 bis 96).

Zu Aufgabe 1 b, S. 61
Herbst akzeptiert den Tatbestand, dass Hitler als Leitfigur des Systems eine grundlegende Bedeutung hatte. Allerdings sieht er diese Bedeutung nicht in einer charismatischen Herrschaftsausübung, die seiner Meinung zufolge nur durch propagandistische Darstellungen suggeriert wurde, sondern in der Funktion Hitlers als „Appellationsinstanz“ (Z. 91). Als Verkörperung des Führerprinzips habe er eine Rolle gespielt und Vorbild abgegeben für die „Vielzahl der Führer und Unterführer“ (Z. 101 f.), deren Wirken den NS-Staat hinter einer „monolithischen Fassade“ „ebenso komplex wie labil“ gemacht habe (Z. 114–116). Einen Erklärungsansatz entlang der These eines Konsenses zwischen „Führer“ und Geführten im Rahmen einer charismatischen Herrschaft nennt Herbst eine „Simplifizierung“, die der komplexen Realität des NS-Reiches nicht gerecht werde (Z. 134 f.).
Im Einzelnen kritisiert Herbst folgende Argumente Wehlers:
- Nicht Hitler habe die wirtschaftliche und politische Krise bewältigt, sondern der Beginn seiner Herrschaft sei in eine Zeit beginnender Erholung der Weltkonjunktur gefallen (Z. 4–13).
- Terror und Verbrechen bewirkten eine massive Einschüchterung der Bevölkerung. Diese autoritäre und totalitäre Unterdrückung habe weit mehr zu Anpassung und Subordination geführt als eine charismatische Herrschaft (Z. 13–23).
- Ein „Konsensstaat“ (Herbst zitiert hier Wehler, Z. 32) und die massenhafte Zustimmung zu dem als „Heilsbringer“ stilisierten „Führer“ seien das Ergebnis einer breit angelegten und geschickten Propaganda, deren Bild zu übernehmen sich für einen Historiker verbiete (Z. 24–61). Dieser Vorwurf gipfelt in dem zentralen Satz: „Die Charakterisierung der Hitler-Diktatur als charismatische Herrschaft geht in die Irre, weil sie die Propagandafassade, die die NSDAP zur Legitimierung ihrer Herrschaft errichtete, für die Wirklichkeit nimmt.“ (Z. 62–66)

Zu Aufgabe 1 c, S. 61
Beide Deutungsansätze lassen sich verkürzt folgendermaßen gegenüberstellen:

Hans-Ulrich Wehler	Ludolf Herbst
Die Ermächtigung und Selbstbehauptung des NS-Regimes basierte wesentlich auf der charismatischen Herrschaft des „Führers“.	Die Festigung und der Machterhalt des hinter der Fassade durchaus labilen NS-Systems basierten auf Terror, Verbrechen und Propaganda.
Hitlers heldenhafter Nimbus habe sich aus der Bewältigung der wirtschaftlichen und politischen Krise ergeben.	Das NS-Regime nutzte den glücklichen Zufall einer weltweiten konjunkturellen Erholung.
Ein Wertekonsens zwischen Volk und Führer sei Grundelement der stabilen und charismatischen Herrschaft Hitlers gewesen.	Terror und Verbrechen des Regimes bewirkten massiven Anpassungsdruck auf die Bevölkerung. Eine Vielzahl untergeordneter Führungsinstanzen habe die Stabilität des Systems immer gefährdet.

Zu Aufgabe 2, S. 61
Die Schülerinnen und Schüler sollten die grundsätzliche Schwierigkeit erkennen, die darin besteht, dass aus Textausschnitten oft zu wenige Hintergründe herausgelesen werden können. Naheliegend wäre die Lektüre von M 8, S. 62: Wehlers Argumentation hier lässt Ansätze der Übereinstimmung mit Herbst erkennen. Darüber hinaus sollte die kontroverse Deutung der NS-Herrschaft die

Perspektive des jeweiligen Historikers berücksichtigen:
- Wehler verfolgt einen gesellschaftsgeschichtlichen Ansatz, er sucht daher nach Faktoren, die die Akzeptanz des Systems auf der Basis gesellschaftlicher Phänomene begründen.
- Herbst liegt an der Vielfalt der Gründe und er rät zur Vorsicht, einer Stilisierung zu erliegen, die von der NS-Propaganda intendiert wurde (historisch-kritischer Ansatz, Sensibilisierung für den Konstruktionscharakter von zeitgenössischen oder Historikerdeutungen).

M 7, S. 61
NS-Kompetenzchaos

Auswirkungen des NSDAP-Einflusses auf die innere Verwaltung Deutschlands – Kompetenzstreitigkeiten zwischen Staats- und Parteivertretern:
- Durcheinander wegen ständiger Zuständigkeitsänderungen,
- Wachstum des Beamtenapparates zu ungesunder Größe,
- Dickmäusertum bei Staatsbeamten ist die Regel und von Nachteil für die Öffentlichkeit,
- Zunahme unqualifizierter Entscheidungen,
- Machtkonzentration bei der Polizei [Goerdeler meint damit den gesamten Sicherheitsapparat des NS-Regimes],
- Zwang statt Überzeugung.

Zu Aufgabe 1, S. 61

Nach Auffassung Carl-Friedrich Goerdelers hat der Einfluss der NSDAP auf die Verwaltung folgende Konsequenzen:
- Chaos bei Zuständigkeiten,
- Aufblähung des Personalbestandes,
- mangelhafte Qualifikation,
- Dickmäusertum einerseits und Zwang/Gewalt andererseits,
- Konzentration des Sicherheitsapparates in den Händen der NSDAP.

Durch die Doppelung von Partei- und Staatsorganisation wurden ständig Unübersichtlichkeiten und Konflikte heraufbeschworen. Verantwortung und Verlässlichkeit bei Verwaltungsentscheidungen traten zurück zugunsten ideologischer Begründungen. Der „Führerstaat“ schuf mit dieser Konkurrenz aber gleichzeitig (unbeabsichtigt) ein Ventil für interne Rangfolgekämpfe und damit einen gewissen „Wettbewerb“ um Ressourcen und Einfluss.

M 8, S. 62
Der Historiker Hans-Ulrich Wehler über Monokratie und Polykratie im NS-Herrschaftssystem

Zentrale Aussagen:
- Monokratie (hier: Herrschaft des einen herausragenden „Führers“) und Polykratie (rivalisierende Partikulargewalten) bilden eine systembedingte notwendige Einheit.
- Kompetenzstreitigkeiten und Kompetenzchaos unterhalb der höchsten Führungsebene stärkten die Position Hitlers.
- Sie ermöglichten seine Distanz und sein entscheidungsloses Ausharren bei auftretenden Konflikten.
- „[P]olykratische Rivalität“ führte zur Verwischung der Grenzen zwischen Staat, Partei und Gesellschaft: Möglichkeit, Vorschläge und Pläne einer der Partikulargewalten aufzugreifen, zu ratifizieren und somit die zentrale Lenkungsinstanz des „Führers“ zu manifestieren.

Zu Aufgabe 1, S. 62

Siehe Erläuterungen zu Aufgabe 1, S. 61, und zu M 8, S. 62.

Zu Aufgabe 2, S. 62

Siehe Erläuterungen zu M 8, S. 62.

M 9, S. 62 ff.
Der SS-Staat

Jürgen Wendt beschreibt die Funktionen des SS-Staates mithilfe der Metaphorik „Auge“, „Ohr“ und „Arm“:
- „Auge“ und „Ohr“: SD (Sicherheitsdienst) unter Reinhard Heydrich (Überwachung und Kontrolle),
- „Arm“: Gestapo (Geheime Staatspolizei) und Polizei unter Hermann Göring und dessen Stellvertreter Heinrich Himmler (Inhaftierung, Verhöre),
- Konzentrationslager als Gefangenenlager unter SS-Aufsicht.

Bis zum Jahr 1939 erfuhr das SS-System eine fortlaufende Umstrukturierung. Der Prozess war mit Kriegsbeginn abgeschlossen und hatte der „Exekutive“ des Regimes weit reichende Kompetenzen gebracht:
- umfassende Überwachung,
- willkürliche, jederzeitige Inhaftierung,
- Ausbildungsmonopol

– Führung durch parteigebundene Elite,
– umfassender bürokratischer Apparat zur Planung und Durchführung des Genozids,
– Konkurrenz zur Wehrmacht.

Himmlers Werdegang:
– anfänglich geringe Macht als „Kommissarischer Polizeipräsident“ in München (Z. 18),
– Vertrauensverhältnis und enge Beziehung zwischen Reinhard Heydrich und Himmler: Übertragung der Macht über die Politische Polizei in Bayern an Heydrich durch Himmler (Z. 20–24),
– aktive Rolle Himmlers im Juni 1934 bei der Ermordung Ernst Röhms und seines Gefolges: direkte Unterstellung der SS unter Hitler (zuvor Bindung der SS an die SA), Machtgewinn der SS und Himmlers,
– Loslösung der allgemeinen Polizei und der Kriminalpolizei aus der Länderverwaltung, Unterstellung unter die Zentralinstanz, das Reich, und letztlich Eingliederung in das SS-System (Z. 83–91),
– Ernennung Himmlers zum „Reichsführer-SS und Chef der deutschen Polizei im Reichsministerium des Innern“ am 17. Juni 1936: Abschluss der Verschmelzung von Polizei und SS, Staats- und Parteiapparat (Z. 92–99).

Fazit: Der kontinuierliche Aufstieg Himmlers vollzog sich mithilfe einer engen Beziehung zu Heydrich, dem „Treuebeweis“ im Zusammenhang mit der Ausschaltung Röhms sowie einer geschickten Umorganisation der staatlichen Polizeiorgane unter die Hegemonie der Parteipolizei SS.

Heydrichs Werdegang:
– Leiter des von ihm begründeten SD (Parteiorgan),
– 1933: Chef der Politischen Polizei in Bayern,
– 1934: Zuständigkeit für das „Geheime Staatspolizeiamt“ in Preußen (Gestapa),
– 1939: Zusammenfassung der zentralen Ämter der Sicherheitspolizei (Sipo) und des SD zum „Reichssicherheitshauptamt“ (RSHA) unter Heydrich (nach dessen Ermordung unter Ernst Kaltenbrunner). Diese Einrichtung bildete die Basis für den beginnenden Massenmord.

M 10, S. 64
Die Organisation der SS

Mithilfe des Schemas lässt sich der Begriff des „SS-Staates“ veranschaulichen: Keine Organisation verfügte zwischen 1933 und 1945 über einen derart gut organisierten Überwachungs- und Terrorapparat wie die SS. Weil diese NS-Organisation alle anderen staatlichen und militärischen Institutionen an Macht übertraf, wird die Nazi-Diktatur auch als SS-Staat bezeichnet. Der SS wurden alle die Aufgaben übertragen, auf die es Hitler ankam: die Sicherung der Macht in Deutschland und während des Krieges in den besetzten Gebieten sowie die Verfolgung und Vernichtung der Gegner. Die SS war daher die eigentliche Exekutive des Führers. Die 1925 ins Leben gerufene SS (Schutzstaffel) war ursprünglich eine Art Parteipolizei, die Himmler seit 1929 befehligte. Im Januar 1933 umfasste sie 56 000 Mann. Eine der zahlreichen Unterorganisationen bildete der „Sicherheitsdienst/SD“ unter Reinhard Heydrich (1904–1942), der geheime Nachrichten über politische Gegner sammelte und oppositionelle Parteimitglieder überwachte. Nach der Übernahme der Konzentrationslager von der entmachteten SA im Sommer 1934 konnte Himmler seine Macht weiter vergrößern: Seit Juni 1936 war er Chef der SS und der allgemeinen Polizei. Aufgrund der personellen und institutionellen Verschmelzung dieser Machtapparate besaß er damit die Möglichkeit, den Terror gegen die Regimegegner bürokratisch zu organisieren und außerhalb der Legalität durchzuführen. Die sich als Elite verstehende SS baute ihre Organisation in zahlreichen Unterorganisationen ständig aus und stellte auch eigene bewaffnete Verbände auf. Die SS-Totenkopfverbände übernahmen die Bewachung der Konzentrationslager. Aus den SS-Verfügungstruppen entstanden modern bewaffnete Divisionen, die im Krieg zur Waffen-SS ausgebaut wurden. Die Nationalsozialisten unterstellten nach ihrer Machtübernahme die politische Polizei der Länder dem Reich. Im April wurden diese Einheiten der neu gebildeten Geheimen Staatspolizei/Gestapo untergeordnet. Seit April 1934 lag die Befehlsgewalt über die Gestapo in den Händen von Himmler. Im Jahre 1936 organisierte Hitler diese Behörde völlig um: Die regionalen Gestapo-Stellen erhielten nun ihre Weisungen direkt von der Berliner Leitung des „Reichsführers-SS und Chefs der deutschen Polizei im Reichsministerium des Innern“. Damit erweiterte sich Himmlers Machtbereich durch die Übernahme von Funktionen, die bisher dem Innenminister zugestanden hatten. Die Verzahnung von staatlicher Verwaltung und SS wurde mit der Einrichtung des Reichssicherheitshauptamtes/RSHA am 17. September 1939, kurz nach Kriegsbeginn, weiter vorangetrieben. Das RSHA nahm unter anderem die

Aufgabe wahr, die sogenannte „Gesamtlösung der Judenfrage“ umzusetzen. Die konkrete Durchführung lag bei den lokalen Polizeibehörden.

Zu Aufgabe 1, S. 64
Siehe Erläuterungen zu M 9 und zu M 10.

Zu Aufgabe 2, S. 64
Argumente für die Angemessenheit des Begriffes:
- SS als einflussreicher Kontrollapparat seit 1936,
- Einschüchterung und Terror: System der Konzentrationslager,
- Basis für die Durchführung des Völkermordes,
- weitere Steigerung des Einflusses, als Himmler nach dem gescheiterten Staatsstreich am 20. Juli 1944 zum Oberbefehlshaber des Ersatzheeres ernannt wurde.

M 11, S. 64
Folter im KZ Buchenwald, Fotografie, 1941

Das Foto dokumentiert die Barbarei der Nazis in den Konzentrationslagern. Die Häftlinge waren ihren Bewachern schutzlos ausgeliefert. Diese besaßen absolute Macht über die Inhaftierten, die sie willkürlich quälten und folterten.

M 12, S. 64 ff.
Der Historiker Wolfgang Wippermann über die Entwicklungsgeschichte der Konzentrationslager (1999)

Der Text enthält folgende zentrale Aussagen über die Entwicklungsgeschichte der Konzentrationslager:
- Konzentrationslager sind weder eine deutsche noch eine nationalsozialistische Erfindung.
- Die von 1933 bis 1935 in Deutschland errichteten nationalsozialistischen Konzentrationslager unterschieden sich von ihren Vorläufern dadurch, dass ihre Insassen ausschließlich politische Gegner der Nazis waren. Bewacht wurden sie nicht von Mitarbeitern staatlicher Organe, sondern von den dafür nicht zuständigen Parteiorganisationen SS und SA, ab 1934 ausschließlich von der SS. Der Staat besorgte und finanzierte allerdings die SS-Wachmannschaften.
- Waren die ersten Konzentrationslager in ehemaligen Kasernen, Fabriken oder Schiffen untergebracht, entstanden in der Zeit von 1936 bis 1939 größere Lager. Außer politischen Häftlingen wurden nun auch angebliche „Asoziale“ und „Berufsverbrecher“ sowie Homosexuelle, Sinti und Roma, Juden und Zeugen Jehovas inhaftiert. Sie alle mussten in SS-Betrieben Zwangsarbeit leisten.
- Mit Beginn des Zweiten Weltkrieges 1939 gründeten die Nazis neue Konzentrationslager innerhalb und außerhalb des Reichsgebietes. Die Mehrheit der Insassen waren nun ausländische Staatsbürger aus den besetzten Gebieten. Zu ihnen gehörten politische Häftlinge, sowjetische Soldaten, Zwangsarbeiter, Sinti und Roma, vor allem aber Juden, von denen die meisten sofort ermordet wurden. Eigens für diesen Zweck richteten die Nazis zwischen 1941 und 1944 Vernichtungslager ein; das größte war Auschwitz.
- Außer den Konzentrationslagern gab es noch andere NS-Zwangslager wie „Zigeunerlager“, „Jugendschutzlager“ und „Arbeitserziehungslager“.

Zu Aufgabe 1, S. 66
Siehe Erläuterungen zu M 12, S. 64.

M 13, S. 66
Konzentrationslager und ihre Außenlager 1933 bis 1945

Die Karte zeigt die Lage der Konzentrations- und Vernichtungslager an:
- Vernichtungslager: Auschwitz, Chełmo, Bełżec, Majdanek, Sobibor, Treblinka, Riga.
- Außenlager: Diese bestehen nicht bei Chełmo, Sobibor, Treblinka, Bełżec, Riga (ausschließlich Vernichtungslager, während Auschwitz und Majdanek auch Arbeitslager mit Außenstellen waren.)
- Zahlreiche Außenlager bei Dachau, Groß-Rosen bei Breslau, Buchenwald, Sachsenhausen (überhaupt in Mitteldeutschland zahlreiche Außenlager, deren Zuordnung die Karte nicht möglich macht).

Vertiefung: Propaganda und Erlebnisangebote des NS-Staates

M 1, S. 70
Joseph Goebbels (1897–1945) während einer Rede in Berlin

Vgl. zu Goebbels eine der jüngsten Kurzvorstellungen von Peter Steinbach, der „Goebbels als eine Art Hohepriester der nationalsozialistischen ‚politischen Religion' [be]zeichnet, weil er es verstand, Massenveranstaltung zu inszenieren, ‚Endzeiterwartungen' zu formulieren und auf diese Weise Opferbereitschaft bis in den Untergang wachsen zu lassen" (Peter Steinbach, Der Nationalsozialismus als politische Religion. Inszenierung, Instrumentalisierung, Funktion, in: Hans-Ulrich Thamer und Simone Erpel (Hg.), Hitler und die Deutschen. Volksgemeinschaft und Verbrechen (Ausstellungskatalog), Sandstein Verlag, Dresden 2010, S. 112–120, hier S. 112).

M 2, S. 71
Zeltlager der HJ, Fotografie, 1939

Die Jugend sollte im „nationalsozialistischen Geist" erzogen werden. Methoden:
- HJ und BDM wurden zu Massenorganisationen (1939: 8,7 Millionen Mitglieder),
- Anziehungskraft durch Freizeitangebote (Gemeinschaftserlebnis) und neue Handlungs- und Profilierungsmöglichkeiten (Leitungsfunktionen),
- Auflösung aller anderen Jugendorganisationen außer der katholischen,
- 1936 HJ = Staatsjugend, verpflichtende Mitgliedschaft ab 1939,
- in den letzten Kriegsmonaten Verpflichtung zum Kriegsdienst.

Zu Aufgabe 1, S. 71

Instrumente der NS-Propaganda und deren Funktion:
- Großkundgebungen, Reichsparteitage,
- Plakatkunst,
- Parteipresse,
- Filme (z. B. „Jud Süß", Regie: Veit Harlan; „Triumph des Willens", Regie: Leni Riefenstahl),
- Rundfunk („Volksempfänger").

Zu Aufgabe 2, S. 71

Erziehung der Deutschen Jugend zur „Volksgemeinschaft":
- Aufnahme in NS-Jugendorganisationen (HJ, BDM),
- Veranstaltungsangebote (Zeltlager, Ausflüge, Rituale),
- Anerkennung durch Aufstieg zum Gruppenführer.

M 3 a und b, S. 72
KdF-Erlebnisangebote

a) Aus einem Rundschreiben des KdF-Amtes „Reisen, Wandern, Urlaub" an die KdF-Gaureferenten vom 23. Januar 1934:

Der Text verdeutlicht, dass die KdF ihre Monopolstellung zur Durchsetzung von Dumpingpreisen und Sondervergünstigungen nutzen konnte. Hier geht es um die kostenlose Beförderung mit der Reichsbahn und der Reichspost im Februar 1934 bei Urlaubsfahrten mit propagandistischem Zweck. Bezeichnenderweise soll darüber in der Presse nichts publik werden.

b) Aus einem Bericht des Sicherheitsdienstes (SD) über eine einwöchige KdF-Reise im Juni 1937 in die Sächsische Schweiz, 2. Juli 1937:

Der Textausschnitt zeigt, dass neben der Erholung und der Erhaltung der Arbeitskraft der Bevölkerung ein Ziel der KdF die Kontrolle der Bevölkerung in ihrer Freizeit durch die NSDAP war. Der Bericht des SD, einer geheimpolizeilichen Unterabteilung der SS, zeigt zum einen die enge staatspolizeiliche Überwachung der Teilnehmer und kommt zum anderen zu dem Ergebnis, dass selbst das billige Angebot für Arbeiter nicht erschwinglich war. Die KdF-Programme wurden vor allem von weiblichen Angestellten und Beamten genutzt.

Zu Aufgabe 1, S. 72

Siehe Erläuterungen zu M 3 a und b.

M 4, S. 72
„Auch Du kannst jetzt reisen!", Werbeplakat des KdF-Amtes „Reisen, Wandern, Urlaub", 1937

Text unter dem Bild: „Besorge Dir noch heute eine Reisesparkarte der NSG [Nationalsozialistische Gemeinschaft] Kraft durch Freude. Der KdF-Wart Deines Betriebes und folgende Stellen geben sie kostenlos aus: Bank der Deutschen Arbeit, alle öffentlichen Sparkassen, Genossenschaftskassen (DGV und Raiffeisen), Thüringische Staatsbank."

Literaturhinweis: Als Basis einer thematischen Vertiefung empfiehlt sich die Lektüre von Christine Keitz, Reisen als Leitbild. Die Entstehung des modernen Massentourismus in Deutschland, München 1997, S. 234–257.

Die „sozialpolitische" Funktion der staatlich organisierten Freizeit für die Bevölkerung bestand darin, dass die Menschen relativ preisgünstige Urlaubsreisen und Freizeitvergnügungen erleben durften und dabei an das NS-System gebunden werden konnten. Durch die totalitäre Ausdehnung des NS-Staates auf die Freizeit der Menschen wurde eine fast „Rund-um-die-Uhr-Betreuung" der Bevölkerung im Sinne der nationalsozialistischen Indoktrination und der fast lückenlosen Überwachung möglich.

M 5, S. 73
BDM-Maiden bei einem Aufmarsch der HJ an der Rheinbrücke in Köln am 15. Oktober 1933

Im BDM, einem Verband innerhalb der Hitlerjugend, der 1930 gegründet wurde, waren Mädchen und junge Frauen im Alter von 14 bis 18 Jahren zusammengefasst. Einer Mitgliedschaft im BDM, die nach einem Erlass vom 1. Dezember 1936 verbindlich für alle Mädchen war, ging die Zugehörigkeit zu einer Jungmädelschar (JM; 10–14 Jahre) voraus. Der Dienst in einer Jugendorganisation der Hitlerjugend wurde von der Regierung als Ehrendienst am deutschen Volk propagiert. Während ihres zweimal in der Woche stattfindenden Dienstes wurden die Mädchen überwiegend im sozialen Bereich, als Haushaltshilfen kinderreicher Familien, beim Roten Kreuz, als Erntehelferinnen oder bei Evakuierungsmaßnahmen eingesetzt.

M 6, S. 73
Erinnerungen eines Abiturienten an die HJ (1950)

Faszination der HJ für Jugendliche:
- Orientierung an Idealen: Kameradschaft, Treue, Ehre,
- affektive Bindung: Heimaterlebnis, Naturerleben, Fahrtromantik, soziales Lernen in der Gruppe, Überwindung sozialer Schranken,
- Herkunft der Ideale: feudal geprägte Werte wie Treue, Ehre, Gefolgschaft,
- soldatische Werte: Kameradschaft (eigentlich aus der Notgemeinschaft der Frontsoldaten des Ersten Weltkriegs geboren), Befehl und Unterordnung.

Der Blick zurück eines ehemaligen HJ-Angehörigen ist im Kern von einem durch Abenteuer und scheinbare soziale Gleichheit geprägten Kameradschaftserlebnis in der HJ bestimmt.

M 7, S. 73
Aufzeichnungen für eine BDM-Tagung, um 1935

Aufgabe des BDM gegenüber den jungen Arbeiterinnen:
- Gemeinschaftserlebnis in Spiel und Arbeit
- Kameradschaftserlebnis
- Regeneration für Arbeit
- Schulung für Haushaltsführung

Zu Aufgabe 1, S. 73

Die genannten Ideale (Kameradschaft, Treue, Abenteuerlust, Heimatverbundenheit, Flucht aus dem Alltag usw.) waren für Jugendliche attraktiv, da sie jugendlichem Oppositionsverhalten (Ausbrechen aus vorgeschriebenen Bahnen, Generationenkonflikte, Gemeinschaftserlebnisse usw.) entsprachen und für einen Teil der Jugend den Beginn eines Aufstiegs im NS-System bedeuteten.

Zu Aufgabe 2, S. 73

Die Schülerinnen und Schüler erkennen, dass durch den BDM die Mädchen im Sinn der NS-Ideologie erzogen werden sollten. Zu den NS-Erziehungszielen gehörten neben der körperlichen Leistungsfähigkeit vor allem Pflichterfüllung, Gehorsam, Gemeinsinn und Gefolgschaftstreue. Die Erziehung der Mädchen zielte auf die Rolle der Frau als Mutter gesunder Kinder hin und sollte somit das Gegenstück zu einer männlichen (soldatischen) Erzie-

hung darstellen. Dem widersprach die Übernahme bestimmter Ideale („Lager und Kolonne“) der männlichen Hitlerjugend, die bei den Mädchen und deren Eltern auf Befremden und Ablehnung stießen.
Methodisch-didaktischer Hinweis: Sinnvoll ist eine Diskussion über das Frauenbild der NS-Ideologie und die Realität zwischen 1933 und 1945. Darin sollten die Schülerinnen und Schüler das widersprüchliche Rollenbild der Frau in der nationalsozialistischen Weltanschauung thematisieren: Einerseits wurden Ehe und Mutterschaft als Lebenserfüllung und Schicksal der Frau propagiert und die Haushaltsführung als Grundqualifikation der Frau für das Funktionieren der „Volksgemeinschaft“ betont. Andererseits erforderte der bürokratische Apparat des NS-Systems die ehrenamtliche Tätigkeit der Frauen im karitativen und organisatorischen Bereich. Mit der Rüstungsproduktion und vor allem seit Kriegsbeginn konnte der wachsende Arbeitskräftebedarf nur durch den Rückgriff auf die Frauen gedeckt werden. Die Rolle der mitarbeitenden Bäuerin wurde dagegen stets als Berufstätigkeit der Frau akzeptiert.

Zu Aufgabe 3, S. 73
Die Schülerinnen und Schüler erkennen, dass alle Maßnahmen „der inszenierten Lebenswelten“ in Bezug auf die Jugendlichen und die Arbeiter der Integration in die „Volksgemeinschaft“ dienen sollten und die Nationalsozialisten sich in beiden Fällen der Doppelstrategie von Verführung und Gewalt bedienten. Die freien Gewerkschaften wurden bereits 1933 aufgelöst und verboten und durch die Deutsche Arbeitsfront (DAF), einen Zusammenschluss von Arbeitgebern und Arbeitnehmern, ersetzt. Alle Jugendorganisationen außer der HJ wurden ebenfalls verboten und aufgelöst. Der Zweck der NS-Politik wurde bei beiden Zielgruppen nur teilweise erreicht: Die Arbeiter blieben in Freizeitangeboten gegenüber den Angestellten eine unterrepräsentierte Gruppe und verhielten sich dem System gegenüber eher distanziert. Viele Jugendliche übernahmen die NS-Ideologie und ihre Leitbilder, aber sowohl die katholische Jugend als auch „wilde Cliquen“ – wie die „Edelweißpiraten“ oder die „Swing-Jugend“ – vor allem in den Großstädten in den 1940er-Jahren entzogen sich dem NS-Einfluss, z. B. in Form einer eigenen Freizeitgestaltung, wofür sie vom Regime bekämpft wurden.

Erarbeiten Sie Präsentationen

Thema 1, S. 74
Entstehung und Bedeutung des „Hitlergrußes“
Vgl. die Bedeutung, die dieser symbolischen Geste in den letzten Jahren des Krieges von der NS-Propaganda zugeschrieben wurde (Aufforderung zum Durchhalten): „Der Deutsche Gruß dagegen war von Anfang an das sinnfälligste äußere Zeichen des Bekenntnisses zum Führer und zur großdeutschen nationalsozialistischen Idee. Die Form des Grußes erinnert jederzeit an den geleisteten Eid […].“ („Wacht im Südosten“, Deutsche Soldatenzeitung, 20. August 1944, Nr. 112; zit. nach: www.ns-archiv.de/system/kultur/deutscher-gruss)

M 1, S. 74
„Der deutsche Gruß“ erscheint im „Großen Duden“ von 1935 als Nummer 1 unter den deutschen Grußformen
Die Grußformel hatte sich aus begeisterten Zurufen auf Parteiversammlungen entwickelt, noch bevor Hitler die Kanzlerschaft angetragen wurde. Mögliches Vorbild war der römische Gruß unter den Faschisten Mussolinis. Aus einer Rezension Hans-Ulrich Wehlers zur Monografie von Tilmann Allert: „Aber der Kern [von Allerts] Argumentation ist doch der geglückte Nachweis, dass dieser Gruß ein nicht zu unterschätzendes Element der charismatischen Herrschaft Hitlers verkörperte. Damit schließt sich der Verfasser einer Interpretation der Führerdiktatur an, die nicht nur Ian Kershaw in seiner voluminösen Hitler-Biographie zugrunde gelegt […] hat. Zugegeben, der deutsche Gruß war an der Oberfläche primär ein ‚Loyalitätsbeweis‘, ein ‚Seismograph für die Regimezustimmung‘, ein ‚Zugehörigkeitsausweis‘. Aber das ‚Heil‘ sakralisierte auch die irdische Person Hitlers, schrieb ihm eine quasi ‚göttliche Qualifikation‘ zu und trug damit zu einer ‚Sakralisierung der weltlichen Ordnung‘ des ‚Dritten Reiches‘ bei. Der im deutschen Gruß versteckte ‚Schwur‘ verpflichtete auf eine bedingungslose Treue, und Hitler als Charismaträger bestätigte diese Treue als authentische Bereitschaft. Insofern diente der Gruß dazu, die ‚einzigartige‘ Natur charismatischer Herrschaft als einer ‚revolutionären Macht‘ (Max Weber), zugleich die ‚Zugehörigkeit zu einer charismatischen Gemeinschaft‘ sichtbar-

bekennerhaft zu unterstreichen und die ‚Charismatisierung' von Politik und Gesellschaft im Zeichen des von Millionen Deutschen ersehnten Messias voranzutreiben. In der ‚stilistischen Altertümlichkeit' des Grußes mit ausgestrecktem rechten Arm und offener Hand steckte mithin auch ‚das radikal Moderne der nationalsozialistischen Ordnung': die Modernität der tagtäglichen, milliardenfachen Einschwörung auf den charismatischen Führer." (Hans-Ulrich Wehler, Der deutsche Gruß. Tilman Allerts glänzender Essay, in: Frankfurter Allgemeine Zeitung [Feuilleton] vom 19. Oktober 2005; zit. nach: www.faz.net/aktuell/feuilleton/buecher/rezensionen/sachbuch/der-deutsche-gruss-1283005.html)

Thema 2, S. 74
Der schöne Schein der Diktatur – die Darstellung der NS-„Volksgemeinschaft" in der Propaganda

Weitere Literaturtipps:

Elisabeth Angermair und Ulrike Haerendel, Inszenierter Alltag. „Volksgemeinschaft" im nationalsozialistischen München 1933–1945, München 1993.

Malte Thießen, Schöne Zeiten? Erinnerungen an die „Volksgemeinschaft" nach 1945, in: Frank Bajohr und Michael Wildt (Hg.), Volksgemeinschaft. Neue Forschungen zur Gesellschaft des Nationalsozialismus. Frankfurt/M. 2009, S. 165–187.

M 2, S. 74
Plakat der Propagandaleitung der NSDAP, 1938

Das Plakat zeigt bereits eine Karte des Reiches nach dem Anschluss Österreichs. Es fordert die Bevölkerung auf, für die Annexion zu stimmen.

Um den Block in den geografischen Konturen des Deutschen Reiches mit Österreich stehen nebeneinander uniformierte Männer, die durch ihre Kleidung und entweder Waffen oder Werkzeug ihre Zugehörigkeit zu den verschiedenen Parteiorganisationen andeuten. Sie alle bilden einen „feste[n] Block" von Anhängern des Regimes, die in der Gemeinschaft und ohne Ansehen von Beruf, Bildung oder Elternhaus Erfüllung und Aufgabe finden.

M 3, S. 75
„Lichtdom" auf dem Reichsparteitag der NSDAP, Nürnberg 1937, Fotografie

Auf dem Reichsparteitag der NSDAP wurden Scheinwerfer eingesetzt, um die Massenveranstaltung durch Licht zu überhöhen. Die in den Himmel steigenden Lichtstrahlen bildeten eine eindrucksvolle Verlängerung der wehenden Fahnen und der in Uniform angetretenen Menschenmassen der Parteimitglieder.

Zum Reichsparteitag 1934 schuf Leni Riefenstahl den inszenierten Dokumentarfilm „Triumph des Willens", einen der bekanntesten und wirkungsvollsten Propagandafilme überhaupt; politisch und moralisch mehr als fragwürdig, filmgeschichtlich und ästhetisch dennoch bedeutsam. Das Leitmotiv des Films ist der Wiederaufstieg Deutschlands zu neuer Größe durch das „heilbringende Tun" Hitlers und die Verbundenheit der „Gefolgschaft" mit dem „Führer".

Die Fotografie zeigt die eindrucksvolle Inszenierung des Reichsparteitags als quasi religiöse Veranstaltung: Durch Scheinwerfereffekte, das Antreten jubelnder Massen und wehende Fahnen werden die eigene Macht und Größe effektvoll gefeiert. Davon erhofften sich die Veranstalter Zustimmung und Begeisterung vonseiten der Besucher des Parteitags. Solche Veranstaltungen sollten helfen, Menschen zu überzeugen, die dem NS-Regime gleichgültig oder ablehnend gegenüberstanden.

Sachkompetenz

Zu Aufgabe 1, S. 75
Vgl. die zentralen Begriffe auf S. 75, links oben.
Mögliche Visualisierung:

VISUALISIERUNG

Unterschiede zwischen Demokratie und Diktatur

Demokratie	Diktatur
– Rechtssicherheit, Rechtsstaatsprinzip	– Überwachung, Terrorapparat, Einschüchterung
– Demokratische Entscheidungsprozesse (Willensbildung von unten)	– „Führerstaat“ (Befehlsstruktur von oben nach unten)
– Pluralismus der Meinungen und Interessen	– Monismus und Unterordnung unter charismatisch-bürokratische Herrschaft (ohne zeitliche Begrenzung)
– Herrschaft auf Zeit durch Wahl	
– Herrschaftskontrolle durch Parlament	– Fehlende Kontrolle der Herrschaft, Akklamation
– Demokratie	– Kombination: Monokratie und Polykratie

Zu Aufgabe 2, S. 75
Herrschaftsmethoden des NS-Regimes:
- Propaganda durch Inszenierung, Kulthandlungen, pseudoreligiöse Stilisierung, Rhetorik, Bildkunst (Film, Plakate, Malerei, Skulptur),
- Repression durch Bedrohung und Terror seitens SS, SA, Gestapo (Konzentrationslager),
- Erlebnisangebote (KdF, HJ, BDM) und Propagierung der „Volksgemeinschaft“.

Methodenkompetenz

Zu Aufgabe 3, S. 75
a) Vgl. den Kommentar zu M 3, S. 75.
Heutige Betrachter erkennen insbesondere die kultische Inszenierung, die der Manipulation der Zuschauer dienen sollte.
b) Zeitgenössische Perspektive: Größe, Erhebung, Bewunderung, beeindruckte Haltung, feierliche Stimmung.
c) Unterschiede in der Perspektive liegen darin, dass heutige Betrachter um die Geschichte der NS-Zeit wissen und ihren Blick in der Regel kritisch auf Bild- und Textmaterial aus diesen Jahren richten. Gemeinsamkeiten könnten darin liegen, dass das inszenatorische Geschick deutlich erkennbar ist.

Urteilskompetenz

Zu Aufgabe 4, S. 75
Hier geht es um die Gewichtung der beiden konstituierenden Elemente der NS-Herrschaft: „charismatische Herrschaft des „Führers“ und SS-Staat.
Jürgen Wendt betont ähnlich wie Ludolf Herbst (vgl. Kommentar zu Aufgabe 1b, S. 61, zu M 6, S. 60 f.) die Anwendung von Gewalt und die umfassenden Eingriffsmöglichkeiten der SS, die zur Eroberung und Aufrechterhaltung der Macht führten.
Die Schülerinnen und Schüler sollten aufgefordert werden, hier noch einmal die Argumentation der Gegenseite zu formulieren (Führerkult, Erlebnisangebote).

Zusatzmaterial ZM 4.1
zu Aufgabe 1, S. 56

Die Herrschaft des NS-Regimes

Begriffe zur Kennzeichnung der NS-Herrschaft

Führerstaat

- Verschmelzung von Parteiführung und Staatsführung
- straffe Hierarchie und Zentralisierung auf die Person Adolf Hitlers
- Propaganda: Rituale, Inszenierungen, Rhetorik
- pseudoreligiöse Erhöhung des „Führers"

SS-Staat

- dominierende Rolle der „Parteipolizei"
- Verschmelzung von Staatsorgan und Parteiorgan
- zuverlässige „Exekutive" der Staatsführung
- weit reichende Eingriffsmöglichkeiten in die Privatsphäre des Einzelnen

Terror, Überwachung, Einschüchterung

Verehrung, „Gläubigkeit"

„Volksgemeinschaft"

Kapitel 5
Die NS-Wirtschaft – eine Ökonomie der Zerstörung?

M 1, S. 78
„Der deutsche Wirtschaftsraum", Postkarte, ca. 1938

Der Text will glaubhaft machen, dass die Bevölkerungsziffer im „deutsche[n] Wirtschaftsraum" das Zweieinhalbfache der Bevölkerung Frankreichs oder Englands betrage. Was unter dem deutschen Wirtschaftsraum zu verstehen ist, wird nicht erklärt. Angeblich beherbergt der „deutsche Wirtschaftsraum" 108,6 Millionen Einwohner. Die Bevölkerung des Deutschen Reiches umfasste 1939 ca. 70 Mio. Einwohner. Etwa 8,6 Mio. Deutsche lebten außerhalb der östlichen Reichsgrenzen, sie wurden „Volksdeutsche" genannt im Gegensatz zu den „Reichsdeutschen". Die größte Gruppe darunter waren mit etwa 3,5 Mio. die Sudetendeutschen an der Westgrenze der Tschechoslowakei. Diese waren bei der Volkszählung 1939 bereits dem Deutschen Reich zugerechnet worden Die Bevölkerung Österreichs betrug nach der Volkszählung im Jahr 1939 etwas weniger als 7 Mio. Die hohe Zahl von 108,6 Mio. kann also nur andeuten, dass nichtdeutsche Bevölkerungsgruppen (z. B. Tschechen, Polen, Franzosen) hinzugerechnet wurden (vgl. Ingo von Münch, Die deutsche Staatsangehörigkeit, Berlin 2007). Die Angaben zu den Bevölkerungsziffern Frankreichs und Großbritanniens sind dagegen relativ genau entsprechend den jeweiligen Staatsgrenzen angegeben.

Zu sehen sind drei Personengruppen, die jeweils durch ihre Flagge und landestypische Darstellung (Franzose mit Baskenmütze und Schnurrbart, Brite mit Kricketschläger, Schotte mit Röckchen) als Einwohner von Frankreich, Großbritannien und als Bewohner des „deutsche[n] Wirtschaftsraume[s]" ausgewiesen werden. Auffällig an der Darstellung der Deutschen ist der Kinderreichtum. Rot gefärbt sind im Text jene Worte, die besonders ins Auge fallen sollen. Im blauen Balken am unteren Bildrand wird darauf hingewiesen, dass die Weltwirtschaft ohne „den deutschen Markt" nicht bestehen könne.

Die Postkarte stellt in propagandistischer und verzerrender Weise einen Zusammenhang zwischen der Bevölkerungsgröße (irreführende Zahlenangaben!) und wirtschaftlicher Macht dar. Suggeriert wird, dass „die Deutschen" eine bedeutende Rolle in der „Weltwirtschaft" spielen. Möglicherweise verbirgt sich dahinter eine Anspielung auf die einstige Bedeutung des Deutschen Reiches um die Jahrhundertwende, als das Signum „Made in Germany" weltweit als Gütesiegel bekannt wurde. Eine Forderung nach Erweiterung des „Lebensraumes" wird nicht artikuliert, aber allein die Zahlenangabe und der verschleiernde Text deuten an, dass eine Forderung nach neuem „Lebensraum" nicht nur aufgestellt wird, sondern dass die Erfüllung dieser Forderung bereits eine feststehende Grundannahme bildet. Implizit verbirgt sich hinter der Postkartendarstellung die Aussage, dass „Wirtschaftspolitik" – was auch immer darunter zu verstehen ist – auf der Größe des Raumes und seiner Bevölkerung basiert. „Weltwirtschaft" – so wie der Begriff auf der Postkarte verwendet ist – stellt deshalb nur eine leere Phrase dar, denn die Erweiterung von Lebensraum dient der wirtschaftlichen Autarkie.

Zu Aufgabe 1, S. 78

Siehe die Erläuterungen zu M 1, S. 78.

Zu Aufgabe 1, S. 78 (Darstellungstext)

Wirtschaftspolitik war für Hitler nur eines von vielen Hilfsmitteln, denn:

- Gerade im Hinblick auf den Bau der Reichsautobahnen hat die neuere Forschung nachgewiesen, dass ihre größte Bedeutung nicht etwa in der Beseitigung von Arbeitslosigkeit und in der infrastrukturellen Erschließung späterer Routen für geplante Feldzüge lag, sondern vielmehr in ihrer propagandistischen Wirkung.
- Der rasche Abbau der Arbeitslosigkeit bis 1936 war ein Faktor, der den Erfolg der NSDAP in den Anfangsjahren ihrer Herrschaft begründete.
- In den Betrieben fand seit 1934 eine Umstrukturierung statt, die ausgelöst wurde durch das „Gesetz zur Ordnung der nationalen Arbeit": Die innerbetriebliche Organisation hatte sich am Prinzip der Verbindung zwischen „Führer" und Gefolgschaft zu orientieren. Mitbestimmungsrechte der Belegschaften wurden beseitigt, Gewerkschaften aufgelöst und eine parteiliche Kontrollinstanz in den Unternehmen etabliert („Treuhänder der Arbeit").

Grundsätzlich hatte die Politik für das NS-Regime Vorrang vor der Wirtschaft. Erstes Ziel war der Gewinn von „Lebensraum", der eine wirtschaftliche Autarkie erst recht möglich machen sollte.

Siehe Visualisierung „Wirtschaftspolitik unter Hitler", S. 71.

Wirtschaftspolitik unter Hitler – Hilfsmittel zur Stabilisierung der Diktatur

Grundsätzliche Ziele:
- Autarkie auf der Basis der „Eroberung von Lebensraum"
- staatliche Kontrolle, aber keine Aufhebung der Privatwirtschaft

Bau der Reichsautobahnen
geringe wirtschaftliche und strategische Bedeutung, aber große propagandistische Ausnutzung

Abbau der Arbeitslosigkeit:
- rascher Erfolg durch finanzielle Anreize und Prämien
- Kontrolle der Preise/Löhne
- Arbeitsbeschaffung
- Aufrüstung (vorgesehene Deckung der diesbezüglichen Ausgaben durch „Eroberung von Lebensraum")
- staatliche Kontrolle, aber keine Aufhebung der Privatwirtschaft

Umstrukturierungsmaßnahmen in den Betrieben:
- „Gesetz zur Ordnung der nationalen Arbeit"
- 1934: Orientierung der innerbetrieblichen Struktur am Prinzip von „Führer" und Gefolgschaft
- staatliche Kontrolle, aber keine Aufhebung der Privatwirtschaft

M 2, S. 79 f.
Der Wirtschaftshistoriker Adam Tooze über die NS-Wirtschaftspolitik (2007)

Die drei ideologischen Grundannahmen (Antisemitismus, erweiterter Lebensraum, „Großdeutsches Reich" als militärischer Machtfaktor) bestimmen auch die Wirtschaftspolitik:
- *Antisemitismus:* Als Urheber der Weltwirtschaftskrise wird das „Weltjudentum" („Wall-Street-Juden") dargestellt. Daher die Ablehnung eines kapitalistischen Welthandels, der bei einer positiven Außenhandelsbilanz zu Wachstum geführt hätte (Z. 10–46).
- *Erweiterter Lebensraum:* Als Alternative zu einer florierenden Wirtschaft auf der Basis von weltweitem Handel gilt das Prinzip autarken Wirtschaftens, in dessen Rahmen alle Ressourcen innerhalb der nationalen Grenzen ausgeschöpft werden (Z. 40–50).
- *„Großdeutsches Reich" als militärischer Machtfaktor:* Aufrüstung und aggressive Außenpolitik dienen sowohl vordergründig dem Abbau der Arbeitslosigkeit wie auch auf weite Sicht der militärischen Stärke und Kampffähigkeit, die zur Eroberung von „Lebensraum" gebraucht wurde.

Wirtschaftspolitische Ziele des NS-Regimes:
- Ablehnung einer dauerhaften Handelsbeziehung mit den Westmächten (Z. 27–30),
- Eroberung von „Lebensraum" (Z. 44),
- Kriegsvorbereitung (Z. 50–53).

Zu Aufgabe 1 a und b, S. 80
Siehe die Erläuterungen zu M 2, S. 79 f.

M 3, S. 80 f.
Die wirtschaftspolitischen Ziele Hitlers 1933 und 1936 – ein Vergleich

a) *Zum historischen Hintergrund der Sitzung vom 8. Februar 1933:* Im ersten Jahr ihrer Herrschaft standen die Sicherung und Festigung der Macht, die Etablierung der Diktatur und das Streben nach Formierung der „Volksgemeinschaft" im Vordergrund. In wirtschaftspolitischer Hinsicht propagierte die neue Regierung daher das Streben nach einer Verminderung bzw. Beseitigung der Arbeitslosigkeit. Zwar betonte Hitler bereits in dieser Sitzung, dass bei allen Vorhaben die „Interessen der Wehrmacht" (Z. 20 f.) vorrangig seien. Dies öffentlich zu formulieren war in der Anfangsphase der Diktatur, in der die Akzeptanz der „Volksgemeinschaft" ge-

wonnen werden musste, nicht ratsam. Überdies fehlten alle militärischen und rüstungsbezogenen Voraussetzungen, die eine unmittelbare Umsetzung des erklärten Kriegszieles ermöglicht hätten.
b) *Zum historischen Hintergrund des „Vierjahresplanes"*: Dieser muss im Zusammenhang mit der unmittelbaren Verwirklichung der außenpolitischen und kriegerischen Ziele des Nationalsozialismus zwischen 1936 und 1939 gesehen werden. Staat und Partei hatten ihre Herrschaft gefestigt und gingen nun daran, die Wirtschaft auf Kriegskurs festzulegen und ihren Zielen dienstbar zu machen. Mit der Verkündigung des „Vierjahresplanes" 1936 begann eine stärkere Einflussnahme des Staates und der Partei auf die Wirtschaft. Das fand seinen Ausdruck in der zentralen Zusammenfassung der staatlichen Lenkungsbehörden. Gleichzeitig wurde der Wirtschaft das Ziel gesetzt, nach „Autarkie" zu streben, Rohstoffvorräte anzulegen und synthetische Treibstoffe zu entwickeln.
Die Argumentation Hitlers in der geheimen Denkschrift über den Vierjahresplan, 1936, lässt sich in folgenden drei Thesen zusammenfassen:
Das nationalsozialistische Deutschland und das faschistische Italien sind im Gegensatz zu den westlichen Demokratien als Einzige in der Lage, dem Bolschewismus entgegenzutreten und einen Krieg gegen die Sowjetunion zu führen.
Die militärische und politische Aufrüstung bzw. Mobilmachung des Volkes muss in Deutschland durch eine wirtschaftliche Mobilisierung ergänzt werden. Das setzt die Erweiterung des Lebensraumes bzw. der Rohstoff- und Ernährungsbasis des deutschen Volkes voraus.
Die wirtschaftliche Mobilisierung verlangt planmäßige Lenkung der Wirtschaft und Autarkie. Nur so kann Deutschland wirtschaftlich und militärisch in vier Jahren kriegsfähig sein.

Zu Aufgabe 1, S. 81

Ziele 1933	**Ziele 1936**
– Vorrangigkeit der Wiederaufrüstung – geplante Investition von Milliardenbeträgen für diesen Zweck – Vergabe von öffentlichen Aufträgen zum Abbau der Arbeitslosigkeit und zum Zweck der Wiederaufrüstung	– Vorrangigkeit der Bündelung aller Kräfte für den in vier Jahren geplanten Kriegsbeginn – ideologisches Ziel: Deutsches Reich als hochgerüstetes Bollwerk gegen einen drohenden Angriff des Bolschewismus – Aufstellen eines „Mehr-Jahres-Plans" (Zweck: raschere Aufrüstung) – Anordnung von wirtschaftlichen Opfern für die Bevölkerung zum Zweck der Aufrüstung

Zu Aufgabe 2, S. 81

Gemeinsamkeiten liegen in dem hohen Stellenwert, der einer Wiederaufrüstung beigemessen wird. Allerdings ist in der geheimen Denkschrift von 1936 überdeutlich die drängende Ungeduld Hitlers zu erkennen, der „in 4 Jahren" Krieg führen will (Z. 90 und 92 f.). Über das Ziel der Aufrüstung hinaus ist der Gedanke an den Einsatz dieser Rüstung in den Vordergrund getreten.
Unterschiede liegen folglich in den nachgeordneten Zielen, so wie sie 1933 und 1936 formuliert werden: Während 1933 noch von Investitionen und Impulsen die Rede ist, die dem primären Ziel der Wiederaufrüstung dienen sollen, wird 1936 von der Aufstellung eines Planes, von Opfern seitens der Bevölkerung und von einer ideologischen Rechtfertigung des bald und sicher eintretenden Krieges gesprochen. Überspitzt könnte man sagen: 1933 wird das Fernziel mit dem populären Angebot der Arbeitsbeschaffung begründet, 1936 wird daran gedacht, die Bevölkerung ideologisch auf den Krieg einzuschwören und von ihr Opfer zu verlangen.

Zu Aufgabe 3, S. 81

Das Verständnis von „Autarkie" lässt sich den Z. 60–66 entnehmen: Gemeint ist eine ausschließliche Ausschöpfung der Ressourcen im Land und die völlige Unabhängigkeit (auch von der Rohstoffzulieferung) des Auslandes. Die „Eroberung von Lebensraum" soll für eine ausreichende Versorgung mit Nahrung und Rohstoffen sorgen. Bis dies geschehen ist, werden der deutschen Bevölkerung Opfer („auf wirtschaftlichem Gebiete" und auf dem „Gebiete der Ernährung", Z. 71 f.) abverlangt, die dem Krieg um neuen „Lebensraum" dienen (vgl. Erläuterungen zu den Aufgaben 1 und 2, S. 87).

M 4, S. 82
Aus dem Aufruf der Deutschen Arbeitsfront (DAF) „An alle schaffenden Menschen" vom 27. November 1933

Motiv:
- Schaffung einer Massenorganisation im wirtschaftlichen Bereich, die unter direkter Kontrolle der NSDAP und der NS-Führung steht

Ziele:
- Gleichschaltung aller Gruppen der deutschen Wirtschaft durch Einheitsmitgliedschaft aller „schaffenden Menschen" (Arbeiter und Unternehmer) in der DAF
- Erziehung aller im Arbeitsleben stehenden Menschen zur NS-Weltanschauung

Vorgehensweise:
- Gleichschaltung aller „schaffenden Menschen" in NS-Massenorganisation wird zum Führerwillen er- bzw. verklärt
- Regelung der Arbeitsbedingungen wie der materiellen Fragen wird auf spätere Zeit aufgeschoben

Bedeutung:
- die abhängig Beschäftigten besitzen keine eigenständige Vertretung mehr zur Artikulation und Durchsetzung ihrer Interessen, insofern bedeutet die Gründung der DAF einen tiefen Einschnitt im Arbeitsleben von Arbeitern und Angestellten

Zu den Aufgaben 1 und 2, S. 82 f.
Siehe die Erläuterungen zu M 4, S. 82.

M 5, S. 82
Das „Gesetz zur Ordnung der nationalen Arbeit" vom 20. Januar 1934

Das Gesetz hat folgende zentrale Konsequenzen für die Rolle von Unternehmern und Beschäftigten:
- Durchsetzung des Führerprinzips in den Betrieben: Der Unternehmer ist der „Führer", die Beschäftigten bilden die Gefolgschaft.
- Alle Entscheidungsprozesse verlaufen von oben nach unten.
- Die Beschäftigten besitzen keine eigene Interessenvertretung mehr: Der „Vertrauensrat" war eine reine Vermittlungsinstanz zwischen Betriebsführung und Beschäftigten mit dem Ziel der Effektivierung der Arbeitsabläufe und durfte keine eigenständige Politik betreiben.
- „Treuhänder der Arbeit", d. h. weisungsgebundene Beamte der Reichsregierung, setzen die NS-Wirtschaftspolitik für größere Wirtschaftsgebiete durch.

Die Materialien M 4 und M 5 belegen, dass die NS-Führung eine hierarchische Sicht des Verhältnisses von Staat und Wirtschaft besaß. Der Staat legte die Ziele fest, die von der Wirtschaft zu erbringen waren. Dabei wurde die Ökonomie als Bestandteil des „völkischen Organismus" begriffen. Ähnlich wie das staatlich-politische Leben sollte auch die Wirtschaft nach dem Führerprinzip organisiert werden. Das bedeutete in den Betrieben die absolute Vorrangstellung des Unternehmers. Die Arbeiter hatten ihm Gehorsam zu leisten und ihre Beschäftigung als Dienst am Vaterland zu begreifen.

Zu den Aufgaben 1 und 2, S. 82 f.
Siehe die Erläuterungen zu M 5, S. 82.

M 6, S. 83
Aus den Sozialberichten der „Reichstreuhänder der Arbeit" (1938)

Der Text beschreibt die Folgen der Arbeitszeitverlängerung im Jahre 1938, die durch den zunehmenden Arbeitskräftemangel aufgrund der forcierten Rüstungsproduktion notwendig geworden war. Zu den wichtigsten Konsequenzen gehören gestiegene Krankmeldungen, Verweigerung von Überstunden, Leistungsrückgang und willkürliches Fernbleiben von der Arbeit.

Zu Aufgabe 1, S. 83
Siehe die Erläuterungen zu M 6, S. 83.

Zu Aufgabe 2, S. 83
Der Bericht belegt exakt das Gegenteil einer „arbeiterfreundliche[n]" Politik der NSDAP. Der Achtstundentag, eine Errungenschaft aus der Zeit der Revolution von 1918, ist 1938 in den Groß- und Rüstungsbetrieben nicht mehr üblich. Die Menge der Aufträge kann von den Arbeitern kaum oder nur

durch permanente Mehrarbeit bewältigt werden (58–65 Stunden pro Woche). Die Belastung der Arbeitnehmer zeigt sich auch darin, dass einige ihre Leistung reduzieren.

M 7, S. 83 f. Die „Arbeitsschlacht"

a) Das Plakat zeigt einen muskulösen Mann mit kantigem Gesicht und blondem oder weißem Haar, der Obst, Gemüse und Blumen präsentiert und mit der Linken auf eine Dreiergruppe von Arbeitern verweist, die mit Schürze und Gartenbaugeräten bereitstehen. Der Text fordert den Betrachter dazu auf, „deutsche" Gartenbauerzeugnisse zu kaufen. Es handelt sich um einen gezielten Appell im ersten Jahr der NS-Herrschaft, das Nahrungsmittelangebot im eigenen Land zu bevorzugen.
b) Visualisiert ist ein Turm von Schulbüchern, auf den eine Reihe von Markstücken zurollt. Die wesentlichen Aussagen in dem für ein Plakat relativ umfänglichen Text sind schwarz gefärbt, während die weniger wichtigen Informationen wie das Bild braun-rot gefärbt sind. Aufgefordert werden die Eltern von Schulkindern, darauf zu achten, dass neue Schulbücher gekauft werden, denn „die Vererbung von Schulbüchern ist weder hygienisch noch sozial". Mit dem Erwerb von neuen Schulbüchern tragen die Eltern dazu bei, das Druckgewerbe und die Verlage zu unterstützen und deren Produktionsquote zu erhöhen.
c) Vorgeführt wird ein Mann, der sich „freiwillig in den Arbeitsdienst" meldet. Der Angehörige des Reichsarbeitsdienstes in Uniform neigt sich freundlich zu dem ergrauten Bewerber herab und drückt dessen Rechte. Der Text verrät, dass der Bewerber sich freiwillig zum Arbeitsdienst meldet, weil er seinen Arbeitsplatz einem erwerbslosen Familienvater überlassen will.
Der Arbeitsdienst wurde noch in der Endphase der Weimarer Republik von Heinrich Brüning eingeführt. Die dafür eingerichteten Arbeitslager sollten vor allem junge Menschen aufnehmen, die in der Zeit der Wirtschaftskrise ohne Beschäftigung waren. Das NS-Regime nutzte die Einrichtung zu demselben Zweck und erweiterte den Einsatz der Freiwilligen im Arbeitsdienst auch im Sinne einer ideologischen Beeinflussung („Erziehung zur Volksgemeinschaft", Orientierung an militärische Strukturen in den Lagern). Vor allem landwirtschaftliche, infrastrukturelle Arbeiten und Maßnahmen zur militärischen Befestigung wurden von den Freiwilligen ausgeführt, die dafür nicht die volle Entlohnung erhielten. 1935 – also ein Jahr nach dem Druck des Plakates – wurde eine halbjährliche Pflichtzeit beim Reichsarbeitsdienst angeordnet.
Es handelt sich in allen drei Fällen um Plakate, die für eine Verbesserung der Beschäftigungsverhältnisse werben sollen. In Anbetracht der ausgegebenen Parole „Arbeitsschlacht" wirken die vorgeschlagenen Maßnahmen zur Förderung der deutschen Produktion naiv und wenig effektiv. Es wird aber auch deutlich, dass jedes Mitglied der „Volksgemeinschaft" dazu aufgefordert wird, seinen Beitrag zur Behebung der Arbeitslosigkeit zu leisten – und sei er auch noch so klein (vgl. besonders M 7 b). Die Metapher aus dem kriegerischen Kontext („Schlacht") ist jedenfalls geeignet, eine Stimmung zu evozieren, die eine Bündelung aller Kräfte für einen breit angelegten „Feldzug" suggeriert.

Zu Aufgabe 1, S. 84
Siehe die Erläuterungen zu M 7, S. 83 f.

Zu Aufgabe 2, S. 84
Kurzreferat
Literaturtipp:
Wolfgang Benz, Vom Freiwilligen Arbeitsdienst zur Arbeitsdienstpflicht. In: Vierteljahrshefte für Zeitgeschichte 16 (1968) 4, S. 317–346 (online unter: www.ifz-muenchen.de/heftarchiv/1968_4.pdf).

M 8, S. 84–86 Das nationalsozialistische „Wirtschaftswunder" – ein Erfolg Hitlers?

Mittel zur Ankurbelung der Konjunktur:
- öffentliche Aufträge (Z. 16),
- Kombination von wirtschaftlichen Impulsen und populistischer Rhetorik, z. B. im Zusammenhang mit dem Bau der Reichsautobahnen (Z. 19 f.),
- Programm zur Beseitigung der Arbeitslosigkeit durch Arbeitsbeschaffungsmaßnahmen (Z. 28 bis 36 und 63–77)
- staatliche Aufträge zur Verbesserung der Infrastruktur (Bahn, Flughäfen, Kanäle) und des Wohnungsbaus (Z. 42–52),
- Steuererleichterungen, Ehestandsdarlehen, zinsfreie staatliche Zuschüsse für Haushaltseinrichtungen zur Förderung des privaten Konsums (Z. 46, 52, 54–62).

Auch wenn der Bau der Reichsautobahnen, den die NS-Propaganda geradezu bejubelte, insgesamt nur eine Viertelmillion Arbeiter beschäftigte (Z. 41) und auch die Rüstungsaufträge sich nicht sofort auswirkten (Z. 20–42, 76–78), sondern erst zur Jahreswende 1934/35, so war das Deutsche Reich doch das erste Industrieland, das 1936 eine Vollbeschäftigung aufwies (Z. 86–94). Wehler misst den wirtschaftspolitischen Maßnahmen eine hohe Bedeutung bei. Vor allem das große Volumen des Konjunkturprogramms, die ausgedehnte und risikoreiche Kreditaufnahme, die rücksichtslose Umsetzung und Begleitung mit propagandistischer Schönfärberei und ideologisiertem Pathos habe zum Erfolg geführt. Dieser wäre aber nicht denkbar gewesen ohne die massive Ankurbelung der Rüstungsindustrie, für die man bis 1936 etwa doppelt so viel investierte wie für „alle zivilen Arbeitsbeschaffungsmaßnahmen“ (Z. 95–110). Der wirtschaftliche Erfolg trug zur breiten Akzeptanz der Führerdiktatur bei. Wehler nennt dabei folgende bedeutsame Aspekte:
- Demonstration von Handlungsbereitschaft durch den Einsatz und die Umsetzung eines Maßnahmenbündels (Z. 123–131),
- Ausnutzung der Phase der konjunkturellen Erholung, die genau dann einsetzte, als Hitler an die Macht gelangte (Z. 132–140),
- freie Hand für die Arbeitgeber infolge der Beseitigung der Gewerkschaften: lockende Unternehmergewinne, schrumpfende Lohnquote (Z. 141 bis 156),
- Aufnahme von Arbeitskräften durch den Bürokratieausbau der NSDAP (Z. 157–164),
- zunehmende Nachfrage der Rüstungswirtschaft nach Arbeitskräften (Z. 169–176),
- unentwegte Propagierung der „Arbeitsschlacht“ als Optimismus vermittelnde psychologische Komponente (Z. 179–196) und stete Appelle an das „Bewusstsein volksgemeinschaftlicher Solidarität“ (Z. 197 f.).

Wehler plädiert dafür, die „eigentliche Leistung“ Hitlers, „mit seinen rhetorischen Fähigkeiten und dem Beschwörungsgestus des charismatischen Demagogen die Erholung gleichsam herbeigeredet zu haben, nicht zu unterschätzen“ (Z. 201–206).

Zu Aufgabe 1 a–c, S. 86
Siehe die Erläuterungen zu M 8, S. 84–86.

M 9, S. 86 f.
Anspruch und Wirklichkeit des Vierjahresplans
Erfolge der Autarkiepolitik:
- geringfügige Zunahme der Unabhängigkeit vom Ausland bei der Mineralölproduktion und bei der Herstellung von synthetischem Kautschuk (Z. 16 bis 21),
- Steigerung der heimischen Eisenerzproduktion auf immerhin etwa die Hälfte des Bedarfes (Z. 25–39),
- ebenfalls geringfügige Steigerung der inländischen Produktion im Nahrungsmittelbereich: besonders hoher Grad der Selbstversorgung bei Getreide, Kartoffeln, Gemüse, Fleisch (annähernd 100 %), auffällige Defizite bei der Versorgung mit Fetten aus inländischer Produktion (Z. 42–50).

Misserfolge:
- Vergrößerung der Auslandsabhängigkeit bei Stahlveredlern wie Mangan, Chrom, Wolfram (Z. 42),
- Verfehlen des Ziels der Deviseneinsparung wegen der steigenden Nachfrage nach Rohstoffen (Z. 53–55),
- weiterhin Importabhängigkeit im Bereich von Mineralöl und Eisenerz (Z. 56–58),
- hohe Kosten für unrentable Erzverhüttung der „Reichswerke Hermann Göring für Erzbergbau und Eisenhütten“ (Z. 64–67).

Generell zeigten die von geringem Erfolg gekrönten Bemühungen innerhalb der Vierjahresplanpolitik (bleibende Abhängigkeit des Reiches von Rohstoffimporten), dass eine Kriegführung in Zukunft für das Deutsche Reich nur möglich war durch Expansion und Okkupation, also durch eine personalintensive Besatzungspolitik (Z. 67–71).

Zu Aufgabe 1, S. 87
Siehe die Erläuterungen zu M 9, S. 86 f.

Zu Aufgabe 2, S. 87
Folgen der Vierjahresplanpolitik für die Bevölkerung:
- Verzerrung ökonomischer Strukturen: Subventionen für unrentable Produktionsstandorte, Einsatz von Arbeitskräften an wenig rentablen Produktionsstandorten (Z. 74–79),
- Überwiegen von Lenkung und Kontrolle gegenüber dem marktwirtschaftlichen Prinzip (Z. 80 f.),
- Bedeutungsgewinn von Manipulation und Propaganda zur Steuerung von Nachfrage und Konsum (Z. 82–90).

Zu Aufgabe 3, S. 87
Literaturtipp:
Gerd Wysocki, Arbeit für den Krieg. Herrschaftsmechanismen in der Rüstungsindustrie des „Dritten Reiches“; Arbeitseinsatz, Sozialpolitik und staatspolizeiliche Repression bei den Reichswerken „Hermann Göring“ im Salzgitter-Gebiet 1937/38 bis 1945, Braunschweig 1992.

M 10, S. 87
Indices der industriellen Produktion im Deutschen Reich 1932–1939

Zwar macht die Statistik deutlich, dass der Gesamtindex industrieller Produktion zwischen 1932 und Juni 1939 um fast 142 % gestiegen ist – ein Zeichen wirtschaftlicher Gesundung. Vergleicht man jedoch den Index der Produktionsgüter (Rohstoffe, Maschinen, Werkzeuge) mit dem der Konsumgüter, dann werden die Prioritäten der staatlich reglementierten Wirtschaftspolitik deutlich: Der Index der Konsumgüter steigt im Vergleichszeitraum lediglich um knapp 45 %, der der Produktionsgüter um fast 220 %. Das von Hitler geforderte Autarkie- und Kriegsprogramm wurde also durch Ausweitung der Produktionsgüter (darin enthalten Rüstungen) auf Kosten des Konsumverzichts breiter Massen durchgesetzt.

M 11, S. 88
Reichsausgaben insgesamt, Militärausgaben und Aufwendungen für Arbeitsbeschaffungsmaßnahmen 1932–1939

M 11 verdeutlicht den steilen Anstieg der Reichsausgaben, die zwischen 1933 und 1938 um das Fünffache zunehmen und bei etwa zweieinhalb Milliarden Reichsmark liegen. Einen ähnlichen Verlauf weisen die Ausgaben für das Militär und für Arbeitsbeschaffung einschließlich militärischer Ausgaben auf. Da sich beide Verlaufskurven auf die Aufwendungen für den militärischen Bereich beziehen, darf angenommen werden, dass die ausschließlich für Arbeitsbeschaffung im zivilen Bereich verwendeten Beträge weitaus geringer waren.

M 12, S. 88
Durchschnittliche Stundenlöhne nach anerkannten Tarifen für die bestbezahlten Altersklassen in 17 Industriezweigen im Deutschen Reich (in Reichspfennig)

M 12 zeigt, dass grundsätzlich alle Arbeiterinnen und Arbeiter in den Jahren von 1933 bis 1942 das Lohnniveau des Jahres 1928 nicht mehr erreichten. Dabei wirkte sich die Verdienstminderung bei den qualifizierten Arbeitern am deutlichsten aus: Sie verdienten 1942 immer noch 15 Pfennige weniger als im Jahr 1928. Allerdings war ihr Lohnniveau 1933 auf 70,5 Pfennige gesunken und immerhin zwischen 1933 und 1942 um 10 Pfennige gestiegen. Erkennbar ist auch bei Betrachtung der ersten Spalte (qualifizierte Männer), dass vor allem in der Aufrüstungsphase Lohnsteigerungen erreicht wurden, während mit Kriegsbeginn eine Stagnation eintrat. Bei ungelernten Arbeitern erhöhten sich die Stundenlöhne zwischen 1933 und 1942 ebenso geringfügig wie bei qualifizierten und ungelernten Arbeiterinnen. Die Diskrepanz zwischen 1933 und 1942 beträgt nur bei den ungelernten Arbeitern wenig mehr als einen Pfennig. Auffällig ist, dass qualifizierte Frauen noch 1933 nur geringfügig weniger verdienten als 1928. Dann aber sinkt ihr Lohn schon 1936 um sechs Pfennige und bleibt weitgehend auf diesem Stand. Die Lohnentwicklung hier verdeutlicht die ideologische Zielrichtung des Systems, das Frauen wieder einen Platz in der Küche und bei den Kindern zuwies.

M 13, S. 88
Index der Bruttoverdienste von Arbeiter/-innen im Deutschen Reich 1928–1942 (1928 = 100)

M 13 veranschaulicht eine Steigerung der Reallöhne zwischen 1928 und 1942 um etwa ein Zehntel des Wertes von 1928 und um annähernd ein Fünftel des Wertes von 1933. Erkennbar ist ein Absinken der Reallöhne seit 1941. Gegenüber den absoluten Zahlen in M 12 zeigt sich also durchaus deutlicher eine Verdienststeigerung, die auf die Preiskontrolle für Grundnahrungsmittel und wichtige Konsumgüter zurückzuführen ist.

M 14, S. 88
Einkommen und Lebenshaltungskosten in Deutschland 1933–1942

M 14 verdeutlicht den Reallohnanstieg und -abfall grafisch in Relation zu den Verlaufskurven, die die Entwicklung von Nominallöhnen und Lebenshaltung visualisieren. Erkennbar ist, dass seit 1933 die Kosten für Lebenshaltung nur geringfügig steigen und schließlich 1936 unter der Entwicklung der Nominallöhne bleiben. Dieses Verhältnis bedingt die stabile Steigerung der Reallöhne bis 1941. Die Stagnation der Reallöhne zwischen 1939 und 1940 ist auf die durch die Kriegsführung bedingte Steigerung der Lebenshaltung zurückzuführen. Erkennbar ist, dass die Lebenshaltungskosten mit Kriegsbeginn steigen. Diese Steigerung kann nur vorübergehend aufgefangen werden durch eine massive Erhöhung der Nominallöhne, die allerdings noch vor 1941 ihre Grenzen erreicht hat.

Fazit: Die NS-Wirtschaftspolitik brachte der deutschen Bevölkerung trotz vorübergehender Erhöhung der Reallöhne keinen nachhaltigen Anstieg der Löhne. Die Abwärtsentwicklung begann 1939 mit dem Krieg.

Zu Aufgabe 1, S. 88

Prioritäten der NS-Wirtschaftspolitik:
- absoluter Vorrang von Rüstungsinvestitionen (M 11),
- Ausgabensteigerung in großem Stil statt Haushaltskonsolidierung (M 11),
- moderate Lohnerhöhungen bei insgesamt bescheidenerem Lohnniveau als 1928 (M 12),
- Verminderung der Löhne bei Frauen und ungelernten Arbeiterinnen und Arbeitern (M 12).

Ideologische Hintergründe:
- Ideal der „Volksgemeinschaft“ (Nivellierung der Lohnniveaus: M 12)
- Verdrängung der Frauen aus dem Beruf und Streben nach Verwirklichung des NS-Leitbildes der gebärfreudigen Ehefrau und Mutter (M 12)
- Streben nach militärischer Stärke als Basis für die Begründung des „Großdeutschen Reiches“ (M 11).

Zu Aufgabe 2 a und b, S. 88

a) Siehe die Erläuterungen zu M 13 und M 14.

b) Steigende Lebenshaltungskosten seit 1939 und kaum mehr erhöhte Nominallöhne seit 1941 sowie das Sinken der Nominallöhne seit 1943 führten zu einer rapiden Abnahme der Reallöhne seit 1941.

M 4, S. 91
Hausrat von Juden aus Westeuropa im Sammellager Oberhausen, Mühlheimer Straße/Ecke Brücktorstraße, Fotografie (Ausschnitt), 1943

Erklärung und Interpretation: Die Möbel, die bei westeuropäischen Juden beschlagnahmt wurden, waren für Bombengeschädigte im Ruhrgebiet (und wahrscheinlich darüber hinaus) bestimmt. Während die ehemaligen Besitzer auf dem Weg in die Vernichtung waren, wurden in ihrer Heimat durch die Verteilung ihrer Hinterlassenschaft die letzten Spuren der jüdischen Bevölkerung ausgelöscht.

Hintergrund: Die Verfolgung und Vernichtung der Juden im Deutschen Reich hatte auch eine ökonomische Dimension. Neben anderen Maßnahmen ist dabei die Verwertung jüdischen Eigentums zu nennen, das von den Opfern bei der Deportation zurückgelassen werden musste. Vgl. Martin Dean, Der Raub jüdischen Eigentums in Europa. Vergleichende Aspekte der nationalsozialistischen Methoden und der lokalen Reaktionen, in: Constantin Goschler und Philipp Ther (Hg.), Raub und Restitution. „Arisierung“ und Rückerstattung des jüdischen Eigentums in Europa, © S. Fischer Verlag GmbH, Frankfurt/M. 2003, S. 26–40, hier S. 31:

„Bemerkenswert bei der Enteignung der Juden war die Vollständigkeit des Prozesses. In den meisten Gebieten unter deutscher Verwaltung war das Ziel die Kontrolle über das gesamte jüdische Vermögen, abgesehen von ein paar Ausnahmen, die für Halbjuden und Juden fremder Staatsangehörigkeit gemacht wurden […]. Ein wesentliches Problem in allen Regionen blieb jedoch die Frage, wie man jüdisches Eigentum richtig identifizieren konnte. Das führte im Rahmen der Deportation und Vernichtungsmaßnahmen zu einer weit verbreiteten Registrierung jüdischen Eigentums und seiner Beschlagnahmung, zum Beispiel bei der Räumung verlassener Wohnungen. Auf diese Weise wurde die Beraubung jüdischen Vermögens selbst Teil des Vernichtungsprozesses. Der komplexe Vorgang der Verwaltung und des Verkaufs von jüdischem Besitz brachte einen beträchtlichen bürokratischen Aufwand mit sich, der Hunderte ortsansässiger Angestellter beschäftigte. Tatsächlich war er selten irgendwo vor Ende des Krieges abgeschlossen. […] In fast allen Ländern, einschließlich Deutschland, blieben zahlreiche Vorgänge gegen Kriegsende unabgeschlossen. Für einige Beamte gab es offenbar nur wenig Anreiz, eine Aufgabe zu

Ende zu führen, die wegen ihrer Entfernung zur Front äußerst begehrt war. Oftmals verschlangen die hohen Verwaltungskosten viel von dem tatsächlichen Gewinn, den man aus dem Vermögen zog, und eine Anzahl von Organisationen und Einzelpersonen zweigte sich ihren Anteil davon ab. [...] Die Profite wurden oft durch Veranschlagung großzügiger Spesen und hoher Gehälter verschleiert."

Erarbeiten Sie Präsentationen

Thema 1
Monumente der Macht – die Selbstdarstellung des NS-Regimes durch Bauwerke

Weitere Literaturtipps:

Geschichte Für Alle e.V. (Hg.), Geländebegehung. Das Reichsparteitagsgelände in Nürnberg, Nürnberg 2002.

Peter Köpf, Der Königsplatz in München. Ein deutscher Ort, Berlin 2005.

Matthias Donath, Architektur in München 1933–1945. Ein Stadtführer, Berlin 2007.

Jürgen Rostock, Franz Zadniček, Paradiesruinen – Das KdF-Seebad der Zwanzigtausend auf Rügen, Berlin 2008.

Thema 2
Hitler und die Autobahnen

Weitere Literaturtipps:

Charlotte Reitsam, Reichsautobahn-Landschaften im Spannungsfeld von Natur und Technik. Transatlantische und interdisziplinäre Verflechtungen, Saarbrücken 2008.

Erhard Schütz, Eckhard Gruber, Mythos Reichsautobahn. Bau und Inszenierung der „Straßen des Führers" 1933–1941, Berlin 1996.

Allgemein zum Thema politischer Inszenierung und Werbung:

Herfried Münkler, Die Visibilität der Macht und die Strategien der Machtvisualisierung. In: Gerhard Göhler (Hg.), Macht der Öffentlichkeit – Öffentlichkeit der Macht, Baden-Baden 1995.

M 1, S. 94
Modell von Albert Speers „Halle des Volkes", Fotomontage, 1938

Vgl. dazu Ulrich Schlie, Die Nation erinnert sich. Die Denkmäler der Deutschen, C.H. Beck, München 2002, S. 117 f.:

„Nirgendwo wird der Größenwahn der nationalsozialistischen Architektur sichtbarer als in den aufgrund des tatsächlichen Geschichtsverlaufs nicht mehr verwirklichten Plänen, Berlin in die künftige Welthauptstadt Germania zu verwandeln. Leitend war dabei für Hitler die Überlegung, dass die modernen Großstädte über keine das ganze Stadtbild beherrschende Architektur verfügten. Bereits 1933 hatte Hitler dem Berliner Oberbürgermeister und Vertreter der Berliner Stadtverwaltung erklärt, dass Berlin als Reichshauptstadt eines 65-Millionen-Volkes städtebaulich und kulturell auf solche Höhe gebracht werden müsse, dass es mit allen Hauptstädten der Welt konkurrieren könne. Immer wieder kam Hitler in den darauffolgenden Jahren im Gespräch mit Speer auf seine Pläne für Berlin zurück, die bis in die Zeit vor dem Ersten Weltkrieg zurückreichten. Denn bereits aus dem Jahr 1910 sind Entwürfe Hitlers für eine Nationalgalerie für die Kunst des 19. Jahrhunderts sowie eine Nationaloper erhalten. Für das zeitgenössische Berlin hingegen hatte der Diktator nur Verachtung übrig. ‚Mit dieser Stadt Berlin ist nichts anzufangen', lautete der wiederkehrende Akkord und die Maßgabe an Speer, es mit seinem Entwurf besser zu machen. Dass gerade Speer den Auftrag zur Umgestaltung Berlins in die „Welthauptstadt Germania" erhielt, war nicht von Anfang an vorgezeichnet. Denn erst die wachsende Unzufriedenheit Hitlers mit der Berliner Stadtverwaltung führte dazu, dass der Diktator 1936 Speer mit der Verwirklichung seiner Pläne betraute. Dafür wurde Speer eigens das neu geschaffene Amt des Generalbauinspektors verliehen, das ihn für seinen Auftrag zum Neuaufbau von Berlin mit einer Fülle von Kompetenzen ausstattete. Speer bezog ein repräsentatives Atelier am Pariser Platz und profitierte von seiner privilegierten Stellung als Hitlers Architekt. Seine Behörde war rechtlich den Reichsministerien gleichgestellt und Speer nur seinem ‚Führer' verantwortlich. Mit der ihm eigenen Arbeitswut machte sich Speer in Rekordlaune an die Vollendung des Auftrags, für dessen Durchführung der Generalbebauungsplan zwanzig Jahre vorsah.

Die städtebaulichen Vorstellungen Hitlers aus den 20er-Jahren, die Speer zur Verwirklichung aufgegeben waren, orientierten sich an historischen Vorbildern. So forderte Hitler ausdrücklich, dass eine die Hauptstadt achsial teilende Prachtstraße, als ‚Große Straße' bezeichnet, die Pariser Champs-Elysées in der Breite übertreffen sollte, und auch der geplante Triumphbogen mit einer Breite von 170 Metern und einer Tiefe von 119 Metern, einer Gesamthöhe von 117 Metern und einer Öffnung in 80 Metern Höhe hätte nicht nur sein historisches Vorbild, den Pariser Arc de Triomphe an der Place de l'Etoile, um einiges überragt, der Triumphbogen hätte auch alle anderen Gebäude in den Schatten gestellt. [...] Als Höhepunkt der Nord-Süd-Achse war [...] ein überdimensionierter Kuppelbau vorgesehen. Hitlers Lieblingsprojekt, die ‚Große Halle', sollte allein durch ihre Größe die Silhouette von Berlin beherrschen. Mit einem Innenraum von 250 Metern Durchmesser sowie einem quadratischen Unterbau von 315 Metern Seitenlänge und 320 Metern Höhe hätte die Große Halle ihre Vorbilder, das Washingtoner Capitol sowie Pantheon und Petersdom in Rom, in den Schatten gestellt und wäre vermutlich nicht nur das größte Gebäude seiner Zeit geworden. [...] Der Reichstag und das Brandenburger Tor wären daneben in der Bedeutungslosigkeit verschwunden."

M 2, S. 94 „Reichsautobahnen in Deutschland", Plakat von Robert Zinner, 1937

Das Plakat hat eine Größe von 100 x 62 cm und veranschaulicht aus der Vogelperspektive, wie sich das zweispurige Band der Autobahn durch eine gebirgige, von sanft abfallenden Hängen geprägte Landschaft schlängelt. Das Licht fällt schräg von vorne – aus der Perspektive des Betrachters – ein und taucht die Szene in milde rötlich-braune Töne. Im Vordergrund bildet ein Rastplatz mit einer Stele, gekrönt von NS-Emblem und Adler, einen Blickfang. Dazu der Politologe Peter Reichel: „Die Reichsautobahn schien in besonderer Weise geeignet, dem Zukunftsglauben in Deutschland bildliche Glaubwürdigkeit zu geben, zumal sich dieses Projekt mit der Aussicht auf Massenmotorisierung und Massentourismus unmittelbar verknüpfen ließ." Reichel erklärt weiter, Fritz Todt – seit 1933 „Generalinspekteur für das deutsche Straßenwesen" und Leiter des Baus der Reichsautobahnen – habe den Autobahnbau vor allem als künstlerische und landschaftsgestaltende Aufgabe begriffen und ein „neues Raum- und Bewegungserlebnis" erzeugen wollen. Der Bau der kreuzungsfreien Straßen sollte außerdem auch eine mehr als symbolische „Klammer der Volksgemeinschaft", „ein Instrument der Reichsbildung" werden. Er sollte Fernweh wecken und dem „Volk ohne Raum" weiteren „Lebensraum" vage andeuten. Reichel beruft sich auf Hartmut Bitomsky, wenn er schreibt: „Das Auffällige der Bilder von den frühen Autobahnen ist ihre Leere. Es fuhren zu wenig Autos auf ihnen. Für Fotos und Filmaufnahmen mussten sie ausgeliehen werden. Dem Autobahn-Mythos hat das nicht geschadet. Im Gegenteil. Wie kein zweites Bauwerk des NS-Staates ist er auch deshalb als Gesamtkunstwerk inszeniert worden: Ingenieure, Handwerker und Zwangsarbeiter, Maler, Fotografen, Filmemacher, Romanciers und Komponisten haben in großer Zahl daran mitgewirkt." (Peter Reichel, Die „Volksgemeinschaft". Nationaler Sozialismus als bildliches Versprechen, in: Gerhard Paul (Hg.), Das Jahrhundert der Bilder, Bd. I: 1900–1949, S. 444 bis 453, bes. S. 452 f.)

M 3, S. 95 „Schönheit der Arbeit. Wir helfen mit", Plakat 1934/39

Zu sehen ist hier ein gesund und stark wirkender Arbeiter, der den Betrachter anlächelt. Mit aufgekrempelten Ärmeln hält er Gerätschaften auf der rechten Schulter fest. Im Hintergrund ist eine ausgedehnte, großzügig und streng geordnete Fabrikanlage zu erkennen. In roter und dann schwarzer Schrift – in Einheit mit dem weißen Hemd des Arbeiters werden hier die NS-Flaggenfarben verwendet – wird gelobt: „Schönheit der Arbeit/wir helfen mit". Vor dem schwarzen Balken am unteren Bildrand steht in Rot und Schwarz: „Je schöner unsere Arbeitsstätte, desto größer unsere Arbeitsfreude. N.S.G. Kraft durch Freude" (Abkürzung N.S.G.: Nationalsozialistische Gemeinschaft).

Die Aussage des Plakates besteht in der Vorgabe, durch gemeinsame Mithilfe für eine „schönere" Ausgestaltung des Arbeitsplatzes zu sorgen. Keine Rede von Lohnforderungen, Arbeitszeitregelungen oder betrieblichen Zusatzleistungen. Vielmehr propagiert die für Freizeitgestaltung zuständige Unterorganisation der DAF (Deutschen Arbeitsfront) den Einsatz der Arbeiter für die „Verschönerung" ihrer

Betriebe. Dreimal deuten die Pronomen in den Schlagworten den Bezug auf die Gemeinschaft an. Zweimal ist von „Schönheit“ oder „schöner […] Arbeitsstätte“ die Rede. Von „Arbeitsfreude“ spricht das Plakat der „Kraft durch Freude“. Viel Harmonie also – und ein großer Kontrast zu den Plakaten der Arbeiterbewegung in den Jahren und Jahrzehnten zuvor.

Sachkompetenz

Zu Aufgabe 1, S. 95

Betrachtet man nur die Entwicklung der Arbeitsmarktsituation und die (Rüstungs-)Produktion der Jahre 1933 bis 1938, so mag der oberflächliche Eindruck entstehen, dass die Wirtschaftspolitik relativ erfolgreich war. Abgesehen von dem Streben nach Autarkie konnten alle Vorhaben umgesetzt werden und vor allem das rasche Erreichen von Vollbeschäftigung im Jahr 1936 beförderte die Akzeptanz des Regimes zu Beginn seiner Herrschaft. Allerdings führte die einseitige Ausrichtung der Wirtschaftspolitik auf die Rüstung und damit letztlich auf den geplanten Krieg dazu, dass die Wirtschaft nie eine eigenständige Rolle spielte, sondern immer nur Mittel zur Machtstabilisierung und Erweiterung war. Zu bedenken ist weiter, dass auch die Maßnahmen, die vorgeblich die „Volksgemeinschaft“ fördern sollten (z. B. Gründung der DAF) mehr den Arbeitgebern als den Arbeitnehmern nutzten. Die massiven Investitionen, die zu dem schnellen Erfolg und angeblichen „Wirtschaftswunder“ führten, erzeugten einen riesigen Schuldenberg, den das Regime durch künftige Eroberungen abzutragen gedachte. Es ist also im Unterricht nicht nur nach Anspruch und Wirklichkeit der NS-Wirtschaft zu fragen, sondern vor allem nach deren ideologischer Bindung, nach ihren Dimensionen und den langfristigen Folgen der ergriffenen Maßnahmen.
Siehe auch das Zusatzmaterial ZM 5.1, S. 81.

Zu Aufgabe 2, S. 95

Siehe Zusatzmaterial ZM 5.1, S. 81, zu Aufgabe 1, S. 95.

Methodenkompetenz

Zu Aufgabe 3, S. 95

Siehe die Erläuterungen zu M 3, S. 95.

Urteilskompetenz

Zu Aufgabe 4, S. 95

Sinnvoll ist es, hier eine Einteilung in Zeitabschnitte vorzunehmen:
Aufbau und Festigung der Diktatur 1933/34: In dieser Phase bestanden zwar auch das Fernziel der Eroberung von Lebensraum und das Streben nach Autarkie, aber primär galt es in den ersten Jahren, die Bevölkerung zu gewinnen bzw. gefügig zu machen. Ein wichtiges Ziel dabei war der Abbau der Arbeitslosigkeit.
Zeitraum des Vierjahresplans 1934–1939: Jetzt rückte tatsächlich ein konkretes Datum für den Kriegsbeginn in den Mittelpunkt und auch das Autarkiestreben gewann zentrale Bedeutung. In Hitlers geheimer Denkschrift zum Vierjahresplan ist bereits die Rede von „Opfern“, die die deutsche Bevölkerung zu bringen habe (vgl. M 3, S. 80 f. im Schülerband und den entsprechenden Kommentar in den vorliegenden Handreichungen).
Zweiter Weltkrieg 1939–1945: Mit Kriegsbeginn erwies sich die Unmöglichkeit des Autarkiestrebens, daher die rasche Besetzung Norwegens aufgrund der Erzvorkommen dort. Bis 1942 wurde das Lebensraumziel verfolgt, wobei schon mit Beginn des Ostfeldzuges für die deutschen Soldaten das Prinzip der „Ernährung aus dem Lande“ galt (Ausbeutung der eroberten Länder zum Zweck der Versorgung des Deutschen Reiches).
Rückzug ab 1943: Ab diesem Zeitpunkt herrschte ohnehin eine eklatante, wirtschaftliche Notlage, die angesichts des fortdauernden Krieges keine Strategien mehr möglich machte.

Zu Aufgabe 5, S. 95

Auch hier gilt die Einteilung in Zeitphasen, vgl. die Erläuterung zu Aufgabe 4, S. 95.

Zusatzmaterial ZM 5.1 zu Aufgabe 1, S. 95	Anspruch und Wirklichkeit der NS-Wirtschaftspolitik

NS-Wirtschaftspolitik – Dimensionen, Ziele und Umsetzung

Ziele	Maßnahmen	Bewertung
– Abbau der Arbeitslosigkeit	– Ausbau des Freiwilligen Arbeitsdienstes (1931) zum Reichsarbeitsdienst – Arbeitsbeschaffungsprogramme – staatliche Bauprojekte (Reichsautobahnen) – Anheizen des Konsumklimas durch Steuererleichterungen etc.	– Vollbeschäftigung 1936 (aber: statistische Kosmetik im Hinblick auf die Beschäftigten beim Reichsarbeitsdienst)
– Aufrüstung („Eroberung von Lebensraum“) – Autarkie („Eroberung von Lebensraum“)	– staatliche Rüstungsprogramme und -aufträge – „Vierjahresplan“ 1936 – Werbung für den Kauf heimischer Produkte – staatliche Impulse zur Erzeugung künstlicher Rohstoffe (synthetischer Treibstoff, Buna) – Begründung der „Reichswerke Hermann Göring“ (Verarbeitung minderwertiger heimischer Erze)	– ausschließliche Konzentration auf Rüstung **(langfristig ruinöse Wirtschaft!)** – geringer Erfolg der Autarkiebestrebungen (hoher Selbstversorgungsgrad nur bei Grundnahrungsmitteln)
– Streben nach Akzeptanz der NS-Herrschaft in weiten Teilen der Bevölkerung („Arbeitsschlacht“)	– Einsatz von Propaganda („Arbeitsschlacht“): Feiern, Inszenierungen zur Beglaubigung der Leistungen der NS-Wirtschaft	– steigende Anerkennung des Systems seitens der Bevölkerung – Ansätze der Formierung einer „Volksgemeinschaft“
– Begründung einer „Volksgemeinschaft“ aus vorgeblich gleichen Mitgliedern des „Volkskörpers“	– Beseitigung der Gewerkschaften – Gründung der DAF (Zusammenschluss von Arbeitgebern und Arbeitnehmern) – Organisation der Betriebe nach dem Prinzip von „Führer“ und Gefolgschaft – Kompensationsangebot durch Freizeitangebot (KdF) – moderate Lohnerhöhungen, Steigerung der Reallöhne durch Preisschranken	– Aufhebung des gesellschaftlichen Pluralismus – Kontrolle durch Hierarchisierung innerhalb der Betriebe – niedriger Lebensstandard – Forderung von Opferbereitschaft seitens der Bevölkerung
– Primat der Politik	– Organisation der Betriebe nach den Direktiven der Partei – Ausgehen aller wirtschaftlichen Entscheidungen vom Staat	– **Fazit: keine rationalen volkswirtschaftlichen Erwägungen!**

Kapitel 6
Die NS-Gesellschaft – eine „Volksgemeinschaft“?

M 1, S. 97
NS-Plakat zum 4. Reichsbauerntag 1936, Goslar

Zum historischen Hintergrund: Die zentrale NS-Organisation zur Sammlung der bäuerlichen Bevölkerung und zur Durchsetzung der nationalsozialistischen Agrarpolitik war der im September 1933 gegründete „Reichsnährstand“. Richard Walter Darré – gleichzeitig Reichsminister für Ernährung und Landwirtschaft – wurde zum Leiter und Reichsbauernführer bestimmt und war in dieser Funktion nur dem Reichskanzler verantwortlich. Im Januar 1934 erklärte Darré die Stadt Goslar (Standort der berühmten Kaiserpfalz) zum Sitz des „Reichsnährstandes“; 1936 erhielt die Stadt den Beinamen „Reichsbauernstadt“. Bis zum Beginn des Krieges wurden hier die von der NSDAP organisierten Reichsbauerntage, deren erster noch in Weimar stattgefunden hatte, abgehalten. Der freie Platz vor der einstigen Kaiserpfalz und die Kulisse der Fachwerkbebauung boten eine einmalige Bühne für die prächtig inszenierten Reichsbauerntage mit Führerhuldigungen und Erntedankfeiern. Ab 1934 wurde es zur Tradition, dass ein Autokorso die Verbindung herstellte zwischen den Erntedankfesten bei Hameln und dem Reichsbauerntag bei Goslar, wo Paraden von SS, SA und des Jägerbataillons vor der Kaiserpfalz abgehalten wurden.

Zum Plakat: Zu sehen ist eine riesenhafte Rittergestalt mit Stahlhelm, die in breitem Schritt über einer idyllisch anmutenden Landschaft steht. Dort arbeitet ein Bauer mit dem Pferdepflug im Licht, während sich der gerüstete Hüne, eine Mischung aus spätmittelalterlichem Reiterkämpfer und futuristisch anmutender Soldatengestalt, in die von Osten einbrechende Dunkelheit wendet, die zudem rechts oben durch einen Sowjetstern mit Hammer und Sichel gekennzeichnet ist. Die Aussage ist eindeutig: Wehreinheiten der Partei und des Staates schützen den Bauern, der am unteren Bildrand friedlich seiner Arbeit nachgeht, vor den drohenden Gefahren aus dem „bolschewistischen“ Osten.

M 2, S. 98
Frau am Steuer eines Schleppers, Fotografie, 1939

Für Frauen wurden innerhalb des „Reichsnährstandes“ besondere Unterabteilungen eingerichtet. Vgl. dazu Daniela Münkel, Nationalsozialistische Agrarpolitik und Bauernalltag, Campus, Frankfurt/M. 1996, S. 431 f.: „Der Hauptabteilung IC [I: ‚Mensch‘, Unterabteilung C: ‚Die Frau‘] war, laut Reichsbauernführer Darré, die Aufgabe zugedacht, ‚die Frau auf dem Hofe, von der Bäuerin oder Landwirtsfrau bis zur Magd, vom Reichsnährstand aus als Menschen zu betreuen und in diesen Frauen wieder ein deutsches Frauentum zum Bewusstsein zu bringen, welches durch und durch deutsch und durch und durch bäuerlich abgestimmt ist‘. Konkret bedeutete dies, dass den in der Landwirtschaft tätigen Frauen die für sie vorgesehene Rolle näher gebracht werden sollte, nämlich das Zeugen und Aufziehen möglichst vieler ‚erbgesunder‘ Kinder. Durch Vorträge und Lehrgänge in ‚Rassenkunde‘ und ‚bäuerlicher Kultur und Brauchtum‘ sowie Unterweisungen in der eigenen Herstellung von Kleidung und Wäschestücken sollte den Frauen ihre besondere Beziehung zu Brauchtum und Kultur sowie ihre herausragende bevölkerungspolitische Bedeutung gegenüber den Stadtfrauen suggeriert werden. [...] Bis zum Jahr 1936 wurden 520 000 Frauen in 17 000 Lehrgängen zum Thema ‚Erfolge und Ziele‘ der Erzeugungsschlacht vom Reichsnährstand erfasst.“

Hinweis: Mit dem Begriff „Erzeugungsschlacht“ ist analog zum Begriff der „Arbeitsschlacht“ eine Erhöhung der landwirtschaftlichen Produktion gemeint.

Das Foto zeigt dennoch, dass mit Kriegsbeginn ideologische Ziele auch im Ausbildungswesen des „Reichsnährstandes“ in den Hintergrund traten und mehr und mehr auf praktische Erfordernisse geachtet wurde. Die Frau am Steuer des Schleppers wirkt fortschrittlich und modern. Ihre Arbeitskraft und ihr Einsatz waren auch dringend erforderlich, als der Krieg begann und viele Männer an die Front mussten.

Zu Aufgabe 1, S. 98

Es sollte zunächst eine sorgfältige begriffliche Eingrenzung vorgenommen werden. Vgl. dazu die Definition von Michaela Haibl in: Wolfgang Benz u. a. (Hg.), Enzyklopädie des Nationalsozialismus, dtv, München 1997, S. 786. Ihr zufolge handelt es sich bei dem Begriff der „Volksgemeinschaft“ um einen „ideologisch aufgeladenen“ Terminus, der im Gegensatz zum Gesellschaftsbegriff die Gleichheit bezüglich beruflicher Stellung, Schichtzugehörigkeit, Besitz und Bildung betont. Im Zentrum stand das Bild einer ausschließlich „deutschen“ Gemeinschaft, in der jeder die gleiche Stellung hatte. Verstärkt wurde dieses Bild auf ritualisierten Feiern (Reichsbauerntage, Reichserntedankfest, Reichsparteitage etc.).

- Ideologie und Wirklichkeit der NS-„Volksgemeinschaft“ am *Beispiel der Arbeiter:* Diese standen dem NS-System noch nach der Machtübernahme des NS-Regimes distanziert gegenüber, was sich durch die Mitgliedschaft in den Gewerkschaften – solange sie bestanden – belegen lässt. Ressentiments gegenüber dem Regime wurden aber angesichts der sinkenden Arbeitslosigkeit schwächer, auch waren die Vergünstigungen, die das System für Arbeiter anbot (z. B. Kindergeld, Schichtarbeitszuschläge), ein Mittel, kritische Stimmen schwächer werden zu lassen.
- Am deutlichsten wird die Diskrepanz zwischen Ideologie und Wirklichkeit mit Blick auf die Rolle der *Bauern* innerhalb der NS-„Volksgemeinschaft“: Gemäß den ideologisierten Vorstellungen von „Blut und Boden“ wurde die Bedeutung des Bauerntums verklärt. Das Streben nach Autarkie bei der Nahrungsmittelproduktion erzeugte die besondere Aufmerksamkeit des Regimes für die Bauern, die sich in jährlich wiederkehrenden Ritualen (Reichsbauerntag, Erntedankfeste) niederschlug. Tatsächlich hatte aber die forcierte Aufrüstung höchste Priorität, was dazu führte, dass vor allem nach 1938 der sekundäre Wirtschaftssektor seinen Anteil an der volkswirtschaftlichen Wertschöpfung auf Kosten des primären Sektors vergrößern konnte. Mit Kriegsbeginn ergab sich ein Produktionsrückgang im Bereich der Landwirtschaft, die Einkommen der Landwirte sanken, Zwangsarbeiter mussten Defizite auffangen, die sich aus Rekrutierung für die Wehrmacht und Landflucht ergaben.
- Bindekraft konnte die Ideologie der „Volksgemeinschaft“ vor allem in den Anfangsjahren 1933 bis 1939 auch bei den *Bürgern* erzeugen. Wirtschaftliche und außenpolitische Erfolge, wachsende Konsummöglichkeiten und die Ermöglichung von Aufstiegschancen steigerten die Loyalität gegenüber dem Regime auch im Bürgertum. Das Gefühl der Zugehörigkeit zur „Volksgemeinschaft“ führte im Bürgertum darüber hinaus zu einem Wertewandel: traditionelle bürgerliche Werte (Berufung auf Menschen- und Bürgerrechte) verloren ihre Bedeutung, „Gemeinschaftssinn“, nationale Einigkeit und Zugehörigkeit zum deutschen Volk gewannen als neue Werte des NS-Regimes an Popularität.
- Besonders empfänglich für das Ideal der „Volksgemeinschaft“ war die *Jugend,* die altersbedingt den Anschluss an die NS-Jugendorganisationen in großer Zahl fand. Aber auch hier gab es Gruppen, die sich von HJ und BDM fernhielten oder sich – wie etwa Hans Scholl – von den NS-Organisationen abwandten.
- Für die Gruppe der *Frauen* gilt ähnlich wie für die Bauern, dass ideologische Zuschreibungen ein realitätsfernes Bild zeichneten: Gegenüber der propagierten Rolle der Frau als Mutter und Hausfrau belegen die Daten eine hohe Erwerbstätigkeit von Frauen unter der nationalsozialistischen Herrschaft. Große Unterschiede bestanden naturgemäß zwischen überzeugten Anhängerinnen des Nationalsozialismus (etwa der Reichsfrauenführerin Gertrud Scholtz-Klink) und Regimekritikerinnen wie Ruth Andreas-Friedrich, die Verfolgten half und sie versteckte, oder Marion Gräfin Yorck von Wartenburg (siehe M 3 d, S. 109, im Schülerband). Dazwischen liegt bei den Frauen wie bei anderen gesellschaftlichen Gruppen eine große Vielfalt menschlicher und politischer Haltungen.

Didaktisch-methodischer Hinweis: Grundsätzlich sollte die Diskussion über Ideologie und Wirklichkeit der „Volksgemeinschaft“ zeigen, dass es dem NS-Regime trotz der Beseitigung pluralistischer Strukturen nicht gelungen ist, eine vollständige Homogenisierung der Bevölkerung herbeizuführen. Gleichzeitig gilt es die Bindekraft der Ideologie, die mit hohem Propagandaaufwand verbreitet wurde, in ihrer grundlegenden Bedeutung zu betonen.

M 3, S. 99 f.
Die „Volksgemeinschaft“ in der NS-Propaganda

a) „Wir bleiben Kameraden“, Plakat der Deutschen Arbeitsfront, nach 1933:
Das Plakat ist farblich ganz in Braun-, Rot- und Grautönen gehalten. Der Blick bleibt zunächst an den beiden ähnlich aussehenden Männern im Vordergrund hängen, die sich die Hand reichen. Einer von beiden, der Intellektuelle, trägt einen weißen Kittel über Hemd und Schlips und hält einen Zirkel in der Hand, der andere verkörpert den Arbeiter mit aufgekrempelten Ärmeln und dem Hammer in der

Linken. Hinter den beiden Männern ragen als graue Schatten zwei Soldaten mit Stahlhelm auf und beschwören so die soldatische Kameradschaft aus Kriegszeiten hinter dem Emblem der DAF, dem Zahnrad. Der Text in Frakturschrift appelliert an die Dauerhaftigkeit der „Kameradschaft" seit dem soldatischen Gemeinschaftserlebnis in den Schützengräben. Das Plakat nützt das gängige Gegensatzpaar „Arbeiter der Faust" und „Arbeiter der Stirn", um vor dem Hintergrund des prägenden Fronterlebnisses und der Erfahrung soldatischer Kameradschaft den Zusammenhalt und das Gemeinschaftsgefühl der Bevölkerung zu evozieren.

b) „Die NSDAP sichert die Volksgemeinschaft", Plakat, zwischen 1933 und 1939:

Auch hier dominieren Braun- und Rottöne. Der Adler (Symbol des Deutschen Reiches) im Hintergrund, dessen Mächtigkeit durch die Froschperspektive noch unterstrichen wird, hat seine Flügel schützend über die Familie ausgebreitet. Diese wird als eng verbundene (auch körperlich durch Umarmung) Gemeinschaft gezeigt mit idealtypischer Rollenzuschreibung: Der Vater nimmt die höchste Position ein und auch er umarmt Sohn und Frau schützend. Die Frau hält das Baby im Arm und ein Mädchen am rechten Bildrand hält sich nah an die Mutter, blickt aber aus dem Bild heraus und stellt den Kontakt zum Betrachter her. Das Lächeln auf den Gesichtern von Vater, Mutter und Tochter suggeriert Zufriedenheit und ein liebevolles Miteinander. Im Plakattext wird die „Volksgemeinschaft" explizit erwähnt. Diese gedenkt die NSDAP zu sichern und fordert die „Volksgenossen" dazu auf, sich an die Ortsgruppe der Partei zu wenden, wenn Rat und Hilfe nötig sind.

Die Gestaltung des Plakates basiert auf der Nutzung sakraler Bildformeln und ihrer Umdeutung: „Dreieckskomposition, Tradition der *sacra conversatione,* also Zwiesprache der Gottesmutter mit dem Jesusknaben", Schutzgestus (vgl. Christian Fuhrmeister, Ikonografie der „Volksgemeinschaft", in: Hans-Ulrich Thamer und Simone Erpel (Hg.), Hitler und die Deutschen. Volksgemeinschaft und Verbrechen, Sandstein Verlag, Dresden 2010, S. 94–103, hier S. 99).

c) „Nun, Volk, steh auf und Sturm brich los!", Broschüre mit dem Wortlaut von Joseph Goebbels' Rede im Berliner Sportpalast am 18. Februar 1943, gestaltet von Hermann Fiddickow:

Dieses Bild unterscheidet sich von den beiden anderen insofern, als es in den letzten Kriegsjahren entstanden ist und einen deutlichen Bezug zum Kriegshintergrund (Niederlage der 6. Armee in Stalingrad im Januar/Februar 1943) aufweist. Es sollte der Mobilisierung von Militär und „Heimatfront" zum aufopfernden Abwehrkampf dienen. Die Darstellung Hermann Fiddickows wurde als Plakat veröffentlicht und ebenso als Titelseite einer Broschüre, die den Wortlaut von Goebbels' Sportpalast-Rede am 18. Februar 1943 („Wollt ihr den totalen Krieg?") enthielt. Auch dieses Bild nutzt wie die anderen beiden Braun-, Rot- und Grautöne, es weist aber eine deutlich größere Dynamik in der Konzeption auf. Die schräg von rechts oben in das Bild hineinwehende Reichskriegsflagge, die vielfach erhobenen Arme der Frauen und Männer (Heimatfront) am linken Bildrand unten, die aus dem Bild nach rechts drängende Haltung der Dreiergruppe (Arbeiter und Soldat) signalisieren wie der schräg über die Fahne geschriebene Text („VOLK" in monumentalisierender Großschreibung) Aufbruch und stürmisches Vorandrängen. Dieser Eindruck wird noch unterstützt durch ein Bilddetail: Der mittlere Mann aus der Dreiergruppe reicht gerade noch Schraubenschlüssel und Hammer nach hinten, um die Hände jetzt freizuhaben für das Kriegswerkzeug.

Die Botschaft ist eindeutig: Gemeinsam finden die kampfbereiten Männer zu neuem Kriegsmut, Rückhalt geben die vielfach erhobenen Arme aus der entschlossenen und einigen Menge der unterstützenden Menschen vor schemenhaft gezeichneten Hochöfen im Hintergrund. Die „Volksgemeinschaft ist jetzt zur „Kampfgemeinschaft" oder zur „Leidensgemeinschaft" geworden (Christian Fuhrmeister, siehe oben).

Zu Aufgabe 1 a–d, S. 100

Siehe die Erläuterungen zu M 3 a–c, S. 99 f.

Aus allen drei Bildern lässt sich eine differenziertere Begriffsklärung erarbeiten. „Volksgemeinschaft" – im mittleren Plakat explizit angesprochen – meint ein Zusammenstehen unterschiedlicher Bevölkerungsgruppen (Arbeiter und Intellektuelle, Frauen und Männer, Erwachsene und Jugendliche/Kinder, Arbeiter und Soldaten) im *korporativen Sinne:* Die Stellung eines jeden Deutschen innerhalb der Volksgemeinschaft ist gleich, aber es bestehen Unterschiede in der Leistung und dem Beitrag, den jeder zur Volksgemeinschaft bringen muss. Überhaupt betonen sowohl die erste wie auch die dritte Darstellung die Pflicht, die für die „Volksgemeinschaft" erfüllt werden muss.

Aus der Präsentation der Ergebnisse lässt sich folgendes Tafelbild entwickeln:

VISUALISIERUNG

„Volksgemeinschaft“
Botschaften der Propaganda:

- Aufforderung zum Zusammenhalt
- Beschwörung soldatischer Kameradschaft
- elementare Bedeutung der Familie
- Schutz der Familie
- gemeinsame Bewältigung der Aufgaben
- Zusammenstehen im Krieg

Korporative Gemeinschaft,
in der jeder Deutsche unterschiedliche Aufgaben,
aber die gleiche Stellung hat

Soldaten, Frauen, Männer, Arbeiter, Kinder, Intellektuelle

Zu Aufgabe 2, S. 100

Siehe die Erläuterungen zu Aufgabe 1 a bis d.
Vgl. zum ausschließenden Charakter der „Volksgemeinschaft“ Frank Bajohr und Michael Wildt: „Dem Konzept des Volks als *demos*, für das die Rechtsgenossenschaft und staatsbürgerliche Gleichheit kennzeichnend sind, steht die Vorstellung vom Volk als *ethnos* gegenüber, in dem imaginierte Abstammungsgemeinschaften, Geschichtsmythen, Phantasmen von gemeinschaftlichem Blut und Boden miteinander verknüpft sind. Erst der Biologismus stempelt die Andersheit des ‚Anderen‘ zu einer Naturtatsache, ruft unentrinnbar genetische und nicht mehr bloß genealogische Differenzen auf, die per definitionem nicht assimiliert werden können.“ (Frank Bajor/Michael Wildt (Hg.), Volksgemeinschaft. Neue Forschungen zur Gesellschaft des Nationalsozialismus, © S. Fischer Verlag GmbH, Frankfurt/M. 2009, S. 11 f.)
Ausgeschlossen waren alle Nichtdeutschen und „Fremdrassigen“, also in allererster Linie Juden.

Zu Aufgabe 3, S. 100

Die Diskussion sollte auf folgende Aspekte eingehen:

- Der Begriff gehörte seit dem 19. Jahrhundert zur politischen Kommunikation im Deutschen Reich (Tradition der „Kulturnation“) und wurde besonders in der Weimarer Republik sehr populär.
- Sowohl „Reichsdeutsche“ wie „Volksdeutsche“ fühlten sich angesprochen. Insofern transportierte der Begriff auch die Forderung nach Revision des Versailler Vertrages.
- „Volksgemeinschaft“ suggerierte Gleichrangigkeit aller „Volksgenossen“ in einer homogenen Großgruppe, in der Klassengegensätze aufgehoben schienen (Ausgleich zwischen Arbeiterschaft und Bürgertum).

M 4, S. 100 f.
Der Historiker M. Schneider über Arbeiter in der „Volksgemeinschaft“ (1999)

Die grundlegende Aussage Michael Schneiders besteht darin, dass die Arbeiterschaft einerseits mehrheitlich nicht zu den Anhängern des Nationalsozialismus gehört, andererseits aber auch keine deutlich regimekritische Haltung eingenommen habe.

- Belege für Ablehnung und Regimekritik bestehen in der Bereitschaft zum Widerstand (Z. 27 f., 76–80).
- Belege für die Zurückhaltung von Regimekritik sieht Schneider in der Mischung aus Repressionen, Terror (Z. 84) und sozialen Vergünstigungen (Z. 85–92).

Angesichts dieser Differenzierung stellt Schneider fest:

- Die „widerwillige Loyalität“ (Z. 16 f.) der Arbeiterschaft habe zur Stabilisierung des Systems und zum Weg in den Krieg beigetragen (Z. 106–111).
- Aus einer solchen „widerwillige[n] Loyalität“ könne aber eine Integration der Arbeiterschaft in die „Volksgemeinschaft“ nicht geschlossen werden (Z. 120–128).

Zu Aufgabe 1, S. 101

Einstellungen und Verhalten der Arbeiter:

- Unauffälligkeit (Z. 1 f.)
- Überlebenswille und Arrangement mit dem System (Z. 7 f.)
- „widerwillige Loyalität“ (Z. 16 f.)
- (eingeschränkt:) Bereitschaft zum Widerstand (Z. 25–28)
- Resignation (Z. 99 f.)

Zu Aufgabe 2, S. 101
Arbeiter als „Volksgenossen“ im nationalsozialistischen Sinn:
- Loyalität – wenn auch widerwillig – sicherte die Stabilität des Systems.
- Soziale Vergünstigungen führten zur Partizipation der Arbeiter und Sicherung der NS-Herrschaft.

Gegen die uneingeschränkte Teilhabe der Arbeiter an der „Volksgemeinschaft“ sprechen:
- der Zwangscharakter des Systems,
- Unzufriedenheit und Missmut unter den Arbeitern (Z. 24 f.).

M 5, S. 101 f.
Der Historiker Ulrich Kluge über NS-Agrarprogramm und -ideologie (2005)

Ein konkretes Programm für den ländlichen Bereich und die Bauernschaft entwickelte die NSDAP erst 1930 im Zusammenhang mit der Weltwirtschaftskrise. Vorstellungen:
- Sicherung „gerechter“ Preise für landwirtschaftliche Erzeugnisse auch gegen marktwirtschaftliche Prinzipien,
- Stärkung des Bauerntums als Gegengewicht zur städtischen Gesellschaft,
- Bauernhöfe als Grundeinheiten für die „sittliche Erneuerung“ der Deutschen (Z. 26).

Wurzeln der „Blut und Boden“-Ideologie: rassistische und völkische Vorstellungen des 19. Jahrhunderts, die von einer erneuernden Kraft in der bäuerlichen Bevölkerung ausgingen (Artamanen-Bewegung).

M 6, S. 102
Der Historiker Michael Wildt über die Bedeutung der Landwirtschaft für die NS-„Volksgemeinschaft“

Maßnahmen des NS-Regimes:
- Verbot der Zwangsversteigerung bäuerlicher Betriebe, Februar 1933
- Reichserbhofgesetz, 29. September 1933: Unteilbare, unverkäufliche Bauernhöfe (ca. eine Million bzw. 37 Prozent aller landwirtschaftlichen Betriebe) dürfen nur noch an den erstgeborenen Sohn vererbt werden.
- Begründung des „Reichsnährstandes“ als ständische Organisation der NS-Agrarpolitik am 13. September 1933: Weisungsbefugnisse an Erzeuger und Händler, Festsetzung der Preise, Propaganda für eine „Erzeugungsschlacht“
- Verpflichtung von Jugendlichen aus BDM, HJ und Reichsarbeitsdienst zum „Ernteeinsatz“

Ergebnisse dieser Maßnahmen:
- ideologische Aufwertung des Bauerntums
- keine Beseitigung der großen Diskrepanzen bei den Besitzgrößen (Gutshöfe mit weiten Ländereien vs. mittlere und kleine Bauernhöfe), infolgedessen keine Eindämmung der Abwanderung ländlicher Bevölkerung in die Städte
- Steigerung der Nahrungsmittelproduktion, aber keine vollständige Autarkie

Zu Aufgabe 1, S. 102
Siehe die Erläuterungen zu M 5, S. 101 f., und zu M 7, S. 103.

Zu Aufgabe 2, S. 103
Siehe die Erläuterungen zu M 6, S. 102.
Das Streben nach Autarkie war von Erfolg gekrönt, dennoch wurde die völlige Unabhängigkeit vom Ausland nie erreicht (Fette, Futtermittel). Keinen Erfolg hatten das Reichserbhofgesetz und die Steuerung der Erzeugerpreise: Sie konnten die Abnahme der Beschäftigungszahlen in der Landwirtschaft nicht verhindern.

Zu Aufgabe 3, S. 103
Die These, das NS-Regime habe die moderne Industriegesellschaft des Deutschen Reiches in eine Agrargesellschaft zurückverwandeln wollen, lässt sich mit Blick auf Kapitel 5 (forcierte Aufrüstung, Vierjahresplan) nicht verifizieren. Siehe hierzu vor allem M 2 und M 3, S. 79–81.
Es blieb bei der Utopie, die allerdings für die Formierung der „Volksgemeinschaft“ durchaus eine Rolle spielte. Zeitzeugenerinnerungen belegen, dass die Ernteeinsätze von vielen jungen Menschen als bereichernd und als sozialer Dienst am Volk erlebt wurden.

M 7, S. 103
Propagandapostkarte des NS-Reichsnährstandes, 1939

Bildelemente: In der Mitte der unteren Bildhälfte pflügt ein Bauer mit Pferdegespann (Schimmel und Brauner) seinen Acker. Weite Felder dehnen sich bis zum Horizont im Hintergrund. In der oberen Bildhälfte dominiert das Emblem des „Reichsnährstandes“ mit Adler, „Blut und Boden“-Schriftzug sowie Hakenkreuz mit Ähre und Schwert darunter. Umrahmt wird dieses Emblem mit dem Zitat Hitlers in Frakturschrift: „Im Bauerntum liegt die unversiegliche Quelle unserer Kraft“.

Bildaussage: Hervorhebung der bäuerlichen Leistung und Lebensform (Kraft: aufgekrempelte Ärmel; Naturverbundenheit: Arbeit mit Zugpferden auf dem Feld). Verbindung zum Hitler-Zitat: Nutzung einer Metaphorik, die Naturelemente („Quelle“, „Kraft“) in unmittelbare Beziehung zur Bedeutung des Bauernstandes setzt.

Hintergrund: Alle berufsständischen bäuerlichen Organisationen der Weimarer Zeit wurden nach dem „Gesetz über den vorläufigen Aufbau des Reichsnährstandes“ (13. September 1933) gleichgeschaltet. Als öffentlich-rechtliche Körperschaft zählte der Reichsnährstand Mitte der Dreißigerjahre ca. 17 Millionen Mitglieder. Unter der Leitung von Richard Walter Darré (siehe auch die Erläuterungen zu M 1, S. 97) regelten drei große Hauptabteilungen innerhalb des Reichsnährstandes („Der Mensch“, „Der Hof“, „Der Markt“) und 26 untergeordnete Landesbauernschaften (diesen wiederum waren die Kreis- und Ortsbauernschaften unterstellt) das gesamte bäuerliche Leben.

M 8, S. 103
Aus der Stellungnahme eines Gymnasiallehrers nach dem Zweiten Weltkrieg über seine soziale Stellung im „Dritten Reich“ (1980)

Die idealisierenden Äußerungen des Marburger Gymnasiallehrers sind geprägt vom schönen Schein einer „Volksgemeinschaft“, in der soziale Unterschiede angeblich keine Rolle mehr spielten. In der Realität des NS-Regimes bewirkte die nationalsozialistische Ideologie mit ihrem biologistischen Rassismus (Rassenantisemitismus und generell die Ungleichheit der Menschen betonende Propaganda), das Denken in streng militärischen Hierarchien, die bedingungslose Unterordnung im Sinne des Führer-Gefolgschafts-Prinzips und schließlich die latente Furcht vor Repressionen eine Gesellschaft der Ungleichheit und Ausgrenzung.

M 9, S. 103 f.
Der Historiker Hans-Ulrich Wehler über die NS-„Volksgemeinschaft“ und die bürgerliche Gesellschaft (2003)

Wehler stellt fest, das Bürgertum habe – trotz gewisser Einschränkungen – vor dem Ideal einer „Volksgemeinschaft“ und angesichts der machtvollen Etablierung der Diktatur kapituliert und einen „Totalverrat an der Zielutopie einer ‚Bürgerlichen Gesellschaft‘ [...]“ begangen (Z. 25–27).

Folgende bürgerliche Werte und Prinzipien seien dabei geopfert worden:

- Recht auf gleichberechtigte politische Teilhabe aller Staatsbürger,
- Rechtsstaatsprinzip,
- freie Marktwirtschaft,
- Recht auf freie Selbstbestimmung,
- Gleichheits- und Freiheitsgrundsatz im Hinblick auf wissenschaftliche Forschung,
- freie Meinungsäußerung,
- Gleichheit aller Staatsbürger,
- Sozialstaatsprinzip.

Zu Aufgabe 1 a, b, S. 104

Siehe die Erläuterungen zu M 8, S. 103.

Das „Gesetz zur Wiederherstellung des Berufsbeamtentums“ vom 7. April 1933 forderte erstmals im sogenannten Arierparagrafen, dass Beamte „nichtarischer Abstammung“ in den sofortigen Ruhestand zu versetzen seien. Mittels eines Abstammungsnachweises wurde ermittelt, wer einen jüdischen Eltern- oder Großelternteil hatte und so unter die Bestimmungen des „Arierparagrafen“ fiel.

Zur Ausgrenzung jüdischer Schüler und Studenten siehe die Übersicht über die Gesetzgebung (Zusatzmaterial ZM 6.1, S. 96). Diese belegt die Ausgrenzung jüdischer Schülerinnen und Schüler seit 1933.

Zu Aufgabe 1 c, S. 104

Grundsätzlich blieb der Begriff „Volksgemeinschaft“ unscharf, was nicht unbeabsichtigt war. Implizit beschwor der Terminus einerseits Homogenität, andererseits Gemeinschaftsgefühl eines Volkes und er versprach, Parteikonflikte und „Klassenkampf“ zu überwinden. Die Forderung nach Homogenität war implizit verbunden mit der Exklusion all jener „Gemeinschaftsfremden“, die aufgrund ihrer ethnischen Andersartigkeit – auch wenn sie nur von den rassistischen Pseudowissenschaften der NS-Diktatur so definiert wurden – eine Zugehörig-

keit zur „Volksgemeinschaft" nicht beanspruchen konnten. Die propagandistische Rhetorik legte es darauf an, den Begriff im Sinne einer Versöhnung von Gegensätzen und Klassen zu nutzen.
Das korporative Element, das in den ersten Jahren der Diktatur im Rahmen der Umformung der Gesellschaft eine Rolle spielte, kennzeichnete auch die realen Ausprägungen der NS-Gesellschaft: So war etwa die Zusammenarbeit von Arbeitern und Arbeitgebern in der DAF gefordert, tatsächlich waren die Arbeitgeber die weitaus einflussreichere Gruppe in der DAF (vgl. Darstellungstext im Schülerband, S. 78, sowie M8, S. 84–86). „Klassenkampf" war de facto in einer Organisation wie der DAF nicht mehr möglich, aber ein Übergewicht unternehmerischer Interessen bedeutete noch lange nicht die Überwindung der Klassengegensätze.
Das Ziel war eine biologisch definierte Gemeinschaft, deren einzelne Mitglieder, die „Volksgenossen", ihre Kraft solidarisch zur Steigerung des Ganzen, der „Volksgemeinschaft", einsetzten. Gleichzeitig war dieser Einsatz aber auch die Bedingung dafür, dass man einen Anspruch auf Zuteilungen seitens dieser Gemeinschaft erheben konnte. Es handelte sich also um eine biologistisch ausgerichtete Solidargemeinschaft, in der gesellschaftliche Unterschiede mehr unterdrückt als aufgehoben wurden.

Zu Aufgabe 2 a, S. 104
Siehe die Erläuterungen zu M 9, S. 103 f.

Zu Aufgabe 2 b und c, S. 104
Siehe Visualisierung „NS-Volksgemeinschaft – Bürgerliche Gesellschaft" auf dieser Seite unten.

M 10, S. 105
Aus dem Gesetz über die Hitlerjugend vom 1. Dezember 1936

Das Gesetz lässt folgende wesentliche Ziele der NS-Jugendpolitik erkennen:
- organisatorische Zusammenfassung der gesamten Jugend in der Hitlerjugend,
- Einschwören der Jugend auf die NS-Ideologie,
- Kontrolle der außerschulischen Erziehung wie der gesamten Freizeit von Jugendlichen,
- Unterstellung der Hitlerjugend unter den Reichsjugendführer.

M 11, S. 105
Organisation der Jugend im NS-Staat

Die Grafik zeigt, wie sich die NS-Führung den Werdegang der deutschen Jugend vorstellte. Jungen und Mädchen sollten bis zum Alter von 6 Jahren ihr Leben im Kreis der Familie verbringen. Vom 6. bis zum 10. Lebensjahr übernahm die Volksschule die Erziehung. Ab dem 10. Lebensjahr sah der NS-Staat eine doppelgleisige Betreuung der Jugendlichen vor: Die Vorbereitung auf das Berufsleben wurde je nach den Fähigkeiten oder dem angestrebten Berufsziel der Volksschule, der Höheren

VISUALISIERUNG

NS-Volksgemeinschaft	Bürgerliche Gesellschaft
– Akklamation des charismatischen „Führers"	– Recht auf gleichberechtigte politische Teilhabe aller Staatsbürger
– Außerkraftsetzung rechtsstaatlicher Normen	– Rechtsstaatsprinzip
– staatlicher Dirigismus	– freie Marktwirtschaft
– Gängelung durch NS-Organisationen und Propaganda	– Recht auf freie Selbstbestimmung
– „völkisch-rassistische Pseudowissenschaft" (Z. 47 f.)	– Gleichheits- und Freiheitsgrundsatz im Hinblick auf wissenschaftliche Forschung
– Zensur	– freie Meinungsäußerung
– Exklusion und Inklusion durch Zugehörigkeit zur „Volksgemeinschaft"	– Gleichheit aller Staatsbürger – Sozialstaatsprinzip

Schule, der Universität oder den Betrieben (Lehre) übertragen. Die außerschulische oder außerbetriebliche Erziehung behielt sich der NS-Staat vor. Für diese Aufgabe gründete man für Mädchen die NS-Organisationen „Jungmädel“ (10. bis 14. Lebensjahr) und den „Bund Deutscher Mädel“ (14. bis 18. Lebensjahr). Die 18- bis 21-jährigen Mädchen sollten Arbeitsdienst leisten. Die männlichen Jugendlichen wollte das NS-Regime im „Jungvolk“ (10. bis 14. Lebensjahr) und in der „Hitlerjugend“ (14. bis 18. Lebensjahr) zusammenfassen. Danach hatten die jungen Männer Arbeitsdienst und ab dem 21. Lebensjahr ihren Wehrdienst zu leisten. Außerdem sollten sie sich in der NSDAP betätigen.

M 12, S. 105
Aus dem „Jahreslagebericht“ 1938 des Sicherheitshauptamts zur Jugend

Der Jahresbericht zeigt, dass es der NS-Führung nicht gelang, die gesamte Jugend in ihren Organisationen zu erfassen. Die Nationalsozialisten mussten erstens erkennen, dass die Attraktivität der Hitlerjugend vor allem auf ihrem sozialen und kulturellen Freizeitangebot beruhte; politische Motive spielten beim Beitritt eine untergeordnete Rolle. Zweitens wird die nach wie vor bestehende Konkurrenz bündischer, konfessioneller oder anderer parteipolitisch orientierter Jugendverbände beklagt. Drittens stellt der Bericht die Ablehnung der HJ in Teilen der großstädtischen Jugend fest, die „wilde“ Cliquen gründeten und autonome Formen von Jugendkultur praktizierten.

Zu Aufgabe 1, S. 105
Siehe die Erläuterungen zu M 10 und M 11, S. 105.

Zu Aufgabe 2, S. 105
Siehe die Erläuterungen zu M 12, S. 105.

Zu Aufgabe 3, S. 105
Siehe die Erläuterungen zu M 12, S. 105, und zu M 7, S. 73.

Vertiefung: Geschlechterrollen in Propaganda und Wirklichkeit

M 1, S. 106 f.
Hitler über die Rolle der Frau in der NS-„Volksgemeinschaft“

Das Frauenbild, das in dieser Rede offenbart wird, entspricht dem Verhalten Hitlers gegenüber Frauen. Ian Kershaw schreibt in seiner Hitler-Biografie: „Hitler mochte die Gesellschaft von Frauen, ihm gefielen schöne und junge Frauen. Er schmeichelte ihnen, flirtete manchmal mit ihnen und nannte sie auf seine gönnerhafte kleinbürgerliche Wiener Art ‚mein Prinzesschen‘ oder ‚meine kleine Gräfin‘. Mitte der 1920er-Jahre ermutigte er die Vernarrtheit eines liebestrunkenen jungen Mädchens, Maria (Mizzi oder Mimi) Reiter. Aber die Hingabe war gänzlich einseitig. [...] Gelegentlich, sofern man den Geschichten Glauben schenken will, unternahm er unbeholfene Annäherungsversuche, wie im Falle von [...] Henriette Hoffmann, der Tochter seines Photographen, die später Baldur von Schirach heiratete, seit dem 30. Oktober 1931 Reichsjugendführer der NSDAP. [...] Hitler sah die Frauen als Objekt, als Ornament in einer ‚Männerwelt‘. Ob im Männerheim zu Wien, im Regiment während des Weltkrieges, in der Münchner Kaserne bis zur Entlassung oder bei den regelmäßigen Zusammenkünften im Café Neumaier oder Café Heck während der zwanziger Jahre, überall überwogen die Männer in Hitlers Umgebung.“ (Ian Kershaw, Hitler, Bd. 1: 1889–1945, übers. v. Jürgen Peter Krause/Jörg W. Rademacher, © Deutsche Verlags-Anstalt, in der Verlagsgruppe Random House GmbH, München 1998, S. 239)
Im vorliegenden Text nimmt Hitler eine strikte Rollenteilung vor: Die „Welt des Mannes“ (Z. 20) umfasst den Staat, in dem Entschlossenheit, Härte, „Heldenmut auf dem Schlachtfeld“ (Z. 59) und Einsatzbereitschaft gefordert sind. Die „Welt der Frau“ (Z. 23) besteht in Familie, Kindern und Haushalt. Sie soll für diese Welt sorgen mit der „Kraft des Gemüts“ und der „Kraft der Seele“ (Z. 46), damit die „Welt des Mannes“ darauf aufbauen kann. Gefordert wird der „gemeinsame Kampf“ (Z. 79) von Mann und Frau für „das Leben im Dienste der gemeinsamen Lebenserhaltung“ (Z. 85 f.) Auch hier zeigt sich ein Bild vom Gefüge einer „Volksgemeinschaft“, das auf Ergänzung und Beitrag unterschiedlicher Leistungen beruht – und nicht auf Gleichstellung.

Zu Aufgabe 1, S. 107
Siehe die Erläuterungen zu M 1, S. 106. Die ideologischen Grundlagen der NS-Geschlechterbilder bestehen in einem Weltbild, das auf antijüdischen, antiintellektuellen, antiurbanen Einstellungen beruht. Die Suche nach den zugrunde liegenden Ideen sollte ausgehen von der sprachlichen Gestaltung der Rede: Folgende Kontraste werden aufgebaut:
- deutsches Leben – jüdischer Intellektualismus,
- Natur – Geist,
- Instinkt, Gemüt, Seele – Streit, Hader, Emanzipation.

Insbesondere ab Z. 75 dominiert eine kriegerische Semantik (mehrfach ist von „Kampf“ und „Kämpferinnen“ die Rede), Imperative und Ausrufezeichen signalisieren die Unbedingtheit der Vorgaben.

M 2 a–d, S. 107 f.
Geschlechterrollen von Mann und Frau aus nationalsozialistischer Sicht

a) Verleihung des Mutterkreuzes, Fotografie, 1939:
Das Bild dokumentiert den Mutterkult der Nationalsozialisten: Ein Parteifunktionär heftet einer älteren, weißhaarigen Frau das Mutterkreuz an. Es wurde ab 1938 reichsdeutschen Müttern verliehen, deren Kinder als „arisch“ und erbgesund galten. Dabei gab es drei Kategorien: Bronze für 4–6 Kinder, Silber für 6–8 Kinder und Gold für 8 und mehr Kinder. Die feierliche Ehrung hier geschieht im Kreis von BDM-Mädchen, die so auf ihre zukünftige Mutterrolle eingeschworen werden sollen.
b) Fotomodell hinter einer Reiterstatue, Fotografie aus der deutschen Zeitschrift „Elegante Welt“, 1940:
Die NS-Geschlechterideologie kannte zwar nur Soldaten und Mütter, doch war die Spannweite der Frauenbilder auch in der offiziellen Propaganda weiter. Das Fotomodell auf diesem Bild, eine kühle blonde Schönheit mit elegantem und teurem Pelzmantel und Pelzmütze, präsentiert die Frau als schmückendes Beiwerk für den Mann der nordischen „Herrenrasse“. Die Frau posiert vor einer monumentalen Reiterstatue, die wohl das Soldatische symbolisieren soll. Aber noch ein zweiter Aspekt ist zu berücksichtigen: Das Foto wurde 1940, also mitten im Krieg, aufgenommen und provoziert folgende Fragen: Soll dieses Bild mit einer Frau in einem modischen Luxusartikel ablenken von dem heimischen Elend im Krieg bzw. von einer schönen Welt träumen lassen? Soll es zeigen, wie die Welt für die Frauen der Soldaten aussieht, wenn ihre Männer nach siegreichem Kampf zurückkehren?
c) Frau in Motorradkleidung, Fotografie aus der deutschen Zeitschrift „Die Dame“, 1936:
Das Foto entstand 1936, also in der Zeit des wirtschaftlichen Aufbruchs im nationalsozialistischen Deutschland. Ein Kennzeichen für Modernität war die Motorisierung der Gesellschaft, die freilich schon vorher einsetzte und sich nach 1945 zur Massenerscheinung entwickelte. Auch Frauen begleiteten ihre Motorrad fahrenden Männer, in seltenen Fällen steuerten sie selbst ein Motorrad. Das Foto von der Frau in Motorradkleidung, auf dem diese ohne Hintergrund posiert und ihr Gesicht fast mehr im Vordergrund steht als die wie Staffage wirkende, zweckmäßige Motorradkleidung, soll offenbar verdeutlichen, dass auch die Motorrad fahrende sportliche Frau ganz „Dame“ bleiben müsse. Das maskenhaft geschminkte Gesicht dient ähnlich wie die weiße Kleidung dazu, Stolz, Distanz und Zurückhaltung zu versinnbildlichen.
d) Aufseherin des Frauenkonzentrationslagers Ravensbrück mit ihrem Schäferhund, Fotografie, undatiert:
Das erste Merkmal der Lager-SS war ihre militärische Rang- und Statusordnung. Orientiert am Ideal des „politischen Soldaten“, für den der terroristische Dauerkampf gegen den „inneren Feind“ zur Lebensform wurde, zeichnete sie sich durch eine gewisse Militarisierung aus. Ihre Mitglieder trugen einheitliche Uniformen mit Abzeichen, die formal und unpersönlich wirkten. Dementsprechend stellt das Foto auch nicht auf die Weiblichkeit oder die Individualität der KZ-Aufseherin ab, sondern auf ihre Uniform, die Autorität und Macht ausstrahlen soll. Dieser Eindruck wird zusätzlich verstärkt durch den Schäferhund mit SS-Abzeichen, der Respekt einflößen, vor allem aber Wehrhaftigkeit signalisieren soll.

Zu Aufgabe 1, S. 108
Siehe die Erläuterungen zu M 2 a–d, S. 107 f.

M 3 a–d, S. 108 f.
Weibliche Lebensstationen und Lebensläufe während der NS-Herrschaft

a) Die Historikerin Ingrid Schäfer hat historische Interviews mit Frauen aus dem lippischen Dorf Vahlhausen geführt. Schäfer schreibt (1987):
In der NS-Zeit gab es ein dichtes Netz von Frauenorganisationen, die Mädchen und Frauen auf ihre

vom NS-Staat gewünschte Rolle und Funktion in der Gesellschaft vorbereiten sollten. Die Attraktivität dieser Frauenorganisationen beruhte, wie die Quelle zeigt, jedoch nicht auf ihren weltanschaulichen Zielen, sondern auf ihrem Freizeitangebot. Dies erlaubte vielfältige Abwechslung im arbeitsreichen Alltag und Gemeinschaftserlebnisse.

b) Melitta Maschmann – geb. 1918 in Berlin, 1933 Mitglied des Bundes Deutscher Mädel, 1937 Abitur, Arbeitsdienst – erinnert sich (1963):

Die Quelle beschreibt die berufliche Benachteiligung von Frauen im NS-Regime. Der Wunsch, nach dem Abitur eine Berufsausbildung als Schriftleiterin zu absolvieren, wird erst nach langem Zögern erfüllt. Verantwortlich dafür werden zum einen die Vorurteile der Männer gegenüber Frauen gemacht. In den Augen der Männer sind Frauen für die Familie und den sozialen Bereich zuständig; im beruflichen Leben wird ihnen allenfalls eine untergeordnete bzw. dienende Funktion als Sekretärin zugewiesen. Zum anderen wird die Männerideologie und Männerbündelei des NS-Regimes sichtbar. Alle leitenden Stellen waren von Männern besetzt, die auch die letzte Entscheidung in den NS-Frauenorganisationen besaßen. Im beruflichen Bereich waren Frauen auf das Wohlwollen ihrer männlichen Vorgesetzten angewiesen.

c) Krystyna Zywulska, eine Überlebende von Auschwitz, in ihren Erinnerungen (1988):

Der Text beleuchtet erstens die Autoritätsverhältnisse im Konzentrationslager Auschwitz. Die letzte Entscheidung bei der Selektion der weiblichen Insassen lag nicht bei den Aufseherinnen, sondern bei dem männlichen Leiter. Zweitens wird die Hierarchie unter den weiblichen Gefangenen deutlich. Auf der untersten Stufe standen die Jüdinnen, die politischen Gefangenen besaßen einen höheren Rang. Und drittens wird die barbarische Maschinerie des Tötens der Jüdinnen beschrieben. Arbeitsfähigkeit und Gesundheitszustand sind die Kriterien dafür, ob eine Gefangene in den Todesblock kommt, wo ihr ein qualvolles Sterben bevorsteht, oder ob sie für den Arbeitseinsatz eingeteilt wird.

d) Marion Gräfin Yorck von Wartenburg – geb. 1904 in Berlin, Jurastudium und Promotion, 1930 Heirat mit Peter Graf von Wartenburg, einem Beteiligten des Attentats auf Hitler am 20. Juli 1944 – erinnert sich:

Beschrieben wird die Situation einer Frau aus der bildungsbürgerlichen Elite. Sie ist gut informiert über die politisch-sozialen Verhältnisse im nationalsozialistischen Deutschland, auch über die Judenverfolgung und Judenvernichtung des NS-Regimes. Sie lebt zwar in einer partnerschaftlichen Ehe, aber trotz hoher wissenschaftlicher Qualifikation fallen ihr im Rahmen der Widerstandstätigkeit ihres Ehemannes nur Hilfsdienste (Kochen bei den Treffen des Widerstandskreises, Botengänge) zu.

Zu Aufgabe 1, S. 110

Siehe Visualisierung „Weibliche Lebensläufe während der NS-Herrschaft", S. 92.

Zu Aufgabe 2, S. 110

„Der Mann ein Soldat, die Frau eine Mutter (von künftigen Soldaten)" – so charakterisiert die Historikerin Ute Frevert knapp und präzise die nationalsozialistische Geschlechterideologie. Auf diese von der NS-Führung propagierte Rolle als „Gebärerin" ließ sich keine der in M 3 beschriebenen Frauen einengen. Die Frauen aus dem lippischen Dorf (M 3 a) suchten und nutzten alle im NS-Staat gebotenen Möglichkeiten zur Entspannung und zum Amüsieren; sie wollten sich nicht auf ihre Rolle in der Familie einschränken lassen. Das gilt noch mehr für Melitta Maschmann (M 3 b), die sich sehr stark auf ihre berufliche Karriere konzentrierte. Und Krystyna Zywulska (M 3 c) wie auch Marion Gräfin Yorck von Wartenburg (M 3 d) waren Gegnerinnen des NS-Regimes und lehnten schon deswegen die nationalsozialistische Ideologie ab. Auch sie ließen sich nicht auf ihre Mutterrolle festlegen, sondern engagierten sich politisch.

M 4, S. 110
Der Historiker Michael Wildt über Frauen in der „Volksgemeinschaft" (2008)

Wildt zeigt auf, wie sehr die NS-Frauenpolitik von demografischen und familienpolitischen Vorstellungen geprägt war: Angestrebt wurde eine nach rassenbiologischen Vorstellungen einwandfreie deutsche „Volksgemeinschaft", deren Bestand und Vergrößerung die Familie zu dienen hatte. Der propagierte „Schutz der Ehe" galt nur Paaren, die Nachweise über ihre einwandfreie „arische" Abstammung erbringen konnten. Nur sie kamen in den Genuss folgender Maßnahmen:

- Kindergeld,
- zinsfreie Ehestandsdarlehen,
- Kürzung der Rückzahlung solcher Darlehen im Falle der Geburt von Kindern.

VISUALISIERUNG

Weibliche Lebensläufe während der NS-Herrschaft

	Frauen aus dem lippischen Dorf (M 3 a)	**Melitta Maschmann (M 3 b)**	**Krystyna Zywulska (M 3 c)**	**Marion Gräfin Yorck von Wartenburg (M 3 d)**
Verlauf des beruflichen/ privaten Lebens	Intensive Nutzung der Freizeitangebote der Nazis	Langsamer beruflicher Aufstieg in untergeordnete Positionen	Politische Gefangene in KZ	Akademische Ausbildung bis zur Promotion, mithelfende Ehefrau
Wissen von Gräueltaten	Keine Angaben	Keine Angaben	Opfer des NS-Regimes	Wissen über Gräueltaten
Frauentyp	Hausfrauen und Mütter	Berufstätige, gesellschaftspolitisch interessierte Frau	Selbstbewusste, politisch engagierte Frau	Politisch engagierte Frau, mithelfende Ehefrau
Haltung zum Nationalsozialismus	Mitläuferinnen	Eintreten für NS-Ideale (Aufstieg in verantwortliche Position der NS-Reichsjugendführung), Kritik an NS-Männerideologie	Ablehnung des NS-Regimes	Ablehnung des NS-Regimes, Widerstand

Bei Inanspruchnahme von Ehestandsdarlehen galt die Auflage, dass die Ehefrau und Mutter keine Erwerbstätigkeit aufnehmen durfte (arbeitsmarktpolitische Maßnahme!).

Im zweiten Teil des Textausschnittes belegt Wildt, dass die Steuerung der NS-Diktatur in Wirklichkeit nicht die intendierten Ziele vollends umsetzen konnte:

- Zunahme der weiblichen Erwerbstätigkeit 1933 bis 1939,
- höhere weibliche Erwerbstätigkeit im Deutschen Reich als in Großbritannien oder in den USA (1939),
- geringere Beschäftigungsrate von Frauen im sekundären Sektor gegenüber USA oder Großbritannien (überwiegende Beschäftigung von Frauen in der Land- und Hauswirtschaft im Deutschen Reich).

Zu Aufgabe 1, S. 110

Siehe die Erläuterungen zu M4, S. 110.

M 5, S. 110 f.
Die Historikerin Sybille Steinbacher über Chancen und Schranken für Frauen im Zweiten Weltkrieg (2009)

Der Krieg brachte für Frauen unter der Herrschaft der NS-Diktatur teilweise auch eine Erweiterung ihrer Handlungsspielräume: Ihr Einsatz als Kriegshelferinnen an den Scheinwerferbatterien der Flak, als Wehrmachtshelferinnen, als Helferinnen beim Reichsluftschutzbund und beim Deutschen Roten Kreuz steigerte das soziale Ansehen der Frauen und erhöhte ihre Präsenz im Kriegsgeschehen. Im Rahmen all dieser Einsätze bestanden für Frauen ähnliche Bedingungen wie für Männer (Kasernierung, Uniformierung, z. T. auch Ausbildung an Handfeuerwaffen und Panzerfäusten). Insofern erscheint es nachvollziehbar, wenn Steinbacher von der „Kameradschaft der Geschlechter“ spricht, zu der sich die gegenseitige Ergänzung der jeweiligen Geschlechterrolle innerhalb der „Volksgemeinschaft“ wandelte. Steinbacher vermutet, dass dem Handeln der Frauen in der Zeit des Krieges folgende Interessen zugrunde lagen:

- Einsatz für die „Volksgemeinschaft“ ohne jeglichen emanzipatorischen Anspruch,

- Nutzung der Möglichkeiten sozialen Aufstiegs in den eroberten Gebieten Osteuropas, wo eine deutliche Hierarchie zwischen „rassisch“ genehmen Frauen und einheimischen Männern bestand,
- möglicherweise: Bereicherung durch Enteignung jüdischen Vermögens im Osten,
- Steigerung des eigenen Ansehens als Ehefrauen von Männern, die im Osten eingesetzt waren, oder als Lehrerinnen in den eroberten Gebieten.

Zu Aufgabe 1, S. 111
Siehe die Erläuterungen zu M5, S. 110f.

Zu Aufgabe 2, S. 111
Den Ausführungen Steinbachers zufolge hat der Nationalsozialismus die Emanzipation der Frauen nicht gefördert.
- Sie setzten sich wie in Friedenszeiten im Dienst für die „Volksgemeinschaft“ ein ohne Anspruch auf rechtliche und soziale Gleichberechtigung.
- Mit ihrem Einsatz sorgten sie für die Stabilisierung der Heimatfront und folglich auch für die Stabilisierung der „Volksgemeinschaft“.

Eine Studie, die speziell die Verhältnisse in München für Frauen zwischen 1933 und 1945 betrachtet, zeigt, dass pauschale Aussagen über die Frauen in dieser Zeit nicht getroffen werden können:
- Einerseits wird die stabilisierende Funktion des Einsatzes von Frauen „zwischen Kindern, Küche und Kanonen“ für die „Heimatfront“ bestätigt.
- Vor allem die zunehmenden Zerstörungen in den Städten infolge der massiven Bombardements forderten gerade den Frauen (die bald „Trümmerfrauen“ genannt werden sollten) eine enorme Versorgungs- und Organisationsleistung ab, die nicht ohne eine gewisse emanzipatorische Wirkung geblieben sein dürfte.
- Sodann gab es auch die widerständigen Frauen, die sich – wenn auch in geringerer Zahl – energisch gegen den Krieg und für den Frieden aussprachen wie Emma Hutzelmann (1900–1944), die verhaftet wurde, weil sie russischen Kriegsgefangenen half. Sie konnte aus dem Gefängnis fliehen, erlag aber einem Bombenangriff.
- Es gab auch Frauen, denen der „Straftatbestand“ Liebe zum Vorwurf gemacht wurde, wenn sie sich auf Beziehungen zu Kriegsgefangenen eingelassen hatten. Steigende Scheidungsraten gegen Ende des Krieges deuten an, dass sich das Ideal der Ehe und Familie im Chaos der letzten Kriegsjahre teilweise verflüchtigte.

Gerade Evakuierung, Flucht, Vertreibung und Trümmeralltag dürften die Selbstständigkeit und in gewisser Hinsicht die Emanzipation von manchen Frauen durchaus gefördert haben.
Literaturtipp: Sybille Krafft (Hg.), Zwischen den Fronten. Münchner Frauen in Krieg und Frieden 1900–1950, Buchendorfer Verlag, München 1995.

Erarbeiten Sie Präsentationen

Thema 1, S. 112
Jugendarbeit und Jugendverbände in Deutschland – vor und nach 1945
Literaturtipps:
Rolf Schnörken, Jugend 1945. Politisches Denken und Lebensgeschichte, Frankfurt/M. 2005.
Hermann Schulz, Hartmut Radebold, Jürgen Reulecke, Söhne ohne Väter, Berlin 2004.

Thema 2, S. 112
Die NS-Zeit im Spiegel von Frauenbiografien
Literaturtipps:
Angelika Ebbinghaus (Hg.), Frauen als Opfer und Täterinnen. Frauenbiographien des Nationalsozialismus, Frankfurt/M. 1996.
Margarete Dörr, „Wer die Zeit nicht miterlebt hat ...“: Frauenerfahrungen im Zweiten Weltkrieg und in den Jahren danach, Bd. 3: Das Verhältnis zum Nationalsozialismus und zum Krieg, Frankfurt/M. 2008.

M 1, S. 112
„Wilde Cliquen“ in Köln vor und nach ihrer Verhaftung, Fotografie, 1940
Das obere Foto zeigt eine Gruppe, die sich offenbar in die Tradition der bündischen Jugend stellte und durch Wanderungen in der Natur das kameradschaftliche Gruppenerlebnis suchte. Singen und Klampfenspiel (hier die Ziehharmonika) gehörten zu den bevorzugten Freizeitgestaltungen dieser Jugendlichen, die sich überdies durch legere sportliche Kleidung („Räuberzivil“) auszeichneten und in diesem Falle aus Jungen und Mädchen bestanden.

Auf dem unteren Foto, das die Gruppe nach ihrer Verhaftung zeigt, sind die Gesichter im Gegensatz zur ersten Fotografie starr und abweisend. Ebenso starr wirkt die Haltung – offenbar war ihnen das „Strammstehen“ befohlen worden. Mädchen und Jungen sind jetzt getrennt.

M 2, S. 112
Plakat der NSDAP, undatiert

Das Plakat greift ganz offen das christliche Motiv der Madonna mit dem Jesuskind auf und stellt die Frauen in ihre Nachfolge. Bild und Schrift pflegen den Mutterkult: Die Frau wird in erster Linie als Mutter gesehen. Darüber hinaus werden den Frauen Aufgaben vor allem im karitativen und sozialen Bereich zugewiesen.

M 3, S. 113
Mitarbeiter der Hamburger Werft Blohm & Voss während eines Stapellaufs, Fotografie, 1936

Während alle erkennbaren Mitarbeiter der Werft nebst uniformierten SS-Angehörigen den rechten Arm zum Hitlergruß erhoben haben, hat der durch einen Kreis gekennzeichnete Arbeiter die Arme demonstrativ vor der Brust verschränkt. Vgl. die ausführliche Untersuchung zu dem Bild: Simone Erpel, Zivilcourage. Schlüsselbild einer unvollendeten „Volksgemeinschaft“, in: Gerhard Paul (Hg.), Das Jahrhundert der Bilder Bd. I, Göttingen 2009, S. 490–497.

Historischer Hintergrund: Der Anlass des Fotos war der Stapellauf des Segelschulschiffes der Kriegsmarine *Horst Wessel* am 13. Juni 1936. Anwesend waren bei den Feierlichkeiten neben Hitler und Rudolf Hess auch Repräsentanten der Wehrmacht wie Generalfeldmarschall Werner von Blomberg und Generaladmiral Erich Raeder. Die Mutter des SA-„Märtyrers“ Horst Wessel taufte das Schiff. Es handelte sich also um eine propagandistisch inszenierte Festveranstaltung, die von NS-treuen Bildberichterstattern dokumentiert werden sollte. Der Urheber des Fotos ist nicht bekannt, er stammte aber wohl aus diesem Kreis der parteigebundenen Fotografen. Die kritische Haltung der gesamten Belegschaft von Blohm & Voss gegenüber dem Regime ist bekannt: Bereits im Vorfeld des Ereignisses hatten etwa 1000 bis 2000 Arbeiter die Halle verlassen, in der sie einer Rede Hitlers zuhören sollten. Dieser Boykott wurde in Hamburg zum Stadtgespräch. Der Mann, der auf dem Bild den Hitlergruß verweigert und dessen Identität bis heute ungeklärt ist, dürfte also nicht der einzige kritische Arbeiter unter der Belegschaft gewesen sein.

Zur Aufnahme: Eingefangen ist der Moment des Treuegelöbnisses, der Blickwinkel ist aus erhöhter Position gewählt. Der Standort des Fotografen dürfte sich auf der Taufkanzel vor dem Schiff oder auf einem Gerüst befunden haben. Das spricht umso mehr dafür, dass er dem Kreis regimetreuer Bildberichterstatter angehörte. Aufsichtperspektive und Einstellungsgröße sollen den Eindruck eines geschlossenen „Volkskörpers“ erzeugen. Die zum Hitlergruß gereckten Arme richten sich diagonal durch das gesamte Bild von rechts oben nach links unten. In der Menge – rechts vor dem sich verweigernden Arbeiter – befindet sich eine Frau, die beiden Männer hinter ihm scheinen miteinander zu sprechen. Vor allem im Vordergrund des Bildes sind mehrere Uniformierte zu sehen.

Didaktisch-methodischer Hinweis: Eine genauere Betrachtung der einzelnen Personen auf dem Bild kann im Zusammenhang mit den Hintergrundinformationen über die Belegschaft der Hamburger Werft zum Nachdenken über die Ausprägung der „Volksgemeinschaft“ in der Realität der Diktatur führen.

Sachkompetenz

Zu Aufgabe 1, S. 113

Siehe die Erläuterungen zu M 3 a–c, S. 99 f.
Für ein mögliches Tafelbild siehe Visualisierung „NS-‚Volksgemeinschaft‘ – Ideologie und reales Phänomen“, S. 95.

Zu Aufgabe 2, S. 113

Als ein Mythos kann die „Volksgemeinschafts“-Ideologie insofern bezeichnet werden, als das Regime trotz der Aufhebung pluralistischer Vereins-, Verbands- und Parteistrukturen keine vollkommene Homogenität der Bevölkerung herstellen konnte. Das zeigen die – zugegeben: geringen – Zeichen des Widerstandes insbesondere in den ersten Jahren der Diktatur. Auch darf nicht aus dem Fehlen von offensichtlichem Widerstand auf Zustimmung geschlossen werden.

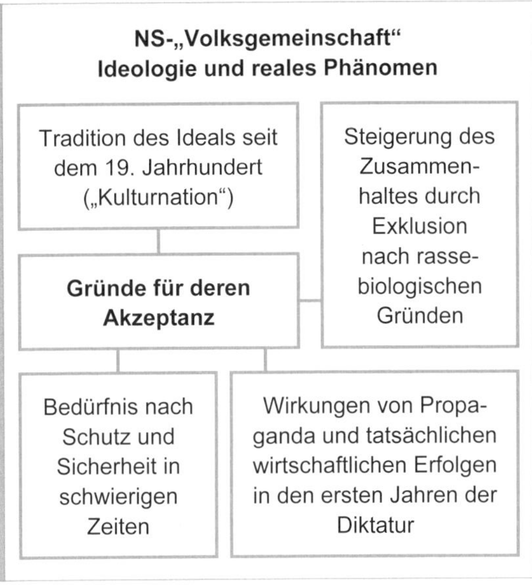

Andererseits wurden Elemente der Ideologie umgesetzt, etwa in der Vielzahl von Parteiorganisationen, die die Gesellschaft weitgehend erfassen sollten. Auch das Prinzip der Exklusion von „Fremdvölkischen“ oder „Fremdrassigen“ wird gegenwärtig in der Forschung in seiner Wirkung für die Stabilisierung einer „Volksgemeinschaft“ betont. Schließlich zeigen auch die Erinnerungen von Zeitzeugen mehrfach ein romantisierend verklärtes Bild eines Zusammenhaltes in der NS-Zeit.
Literaturtipp: Malte Thießen, Schöne Zeiten? Erinnerungen an die „Volksgemeinschaft“ nach 1945, in: Frank Bajohr/Michael Wildt (Hg.), Volksgemeinschaft. Neue Forschungen zur Gesellschaft des Nationalsozialismus, Frankfurt/M. 2009, S. 165 bis 187.

Methodenkompetenz

Zu Aufgabe 3, S. 113
Siehe die Erläuterungen zu M2, S. 112.

Zu Aufgabe 4, S. 113
Siehe die Erläuterungen zu M3, S. 113.

Zu Aufgabe 5, S. 113
Mögliches Tafelbild:

VISUALISIERUNG

Der Wert von Quellen für die Erforschung der NS-Gesellschaft

Propaganda-Plakate	Lebenserinnerungen, Zeitzeugeninterviews	Fotos
– zeitnahe Quelle (wie Fotografie) – Blickwinkel: systemkonforme Urheber (Plakatkünstler, Verlage, Fotografen) – Belege für Ideen und Ziele des Regimes	– häufig: nachträgliche Konstruktion der eigenen Lebensgeschichte – Ergänzung fiktiver Elemente, hohe Bedeutung von Emotionen – Hintergrundwissen über die Person, die sich erinnert, erforderlich	– Ausschnitt aus der Realität – Blickwinkel abhängig von der Einstellung des Fotografen und seinem Interesse

Urteilskompetenz

Zu Aufgabe 6, S. 113
Verkürzt und vereinfacht formuliert meint Hildebrand, dass das egalisierende Angebot der „Volksgemeinschaft“ den ideologischen Kern des Nationalsozialismus, nämlich den mörderischen Rassismus, verdeckt habe.
Für seine These sprechen
- die hohe Integrationskraft, die die Ideologie der „Volksgemeinschaft“ in den ersten Jahren der Diktatur entfalten konnte;
- die Angebote (Freizeit, Vergnügung, Sicherheit), die denjenigen zuteilwurden, die sich dieser „Volksgemeinschaft“ zugehörig fühlen durften.

Gegen seine These sprechen
- die Tatsache, dass die Zugehörigkeit zu dieser „Volksgemeinschaft“ von Anbeginn an rassistisch-biologisch definiert war;
- die Terroreinsätze durch SS und SA, die jedem, der sehen konnte und wollte, zeigten, dass das Regime diskriminierend und exkludierend vorging.

Zusatzmaterial ZM 6.1
zu Aufgabe 1 b, S. 104

Ausgrenzung von Schülern und Studenten jüdischer Abstammung

Reichsgesetz, 25. April 1933	Gesetz gegen die Überfüllung deutscher Schulen und Hochschulen: Der Anteil von „nichtarischen“ Schülern bei Neuaufnahmen wird auf 1,5 % festgelegt. Eine Ausnahme besteht für Gegenden, in denen der jüdische Bevölkerungsanteil mehr als 5 % beträgt, für Kinder aus Mischehen (mit nicht mehr als zwei jüdischen Großeltern) und für jüdische Kinder, deren Väter im Ersten Weltkrieg gedient hatten.
Erlass zum Reichsgesetz vom 25. April 1933	Im Rahmen der Quoten für die Zulassung „nichtarischer“ Studenten sind in erster Linie Bewerber zu berücksichtigen, die ihre enge Beziehung zum „Deutschtum und seiner Kultur“ beweisen. Für „Mischlinge ersten Grades“ und Frontkämpfer gelten die Quoten nicht.
Richtlinie, August 1933	Richtlinie für den Geschichtsunterricht an deutschen Schulen: Die Rassenkunde tritt von nun an in den Vordergrund der geschichtlichen Auffassung.
Erlass des preußischen Wissenschaftsministeriums, 13. Sept. 1933	Vererbungslehre und Rassenkunde müssen in allen Schulen gelehrt werden; sie sind auch in sämtlichen Abschlussprüfungen ein für jeden Schüler pflichtmäßiges Prüfungsgebiet.
Erlass des Reichsministeriums des Innern, 18. April 1934	Das Gesetz gegen die Überfüllung deutscher Schulen gilt auch für Privatschulen. Jüdische Privatschulen, die schon bestehen, werden nicht geschlossen, aber die Eröffnung neuer „Judenschulen“ (außer jüdischen Volksschulen) ist nicht zu genehmigen, ausgenommen Berufsschulen, deren Zweck die Vorbereitung von Jugendlichen für die Auswanderung ist.
Rundschreiben des Reichsministeriums der Wissenschaften, 25. Juli 1935	Jüdische Schüler können vom nationalpolitischen und vom Biologie-Unterricht befreit werden. „Nichtarier“ werden nicht mit ihrer Schulklasse in Landschulheime geschickt.
Runderlass des Reichsministeriums der Wissenschaften, 15. November 1938	„Nach der ruchlosen Mordtat von Paris kann es keinem deutschen Lehrer […] mehr zugemutet werden, an jüdische Kinder Unterricht zu erteilen. Auch versteht es sich von selbst, dass es für deutsche Schüler unerträglich ist, mit Juden in einem Klassenraum zu sitzen […]. [Ich] ordne daher mit sofortiger Wirkung an: Juden ist der Besuch deutscher Schulen nicht gestattet. Sie dürfen nur jüdische Schulen besuchen […]. Diese Regelung erstreckt sich auf alle mir unterstellten Schulen einschließlich der Pflichtschulen.“
Erlass des Reichsministeriums der Wissenschaften, 30. Jan. 1939	„Die Pflicht, für den geordneten Unterricht der schulpflichtigen Juden zu sorgen, obliegt den Juden.“
Erlass des Reichsministeriums der Wissenschaften und des RSHA 20. Juni 1942	Schließung jüdischer Schulen: Die Reichsvereinigung der Juden in Deutschland wird angewiesen, mit Wirkung vom 30. Juni 1942 sämtliche jüdische Schulen zu schließen und ihren Mitgliedern bekannt zu geben, dass ab dem 1. Juli 1942 jede Beschulung der jüdischen Kinder durch besoldete oder unbesoldete Lehrkräfte untersagt ist. Der Erlass wird nicht veröffentlicht.

Zusammengestellt nach: Joseph Walk (Hg.), Das Sonderrecht für die Juden im NS-Staat. Eine Sammlung der gesetzlichen Maßnahmen und Richtlinien, Heidelberg 1981.

1 Fassen Sie die Maßnahmen der zunehmenden Ausgrenzung jüdischer Schüler und Studenten vor dem Hintergrund der historischen Entwicklung zusammen.

Kapitel 7
Die Verfolgung der Juden 1933–1939

M 1, S. 115
Eine Käuferin, die den April-Boykott in Mittweida (Sachsen) missachtet, wird fotografiert, vermutlich 1. April 1933

Am 1. April 1933 fand im gesamten Reich ein von den Nazis organisierter sogenannter Abwehrboykott gegen jüdische Geschäfte, Rechtsanwaltskanzleien und Arztpraxen statt. Er war von der NS-Führung generalstabsmäßig geplant und sollte die Gewaltbereitschaft der SA in vorgegebene Bahnen lenken. Der NS-Name „Abwehrboykott" rührt aus der Absicht der Nazi-Führung, für die kritische Berichterstattung in der ausländischen Presse über antisemitische Aktionen in Deutschland die deutschen Juden quasi als Geiseln zu nehmen. Goebbels gibt in seinem Tagebuch Hitlers Aussagen zu diesem Vorgang sinngemäß wieder: „Wir werden gegen die Auslandshetze nur ankommen, wenn wir ihre Urheber oder doch wenigstens Nutznießer, nämlich die in Deutschland lebenden Juden, die bisher unbehelligt blieben, zu packen bekommen. Wir müssen also zu einem groß angelegten Boykott aller jüdischen Geschäfte in Deutschland schreiten."

Das Foto ist geeignet, auf die angestrebte Entsolidarisierung innerhalb der Gesellschaft des Deutschen Reiches aufmerksam zu machen. Die junge Frau, die hier aus einem vermutlich jüdischen Geschäft tritt, muss an zwei SA-Männern vorbei. Sie sind an den Bildseiten zu erkennen. Und sie muss sich fotografieren lassen. Beides drohte denjenigen, die entgegen dem Boykott ihre Solidarität mit der diskriminierten Bevölkerungsgruppe zeigen wollten. Die Schülerinnen und Schüler sollten erkennen, dass es Mut erforderte, angesichts dieser Maßnahmen, den Boykott zu brechen.

Vgl. dazu auch Zusatzmaterial ZM 2.3, M 2 (Erinnerungen der Gräfin von Maltzan), S. 39.

M 2, S. 116
Ortsschild, undatiert (ca. 1930er-Jahre)

Schon in den ersten Monaten nach dem Machtantritt der Nationalsozialisten bildete die Diskriminierung der jüdischen Bevölkerung einen Schwerpunkt des NS-Terrors, der in Boykottmaßnahmen gegen jüdische Geschäfte und öffentlichen Misshandlungen von Juden seinen Ausdruck fand und judenfeindliches Verhalten der Bevölkerung provozierte. Neben dem bei Aktionen und Feiern praktizierten Antisemitismus mussten die Juden alltägliche Demütigungen hinnehmen wie die seit Sommer 1934 zunächst in Franken, dann auch in anderen Regionen aufgestellten antijüdischen Ortseingangsschilder, die häufig auf Fotografien – vermutlich für die lokale Berichterstattung – dokumentiert sind. Hinsichtlich der Diskriminierung im Alltag zeigt sich die Begrenztheit der Fotografie als Quelle – manches, wie z. B. der plötzlich ausbleibende Gruß eines Bekannten, lässt sich eben nicht fotografieren (vgl. Klaus Hesse, Philipp Springer, Vor aller Augen, S. 68).

Zu Aufgabe 1 (Darstellungstext), S. 117

Die Schülerinnen und Schüler beschreiben folgende Aspekte des von den Nationalsozialisten herbeigeführten Wertewandels:

vor 1933:
- bürgerliche Werte und Normen: Rechtsgleichheit, garantierte Menschen- und Bürgerrechte
- liberal-demokratische, bürgerliche Grundordnung

ab 1933:
- Ziel eines „judenfreien" großdeutschen Reiches und Umsturz der alten Ordnung
- Diskriminierung und Ausgrenzung der Juden als integrativer Bestandteil der „Volksgemeinschafts"-Ideologie rechtfertigt Erniedrigung und Verfolgung anderer Menschen

Dieser Wertewandel führte schon im Frühjahr 1933 zu zahlreichen antisemitisch motivierten Ausschreitungen, die den neuen Machthabern, die vor den bürgerlich-konservativen Kreisen und dem Ausland den Schein der Rechtsstaatlichkeit wahren wollten, ungelegen kamen.

Zu Aufgabe 2 (Darstellungstext), S. 117

1933–1935: Einschränkungen und Ausgrenzungen
(„Antisemitismus der Tat", begrenzt durch Rücksicht auf politisches Ausland)
- nach Machtantritt der Nationalsozialisten zahlreiche antisemitisch bedingte Übergriffe und Maßnahmen der Bevölkerung
- 1. April 1933 reichsweite Boykottaktion gegen jüdische Geschäfte
- Vertreibung jüdischer Richter, Anwälte und Staatsanwälte aus den Gerichten
- 7. April 1933 „Gesetz zur Wiederherstellung des Berufsbeamtentums" = Entlassung aller jüdi-

schen Beamten aus dem Staatsdienst (Ausnahme: ehemalige Frontsoldaten)
- jüdische Ärzte bekamen keine Kassenzulassung mehr
- Einschränkung der Ausbildungs- und Studienmöglichkeiten
- ab 1934 zunehmend antisemitische Ortseingangsschilder
- ab 1935 systematische Entrechtung, „Nürnberger Gesetze" und Ausgrenzung
- 15. September 1935 „Reichsbürgergesetz" nahm Juden politische Rechte
- „Abstammungsnachweis" kategorisiert jüdische Bürger in „Voll-", „Halbjuden" und „Mischlinge"
- „Blutschutzgesetz" verbot Beziehungen zwischen Juden und „Ariern"

1936–1939: Systematische Entrechtung nach den „Nürnberger Gesetzen"
- seit 1933 „Arisierung": Verkauf vieler jüdischer Geschäfte und Firmen unter Wert
- ab 1937: Zerstörung der wirtschaftlichen Existenz der Juden und Bereicherung des Staates und der deutschen Gesellschaft an deren Vermögen
- März 1938: jüdische Gemeinden hören auf, Körperschaften öffentlichen Rechts zu sein
- April 1938: jüdisches Vermögen muss angemeldet werden, bereitet anschließende Enteignung zur Finanzierung des Vierjahresplans vor
- Sommer 1938: Brandanschläge auf viele Synagogen
- August 1938: Verpflichtung, die jüdischen Vornamen „Sara" und „Israel" als Namenszusatz anzunehmen
- Oktober 1938: rotes „J" in jüdischen Reisepässen, jüdische Ärzte verlieren ihre Approbation und dürfen nur noch Juden behandeln
- 9./10. November 1938 Reichspogromnacht: Zerstörung zahlreicher Synagogen, jüdischer Geschäfte, Wohnungen und Friedhöfe = organisierter Terror, für dessen Folgen die jüdische Bevölkerung Schadensersatz leisten muss
- November 1938: Ausschluss aus allen öffentlichen Schulen und Hochschulen
- Dezember 1938: Führerscheinentzug
- zum 1. Januar 1939: entschädigungslose Zwangsenteignung und „Zwangsarisierung" aller jüdischen Betriebe; Berufsverbot und Streichung aller Versicherungen und Versorgungsansprüche

M 3, S. 118
Flugblatt der NSDAP Elbing (Westpreußen), Dezember 1932

Ausgehend vom Appell an die menschlichen Gefühle der Deutschen ihren Familienmitgliedern gegenüber ruft das Flugblatt der NSDAP auch zur Liebe dem „deutschen Bruder" gegenüber auf. Als Beweise dieser „Liebe" werden folgende Verhaltensweisen von den deutschen „Volksgenossen" gefordert:
- Mitgefühl mit dem durch die Weltwirtschaftskrise gesellschaftlich abgesunkenen Mittelstand
- Verachtung und Ausgrenzung der Juden (Begründung: Juden haben Weltwirtschaftskrise und Niederlage im Ersten Weltkrieg verschuldet)
- Boykott jüdischer Geschäfte, um die deutsche Wirtschaft zu unterstützen

Zu Aufgabe 1, S. 118

Siehe Erläuterungen zu M 3.
Die Schülerinnen und Schüler erfassen den „Sündenbockeffekt" der Boykottaktionen:
- Scheinbar begünstigte Juden (Warenhausbesitzer) sollten besonders getroffen werden.
- Durch den Ausschluss aus der Gemeinschaft der „Normalbürger" wurde ein schuldhaftes Verhalten der ausgegrenzten Juden suggeriert.
- Die NS-Führung setzte auf die „Solidarität der Deutschen" gegen die vermeintlich „schuldigen Juden".
- Durch eine „Quotenregelung" für Juden in allen Berufen wurden Hoffnungen auf frei werdende Arbeitsplätze bei der nichtjüdischen Bevölkerung geweckt.

Zu Aufgabe 2, S. 118

An Boykott-Beispielen der Gegenwart nennen die Schülerinnen und Schüler z. B. den Früchteboykott, der in Deutschland aus Protest gegen die Apartheid-Politik in Südafrika organisiert wurde, oder den Boykott der Studenten gegen Studiengebühren in Hessen. „Ein Boykott ist ein organisiertes wirtschaftliches, soziales oder politisches Zwangs- oder Druckmittel, durch die eine Person, ein Unternehmen oder ein Staat vom regelmäßigen Geschäftsverkehr ausgeschlossen wird" (Wikipedia). Die Schülerinnen und Schüler erkennen, dass ein Boykott eingesetzt wird, um eine Verhaltensänderung zu bewirken bzw. um eigene Ziele durchzusetzen.

M 4, S. 119
Kaufhaus „Woolworth" in Wuppertal-Barmen am 1. April 1933, Fotografie
Siehe Erläuterungen zu M 1, S. 115.

M 5, S. 119
Aus den Erinnerungen des Publizisten Sebastian Haffner, 2002
Haffner schildert Vorfälle, die er als junger Gerichtsreferendar am 31. März 1933 erlebt hat. Wesentliche Aspekte seiner Darstellung sind:
- unterschiedliche Reaktionen auf eine SA-Durchsuchung des Gerichts nach jüdischen Mitarbeitern: Lachen (von Nazis?), Gleichgültigkeit, Kommentare
- eigene Reaktion: Aufregung, Angst aufzufallen, Scham über mangelnde Zivilcourage und Standvermögen (Haffner gibt Auskunft über sein „Ariertum")
- Beurteilung der SA-Aktion als Ende der Rechtsstaatlichkeit

Es wird deutlich, dass Haffner sich dem Integrationszwang des Systems unterwirft, um die eigene Karriere nicht zu gefährden.

Zu Aufgabe 1, S. 119
Die antijüdischen Maßnahmen des Regimes bestehen in:
- Diffamierung und Hetze (M 3),
- Aufruf zum Boykott *und Überwachung* des Boykotts (M 1, M 4)
- Diskriminierung und Exklusion (M 2, M 5)
- Exklusion auf rechtlich-gesetzlicher Basis (vgl. „Gesetz zur Wiederherstellung des Berufsbeamtentums und Arierparagraf, siehe Erläuterungen zu Kapitel 6, Aufgabe 1 a–b, S. 104)

Zu Aufgabe 2 a–c, S. 119
a) Siehe Erläuterungen zu M 5.
b) Die Schülerinnen und Schüler stellen fest, dass Haffner selbst dem NS-Regime gegenüber eher kritisch eingestellt ist. Als „Arier" gehört er zur deutschen „Volksgemeinschaft". Trotzdem schüchtern ihn SA-Präsenz und die mögliche Denunziation Anwesender so sehr ein, dass er sich erwartungsgemäß systemkonform verhält, um nicht aufzufallen.
c) Die Schülerinnen und Schüler erfassen, dass Haffner vor allem vor inneren Barrieren kapituliert, ohne seine Handlungsräume auszuloten. Bereits im März 1933 war die Angst vor SA-Präsenz, den möglichen Folgen für das eigene berufliche Fortkommen und dem Einfluss der Geheimpolizei so groß, dass auch kritisch eingestellte Menschen sich anpassten.

M 6 a und b, S. 120
Aus den Rassengesetzen des „Reichsparteitages der Freiheit" in Nürnberg 1935 („Nürnberger Gesetze")

a) „Reichsbürgergesetz" vom 15. September 1935
Das „Reichsbürgergesetz" enthielt nur drei Paragrafen und hatte weit reichende Auswirkungen auf das Leben der deutschen Juden:
- Unterscheidung zwischen
  - Reichsbürger (volle Rechte = „deutsches Blut") und
  - Staatsbürger (mindere Rechte = „Nichtarier"),
- damit Aufhebung des Gleichheitsgrundsatzes der Verfassung.

Die Verordnungen zum Gesetz fixierten die nationalsozialistische Definition des Begriffs „Jude" und legten die Entfernung der letzten jüdischen Beamten – sie waren aufgrund des sogenannten Frontkämpferprivilegs noch im öffentlichen Dienst verblieben – aus dem Staatsdienst fest.

b) Auszug aus dem „Gesetz zum Schutze des deutschen Blutes und der deutschen Ehre" vom 15. September 1935
Eine Folge des Gesetzes für das Zusammenleben der jüdischen und nichtjüdischen Bevölkerung war zunächst die Separation der Juden in der deutschen Gesellschaft, d. h., normale Bekanntschaften und Liebesbeziehungen mit Juden sollten erschwert und möglichst verhindert werden. Die Juden sollten möglichst vollständig aus dem öffentlichen und privaten Leben verdrängt werden. Schließlich wurde bis 1939 die Rechtlosigkeit der Juden durch ca. 250 Verordnungen Schritt für Schritt durchgesetzt.

Zu Aufgabe 1, S. 120
Siehe Erläuterungen zu M 6 a.
Die Schülerinnen und Schüler benennen als wesentliche Folgen des „Reichsbürgergesetzes" für die jüdischen deutschen Bürger:
- Verlust des Wahlrechtes, der bürgerlichen Ehrenrechte,
- Degradierung zu Bürgern zweiter Klasse.

Zu Aufgabe 2, S. 120
Siehe Erläuterungen zu M 6 b.
Das „Gesetz zum Schutze des deutschen Blutes und der deutschen Ehre“ führte zu einer scharfen Abgrenzung zwischen jüdischer und nichtjüdischer Bevölkerung: Erschwerung oder Verhinderung von normalen Bekanntschaften, Diskriminierung jüdischer Freunde, Verdrängung der Juden aus dem öffentlichen und dem privaten Leben der Bevölkerungsmehrheit, bis 1939 zur allmählichen Rechtlosigkeit der Juden.

M 7, S. 120 f. Aus dem juristischen Kommentar zu den „Nürnberger Gesetzen“ von Staatssekretär Wilhelm Stuckart (1902–1953) und Ministerialrat Hans Globke (1898–1973), 1935

Hans Globke arbeitete bereits vor 1933 als Regierungsrat im preußischen Innenministerium. Am 23. Dezember 1932 verfasste er eine Anordnung, die es Juden untersagte, ihre Namen dahingehend zu ändern, dass sie „ihre jüdische Abkunft“ verschleierten. Nach der Machtübergabe an die Nationalsozialisten wechselte er ins Reichsinnenministerium. Dort war er als Ministerialrat in der Abteilung „Verfassung und Gesetzgebung“ unter Staatssekretär Dr. Wilhelm Stuckart für die Bereiche „Reichsbürgergesetz“ (Internationales Recht) und „Rasse“ (Namensänderung) zuständig. Gemeinsam mit Wilhelm Stuckart verfasste er 1936 den Kommentar zu den „Nürnberger Gesetzen“. In den Jahren 1953–1963 war Globke unter Bundeskanzler Adenauer Staatssekretär im Bundeskanzleramt.

Zu Aufgabe 1, S. 121
Die Schülerinnen und Schüler leiten aus den im juristischen Kommentar formulierten Aussagen die ideologischen Grundlagen des Textes her:
- Schöpferglaube und Naturgesetze (vorurteilsbeladene Verknüpfung von christlichen und biologischen Vorstellungen)
- Naturgesetze als bestimmende Faktoren der Lebensgesetze des Einzelnen wie des ganzen Volkes (biologistisches Denken)
- „Reinheit des Blutes“ als Voraussetzung für die Zukunft des deutschen Volkes und den Erhalt der „völkischen Werte“ (Blutmystik)
- naturgesetzliche Ungleichheit der Menschen und deren rechtliche Konsequenzen (Rassismus)
- „Judentum [ist] eine akute Gefahr“ für das deutsche Volk (Rassenantisemitismus und pseudohistorisches Denken).

Zu Aufgabe 2, S. 121
Dem juristischen Kommentar liegt eine scheinwissenschaftliche Argumentation zugrunde. Der Begriff des „Naturgesetzes“ wird im Kommentar apologetisch gebraucht. Mechanistische, vorwissenschaftliche Vorstellungen werden herangezogen, die Naturgesetze auf sozialdarwinistische Auffassungen reduziert und mit einem religiös-mystischen Ewigkeitsanspruch präsentiert.

M 8 a und b, S. 121 f. Novemberpogrom 1938

a) Blitzfernschreiben von Reinhard Heydrich, München, 10. November 1938, 1 Uhr 20
Bei den antijüdischen Ausschreitungen während der sogenannten Reichskristallnacht (9. November 1938) handelte es sich um vom nationalsozialistischen Staat geplante, propagandistisch durch Goebbels vorbereitete und mithilfe von SS und Gestapo durchgeführte „Aktionen gegen Juden, insbesondere gegen Synagogen“, die als Ausdruck des spontanen Volkszorns erscheinen, aber „kontrolliert“ und ohne Plünderungen ablaufen sollten. Das Schreiben Heydrichs gibt genaue Anweisungen an Sicherheitspolizei und SD für die Durchführung. Wesentliche Aspekte sind:
- Ankündigung von Demonstrationen gegen Juden in dieser Nacht
- Schutz deutschen Eigentums und Lebens vor brennenden Synagogen
- keine Belästigung ausländischer Staatsbürger
- Zerstörung, aber keine Plünderung jüdischer Geschäfte
- Überwachung, aber kein Einschreiten der Polizei gegen die Demonstrationen
- Rettung von relevantem Archivmaterial aus Synagogen und jüdischen Gemeinderäumen
- Verhaftung möglichst vieler reicher Juden und Inhaftierung in Konzentrationslagern
- enge Zusammenarbeit von Sicherheits- und Ordnungspolizei

b) Der Historiker Ludolf Herbst über die Hintergründe des Pogroms (1996)

Herbst verdeutlicht durch seine Darstellung, dass die NS-Führung das Attentat des 17-jährigen Grynszpan auf den Gesandtschaftsrat der deutschen Botschaft in Paris am 7. November 1938 bewusst und planmäßig zum Anlass für von oben gesteuerte Ausschreitungen gegen Juden nahm. Nach außen sollten die Pogrome als spontane Proteste der Bevölkerung erscheinen, in Wirklichkeit jedoch zerstörten nationalsozialistische Trupps, die von Goebbels in Absprache mit Hitler aufgehetzt waren, Synagogen sowie jüdische Geschäfte, Wohnungen und Friedhöfe.

Zu Aufgabe 1, S. 122

Als Vorwand für den Novemberpogrom diente das Attentat Herschel Grynszpans auf einen deutschen Botschaftsmitarbeiter am 7. November 1938 in Paris. Das wirkliche Motiv des von langer Hand vorbereiteten Pogroms war die weitere Ausgrenzung, Entrechtung und Enteignung der Juden in Deutschland. Diese sollten zur Emigration gezwungen werden. Gleichzeitig testeten die Nazis dabei das Verhalten der deutschen Bevölkerungsmehrheit. Trotz einzelner Solidarisierungsakte und konkreter Hilfen verhielt sich die Mehrzahl der Deutschen bei diesen in aller Öffentlichkeit vollzogenen Verbrechen abwartend passiv.

Die Ergebnisse können in Form eines Tafelanschriebs („Reichspogromnacht 9./10. November 1938“) festgehalten werden:

VISUALISIERUNG

Reichspogromnacht 9./10. November 1938

Vorgeschichte	Attentat des Juden Grynszpan auf den deutschen Gesandten in Paris
Verantwortlichkeit	NS-Führung
Durchführung	Heimliche Aufwiegelung von NSDAP und anderen Parteiorganisationen
Herrschaftsmethode	Terror und Gewalt, Sondergesetze
Folgen	Rechtlosigkeit der Juden, Ausplünderung und Enteignung

M 9, S. 123

Protokoll der Besprechung Hermann Görings mit Leitern der Obersten Reichsbehörden am 12. November 1938

Zur Person: Siehe Erläuterungen im Schülerband, S. 227.

Zur Quelle: In dem Gespräch zwischen Heydrich und Göring werden – in Nachwirkung des Novemberpogroms – Motive, Ziele und Folgen der Judenverfolgung thematisiert.

Ziele:
- Lösung der Judenfrage: Entfernung aller Juden aus dem Deutschen Reich
- bis dahin Isolierung aller Juden
- „große Abrechnung an den Juden bei außenpolitischem Konflikt des Deutschen Reiches“ (impliziert Tötung statt Ausweisung)

Motive:
- Furcht vor massiven wirtschaftlichen und sozialen Einbrüchen bei Auswanderung aller deutschen Juden
- Finanzierung der Auswanderung armer Juden durch reiche
- Sorge vor den Kosten der jüdischen Emigration
- lange Dauer der Ausweisung wird bei gleichzeitiger Isolierung der Juden von der deutschen „Volksgemeinschaft“ Probleme aufwerfen

Folgen:
- rechtliche, propagandistische und wirtschaftliche Probleme der extremen Judenverfolgung
- Schädigung der deutschen Volkswirtschaft durch Judenverfolgung, Zerstörung jüdischer Geschäfte und Massenemigration
- Problem der Verproletarisierung des Judentums bei striktem Berufsverbot und strenger gesellschaftlicher Isolierung
- Beschränkung der jüdischen Betätigung auf einen kleinen Kundenkreis
- Kennzeichnung der Juden zur Isolierung notwendig (Hinweis auf 1941 eingeführten Judenstern)

Die Schärfe der Judenverfolgung wird nicht nur in Görings als Drohung zu verstehender Äußerung über eine „große Abrechnung an den Juden“ im Falle eines Krieges deutlich, sondern auch in der menschenverachtenden bürokratisierten Art der Sprache. Auch an der Reichspogromnacht 1938 wird deutlich, wie sehr die Nationalsozialisten die Judenverfolgung verschärften bzw. die Lebensbedingungen der deutschen Juden sich verschlechterten.

Zu Aufgabe 1, S. 123
Siehe Erläuterungen zu M 9, S. 123.

M 10, S. 123 f.
Der Historiker Wolfgang Benz über die Enteignung der deutschen Juden (1995)

Benz stellt die Maßnahmen zur Enteignung und Ausbeutung der jüdischen Bürger im Deutschen Reich zusammen:

- Weniger als die Hälfte der jüdischen Betriebe und weniger als ein Fünftel der jüdischen Geschäfte waren 1938 noch in der Hand ihrer rechtmäßigen Besitzer.
- Folge: Verarmung und Arbeitslosigkeit unter der jüdischen Bevölkerung, wozu auch die Berufsverbote beitrugen.
- Inhalt der „Verordnung zur Ausschaltung der Juden aus dem deutschen Wirtschaftsleben“ vom 12. November 1938: Verbot des Betreibens von Einzelhandelsgeschäften und Handwerksbetrieben (verboten war auch das Hausieren und Handeln auf Märkten und Festen.)
- Der „Verkauf“ der betreffenden Betriebe weit unter ihrem tatsächlichen Wert nützte jüdischen Bürgern nichts: Der Erlös musste auf Sperrkonten eingezahlt werden und wurde später zugunsten des Deutschen Reiches eingezogen.
- Ähnliche Bedingungen galten für den zwangsweisen Verkauf von Wertgegenständen aller Art und Immobilien, die sich im Besitz der jüdischen Bürger befanden: Auch hier kam der Erlös auf ein Sperrkonto und wurde später vom Deutschen Reich konfisziert.
- Kündigungen und schwindende Einstellungsmöglichkeiten für jüdische Arbeitnehmer sorgten ebenso für deren Verelendung wie die Berufsverbote für Ärzte und andere Selbstständige (z. B. Rechtsanwälte). Ärzte durften diese Berufsbezeichnung nicht mehr führen, sondern konnten nur noch als „Krankenbehandler“ für jüdische Bürger arbeiten.
- Gleichzeitig verordneten die Behörden Zwangsarbeit (vor allem in der Rüstungsindustrie) für die entrechtete und ausgeraubte jüdische Bevölkerung (Erlass des Präsidenten der Reichsanstalt für Arbeitsvermittlung und Arbeitslosenversicherung vom 20. Dezember 1938).
- Nach dem Novemberpogrom folgte das Verbot jüdischer Zeitungen und Organisationen.
- Ebenso wurde mit dem „Gesetz über Mietverhältnisse mit Juden“ am 30. April 1939 die Einquartierung unter sehr beengten Verhältnissen in sogenannte Judenhäuser verfügt. Eine solche Gettoisierung war in vielen Städten die Voraussetzung für die bald folgenden Deportationen.

Zu Aufgabe 1, S. 124
Siehe Erläuterungen zu M 10, S. 123 f.
Visualisierung:

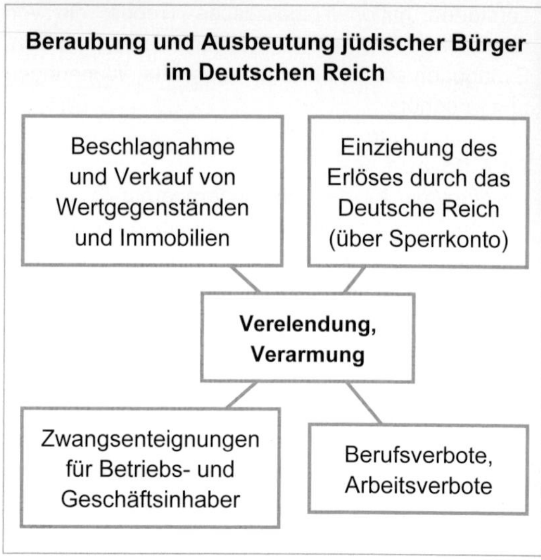

Zu Aufgabe 2 a–c, S. 124
Siehe die Erläuterungen zu M 10, S. 123 f., zu M 7, S. 9, und zu M 4, S. 91.

a) Die mit der „Volksgemeinschafts“-Ideologie einhergehende Verdrängung bürgerlicher Werte führte ebenso wie die pseudowissenschaftlich-rassenbiologisch gerechtfertigte Zweiteilung der Bevölkerung in Deutsche und Nicht-Deutsche zu einer Verschleierung des verbrecherischen Tatbestandes von Raub und Ausbeutung.

b) Motive und Ziele der Arisierungen lagen in einer antisemitischen Gesinnung und im Streben nach Bereicherung durch individuelle-private und öffentlich-staatliche Instanzen.

c) Die Folgen für die jüdische Bevölkerung liegen auf der Hand: Verelendung, Verarmung, fehlende finanzielle Mittel für die kostenintensive Auswanderung. Die Folgen für die nichtjüdischen Deutschen bestanden in Vermögensgewinn, existenzieller Festigung und gesellschaftlichem Aufstieg.

M 11, S. 124 f.
Judenverfolgung und „Volksgemeinschaft" – eine Interpretation des Historikers Michael Wildt (2007)

Wildts These, die Diskriminierung, Entrechtung und Verfolgung der jüdischen Bürger sei ein konstituierender Faktor für die Herstellung einer „Volksgemeinschaft" gewesen, wird folgendermaßen belegt:
- Ausgrenzung und Verfolgung stellten *soziale Distanz* her und beseitigten Mitgefühl und Solidarität mit den Verfolgten.
- Der Boykott vom 1. April 1933 eröffnete Aktionsmöglichkeiten vom aktiven Mitmachen bis zum passiven Dulden, die zur *Ermächtigung,* also zum Machtgewinn, der einen und zur Ohnmacht der anderen führte.
- Gewaltausübung in der Gruppe verminderte die Verantwortung des Einzelnen und vermittelte gleichzeitig eine machtvolle Erfahrung von Stärke und Dominanz.
- Durch die Ausgrenzung einer bestimmten Gruppe definierte sich die „Volksgemeinschaft" als höherwertig.

Wildt räumt ein, dass die Motive im Einzelnen unterschiedlich gewesen sein dürften (Antisemitismus, Rache, Habgier), aber die gemeinsame Aktion habe diese Unterschiede der Motive aufgehoben. Auch habe die herrschende antisemitische Ideologie Hemmnisse abgebaut, Ressentiments ungestraft auszuleben.

Zu Aufgabe 1, S. 125

Siehe die Erläuterungen zu M 11, S. 124 f.
Gegen Wildts These ließen sich auch Beispiele anführen, die beispielsweise gerade im Zusammenhang mit dem Pogrom 1938 Haltungen von nichtjüdischen Deutschen beschreiben, die sich warnend, helfend oder auch nur kritisch verhielten. Allerdings ist seine Argumentation vor allem überzeugend, wenn er von der gemeinschaftlichen Gewalttat spricht, in der die Verantwortung für den Einzelnen aufgehoben ist, und wenn er die Exklusion einer Gruppe als Faktor für den stärkeren Zusammenhalt der „Volksgemeinschaft" anführt.
Die Diskussion in der Klasse ließe sich auch mit Bezug auf zwei zeitgenössische Quellen fortführen, siehe Zusatzmaterial ZM 7.1, S. 108 f.

M 12, S. 126
Der Historiker Wolfgang Benz über die jüdische Emigration (1995)

Das NS-Regime förderte bis 1939 die Emigration der jüdischen Bevölkerung. Danach wurde diese Möglichkeit mehr und mehr eingeschränkt bis zum völligen Verbot der Auswanderung im Jahr 1941, als im Osten der Massenmord bereits begonnen hatte (Radikalisierung des verbrecherischen Antisemitismus mit Beginn des Krieges).
Phasen der Auswanderung:
- Zwischen 1933 und 1939 waren vor allem die europäischen Nachbarländer des Deutschen Reiches das Ziel der Flüchtenden. Dies galt auch für das verbündete Italien und Spanien, denn dort „mangelte es der Bevölkerung an antisemitischer Überzeugung", obwohl gerade Italien 1938 ähnliche Gesetze gegenüber der jüdischen Bevölkerung erließ, wie sie im Reich bereits bestanden.
- Bereits vor 1933 war Palästina ein Ziel der Auswanderung, aber hier gab es aufgrund der arabischen Aufstände eine niedrige Quote, die die britische Mandatsmacht für die jüdische Einwanderung nach Palästina festgesetzt hatte.
- Ab 1939 richtete sich das Streben der Exilsuchenden auf Großbritannien, weil es das einzige Land war, das im Zuge der Blitzkriege nicht besetzt werden konnte. Zu nennen sind hier vor allem die Kindertransporte, die nach England zugelassen waren und die 10 000 Kindern das Leben retteten. Die Zulassung von Kindertransporten hatte ihren Grund darin, dass die Einwanderung von Kindern keine Bedrohung für den britischen Arbeitsmarkt darstellte.
- Die Einwanderung in die USA war schwierig nicht nur aufgrund der hohen Kosten für die Überfahrt. Auch hier herrschten strenge Einwanderungsbedingungen, obwohl die Jahresquoten bis 1939 nicht ausgenutzt wurden.

Zu Aufgabe 1, S. 126

Siehe die Erläuterungen zu M 12, S. 126, und das Tafelbild ZM 7.2, S. 110.

Zu Aufgabe 2, S. 126

a) Verhalten der jüdischen Emigranten:
- Zunächst zögerten die assimilierten jüdischen Bürger, aus dem Deutschen Reich auszuwandern, während die Emigration der zionistisch eingestellten Auswanderer nach Palästina zunahm. Grundsätzlich waren es eher die Jüngeren, die

sich leichter lösen konnten und früher ins Exil gingen.
- Eine erste Aufnahme boten die unmittelbaren Nachbarländer. In der Vorkriegszeit bestand auch noch die Hoffnung auf eine baldige Rückkehr.
- Noch vor 1939 kehrten manche Flüchtlinge wieder ins Reich zurück, weil die Überlebensbedingungen im Ausland schwierig waren.
- 1939 gelang noch einer großen Zahl jüdischer Bürger die Flucht, aber ihre Existenz im Ausland war erschwert durch Sprachbarrieren, Geldmangel, wirtschaftliche Not und gesellschaftlichen Abstieg.

b) Die Einwanderungsbeschränkungen in den Aufnahmeländern waren vor allem durch die Furcht dieser Staaten begründet, eine hohe Zahl von Flüchtlingen würde die Sozialhaushalte bzw. den Arbeitsmarkt zu stark belasten.
Vgl. zur Gefühlslage der Emigranten das Gedicht „Emigrantenmonolog“ von Mascha Kaléko (Zusatzmaterial ZM 7.3, S. 111).

Vertiefung: Sinti und Roma

M 1, S. 127
Anfertigung von pseudowissenschaftlichen Kopfmodellen von Sinti und Roma, Fotografie, 1937

Das Foto illustriert, dass die Nationalsozialisten ihrer menschenverachtenden, barbarischen Rassenpolitik eine pseudowissenschaftliche Grundlage zu verleihen versuchten. Eine „wissenschaftliche“ Methode bei der Eingruppierung von Menschen nach Rassenmerkmalen war die Vermessung der Kopfformen.

M 2, S. 128
Aus dem Runderlass Heinrich Himmlers vom 8. Dezember 1938

Zur Person: Siehe Erläuterungen im Schülerband, S. 228.
Zur Quelle: Der Text lässt folgende ideologische Bewertung der „Zigeunerfrage“ durch die Nationalsozialisten erkennen:
- Die „Zigeuner“ sind eine eigene Rasse.
- Kennzeichnend für die „reinrassigen“ Zigeuner ist ihr Wandertrieb, deswegen sind sie nicht sesshaft.
- „Zigeunermischlinge“ sind aus „rassischen“ Gründen kriminell und daher besonders gefährlich.
- Aus Gründen der Rassenhygiene müssen „reinrassige“ Zigeuner und Mischlinge gesondert behandelt werden.

M 3, S. 128
Erinnerungen der Auschwitz-Überlebenden Roma Elisabeth Guttenberger (1995)

Elisabeth Guttenberger schildert ihre Erinnerungen an ihre Kindheit in Stuttgart vor der Deportation. Wesentliche Aspekte:
- vier Geschwister,
- Familie wohnte in bürgerlichem Stuttgarter Stadtteil, Vater war Antiquitäten- und Instrumentenhändler,
- gutes Verhältnis zu den Nachbarn, keine Diskriminierungen,
- erste Anfeindungen in der Schule nach 1933: tätliche Übergriffe der Mitschüler werden vom Schuldirektor (Nazi) sanktioniert und ausdrücklich unterstützt,
- beherztes Einschreiten einer Lehrerin (ehemalige Reichstagsabgeordnete, Hitler-Gegnerin) wird von BDM-Mitgliedern und dem Schuldirektor akzeptiert.

M 4, S. 128 f.
Aus den Erinnerungen des Rom Eichwald Rose

Als einer der wenigen Überlebenden seiner Familie schildert der Autor seine Erfahrungen mit dem NS-Regime als Angehöriger einer „minderwertigen Rasse“:
- arbeitete bis 1938 im Betrieb des Vaters als Pferdehändler,
- 1938: erste Verhaftung und Internierung im KZ Sachsenhausen wegen verbotenen Verhältnisses zu einem „arischen“ Mädchen, Einstufung als Mischling (Mutter: Halbjüdin),
- Dezember 1940: Freiwilliger auf der Suche nach Blindgängern, Entlassung und Zwangssterilisierung in Stettin,
- September 1942: zweite Verhaftung (mit Vater, Geschwistern u. a., die in Auschwitz umkommen) und Internierung im KZ Sachsenhausen, Zwangssterilisierung der Tochter.

M 5, S. 129
Das „Zigeunergetto“ in Łodż, Fotografie, undatiert (ca. 1941/42)

Vgl. dazu die Information auf der Website des Dokumentations- und Kulturzentrums Deutscher Sinti und Roma http://www.sintiundroma.de/content/index.php?aID=97:
„Im November 1941 wurden etwa 5 000 Sinti und Roma nach Lodz deportiert, wo innerhalb des jüdischen Gettos ein ‚Zigeunergetto‘ errichtet worden war. Die meisten der Deportierten stammten aus Österreich; über die Hälfte waren Kinder. Verantwortlich für die Transporte war das Referat von Adolf Eichmann im ‚Reichssicherheitshauptamt‘. Aufgrund der mörderischen Lebensbedingungen im Getto Lodz starben allein im Dezember 1941 über 400 Sinti und Roma. Ihre Leichen wurden in einem gesonderten Bereich des jüdischen Friedhofs begraben. Anfang 1942 verschleppte die SS die letzten Überlebenden des ‚Zigeunergettos‘ auf Lastwagen in das Vernichtungslager Chelmno, wo man sie sofort nach der Ankunft in Gaswagen ermordete.“

M 6, S. 129
Meldung eines Höheren SS- und Polizei-Führers aus dem Jahr 1941 über Erschießungen

Formale Merkmale
- Autor: deutscher Höherer SS- und Polizei-Führer, in Russland stationiert
- Entstehungszeit und Ort: 15. Oktober 1941 an der Ostfront in Russland
- Textart: Abschrift einer Dienstmeldung
- Thema: Erschießungen im Truppenabschnitt „Russland Mitte“
- Adressat: leitende Stellen von SS und Polizei – Reichsführer der SS, Kommandostab des Reichsführers der SS, „Chef O.P.“

Inhalt und Sprache
- Formular eines Meldungsschreibens: Absender, Adressat, Bezug, ein Aussagesatz, Tabelle, Verteiler, Unterschrift
- In knapper amtlicher Form teilt der Verfasser die Erschießung von 62 russischen Soldaten, vier Kommunisten, 53 Zigeunern und zehn Juden im Truppenabschnitt „Russland Mitte“ seinen Vorgesetzten mit. Er nimmt dabei Bezug auf einen Funkspruch des „Chef O.P.“ vom 13. September 1941.

Historischer Kontext
Nach Kriegsbeginn im September 1939 gingen die Nationalsozialisten an die Lösung der „Juden-“ und der „Zigeunerfrage“. Schon ab 1939 durften Sinti und Roma ihren Wohnort nicht mehr ohne Erlaubnis verlassen, Juden erhielten im Oktober 1941 ein Ausreiseverbot. Im Reichskriminalamt wurden 1939 Fragen der Giftbeschaffung erörtert, im „Euthanasie“-Programm Mittel der Massenvernichtung (Vergasung, Vergiftung) erprobt und angewandt. Bis zum Frühjahr 1941 liefen verschiedene Aktionen (Deportationen, Umsiedlungen, Arbeitslager und Massenerschießungen) unkoordiniert nebeneinander. Im Juli 1941 erhielt Heydrich – der Chef des SD und der Sicherheitspolizei – den Auftrag zur „Vorbereitung einer Gesamtlösung der Judenfrage“. Im Herbst 1941 begann die systematische Ermordung von Juden, Sinti und Roma in den Vernichtungslagern im Osten. Am 22. Juni 1941 marschierten deutsche Truppen in der Sowjetunion ein und begannen einen rücksichtslosen Vernichtungskampf gegen die Bevölkerung und das politische System der UdSSR.

Beurteilung
- Absicht des Autors: Der Verfasser will seinen Vorgesetzten die ordnungsgemäße Erfüllung von Befehlen mitteilen, die sich auf die Vernichtung der Kriegsgegner und der als Angehörige „minderwertiger Rassen“ eingestuften Juden und Sinti und Roma beziehen.
- Standpunkt: Als „Höherer SS- und Polizei-Führer“ ist der Verfasser zweifellos ein überzeugter Nationalsozialist. Als solcher ist er von der Rechtmäßigkeit seines Handelns überzeugt, da er das politische Handeln des Menschen als biologisch durch seine Erbanlagen und seine Zugehörigkeit zu einer bestimmten Rasse bedingt begreift. Als Angehöriger der nordischen (arischen) Rasse ist er überzeugt, dass insbesondere die Juden staatszerstörende Eigenschaften hätten und daher von den Deutschen vernichtet werden müssten. Andernfalls würden „Juden“ und „Zigeuner“ alles daransetzen, ihrerseits die Deutschen und ihren Staat zu vernichten.
- Fazit: Der Autor teilt mit, dass im Truppenabschnitt „Russland Mitte“ fast ebenso viele „Juden“ und „Zigeuner“ wie russische Soldaten und Kommunisten erschossen wurden, wodurch sich das Deutsche Reich eines Teils seiner äußeren (= Kriegsgegner) und inneren Feinde (= „rassisch Minderwertige“) entledigen konnte. Die Quelle

zeigt somit die Auswirkungen des NS-Rassismus in ihrer letzten fürchterlichen Konsequenz.

Zu Aufgabe 1, S. 129

Die Schülerinnen und Schüler erkennen in den Einlassungen Himmlers dessen sozialdarwinistisch und rassistisch geprägtes Gesellschaftsbild und sehen den Erlass im Kontext der Herrschaftsziele und der „Volksgemeinschafts"-Ideologie der Nationalsozialisten:

- Reinerhaltung der arischen Rasse;
- Ausgrenzung „rassisch Minderwertiger" wie der Sinti und Roma durch Erfassung, Kriminalisierung und Entrechtung;
- Trennung der Sinti und Roma vom Rest der Gesellschaft, z. B. durch das Heiratsverbot mit „reinblütigen" Deutschen;
- Ausschaltung rechtsstaatlicher Normen;
- Wertewandel der Gesellschaft im Sinne der NS-Ideologie.

Zu Aufgabe 2a und b, S. 129

a) Siehe die Erläuterungen zu M3, S. 128.

b) Die Schülerinnen und Schüler stellen fest, dass das Verhalten des Schulleiters und der Lehrerin offensichtlich durch deren politische Einstellung und ihr Verhältnis zum NS-Regime bestimmt war. Bemerkenswert ist, dass die Lehrerin für ihr mutiges, freimütiges Auftreten nicht belangt wurde.

Zu Aufgabe 3, S. 129

Siehe die Erläuterungen zu M3 bis M6, S. 128f.

Erarbeiten Sie Präsentationen

Thema: Ausgrenzung und Verfolgung der Juden – ein lokal- bzw. regionalgeschichtliches Projekt

Literaturtipp:

Lothar Dittmer und Detlev Siegfried (Hg.), Spurensucher. Ein Praxisbuch für die historische Projektarbeit, Edition Körber-Stiftung, Berlin 2005.

M1, S. 130
Seite aus einem nationalsozialistischen Kinderbuch, 1936

Der nationalsozialistische Rassenantisemitismus rechtfertigte die Ablehnung oder Bekämpfung der Juden nicht mehr wie in früheren Zeiten mit religiösen und sozialen Gründen, sondern mit dem Hinweis auf die „rassisch" bedingte Verderbtheit der Juden. Anhand äußerer Merkmale versuchten die Nazis eine jüdische Rasse zu konstruieren, die gegenüber der „arischen" bzw. germanischen minderwertig und kulturzersetzend sei, keine eigenen Leistungen vollbringe und nur an den geistigen wie materiellen Gütern höher stehender Rassen und Völker schmarotze. Der Rassenantisemitismus betrachtete daher „den Juden" bzw. „das Judentum" als Feind der Menschheit.

Die Seite aus dem Kinderbuch veranschaulicht mit einfachsten sprachlichen und bildlichen Mitteln den NS-Rassenantisemitismus. Dem Nichtjuden werden Eigenschaften wie Stolz, Fleiß, Kampf, Schönheit und Mut zugeschrieben. Das Bild zeigt dementsprechend einen stilisierten hochgewachsenen athletischen und blonden jungen Mann mit einer Schaufel in der Hand, der ernst und entschlossen in die Zukunft blickt. Dagegen erscheint der Jude im Text als hässlicher Schuft. Dieses Feindbild wird illustriert durch einen kleingewachsenen fetten älteren Mann mit Glatze und Judennase, der verschlagen blickt. Die Aktentasche signalisiert dabei, dass er sich nicht mit seiner eigenen Hände Arbeit am Aufbau des Landes beteiligt, sondern in einem Büro auf Kosten der Allgemeinheit sein Dasein fristet – eben ein „Schmarotzer" und „Zerstörer" des „Volkskörpers".

M2, S. 131
Arthur Kaufmann, Die geistige Emigration, Gemälde, 1939/1964

Das Bild entstand in den Jahren 1938–1940 in New York. Vollendet wurde es erst 1964/65. Es hängt heute im Städtischen Museum Mülheim an der Ruhr (Format: 211 x 343 cm). Der aus Deutschland emigrierte Maler Arthur Kaufmann wollte in dem dreiflügeligen Bild (Triptychon) ein Panorama der in die USA vor Hitler geflohenen Künstler darstellen. Die auf dem Bild aufgenommenen Persönlichkeiten porträtierte Kaufmann in Einzelsitzungen.

Die aufgenommenen Persönlichkeiten:

Linker Flügel (von links unten nach rechts oben):

Unten: George Grosz, Arnold Schönberg, Joseph Floch.

Mittlere Gruppe: Arthur Kaufmann, Elisabeth Musset-Kaufmann, Fritz Lang, Max Wertheimer, Ernst Toch, Emanuel Feuermann.

Oben: Berthold Viertel, Günther Anders, Ernst Bloch.
Mittelflügel (von links unten nach rechts oben): Einstein, Klaus und Thomas Mann, Erika Mann, Ludwig Renn, (dann Reihe darüber von links nach rechts) Arnold Zweig, William Stern, (dann Reihe darüber wieder von links nach rechts) Heinrich Mann, Otto Klemperer, Ferdinand Bruckner (dann Reihe darüber von links nach rechts) Paul Zucker, Paul Tillich (oben) Luise Rainer, Ulrich Friedemann.
Rechter Flügel (von links unten nach rechts oben): Kurt Weill, Max Reinhardt, Helene Thimig, Ernst Toller, (zwei Personen in der Reihe darüber) Benedikt Fred Dolbin, Kurt Goldstein, (vier Personen in der Reihe darüber) Erwin Piscator, Bruno Frank, Lotte Goslar, Oskar Maria Graf, (oben) Curt Valentin, Hans Jelinek.
Einfache Bildsymbolik dahinter: Von der Unterdrückung des NS-Regimes (Menschen, deren Gesicht nicht näher erkennbar ist, treten aus einem Tunnel in das Licht) in die Freiheit der USA, Mauern im Hintergrund und im Mittelteil das rettende Schiff.

Sachkompetenz

Zu Aufgabe 1, S. 131
Siehe Erläuterungen zu Aufgabe 1 (DT), S. 117.

Methodenkompetenz

Zu Aufgabe 2, S. 131
Siehe Erläuterungen zu M 1, S. 130.

Zu Aufgabe 3, S. 131
Siehe Erläuterungen zu M 2, S. 131.
Die Diskussion in der Lerngruppe sollte Bezug nehmen auf den „Exodus“ (Horst Möller) der deutschen Kultur, der sich nach 1933 vollzog. Es bietet sich an, aus dem Gemälde exemplarisch einzelne Persönlichkeiten herauszugreifen und ihre Biografie und Bedeutung für Literatur, Kunst und Musik hervorzuheben. Allerdings muss auch der Hinweis erfolgen, dass es sich hier nur um eine Auswahl von Intellektuellen handelt. Manche (Walter Benjamin, Stefan Zweig u. a.) überlebten Flucht und Emigration nicht, andere (Erich Kästner) blieben im Reich und mussten dort überleben. Auch muss festgestellt werden, dass die Intellektuellen eine privilegierte Position unter den Emigranten hatten: Sie erhielten rascher und leichter eine Einreisegenehmigung, da Künstlerkollegen oder Hilfsorganisationen in den USA für sie bürgten.

Urteilskompetenz

Zu Aufgabe 4, S. 131
Kritischer Einwand gegen diese These:
- Die Reaktion des Auslandes auf den Boykott am 1. April 1933 zeigt durchaus, dass vielleicht mehr Unterstützung über mehr Druck von außen möglich gewesen wäre.

Für diese These sprechen folgende Argumente:
- Die jüdische Bevölkerung im Deutschen Reich war zu klein, um wirklich Einfluss nehmen zu können (zur jüdischen Bevölkerung in Deutschland gehörten weniger als ein Prozent der Gesamtbevölkerung).
- Der Antisemitismus war ein Kernbestandteil des Parteiprogramms und der Ideologie der Nationalsozialisten. Antisemitische Maßnahmen wurden von Anbeginn der NS-Herrschaft in zunehmender Radikalisierung vorrangig umgesetzt.
- Schließlich diente die antisemitische Ideologie auch der Festigung der „Volksgemeinschaft“, die zwar einerseits mit hohem Propagandaaufwand betrieben wurde, aber andererseits auch auf Loyalität oder Akzeptanz in der deutschen Bevölkerung stieß.

Zusatzmaterial ZM 7.1
zu Aufgabe 1, S. 125

Aussagen und Eindrücke zum 9./10. November 1938

M 1 Juvet, ein Schweizer Kaufmann, der bei einem süddeutschen Unternehmen angestellt war, erlebte als Ausländer den Pogrom mit und erinnert sich später:

Auf der neuen Autobahn gelangte ich rasch nach Bayreuth. [...] An einer Straßenbiegung sah ich einen Auflauf von Menschen, und wie ich später herzufuhr, bemerkte ich, dass die Menge vor einem Haus stand, aus dem Feuerwehrleute angekohlte Möbelstücke schleppten. Das Haus sah irgendwie anders aus als alle anderen, und auch die wartende Menge hatte ein anderes Gesicht, als man es bei einem Brandunglück erwartet. Sie war nämlich ganz offensichtlich freudig erregt. Ich stieg aus und fragte eine Frau, was denn da geschehe. „Ha, die Synagoge hamr abgebrennt heut nacht." Ja um Gottes willen, warum denn? „Ha, wissen Sie denn net, dass die Juden unsern Herrn vom Rath umgebracht ham?" Ich wagte zu fragen, ob es denn die Bayreuther Juden gewesen seien oder ob der unglückliche Herr vom Rath, „unser" Herr vom Rath, wie meine Auskunftgeberin gesagt hatte, etwa ein Bayreuther gewesen sei. Aber es war nicht gerade ratsam, auf dieser Basis weiterzureden, die erst erstaunten, dann drohenden Gesichter der Umstehenden sagten mir genug. [...]

Einige Zeit nachher habe ich unseren Nürnberger Vertreter, einen harmlosen und fleißigen Menschen, getroffen. Er war SA-Mann, aber an jenem Abend durch einen Zufall auswärts festgehalten. Nach seinem Bericht hatte Streicher[1] die ganze Nürnberger SA damals zusammengetrommelt, eine zündende Rede gehalten und die Zerstörungstrupps zur Äußerung des organisierten Volkszorns nach einem festen Plan eingeteilt. Jeder hatte seinen Bezirk.

„Ich bin froh, dass ich an dem Abend nicht in Nürnberg war, es wäre mir doch sehr gegen den Strich gegangen", meinte unser Vertreter. Ich fragte ihn, ob er denn mitgemacht hätte, wenn er dagewesen wäre. „Selbstverständlich", meinte er, „Befehl ist Befehl."

Da ist mir manches klargeworden.

Zit. nach: Oliver Lubrich (Hg.), Reisen ins Reich 1933–1945. Ausländische Autoren berichten aus Deutschland, Eichborn, Frankfurt/M. 2004, S. 189–192.

1 Julius Streicher (1885–1946), NSDAP-Gauleiter für Franken, Gründer des NS-Hetzblattes „Der Stürmer".

1 Erarbeiten Sie aus dem Text den Eindruck, den der Berichterstatter von den Deutschen gewinnt.

2 Stellen Sie Vermutungen darüber an, was ihm klargeworden ist.

M 2 Ulrich von Hassell, deutscher Diplomat und Schwiegersohn des Flottenadmirals Tirpitz, nach dem 20. Juli 1944 als Mitverschwörer hingerichtet, notiert in seinen Tagebüchern:

Ich schreibe unter dem schwerlastenden Eindruck der niederträchtigen Judenverfolgungen nach der Ermordung vom Raths. Seit dem Weltkriege haben wir noch niemals so an Kredit in der Welt verloren wie dieses Mal. Aber meine Hauptsorge ist nicht die Auswirkung im Auslande, also irgendwelcher Rückschlag außenpolitischer Art, jedenfalls nicht für den Augenblick. – Die wirklich schwere Sorge bezieht sich auf unser inneres Leben, das immer vollständiger und eiserner von einem solcher Dinge fähigen System erfasst wird. Goebbels hat wohl selten mit einer Behauptung so wenig Glauben gefunden (obwohl es im Inlande sicher Leute gibt, die darauf hereingefallen sind), wie mit der, dass eine spontane Volkswut die Gewalttaten verübt und nach wenigen Stunden gestoppt worden sei. Zugleich hat er sich dem überzeugenden Gegenargument ausgesetzt, dass es – wenn dergleichen ungehindert geschehen könne –

Zusatzmaterial ZM 7.1
zu Aufgabe 1, S. 125

Aussagen und Eindrücke zum 9./10. November 1938

um die Staatsautorität ja schlecht bestellt sein müsse. Tatsächlich unterliegt es keinem Zweifel, dass es sich um einen amtlich organisierten, zu ein und derselben Nachtstunde in ganz Deutschland losgelassenen Judensturm handelt – eine wahre Schande! Naive Parteifunktionäre haben das auch ruhig zugegeben. Einer hat Hans Dieter [Sohn von Hassells] gegenüber seine mangelhafte Vorbereitung für die militärische Einquartierung mit seiner „angestrengten Tätigkeit beim Pogrom" entschuldigt. Ein Bürgermeister hier in der Nähe hat Pfarrer Weber sein Leid geklagt, und zwar schon am Mittwoch, dem 9., dass er gegen einen anständigen Juden vorzugehen Befehl habe, und hat hinzugefügt, dass am 10. alle Synagogen in Deutschland brennen würden. Man hat sich auch nicht geschämt, Schulklassen zu mobilisieren (in Feldafing am Starnberger See hat man sie sogar mit Ziegelsteinen ausgerüstet) [...].

Ulrich von Hassell, Vom anderen Deutschland. Aus den nachgelassenen Tagebüchern 1938–1944, Atlantis-Verlag, Zürich 1946, S. 29f.

1 Erschließen Sie aus dem Tagebucheintrag die Haltung der deutschen Bevölkerung insgesamt zu dem Pogrom.

2 Setzen Sie sich mit der Aussage von Hassells auseinander, das „innere Leben [werde] immer vollständiger und eiserner von einem solcher Dinge fähigen System erfasst".

Zusatzmaterial ZM 7.2 zu Aufgabe 1, S. 126	Die jüdische Emigration aus dem Deutschen Reich

Erste Aufnahmeländer für Exilanten:
- Unmittelbare Nachbarländer des Deutschen Reiches
- Fortsetzung der Flucht mit Beginn des Krieges

Auswanderung nach Palästina:
- Vorbereitung in Deutschland (Zionismus)
- Einwandererzertifikate (Beschränkung aufgrund arabischer Aufstände)
- Hoffnung auf eine künftige Heimat

Deutsches Reich (500 000 jüdische Bürger, davon ca. 300 000 Flüchtlinge)

Emigration in die USA:
- Affidavit (Bürgschaft)
- Visum
- Schiffsticket

Hohe Kosten!

Emigration nach Groß-britannien:
- Visum
- Kindertransporte
- Internierungen (mit Beginn des Krieges 1939)

Zusatzmaterial ZM 7.3 zu Aufgabe 2, S. 126	Gefühle einer emigrierten Lyrikerin

Mascha Kaléko
Emigranten-Monolog (1945)[1]

Ich hatte einst ein schönes Vaterland –
So sang schon der Flüchtling Heine.
Das seine stand am Rheine,
Das meine auf märkischem Sand.

Wir alle hatten einst ein (siehe oben!),
Das fraß die Pest, das ist im Sturm zerstoben.
O Röslein auf der Heide,
Dich brach die Kraftdurchfreude.

Die Nachtigallen wurden stumm,
Sahn sich nach sicherm Wohnsitz um.
Und nur die Geier schreien
Hoch über Gräberreihen.

Das wird nie wieder, wie es war,
Wenn es auch anders wird.
Auch wenn das liebe Glöcklein tönt,
Auch wenn kein Schwert mehr klirrt.

Mir ist zuweilen so, als ob
Das Herz in mir zerbrach.
Ich habe manchmal Heimweh.
Ich weiß nur nicht, wonach …

1 Mascha Kaléko (1907–1975) emigrierte im Jahr 1938 von Berlin nach New York.

Zit. nach: Mascha Kaléko, Verse für Zeitgenossen, Rowohlt Verlag GmbH, Reinbeck bei Hamburg 1958, S. 76 f. (© 1975 Gisela Zoch-Westphal).

1 Arbeiten Sie die Kontraste in diesem Gedicht heraus und erläutern Sie deren Bedeutung.
2 Sammeln Sie Begriffe und Ausdrücke, die an das Volkslied erinnern, und begründen Sie deren Aufnahme in das Gedicht.

Kapitel 8
Der Völkermord an den Juden 1939–1945

M 1, S. 132
Mann mit Judenstern, Berlin, September 1941

Eine von Hitler autorisierte Polizeiverordnung enthielt die Weisung für alle Juden des Großdeutschen Reiches und des Protektorates Böhmen und Mähren, fortan in der Öffentlichkeit den Gelben Stern mit der Aufschrift „Jude" zu tragen. Das galt für alle Juden nach dem vollendeten sechsten Lebensjahr. Vorgegeben war, dass der Stern auf der linken Brustseite in Herzhöhe auf die Kleidung aufgenäht werden musste. Gleichzeitig wurde es jüdischen Mitbürgern verboten, Orden, Ehrenzeichen und sonstige Abzeichen zu tragen.

Diese Maßnahme stellte ein sichtbares Zeichen der seit Kriegsbeginn eskalierenden Diskriminierungs-, Verfolgungs- und Ausbeutungsaktionen gegenüber den jüdischen Mitbürgern im Reich dar. Ihre soziale Degradierung und Ausgrenzung war jetzt für jedermann sichtbar. Im besetzten Osten hatte der Massenmord schon längst begonnen. Im eroberten Polen war die Zwangskennzeichnung mit dem Gelben Stern seit dem September 1939 befohlen worden. Schon vorher hatte mit dem „Gesetz über die Mietverhältnisse mit Juden" vom 1. April 1939 die Gettoisierung der jüdischen Bevölkerung im Reich begonnen. Möglich waren jetzt die fristlose Kündigung jüdischer Mieter in „arischen" Häusern und die Verdichtung jüdischer Bevölkerung in sogenannten „Judenhäusern".

Der Gelbe Stern verkehrte in zynischer Weise die ursprüngliche Bedeutung des sechszackigen Davidsterns, des traditionellen Symbols des Judentums, zu einem Zeichen der Ausgrenzung und sozialen Herabminderung. Mit der Wahl der Schriftform, die Ähnlichkeiten zu hebräischen Lettern suggerieren sollte, wurde ebenfalls der Versuch der Diffamierung und Abwertung vorgenommen.

Zur Fotografie: Der Fotograf ist unbekannt, man weiß nichts über ihn und die Absicht, die hinter dieser Aufnahme steckte. Das Bild wird aufbewahrt im Deutschen Bundesarchiv. Im Gespräch über diese Fotografie und vielleicht auch im Kontext der Bildanalyse zu M 13. S. 143 (vgl. die entsprechenden Erläuterungen) sollte darauf hingewiesen werden, dass die Fotos zu Ausgrenzung, Entrechtung, Verfolgung und Ermordung der europäischen Juden in der Regel die Perspektive der Täter wiedergeben. Das bekannte Selbstbildnis von Felix Nussbaum mit Judenstern und Pass, das der jüdische Maler 1943 in Belgien malte, könnte als kontrastierendes Material genutzt werden, um die Perspektive der Opfer zu verdeutlichen (dieses Bild ist auf dem Cover des Schülerbandes und der Handreichungen abgedruckt): Den Verfolgten bleiben oft nur die Mittel der Malerei. Der Blick des Künstlers, der sich aus dem Profil gegen den hochgeschlagenen Mantelkragen dem Betrachter zuwendet, wirkt äußerst angespannt, gehetzt. Der Hut mit der schmalen Krempe taucht das Gesicht weitgehend in einen dunklen Schatten, aus dem das rechte Auge hell und aufmerksam den Betrachter fixiert. Hier zeigt ein Verfolgter seine Not und weist gleichzeitig auf das Unrecht hin, das ihm geschieht.

Zu Aufgabe 1, S. 135 (Darstellungstext)

Noch vor Kriegsbeginn:

„Euthanasie"-Maßnahmen ab Juli 1939:

- Vorbereitungen zur Ermordung behinderter Kinder und Erwachsener seit Juli 1939
- Frühjahr 1940: Einrichtung von „Kinderfachabteilungen" in 30 psychiatrischen Anstalten, in denen die Kinder nach ihrer Behinderung eingestuft und Schwerstbehinderte ermordet wurden
- Durchführung der „Kinder-Euthanasie" bis 17 Jahre bis zum Ende des Krieges
- Ermordung behinderter Erwachsener seit Kriegsbeginn (Widerstand der Bevölkerung und der Kirchen)

Kriegsphase (1939–1945):

1939–1941: Endgültige Ausgrenzung und Zwangsarbeit, Deportationen

- März 1939: Annexion der Tschechoslowakei und Übertragung aller antijüdischen Maßnahmen des Reiches auf die annektierten Gebiete
- September 1939: antijüdischer Terror durch Einsatzgruppen der SS und des SD sowie Reserve-Polizeibataillone und Angehörige der Wehrmacht
- bis Ende 1939: Ermordung von 7000 polnischen Juden, Isolierung von 90 000 polnischen Juden in neu geschaffenen Gettos

1941 (Sommer)–1945 (Kriegsende):

- kriegsbegleitend systematische Vernichtung, vereinzelte Widerstandsmaßnahmen in Nord-, Süd- und Südosteuropa
- Juni 1941: Überfall auf die Sowjetunion und Massenerschießungen sowjetischer Juden (von

4,7 Millionen starben bis Ende 1942 ca. 2,2 Millionen)
- ab Herbst 1941: Deportation der Juden aus deutschem Reichsgebiet, gleichzeitig Ausreiseverbot
- 20. Januar 1942: Wannsee-Konferenz: Zwangsarbeit und systematische Ermordung von 11 Millionen europäischen Juden unter Beteiligung der SS, anderer NS-Organe, der Wehrmacht und zahlreicher Industriebetriebe
- Errichtung der Vernichtungslager Auschwitz, Treblinka, Chelmo, Sobibor und Majdanek
- Ausbeutung der Arbeitsfähigen als Sklavenarbeiter und Vergasung der Kinder unter 15 Jahren, Frauen, Kranken und Alten mit dem Blausäurepräparat „Zyklon B"
- bis Kriegsende 1945: Ermordung von 3 Millionen Juden und über 200 000 Sinti und Roma

Ursachen der NS-Vernichtungspolitik:
- Intensive Debatte nicht nur unter Historikern
- Hintergrund des Rassenwahns, Verbindung von Antisemitismus, Rassenpolitik und „Lebensraumpolitik"
- Strukturelle Hintergründe: Eskalation und Radikalisierung mit Kriegsbeginn
- Verantwortung der Akteure: Ausführende, „Schreibtischtäter", Befehlende

Folgen der NS-Vernichtungspolitik:
- Bewusstsein des „Zivilisationsbruchs"
- Gebot des „Nie wieder"
- Indirekt: Gründung des Staates Israel

M 2, S. 135
SS-Männer trennen auf der Rampe im Konzentrationslager Auschwitz Juden aus Ungarn, Fotografie, Sommer 1944

Gezeigt wird aus der Perspektive der Täter (aus erhöhter Position und Distanz hat vermutlich SS-Unterscharführer Ernst Hoffmann fotografiert) die Trennung der ankommenden Menschen aus Ungarn. Die Aufnahme ist in Auschwitz-Birkenau (Auschwitz II) entstanden. Neben dem Stammlager Auschwitz I war das etwa drei Kilometer entfernt liegende Birkenau (Brzezinka) das eigentliche Vernichtungslager, in dem mehr als eine Million Menschen ermordet wurden. Im Hintergrund (oben links) ist das Eingangstor mit Wachturm zu sehen. Darunter fuhren die Züge in das Lager hinein. Mit der Errichtung von Birkenau wurde 1941 begonnen, das Lager (etwa 2,5 x 2 km) bestand aus über 300 Baracken (meist aus Holz mit Ziegelkaminen) für bis zu 100 000 Insassen. Es war in mehrere Sektionen und Felder unterteilt. Von der Rampe aus führte der Weg direkt nach vorne aus dem Bild weiter in ein hinter Bäumen verstecktes Areal, auf dem sich Gaskammern und Krematorien befanden. Bevor die Gleise im Jahr 1944 direkt in das Lager gelegt wurden, wurden die Gefangenen vom Bahnhof Auschwitz in das Lager Birkenau zu Fuß getrieben. Die „Selektion" entschied über Leben und Tod. Überhaupt keine Überlebenschancen hatten Kinder und Ältere. Jüngere Männer und Frauen konnten durch Arbeitseinsatz ihr Leben verlängern. Sie arbeiteten dann in den Industriebetrieben, die an das Lager grenzten. Besondere Bedeutung hatte das Lager Monowitz (Auschwitz III), das in einem weiteren Ort bei Auschwitz durch den IG-Farben-Konzern errichtet wurde (Herstellung von synthetischem Benzin: BUNA).
Die ungarischen Juden wurden im Frühjahr 1944 nach dem Einmarsch der deutschen Wehrmacht in Ungarn nach Auschwitz deportiert und zum größten Teil hier ermordet. Das Königreich Ungarn unter Admiral Horthy stand lange auf der Seite des Deutschen Reiches und nutzte dies, um sein Gebiet zu vergrößern. Allerdings verhandelte Horthy 1943 mit den Alliierten und versuchte Frieden zu schließen. Daraufhin besetzte die deutsche Wehrmacht das Land. Ab diesem Zeitpunkt begannen die Deportationen in Ungarn.

Literaturtipp:
Christoph Hamann, „Hier war das Herz von Auschwitz", in: Praxis Geschichte 3/2009.

M 3, S. 136 f.
Der Historiker Wolfgang Benz über „Euthanasie" während der NS-Herrschaft (2006)

Benz geht in diesem Text den ideologischen Hintergründen, dem Auslöser, dem Ablauf und den Folgewirkungen der Maßnahmen nach, die die Ermordung behinderter Menschen betrafen:

Ideologische Hintergründe:
Angestrebt wurden
- eine völkische „Reinrassigkeit"
- und „Erbgesundheit".

Die Zunahme der deutschen Bevölkerung sollte nach sozialdarwinistischem Prinzip so bewerkstelligt werden, dass kranke und schwache Mitglieder aus der Gemeinschaft eliminiert wurden und folglich für eine leistungsfähige, „erbgesunde" Nachkommenschaft der Boden bereitet wurde. Als lebenswert galt, was diesem Ziel diente. Pflegebedürftigkeit, Behinderung, Schwäche wurden als „unwertes Leben" angesehen.

Auslöser und Auftrag:

- Nach der Besetzung Polens fanden bereits Morde an polnischen Pflegebedürftigen statt. Ausführende waren „Sonderkommandos" (Polizeitruppen) oder SS-Einheiten.
- Mordaktionen im Reich gingen auf eine mündliche Ermächtigung Hitlers zurück. Diese wurde auf einem Briefbogen seiner Privatkanzlei schriftlich festgehalten und auf den Tag des Kriegsbeginns (1. September 1939) zurückdatiert. Das Schreiben erteilte Hitlers Leibarzt, Karl Brandt, und dem Chef der Kanzlei des „Führers", Philipp Bouhler, den Auftrag, unheilbar Kranken den „Gnadentod" zu gewähren.

Ablauf:

- Seit August 1939 bestand Meldepflicht für Neugeborene mit Missbildungen.
- Die Mordaktionen konzentrierten sich auf die Heil- und Pflegeanstalten Bernburg, Brandenburg, Grafeneck, Hadamar, Hartheim und Sonnenstein.
- Verschleiert wurde der Mord durch die bürokratische Abwicklung über eine Organisation („Aktion T 4", Sitz: Tiergartenstraße 4 in Berlin), die den Tod standesamtlich beurkundete und für die Einäscherung sorgte.
- Das Misstrauen von Angehörigen und Anwohnern der genannten Anstalten verhinderte eine Ausweitung der Maßnahmen und Vorgänge, die zunächst ohne Wissen des Justizministeriums, später mit dem Einverständnis des Justizministers geschahen.
- Proteste der Kirchen (insbesondere von Bischof Graf Gahlen in Münster) führten zur Einstellung der Aktionen bei Erwachsenen. Der Mord an behinderten Kindern und kranken KZ-Häftlingen wurde insgeheim fortgeführt.

Folgen und Auswirkungen:

- Bis Sommer 1941 starben ca. 70 000 Menschen durch „Euthanasie"-Aktionen, die dann aufgrund des Protestes eingestellt werden mussten. Danach folgten noch einmal 50 000 Tote.
- Die Erfahrungen, die man bei den Mordaktionen durch Giftgas und Giftspritzen gewonnen hatte, bereiteten den systematischen Massenmord in den Konzentrationslagern ab 1941 vor.

Zu Aufgabe 1, S. 137, zu M 3, S. 136 f.
Siehe Erläuterungen zu M 3, S. 136 f.

Zu Aufgabe 2, S. 137, zu M 3, S. 136 f.
Siehe Erläuterungen zu M 3, S. 136 f.

M 4, S. 137
Aus der Reichstagsrede Adolf Hitlers vom 30. Januar 1939

In dieser Reichstagsrede sprach Hitler in prophetischen Worten davon, dass ein künftiger Krieg die „Vernichtung der jüdischen Rasse in Europa" zur Folge haben werde. Zwar begann mit der Entfesselung des Zweiten Weltkrieges tatsächlich der systematische Völkermord an den Juden. Doch bedeutet Hitlers Vernichtungsankündigung nicht, dass die NS-Führungsspitze bereits zu diesem Zeitpunkt fest dazu entschlossen gewesen wäre, die europäischen Juden bei der nächsten sich bietenden Gelegenheit mit einem Massenmord zu überziehen. Die neuere Forschung betont die Mehrdeutigkeit der Rede. In seiner Gesamtdarstellung der NS-Judenverfolgung betont der Historiker Peter Longerich die taktische Absicht der Erklärung Hitlers: „Durch die Vernichtungsdrohung sollte der Vertreibungsdruck auf die deutschen Juden erhöht und die Aufnahmebereitschaft des Auslands erpresst werden."

Zu Aufgabe 1, S. 137, zu M 4, S. 137
Siehe Erläuterungen zu M 4, S. 137.

Zu Aufgabe 2, S. 137, zu M 4, S. 137
Was die Wortwahl betrifft, so bedient sich Hitler sowohl der Vokabeln aus dem biblischen Bereich (mehrfach: „Prophet", „Prophezeiungen") wie auch klischeehafter populistischer Formeln („internationale[s] Finanzjudentum", „Bolschewisierung der Erde"). Der Text ist geprägt von Pauschalisierungen, die bis zur letztlich angekündigten „Vernichtung der jüdischen Rasse in Europa" reichen. Folglich wird der Text polarisierend gewirkt haben: Anhänger Hitlers werden angesprochen und bestätigt, jüdische Deutsche erfahren eine weitere Drohung, deren Verwirklichung angesichts der bereits bis Ende 1938 durchgeführten Maßnahmen nicht angezweifelt werden durfte. Kundige ausländische Beobachter werden nach dem „Anschluss" Österreichs und nach der Münchner Konferenz bezweifeln, dass es das „internationale Finanzjudentum"

sein wird, das den nächsten Weltkrieg will. Generell werden Vertreter im Ausland ihre Hilfen für die jüdische Bevölkerung im Reich angesichts dieser massiven Drohungen verstärken. Tatsächlich haben gerade die Kindertransporte nach Großbritannien in diesem Zusammenhang Emigrationsmöglichkeiten – zumindest für die junge jüdische Bevölkerung im Reich – geschaffen.

M 5, S. 137 f.
Der Historiker Peter Longerich über die Vernichtungsankündigung Hitlers von 1939 (1998)

Longerich sieht in den Vernichtungsdrohungen Hitlers noch keinen Hinweis auf einen bereits praktisch geplanten Völkermord. Vielmehr deutet er die Ankündigungen Hitlers so, dass einerseits der Auswanderungsdruck für die jüdische Bevölkerung und andererseits die Bereitschaft des Auslandes für die Aufnahme der Emigranten erhöht werden sollten. Als Beispiel und Beleg dient Longerich die Konferenz von Évian im Juli 1938, auf der sich ein intergouvernementales Gremium zur Hilfe für die pauperisierten und deklassierten jüdischen Auswanderer aus dem Reich gebildet hatte. Mit diesem Gremium verhandelte auch die NS-Regierung und wollte Exporterleichterungen für Deutschland und eine „umfassende Auswanderungslösung" (Z. 28 f.) erreichen. Zweitens, argumentiert Longerich, sollten die Drohungen signalisieren, bei wem die Schuld läge, wenn ein vom Deutschen Reich begonnener Krieg durch das Eingreifen der Westmächte zum Weltkrieg würde: nämlich bei der mit dem „internationalen Finanzjudentum" verbündeten jüdischen Bevölkerung Deutschlands, die im Weltkriegsfall als Geisel dienen sollte.

Zu Aufgabe 1 a, S. 138

Siehe Erläuterungen zu M 5, S. 137 f.

Zu Aufgabe 1 b, S. 138

Für die Sichtweise Longerichs spricht:
- Taktisches Gebaren des NS-Regimes vor dem Beginn des Krieges ist nachvollziehbar (taktische Manöver waren auch der Hitler-Stalin-Pakt und das Münchner Abkommen).
- Mit Beginn des Jahres 1939 bestanden die praktischen Voraussetzungen für den Massenmord (wie Vernichtungslager in den besetzten Ostgebieten, vor dem Hintergrund des Krieges marodierende Polizeieinheiten und SS-Truppen) noch nicht.

Gegen die Sichtweise Longerichs spricht:
- Bereits 1919 hatte Hitler die „Entfernung" der jüdischen Bevölkerung „überhaupt" angekündigt. Die Idee war also schon früh vorhanden (vgl. Ian Kershaw, Hitler 1889–1945, DVA, Stuttgart 1998, S. 95; Kershaw zitiert hier den berühmt gewordenen Brief des jungen Hitler an Adolf Gmelich aus Ulm vom 16. September 1919).
- Die antisemitische Diskriminierung, Entrechtung, Beraubung und Verfolgung, die die jüdische Bevölkerung im Reich bis 1938 erfahren hatte, beweist, dass das Regime auch vor Mord (Tote nach dem Novemberpogrom) nicht zurückschreckte und dass die antisemitische Ideologie zunehmend in die Praxis umgesetzt wurde.

In der Synthese beider Positionen wird man wohl von einem taktischen Manöver wie auch von einem – wohlgemerkt in der praktischen Umsetzung noch wenig konkreten – tatsächlichen Vorhaben sprechen können.

M 6, S. 138
Nationalsozialistische Umsiedlungspläne 1940

Die Entscheidung Heydrichs bedeutete einen Wendepunkt in der Umsiedlungspolitik. Es ging nun nicht mehr darum, möglichst massenweise Polen und Juden aus den eingegliederten Ostgebieten in das Generalgouvernement abzuschieben. Für eine begrenzte Zeit sollten die Deportationen einen anderen Akzent erhalten:
- In das Generalgouvernement abgeschoben werden sollten lediglich 40 000 Juden und Polen für die einzusiedelnden Baltendeutschen.
- 120 000 Polen sollten Wolhyniendeutschen Platz machen.
- Als „letzte Massenbewegung" war die Abschiebung von sämtlichen Juden der neuen Ostgaue sowie von 30 000 Zigeunern aus dem Reich vorgesehen. Das waren insgesamt mehr als eine halbe Million Menschen.

M 7, S. 138 f.
Rede des Generalgouverneurs Hans Frank zur „Judenfrage" in einer Sitzung der Regierung des Generalgouvernements vom 16. Dezember 1941 (Auszug aus dem Protokoll)

Die Rede ist ein wichtiger Beleg für die von der NS-Führung ausgehende Radikalisierung der Judenverfolgung. Es wird deutlich, dass die ursprüngliche Absicht, die Juden des Generalgouvernements in die besetzten sowjetischen Gebiete zu deportieren, aufgegeben worden war. Ausdrücklich wird jetzt das Ziel formuliert, dass mit den Juden „so oder so Schluss gemacht werden" müsse. In diesem Zusammenhang erinnert der Generalgouverneur an Hitlers Vernichtungsankündigung aus dem Jahre 1939. Die Schlussfrage ist eher rhetorisch gemeint. Was mit den Juden zu geschehen habe, beantwortet Frank in seiner Rede selbst, die so weitergeht: „Man hat uns in Berlin gesagt: Weshalb macht man diese Scherereien; wir können im Ostland oder im Reichskommissariat auch nichts mit ihnen anfangen, liquidiert sie selber! Meine Herren, ich muss Sie bitten, sich gegen alle Mitleidserwägungen zu wappnen. Wir müssen die Juden vernichten, wo immer wir sie treffen und wo es irgend möglich ist, um das Gesamtgefüge des Reiches hier aufrechtzuerhalten." Die Methode und der Zeitraum für diesen Massenmord waren allerdings noch offen.

Zu Aufgabe 1, S. 139, zu M 4, M 6 und M 7, S. 137 ff.

Siehe Erläuterungen zu M 8 und M 11, S. 121 ff., sowie zu M 4, M 6 und M 7.

Der Begriff „kumulative Radikalisierung" lässt sich anhand der genannten Materialien belegen:

- In den ersten Jahren der Durchsetzung und Festigung der Diktatur dienten der Boykott am 1. April 1933 und der „Arierparagraf" als „Test", in dessen Verlauf die Haltung der Bevölkerung erkennbar wurde. Die Reaktion bestand in Zurückhaltung einerseits, aber ebenso im Mitmachen andererseits.
- Auch gegen die Nürnberger Gesetze regte sich kein nennenswerter Widerstand, sodass darauf die ersten Raub- und Enteignungsaktionen folgen konnten.
- Infolge dieser Maßnahmen war die soziale Ausgrenzung und Abwertung der jüdischen Bevölkerung so weit fortgeschritten, dass bereits auf spontane Impulse hin der Pogrom vom November 1938 verheerende Formen annahm.
- Mit Kriegsbeginn radikalisierte sich die Verfolgung in Tateinheit mit Gewaltexzessen hinter der vorrückenden Front. Die Weisungen seitens der führenden Vertreter des Regimes (Heydrich, Frank) dienten jetzt deutlich einer mörderischen genozidalen Absicht.

Phasenmodell:

Die Verfolgung der jüdischen Bevölkerung – ein Prozess der „kumulativen Radikalisierung"?

1933–1934

Durchsetzung der Diktatur,
Implementierung der ideologischen Zielsetzungen,
Beachtung der Reaktionen der Bevölkerung (Streben nach Entsolidarisierung der deutschen Bevölkerung mit den jüdischen Deutschen):

- Boykott (1. April 1933)
- „Arierparagraf" (April 1933)

1935–1937

Sichere Machtbasis für das NS-Regime, erste wirtschaftliche Erfolge, Propagierung der „Volksgemeinschaft":

- Nürnberger Gesetze, 1935 (Entrechtung der jüdischen Deutschen)
- „Arisierung", ab 1937 (Beraubung der jüdischen Deutschen)

1938–1939

Sichere Machtbasis für das Regime, Umsetzung der ideologischen Ziele (Antisemitismus, „Volksgemeinschaft", Eroberung von „Lebensraum")

- Novemberpogrom, 1938 (als Folge einer Ausweisung polnischer Juden aus dem Reich)
- Massenmorde und Massaker im Lauf der Kriegführung und Besetzung in Polen, 1939

1940–1942

Gewalteskalation mit Beginn des Krieges, Erfolge für das Deutsche Reich durch „Blitzkriege":

- Massaker, Massenerschießungen in den eroberten östlichen Gebieten
- Befehle, Weisungen und Vereinbarungen innerhalb der Führungsgruppen des NS-Regimes über den Völkermord (Wannsee-Konferenz, Jan. 1942)

1942–1945

Gewaltsame Besetzung der eroberten Ostgebiete, „Germanisierung", Deportationen, Zwangsarbeit, Genozid

- Beginn der Massenmorde mit Zyklon B (1941)
- Aufbau und Ausbau der Vernichtungslager
- Todesmärsche mit Beginn des sowjetischen Vordringens

Siehe auch die Übersicht im Tafelbild/Zusatzmaterial ZM 8.1, S. 129.

M 8, S. 139
Aus dem Protokoll der „Wannsee-Konferenz" zur „Endlösung der Judenfrage" vom 20. Januar 1942

Als Ziele der nationalsozialistischen Judenpolitik werden in der Niederschrift formuliert:
- Ablösung der Auswanderung der Juden durch Evakuierung nach Osten
- Evakuierung als Übergangslösung
- Evakuierung als Erfahrungsfeld für die „Endlösung" in Bezug auf 11 Millionen Juden
- Hauptziel: Vernichtung der europäischen Juden: indirekt durch Arbeit, direkt durch gezielte Ermordung. Als Begründung für den massenhaften Mord wird die sozialdarwinistische These von der verbleibenden jüdischen Bevölkerung als „eine natürliche Auslese darstellend, [die] bei Freilassung als Keimzelle eines neuen jüdischen Aufbaues" (Z. 20 ff.) dienen könnte, formuliert.

Zu Aufgabe 1, S. 139, zu M 8, S. 139

Siehe Erläuterungen zu M 8.

Zu Aufgabe 2, S. 139, zu M 8, S. 139

Die Schülerinnen und Schüler erfassen den euphemistischen und technokratischen Charakter der Sprache. Das Verbrechen wird durch die Verwendung scheinbar harmloser Begriffe verschleiert und in Bürokratensprache übersetzt:
- „Endlösung" = Vernichtung, Ermordung
- „natürliche Verminderung" = Tötung durch Arbeit und Belastung
- „entsprechend behandeln" = ermorden
- „Evakuierung" = Gettoisierung, in Konzentrations- und Vernichtungslager transportieren

Zu Aufgabe 3, S. 139, zu M 8, S. 139

Das Protokoll der Wannsee-Konferenz belegt den systematischen, zentral geplanten, von verschiedenen Einrichtungen der NSDAP und staatlichen Reichsbehörden arbeitsteilig bürokratisch umgesetzten Massenmord an den europäischen Juden. Dieses Verbrechen erwuchs aus dem nationalsozialistischen Rassenantisemitismus und war immer auch mit kriegsbezogenen Entscheidungen verknüpft.

M 9, S. 139 f.
Rudolf Höß, der Kommandant des KZs von Auschwitz, beschreibt seine Tätigkeit (1946)

Höß, der seine Tätigkeit als Massenmörder ohne jegliche moralische Distanzierung beschreibt, ist ein Technokrat der gleichsam industrialisierten Massenvernichtung. Ihn interessiert nur, mit welchen Mitteln und Methoden der ihm vom Reichssicherheitshauptamt übermittelte Befehl des Genozids an den Juden möglichst effektiv umzusetzen ist. Die von ihm geschilderten Gräuel lassen ihn scheinbar unbewegt.
Höß war von Mai 1940 bis November 1943 Kommandant in Auschwitz. Danach war er Leiter der Amtsgruppe D (Zuständigkeit für KZ) im WVHA (SS-Wirtschafts-Verwaltungs-Hauptamt). 1944 kehrte er noch einmal kurzfristig zurück nach Auschwitz, um den Mord an den ungarischen Juden zu organisieren. Im März 1946 wurde Höß durch die britische Militärpolizei verhaftet und im Juni nach Polen überstellt. Das Oberste Volksgericht in Warschau verurteilte ihn zum Tode. Hingerichtet wurde Höß am 16. April vor seinem ehemaligen Wohnhaus in Auschwitz. Während seiner Haftzeit in Polen verfasste Höß einen Lebensbericht, der unter dem Titel „Kommandant in Auschwitz" 1958 in der Bundesrepublik erstmals veröffentlicht wurde.

Zu Aufgabe 1, S. 140

Siehe Erläuterungen zu M 9.

Zu Aufgabe 2, S. 140

Siehe Erläuterungen zu M 9.
Höß' Ziel ist die Effektivierung des Massenmords. Humanitäre Erwägungen spielen in seiner Schilderung keine Rolle. Er versucht in seinem Bericht auch nicht zu verschleiern, zu beschönigen oder die Verantwortung von sich zu weisen.

Zu Aufgabe 3, S. 140

Die Schülerinnen und Schüler erfassen in ihrer Erörterung den „industriellen" Charakter des Massenmords an den Juden. Die technischen und organisatorischen Details des Verbrechens werden in technokratischer Art und Weise durch die beteiligten SS-Leute vollzogen. Einige Häftlinge werden dabei zu Arbeiten herangezogen, beispielsweise zum Transport der Leichen.
Die Kursteilnehmer sollten bei der Beurteilung der Duldsamkeit der Opfer folgende Aspekte berück-

sichtigen: Kurz vor der Vernichtung in der Gaskammer, die zudem als Entlausungsverfahren getarnt war, wäre ohnehin jeder Widerstand der durch jahrelange Demütigung, langen Transport und schwere Zwangsarbeit entkräfteten und hoffnungslosen Juden ohne Aussicht auf Erfolg gewesen, zumal angesichts schwer bewaffneter Wachmannschaften. Gleichwohl beschreibt Höß den von Todesangst getriebenen „Aufruhr", der in den Fällen entstand, wenn die jüdischen Opfer erkannten, dass sie getötet werden sollten.

M 10, S. 141
Aus einer Rede Heinrich Himmlers, 1943

1. Formale Merkmale

Autor: „Reichsführer SS" Heinrich Himmler; Lebenslauf: s. S. 228.

Ort und Zeit der Rede: Posener Schloss, 4. Oktober 1943.

Art: Geheimrede, mehrstündig, wurde auf Schallplatte mitgeschnitten.

Thema des Auszuges: Völkermord an den europäischen Juden.

Adressaten: 92 SS-Offiziere, Textfassung für abwesende Gruppenführer.

Änderungen: nachträgliche Änderungen in der schriftlichen Fassung.

2. Inhalt und Sprache

Gliederung: Verpflichtung auf Geheimhaltung, Hinweise auf Massenmord und Legitimierung aus ideologischen Gründen und angesichts der Kriegssituation, Enteignungen zugunsten des Staates, Erfüllung der „Pflicht unserem Volk gegenüber" als biologische Notwendigkeit bei gleichzeitiger Wahrung moralischer Integrität.

Zentrale Aussagen, Argumentation: Legitimierung des Massenmordes als Notwendigkeit „bei den Lasten des Krieges"; Argumentation: politisch-militärisch (Kriegslasten, Juden als „Saboteure, Agitatoren, Hetzer"), historisch (Erfahrungen aus dem Ersten Weltkrieg), biologistisch (Vergleich mit Krankheit, „Bazillus"), moralische Legitimierung durch Notwehr und persönlichen Anstand („nicht bereichern").

Sprachstil: Verschleierungstechniken, Euphemismen („Judenevakuierung" für Massenmord), Umschreibungen („100 Leichen beisammen liegen"), insistierende Wiederholungen („niemals ... niemals"), abwertende biologische Metaphern („Bazillus", „krank werden"), Selbstaufwertung („Ruhmesblatt"), Umkehrungen durch Polarisierungen (Opfer vs. Täter), apodiktische (= keinen Widerspruch duldende) Sprache, Versachlichung (Zahlenangaben).

3. Vortragsweise

Überwiegend ruhiger, z. T. vertraulicher Tonfall, Ironisierung der Haltung der Deutschen gegenüber Juden, Tempowechsel bei der Darstellung der Morde, Pausen bei der Darstellung der eigenen Haltung.

4. Historischer Kontext

Anlass: Gruppenführertagung in Posen.

Historische Bezüge: erste Schritte zur „Endlösung" im Herbst 1941, Schaffung der organisatorischen Voraussetzungen auf der „Wannsee-Konferenz" (20. Januar 1942); Einrichtung von Vernichtungslagern; Deportationen der europäischen Juden; 1943 ist der Völkermord in vollem Gange, zugleich Wende im Kriegsverlauf mit dem seit 1942 stockenden Russlandfeldzug und der Bombardierung deutscher Städte.

Folgen: Vernichtung bis 1944 mit ca. 6 Mio. jüdischen Opfern.

5. Beurteilung

Standpunkt: NS-Ideologe, Rassenantisemit, Unmenschlichkeit und Pervertierung aller Werte (Anspruch auf Recht und Moral, „anständig" in Verbindung mit Völkermord).

Absicht, Glaubwürdigkeit: Legitimierung der NS-Verbrechen, Stärkung des Gemeinschaftsgefühls, Entlastung und Motivierung; ideologische Verschleierungen, historisch-politische Scheinargumente und Mythen.

Wirkung, Bedeutung: Beleg für den Völkermord an den Juden, die Verantwortung der SS und die konsequente Umsetzung der NS-Ideologie.

Hinweis: Die vollständige Schriftfassung der Rede lässt sich unter www.nationalsozialismus.de/dokumente/texte/heinrich-himmler-posener-rede-vom-04-10-1943-volltext.html abrufen.

Zu Aufgabe 1 a–e, S. 141

Siehe Erläuterungen zu M 10, S. 141.

Zu Aufgabe 2 a und b, S. 141

Himmler behauptet, die Mörder seien „anständig" geblieben, weil sie sich am Vermögen der Ermordeten nicht bereichert hätten. Darüber hinaus behauptet er, es habe die Mörder „hart" gemacht, den Massenmord „durchgehalten" zu haben (Z. 21 und 24). Der Genozid sei – so Himmler – *„Pflicht"* gewesen, da die jüdische Bevölkerung das „deutsche Volk" habe umbringen wollen – eine völlig aus der Luft gegriffene Begründung. Die Werte und Normen, die diesen Aussagen zugrunde liegen, sind durch Rassismus, Antisemitismus und die Ideologie der „Volksgemeinschaft" geprägt (höherer Wert des „Ariers", des „Deutschen", vorgeblicher Schutz der „Volksgemeinschaft"). Natürlich sind diese Werte und Normen mit denen der westlichen Zivilisation nicht zu vereinbaren, da sie im extremen Kontrast zum Gebot der Menschenrechte und der Menschenwürde stehen.

Zu Aufgabe 3, S. 141

Der von den Nationalsozialisten verübte Völkermord stellt einen Zivilisationsbruch dar:
- Die zivilisatorischen Leistungen und Errungenschaften der Aufklärung (Toleranz, Vernunft, Freiheit) wurden missachtet.
- Ebenso wurden die politischen Systeme und Mechanismen, die sich im Gefolge von Aufklärung und Liberalismus entwickelt hatten (Parlamentarismus, demokratische Strukturen und rechtsstaatliche Prinzipien) verworfen.
- Die Bedeutung einer Zivilgesellschaft, einer Bürgergesellschaft also, die ihre eigenen Geschicke in gemeinsamer Absprache und gleichberechtigter Mitbestimmung regelt, wurde negiert.

M 11, S. 142
Die Vernichtung der europäischen Juden durch die Nationalsozialisten 1939–1945

Die Karte verdeutlicht den Kriegsbeginn und vor allem den Überfall auf die Sowjetunion als entscheidende Einschnitte in der nationalsozialistischen Vernichtungspolitik gegenüber den Juden in Deutschland und Europa. Die Vernichtungslager für die europäischen Juden wurden in den von Deutschen besetzten Gebieten Polens und der Sowjetunion errichtet, d. h. außerhalb der deutschen Reichsgrenzen.

Zu Aufgabe 1 a und b, S. 142

a) Die meisten ermordeten Juden stammten aus Polen (zwischen 2,35 und 2,6 Millionen) und aus der Sowjetunion (zwischen 750 000 und 2,2 Millionen). Die Schülerinnen und Schüler erkennen in der Rassenideologie der Nationalsozialisten die Ausgangsbasis für den Völkermord an den europäischen Juden.

b) Mit dem Krieg gegen die Sowjetunion wurde der entscheidende Schritt in der nationalsozialistischen Vernichtungsstrategie getan. Das deutsche Kriegsziel der Eroberung von „Lebensraum" im Osten (Generalplan Ost) bedeutete zunächst die Vernichtung der Juden in diesen Gebieten, später der Juden aus den übrigen besetzten Ländern und schließlich die Dezimierung und Versklavung großer Teile der Bevölkerung Polens und der Sowjetunion. Als im Winter 1942 das Ende der „Blitzkriegstrategie" deutlich wurde, endete für die Verantwortlichen auch die Hoffnung auf einzurichtende Judenreservate im Osten: Die katastrophale Situation in den jüdischen Gettos (Łódź: 140 000 Menschen auf engstem Raum: Epidemien, Unterernährung etc.) verlangte nach einer Lösung, die schließlich auf der Wannsee-Konferenz mit der „Endlösung der Judenfrage" beschlossen wurde.

M 12, S. 142
Der Junge aus dem Warschauer Getto, Fotografie, 1943

Literaturtipp – zu dieser Fotografie liegt neben dem im Schülerband genannten Aufsatz von Christoph Hamann ein weiterer Artikel vor:
Habbo Knoch, Der Junge aus dem Warschauer Ghetto – Ikone des Entsetzens, in: Stiftung Haus der Geschichte der Bundesrepublik Deutschland (Hg.), Bilder im Kopf. Ikonen der Zeitgeschichte, Bonn 2011, S. 40–49.
Jürgen Stroop ließ nach der Niederschlagung des Getto-Aufstandes einen Bericht erstellen, der in dreifacher Ausfertigung vorlag. Die in Leder gebundenen Bände mit dem Titel „Es gibt keinen jüdischen Wohnbezirk in Warschau mehr!" bestanden jeweils aus vier Teilen: Einleitung, Bericht über den Verlauf der Niederschlagung des Aufstandes, Dokumentensammlung (meist Fernschreiben), Fotosammlung. Das Bild mit dem Jungen ist das 14. Foto, betitelt: „Mit Gewalt aus Bunkern hervorgeholt".
Die Identität des Jungen ist nicht eindeutig geklärt, wohl aber weiß man sicher, dass es sich bei dem kleinen Mädchen ganz links um Hanka Lamet (geb. 1937 in Warschau, gest. im KZ Majdanek) handelt. Rechts von ihr steht die Mutter Matylda Lamet Goldfinger. Nach Angaben der Gedenkstätte Yad Vashem in Jerusalem handelt es sich bei dem Jungen mit dem weißen Sack um Leo Kartuzinsky.

Von den SS-Männern im Hintergrund konnte identifiziert werden: Unterscharführer Josef Blösche, bewaffnet, im Bildhintergrund rechts. Er war wegen seiner Grausamkeit im Getto gefürchtet, lebte nach dem Krieg eine Zeit lang unentdeckt in der DDR, bis man ihn 1967 verhaftete und zum Tode verurteilte. Er hat selbst im Verhör seine Identität auf dem Foto bestätigt.
Die Bedeutung des Fotos, das längst zu einer Bildikone des Holocaust geworden ist, besteht darin, dass sich in dem Kindergesicht des Jungen Schrecken, Angst und Not der Verfolgung und drohenden Ermordung spiegeln.
Das jüdische Getto in Warschau wurde 1940 eingerichtet und 1943 nach dem fehlgeschlagenen Aufstand der jüdischen Bewohner, die hier zusammengepfercht waren, aufgelöst (siehe zur Geschichte des Gettos die Erläuterungen zu M 13 a, S. 143). In Warschau erinnern heute Gedenkplatten und in das Straßenpflaster eingelassene Bronzegrenzen an den Ort.

Zu Aufgabe 1 a und b, S. 143, zu M 12, S. 142
Siehe Erläuterungen zu M 12.
Das Bild zeigt die sich ergebenden Gettobewohner – es handelt sich überwiegend um Frauen und Kinder –, bewacht von bewaffneten SS-Männern. Den Frauen, Kindern und jungen Männern sind der Schrecken und die Hilflosigkeit anzusehen. Die SS-Leute stehen am Rand in strammer Haltung und mit eher sachlich-nüchternem Gesichtsausdruck.

Zu Aufgabe 2 a und b, S. 143, zu M 12, S. 142
Die Bildunterschrift suggeriert, es habe sich um einen tapferen Einsatz der SS gehandelt, die versteckte (möglicherweise „feige") Menschen aus dem Bunker geholt habe. Es sprechen Überlegenheit, Abwertung, Verachtung aus dieser Formulierung.

Zu Aufgabe 3, S. 143, zu M 12, S. 142
Zum historischen Hintergrund, der Geschichte des Warschauer Gettos, siehe Erläuterungen zu M 13, S. 143.
Literaturtipp zum Alltag innerhalb des Warschauer Gettos: Samuel D. Kassow, Ringelblums Vermächtnis. Das geheime Archiv des Warschauer Ghettos, Rowohlt, Hamburg 2010 (Originalausgabe 2007: „Who Will Write Our History? Emanuel Ringelblum, the Warsaw Ghetto, and the Oyneg Shabes Archive").

Ein Mitglied des Judenrates im Getto, der Historiker Emanuel Ringelblum, hatte Hunderte von Dokumenten, die über das Leben im Warschauer Getto erzählen, in Milchkannen und Metallkisten vergraben. Diese wurden im September 1946 bei Ausgrabungen zufällig entdeckt. Die Auswertung dieser Dokumente ermöglichte eine genaue Rekonstruktion der Geschichte des Warschauer Gettos.
Siehe auch das Zusatzmaterial ZM 8.2, S. 130 (Fotos eines der wenigen Häuser, die am Rande des einstigen Warschauer Gettos erhalten geblieben sind).

M 13, S. 143
Das Leiden der Opfer – Fotodokumente zur Geschichte des Holocaust

a) Ein ausgehungertes, sterbendes Kind im Warschauer Getto, 19. September 1941, Fotografie

Eine maßgebliche Säule der nationalsozialistischen Vernichtungspolitik war die Einrichtung von Gettos, in denen die Juden eingesperrt und teilweise auch ermordet wurden. Das Warschauer Getto war mit 380 000 Menschen das größte. Es wurde am 16. Oktober 1940 vom deutschen Generalgouverneur Hans Frank eingerichtet. Zu dieser Zeit lebten dort schätzungsweise 30 % der Warschauer Bevölkerung; das Getto umfasste jedoch nur 2,4 % des Stadtgebiets. Die Deutschen schotteten das Getto am 16. November durch den Bau einer Mauer von der Außenwelt ab. Während der folgenden anderthalb Jahre wurden Juden aus kleineren Städten und Dörfern dorthin gebracht. Krankheiten (vor allem Typhus) und Hunger sorgten jedoch dafür, dass die Zahl der Gefangenen etwa gleich blieb. Die durchschnittlichen Essensrationen für Juden in Warschau waren 1941 auf 253 Kalorien beschränkt (Polen 669, Deutsche 2613).
Am 22. Juli 1942 begannen die Massendeportationen aus dem Warschauer Getto; während der nächsten 52 Tage (bis zum 12. September) wurden rund 300 000 Menschen mit Zügen ins Vernichtungslager Treblinka transportiert. Die Deportationen wurden von fünfzig deutschen SS-Soldaten, 200 Soldaten der lettischen Schutzmannschaften, 200 ukrainischen Polizisten und 2500 Mitgliedern der jüdischen Getto-Polizei durchgeführt. Die Angestellten des Judenrats blieben als Belohnung für ihre Kooperation zusammen mit ihren Familien und

Verwandten zunächst von den Deportationen verschont. Zusätzlich wurden im August 1942 Getto-Polizisten unter Androhung der eigenen Deportation gezwungen, fünf Getto-Insassen persönlich am Umschlagplatz „abzuliefern“. Am 18. Januar 1943 widersetzten sich Gefangene, darunter Mitglieder der Żydowska Organizacja Bojowa (ŻOB), zum Teil mit Waffengewalt weiteren Deportationsversuchen der Deutschen.

b) Eisenacher Juden am 9. Mai 1942 auf dem Weg zum Deportationszug, der sie in das zum Getto umfunktionierte polnische Dorf Belzyce brachte, Fotografie

Im Jahr 1940 begannen – vorerst auf wenige Regionen beschränkt – die Deportationen der jüdischen Bevölkerung aus dem deutschen Reichsgebiet. Zunächst war eine Ansiedlung der Juden im Ausland vorgesehen. Der Herbst 1941 bildete den Auftakt der systematischen Deportationen. Bis 1943 – in kleineren Transporten bis 1945 – brachten die Nationalsozialisten Juden aus dem Deutschen Reich zur sofortigen oder späteren Ermordung in die Vernichtungslager in den Osten.
Am 9. Mai 1942 mussten sich 58 Eisenacher Juden vor dem Haus in der Goethestraße 48 einfinden. Um 11:06 Uhr verließ der Deportationszug den Bahnhof und fuhr über Weimar und Leipzig nach Belzyce. Als Ereignis von öffentlichem und historischem Interesse wurde die Deportation der Eisenacher Juden fotografisch festgehalten und für eine kommunale Chronik dokumentiert.

c) Massenmord an Juden in der Ukraine, Juni und September 1941, Fotografie, undatiert

Nach dem Überfall auf die Sowjetunion am 22. Juni 1941 begannen Sondereinheiten der SS und des SD mit der systematischen Verfolgung und Vernichtung der jüdischen Bevölkerung. An den Terror- und Erschießungsmaßnahmen waren auch Angehörige der Wehrmacht und der ukrainischen Miliz beteiligt. Einen schrecklichen Höhepunkt bildeten die Massenerschießungen in der Schlucht Babi Yar am 29./30. September 1941 nach der deutschen Eroberung der Stadt Kiew am 19. September 1941. Unter dem Vorwand der Umsiedlung wurden über 33 000 Juden in der Schlucht zusammengetrieben, mussten sich entkleiden, sich auf den Boden oder bereits Erschossene legen und wurden ohne Ansehen von Alter und Geschlecht erschossen.

Zu Aufgabe 1, S. 143, zu M 13, S. 143

Siehe Erläuterungen zu M 13, S. 143.
Im Unterrichtsgespräch sollte berücksichtigt werden, dass die Fotos durchweg die Perspektive der Täter wiedergeben. Die Schülerinnen und Schüler sollten sich bewusst werden, dass unser Blick auf den Völkermord geprägt ist durch Fotografien, die von den Tätern gemacht wurden.

Zu Aufgabe 2, S. 143, zu M 13, S. 143

Siehe Erläuterungen zu M 2, M 11 und M 13.
Bei der Betrachtung der Fotos werden die Schülerinnen und Schüler zu dem Ergebnis kommen, dass sich das Barbarische dieses Genozids bereits in den Deportationen zeigt. Das Gespräch über die Aufnahmen wird vor allem die Unmenschlichkeit des Vorgehens insgesamt thematisieren.

M 14, S. 144 f.
Der Publizist und Historiker Arno Lustiger über Judenretter in Europa während der NS-Zeit (2011)

Die biografische Ergänzung aus der Süddeutschen Zeitung zu diesem Interview lautet:
„Arno Lustiger wurde 1924 als Sohn einer jüdischen Familie im polnischen Bedzin geboren. Als die Nazis kamen und die Judenverfolgung begann, überlebte er mehrere Lager, darunter Auschwitz. Sein Vater und sein Bruder wurden von den Deutschen ermordet. Nach 1945 war er Mitbegründer der jüdischen Gemeinden in der Bundesrepublik und Textilunternehmer. Erst von 1985 an ging er an die Öffentlichkeit. Bekannt wurde er durch seine Kontroverse mit dem US-Historiker Raul Hilberg, der behauptet hatte, der jüdische Widerstand gegen die Nazis sei belanglos gewesen. Lustiger verfasste mehrere Bücher über Juden im Widerstand […].“
Zit. nach: Süddeutsche Zeitung vom 12./13. November 2011.

Zu Aufgabe 1, S. 145

Lustiger bestätigt in diesem Interview, dass es Deutsche gab, die sich eben nicht der „Volksgemeinschaft“ anschlossen und zu willigen Helfern der Nationalsozialisten wurden. Er nennt bekannte Persönlichkeiten, betont aber auch die Hilfe vieler Namenloser für die Verfolgten und Untergetauchten.

Berthold Beitz (geb. 1913) war nach 1945 Generalbevollmächtigter Alfried Krupps für den Krupp-Konzern. Vor 1945 arbeitete er im Management für die Montanindustrie des NS-Regimes. In dieser Funktion rettete er jüdischen Zwangsarbeitern das Leben, indem er ihre Unentbehrlichkeit für den Arbeitsprozess behauptete.
Robert Bosch (1861–1942) war der Gründer des Bosch-Konzerns, der sich im Bereich der Elektrotechnik zu einem führenden Unternehmen entwickelt hatte. Bosch stand in Verbindung mit dem Widerstand des 20. Juli 1944.
Ernst Leitz (1871–1956) war Leiter der Firma Leica, die hochwertige Kameras herstellte. Leitz – selbst NSDAP-Mitglied – verhalf jüdischen Familien zur Flucht oder er versteckte sie.
Eduard Schulte (1891–1966) war Generaldirektor der Bergwerksgesellschaft „Georg von Ziesches Erben", die vor allem das für die Rüstungsindustrie wichtige Zink produzierte. Seine hohe Position nützte Schulte, um jüdischen Menschen zu helfen. Vor allem aber informierte er jüdische Organisationen und die Geheimdienste der Alliierten über den fortschreitenden Massenmord in den besetzten Ostgebieten.
Das Interview macht deutlich, dass es nur wenige waren, die Mut hatten und Spielräume nutzten: Lustiger beruft sich auf die in der israelischen Gedenkstätte Yad Vashem geehrten Helfer, deren Zahl er mit annähernd 24 000 beziffert. Darunter sind allerdings nur fast 500 Deutsche, aber Lustiger betont, es seien weit mehr gewesen und man habe die Taten dieser Menschen, über die auch nach dem Krieg wenig bekannt geworden sei, zu wenig gewürdigt. Gleichzeitig wird im Interview auch die Zahl der Parteimitglieder genannt, die mit acht Millionen weit über der Zahl der Menschen im „Rettungswiderstand" lag.

Zu Aufgabe 2, S. 145
Den Grund für die Verweigerung einer Anerkennung der mutigen Hilfe für Verfolgte sieht Lustiger darin, dass gerade diese Menschen gezeigt hätten, dass es möglich war, Widerstand zu leisten. Dies habe denjenigen, die eben nicht geholfen hätten, ein schlechtes Gewissen verursacht, und das sei auch der Grund gewesen, warum diese Menschen über ihre Taten geschwiegen hätten.
Das eigene Schweigen begründet Lustiger folgendermaßen:
- Zunächst sei da der Gedanke gewesen, dass seine Geschichte ohnehin niemand glauben würde.
- Seine Kinder habe er vor der Wahrheit schützen wollen.
- Später sei es einerseits noch die Furcht vor dem Unglauben der anderen gewesen, aber er habe andererseits auch verdrängen und Wunden nicht wieder aufreißen wollen.

Zu Aufgabe 3, S. 145
Literaturtipps:
- Wolfgang Benz (Hg.), Überleben im Dritten Reich. Juden im Untergrund und ihre Helfer, C. H. Beck, München 2003.
- Michael Degen, Nicht alle waren Mörder, Econ, Berlin 1999.
- Peter Schneider, „Und wenn wir nur eine Stunde gewinnen". Wie ein jüdischer Musiker die Nazi-Jahre überlebte, Rowohlt, Berlin 2001.
- Barbara Lovenheim, Überleben im Verborgenen. Sieben Juden in Berlin, Siedler, Berlin 2002.
- Else Behrend-Rosenfeld, Ich stand nicht allein. Erlebnisse einer Jüdin in Deutschland 1933–1944, Europäische Verlagsanstalt, Köln 1949.

M 15, S. 145 f.
Die Interpretation des Historikers Helmut Berding (1988)
Visualisierung der Argumentation Berdings:
Er unterscheidet vier komplexe Faktorenbündel, die den Holocaust begründen.

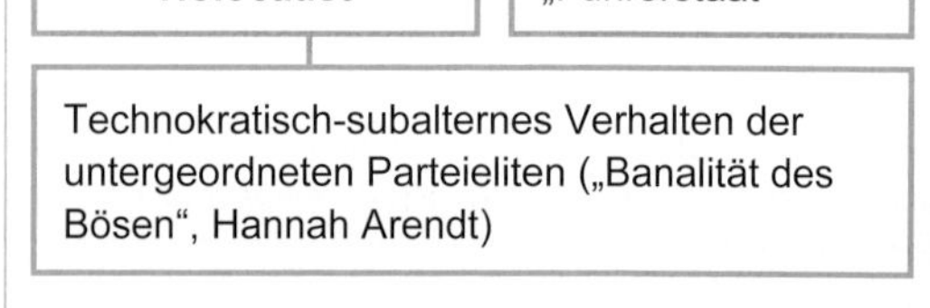

M 16, S. 146 f.
Die Deutung des Historikers Ian Kershaw (2000)
Der Ansatz des renommierten britischen Historikers (geb. 1943, Forschungs- und Lehraufträge in Manchester, München, Bochum; Professor in Nottingham und Sheffield; Emeritierung 2008) basiert auf zwei grundlegenden Annahmen:
- „Hitler hatte eine [...] Vision", aber „kein [...] Programm": Da konkrete Handlungsvorgaben fehlten, wurden diese durch Parteigenossen, Mitarbeiter und Anhänger ergänzt und nach der Zustimmung des „Führers" ausgeführt.
- Der Holocaust basiert auf einer Reihe von Entscheidungen zwischen Sommer 1941 und Frühjahr 1942, die zumindest von Himmler und Hitler getroffen wurden. Kershaw nimmt an, dass der Mord angesichts der Kriegslage im Osten und auf Drängen der SS und von den Gauleitern im „Altreich" beschlossen wurde.

M 17, S. 147 f.
Die Auffassung des Historikers Hans-Ulrich Wehler (2003)
Wehler geht davon aus, dass die NS-Vernichtungspolitik ohne Hitlers Persönlichkeit und seine Sanktionierung des Holocaust als allmächtiger „Führer" nicht durchsetzbar gewesen wäre. Wehlers Argumente:
- zentral in Hitlers Weltbild radikalisierter biologistischer Antisemitismus
- Interpretationsmonopol in Weltanschauungsfragen des charismatischen Führers
- „Führer" als letzte Entscheidungsinstanz
- Hitler = personales Entscheidungs- und Machtzentrum der europaweiten Mordaktion mit Hunderttausenden Aktivisten und Millionen Helfern

Wehler wendet sich gegen die Auffassung, der Holocaust sei nur durch einen „kumulativen Radikalisierungsprozess" zustande gekommen.

M 18, S. 148 f.
Die Interpretation des Historikers Dieter Pohl (2011)
Pohl, geb. 1964, ist derzeit Professor für Zeitgeschichte in Klagenfurt. Er sieht im weit verbreiteten Antisemitismus eine grundlegende Voraussetzung für den Massenmord an den europäischen Juden. Jedoch habe der Antisemitismus nicht allein zwangsläufig zum Massenmord führen müssen. Verantwortlich dafür sei vielmehr der Krieg mit der dadurch bedingten Gewalteskalation gewesen. Folgende Begleiterscheinungen sieht Pohl als ausschlaggebend an:
- „Zersetzung konventioneller Politikstrukturen" durch den Krieg (Z. 27 f.),
- „Utopische Pläne zur Neugestaltung und die radikale Ausbeutung besetzter Gebiete" (Z. 29 f.),
- Wetteifer extremer NS-Anhänger und SS-Eliten im Hinblick auf möglichst radikale Lösungsvorschläge,
- Aussicht auf Bereicherung.

Zu Aufgabe 1 a und b, S. 149, zu M 15 bis M 18, S. 145–149
a) Tabelle: Wissenschaftliche Erklärungsversuche für den Genozid

Berding	Zusammenspiel von vier wesentlichen Faktoren: Antisemitismus, Person Hitlers, „Führerstaat", technokratisch-subalternes Verhalten der Verwaltungseliten.
Kershaw	Zusammenspiel von „Führer" und Gefolgschaft: „Entgegenarbeiten" der Mitarbeiter und untergeordneten NS-Eliten durch konkrete Handlungsvorschläge, die von Hitler letztlich bewilligt worden seien.
Wehler	Hitler als „Führer" mit dem Weltbild des radikalisierten biologistischen Antisemitismus war das zentrale Macht- und Entscheidungszentrum mit Hunderttausenden Aktivisten und Millionen Helfern.
Pohl	Die Voraussetzung für den Genozid lag im Antisemitismus, die konkrete Umsetzung war bedingt durch die Gewalteskalation im Kriegsverlauf, die konventionelle Politikstrukturen außer Kraft setzte.

b) Gemeinsam ist allen Ansätzen die besondere Bedeutung, die dem biologistisch ausgerichteten Antisemitismus beigemessen wird. Daneben werden in unterschiedlicher Gewichtung das charismatische Element der Herrschaft Hitlers und die Radikalisierung durch den Krieg hervorgehoben.

M 19, S. 149
Der Historiker Peter Longerich über das Verhalten der deutschen Bevölkerung 1933–1935 (2006)

Longerich weist den Propaganda-Aktionen des Regimes im Hinblick auf die Distanzierung der deutschen von der jüdisch-deutschen Bevölkerung nur geringe Bedeutung zu. Nach seiner Auffassung sind es die gesetzlichen Maßnahmen (Nürnberger Gesetze, 1935), die eine Segregation und einen Abbruch der sozialen Beziehungen herbeiführen. Dabei konstatiert er außerdem eine parteigebundene Perspektive in vielen zeitgenössischen Quellen, die übertreibend und den tatsächlichen Vorgängen nicht entsprechend die Zufriedenheit der Bevölkerung mit der Trennung zwischen jüdischen und nichtjüdischen Menschen hervorgehoben hätten.

Zu Aufgabe 1, S. 149, zu M 19, S. 149

Siehe Erläuterungen zu M 19, S. 149.

M 20 a–c, S. 149 f.
Ereignisse im Jahr 1938

a) Die Historikerin Marion Kaplan über Reaktionen auf den Novemberpogrom 1938 (2001):

Als unterschiedliche Reaktionen der deutschen Bevölkerung auf den Novemberpogrom 1938 nennt Marion Kaplan:
- zügellose Brutalität und Beteiligung vieler
- gezielte Unwissenheit
- gelegentliche Freundlichkeit
- Ausnutzung der jüdischen Nachbarn

b) Der Historiker Christoph Nonn über Verhaltensweisen der Käufer bei den „Arisierungen" (2008):

Nonn unterscheidet bei den „Arisierungen" drei Verhaltensweisen:
- rücksichtslose Bereicherung auf Kosten der jüdischen Verkäufer
- aktives Vorantreiben der Arisierungen aus Eigennutz
- hinhaltenden Widerstand der Handelskammer-Elite und älterer Unternehmer (Motive: traditionelle Moralbegriffe, persönliche Verbundenheit mit jüdischen Geschäftsfreunden), später Entschädigung der jüdischen Verkäufer durch Sonderzuwendungen oder Bezahlen angemessener Preise

c) Der Historiker Peter Longerich über das Verhalten der deutschen Bevölkerung 1938 (2006):

Longerich wertet den Novemberpogrom von 1938 als „vollständigen Ausschluss der Juden aus dem wirtschaftlichen und gesellschaftlichen Leben". Er charakterisiert die Reaktion der deutschen Bevölkerung folgendermaßen:
- Widerwillen gegen Gewalt und Zerstörung
- relativ starke Ablehnung und Empörung
- offizielle Interpretation der „passiven Hinnahme" als Zustimmung rechtfertigt kaum die NS-Propagandakampagne im Winter 1938/39 nach dem Pogrom
- Schwierigkeiten der Kampagne:
  - „jüdische Gefahr" nach sechs Jahren Judenverfolgung unglaubwürdig
  - angebliche internationale jüdische Dominanz außenpolitisch riskant
  - ungünstiges Klima für scharfen Antisemitismus
- Desinteresse = Übersättigung mit antisemitischer Propaganda

Zu Aufgabe 1, S. 150

Siehe Erläuterungen zu M 20 a–c sowie die Visualisierung, S. 125.

M 21, S. 151
Forschungsergebnisse des Historikers Peter Longerich zu der Frage, was über den Judenmord bekannt war (2006)

Longerich geht der Frage nach, was die Deutschen während des Kriegs über den Holocaust erfuhren, und kommt zu folgenden Ergebnissen:
- im Jahr 1942: Gerüchte über Erschießungen der Juden im Osten weit verbreitet
- zweite Jahreshälfte 1942: indirekte Bestätigung der Gerüchte durch die Parteikanzlei und verstärkte antisemitische Propaganda sowie Rechtfertigung der immer offener bekannten Judenvernichtung als Prophylaxemaßnahme, „öffentliches Geheimnis": deutsche Bevölkerung als Mitwisser und Zeuge des Massenmords
- Frühjahr 1943: neue Richtung der NS-Propaganda: Im Falle einer Kriegsniederlage werde das deutsche Volk für die Judenvernichtung zur Verantwortung gezogen.
- ab Mitte 1943: mit immer wahrscheinlicher werdender Niederlage zunehmender Unwille der Bevölkerung, sich mit dem Massenmord an den Juden zu befassen

Die Deutschen und die Judenverfolgung (Historikermeinungen)

	Gemeinsamkeiten	Unterschiede
Kaplan	– gezielte Unwissenheit – Ausnutzung jüdischer Nachbarn – Hilfe und Unterstützung	– Brutalität und Beteiligung an Ausschreitungen
Nonn	– Ausnutzung jüdischer Nachbarn – Hilfe und Unterstützung	– aggressives Vorantreiben der Arisierung
Longerich	– gezielte Unwissenheit, Desinteresse	– Widerwillen gegen Gewalt – Übersättigung mit antisemitischer Propaganda

- große Grauzone zwischen Wissen und Unwissen
- Zurücktreten des Themas in der NS-Propaganda und der Deutschlandpropaganda der Alliierten 1944/45 förderte Verdrängung
- vorherrschende Haltung = zur Schau getragene Indifferenz und Passivität = Versuch, sich der Verantwortung durch Ahnungslosigkeit zu entziehen

Zu Aufgabe 1, S. 151
Siehe Erläuterungen zu M21.

Zu Aufgabe 2, S. 151
Siehe Erläuterungen zu M21.
Die Schülerinnen und Schüler erkennen, dass laut Longerich die Informationspolitik des NS-Regimes zum Ziel hatte, die deutsche Bevölkerung zu Mitwissern und Mitschuldigen am Völkermord an den europäischen Juden zu machen; das Regime wollte sich damit die Angst der Bevölkerung vor Vergeltungsmaßnahmen nach einer etwaigen Kriegsniederlage zunutze machen, um letzte Kräfte für den Krieg zu mobilisieren.

Methode – Filmanalyse

M 1, S. 152
Filmplakat zu „Am Ende kommen Touristen", Deutschland, 2007

Das *Filmplakat* zeigt den Protagonisten Sven halb verdeckt hinter einem Postkartenständer (Ansichtskartenmotive von Auschwitz, dem Ort, der zum Synonym des Holocaust geworden ist, als Reiseziel) am Kiosk vor dem Lager.

Bei dem *Film* handelt es sich nicht um einen klassischen Historienfilm in dem Sinn, dass ein historisches Ereignis, eine historische Entwicklung oder ein historisches Phänomen vorgeführt würde. Vielmehr spielt der Film in der Gegenwart an einem historischen Ort und setzt sich mit Formen der Erinnerung und Begegnung mit der Geschichte des Ortes Auschwitz auseinander. Daneben werden Aspekte des schwierigen deutsch-polnischen Verhältnisses gezeigt. Schließlich sorgen eine angedeutete Liebesgeschichte und die persönliche Reifung des Protagonisten für ein hohes Identifikationspotenzial der Zuschauerinnen und Zuschauer. Im Zentrum steht die Geschichte einer Beziehung zwischen dem jungen Zivildienstleistenden Sven und dem alten „Zeitzeugen" und Auschwitz-Überlebenden Krzeminski. Diese Vielschichtigkeit der Handlungsebenen (vgl. Zusatzmaterial ZM 8.3, S. 131) sichert neben der klugen Figurenkonstellation und -zeichnung sowie der vorsichtig und sparsam eingesetzten Symbolik die Qualität des Films.
Zur Symbolik: Nur andeutungsweise bezieht der Film die Erkennungszeichen des Holocaust (Wachtürme, ein Stück Zaun, Kofferberg) mit ein. Geradezu leitmotivisch zieht sich das Symbol der Koffer der Ermordeten durch den Film: Krzeminski repariert die Koffer und zuweilen wirkt seine Arbeit an diesen Koffern wie ein Versuch, das eigene Trauma zu bewältigen. Die Gedenkstättenverwaltung aber will lediglich eine fachgemäße Konservierung, also den Erhalt der Gegenstände für den dokumentarischen Zweck. Gegenüber gestellt werden hier Versuche der Bewältigung und Verarbeitung sowie die Intention der Dokumentation und des politisch korrekten Gedenkens.

Literaturtipp: Eine praxisnahe Anleitung zur Filmanalyse gibt Werner Faulstich, Grundkurs Filmanalyse, UTB, 2. Aufl., Paderborn 2008.

Planen Sie eine Exkursion

M 1, S. 154
Im Dokumentationszentrum der Gedenkstätte Bergen-Belsen, Fotografie, 2007

Das KZ Bergen-Belsen war etwa 40 Kilometer nördlich von Hannover bei Celle gelegen. In den Jahren des Zweiten Weltkrieges wurde es zu einem großen Kriegsgefangenenlager und mit dem Vorrücken der sowjetischen Front nach Westen zu einem berüchtigten Auffanglager für die Transporte von KZ-Insassen aus dem Osten. Etwa 90 Prozent der Kriegsgefangenen starben bis 1942 in dem Lager, in dem erst allmählich Unterkünfte entstanden, an Hunger, Kälte und Krankheiten. Danach besserte sich die Situation etwas bis 1944. Ab diesem Zeitpunkt erreichten die Transporte von Häftlingen aus Auschwitz und anderen Lagern im Osten Bergen-Belsen. Im August wurde beispielsweise zusätzlich ein Zeltlager für weibliche Häftlinge eingerichtet, Krankheiten – vor allem Typhus – breiteten sich rasant aus und forderten eine hohe Zahl an Todesopfern (Anne Frank verstarb im Alter von 15 Jahren in Bergen-Belsen an Typhus). Die britischen Truppen befreiten das Lager am 15. April 1945. Es bot sich ihnen ein Anblick des Grauens: Sie fanden über 50 000 kranke und hungernde Überlebende vor, die inmitten einer Menge von etwa 10 000 unbeerdigten Leichen vegetierten. Viele von ihnen starben noch Tage später.

Auf dem Gelände des ehemaligen Lagers ist heute eine internationale Gedenkstätte eingerichtet. Seit 2007 präsentiert eine neu errichtete Dokumentationsstätte die Geschichte des Lagers.

Literaturtipps:
Bergen-Belsen. Historischer Ort und Gedenkstätte. hg. von der Stiftung niedersächsischer Gedenkstätten, Celle 2010.
Bergen-Belsen. Kriegsgefangenenlager 1940–1945, Konzentrationslager 1943–1945, Displaced Persons Camp 1945–1950. Katalog der Dauerausstellung, Wallstein, Göttingen 2009.

Zur Fotografie:
Eine junge Frau betrachtet die Registrierungsfotos aus dem Warschauer Aufstand von 1944 (nicht zu verwechseln mit dem Warschauer-Getto-Aufstand, 1943). 1944 versuchten sich die Bewohner Warschaus mithilfe der Polnischen Heimatarmee einerseits gegen die deutschen Truppen und andererseits gegen die vorrückende Sowjetarmee zu behaupten. In einem Aufstand, der 63 Tage andauerte und der als der größte Aufstand in der Zeit des Zweiten Weltkrieges gegen die Besatzer gilt, setzten sich die Bewohner Warschaus zur Wehr. Die deutschen Truppen ermordeten dabei zwischen 20 000 und 50 000 Warschauer Männer, Frauen und Kinder.

Die Fotografie kann ebenso wie das Filmplakat (M 1, S. 152) zur Reflexion über die Begegnung mit der Geschichte des Genozids und des Massenmordes durch das NS-Regime und seine Helfer anregen. Das Tafelbild „Gedenken, Erinnern, Verarbeiten der NS-Verbrechen“ könnte die Ergebnisse aus dem Unterrichtsgespräch zusammenfassen.

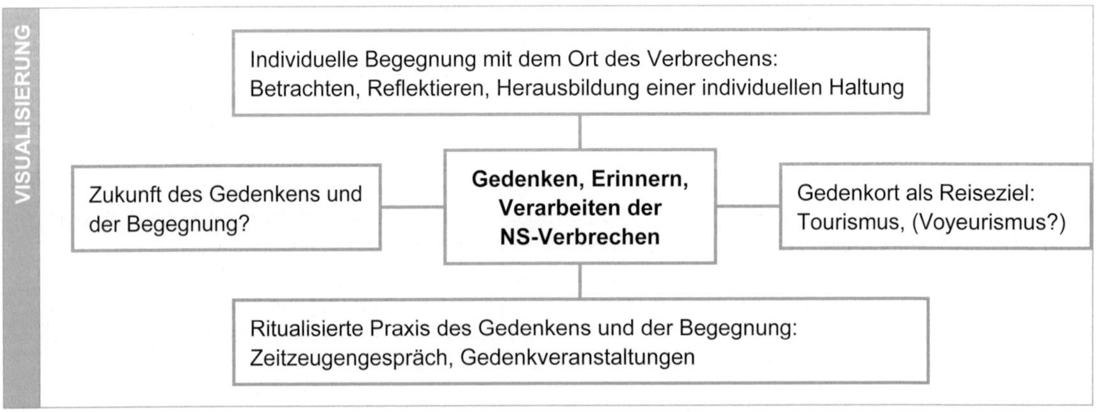

M 2, S. 155
Ohnesarg – ein Gedicht von Ilse Blumenthal-Weiss (1984)
Ilse Blumenthal-Weiss (1899–1987) stammte aus Berlin und arbeitete vor ihrer Flucht nach Holland als Turnlehrerin. 1943 wurde sie dort von den deutschen Besatzern gefangen genommen und 1944 nach Theresienstadt deportiert. Ihr Ehemann und ihr Sohn wurden in den Lagern ermordet, sie selbst überlebte und ließ sich 1947 in New York nieder. Seit ihrer Jugend verfasste sie Gedichte.
Das Gedicht wiederholt in sechs der zwölf Verse monoton die verfremdende Ortsbezeichnung. Die Worte lassen sich semantisch den Bereichen Tod und Vernichtung zuordnen. Die parataktische Anordnung der Sätze verdichtet die Wirkung von Zwangsläufigkeit und Unausweichlichkeit. Auffällig ist der Doppelpunkt im letzten Vers, der nach einer Alliteration den gesamten Text auf das letzte Wort konzentriert.

Zu Aufgabe 2, S. 155
Die wichtigsten Ursachen für den Völkermord:
- Biologistisch orientierter Rassenantisemitismus
- Gewalteskalation im Lauf des Zweiten Weltkriegs
- Befehls- und Gehorsamsstrukturen innerhalb des NS-Herrschaftssystems
- Charismatische Bindung zwischen „Führer" und „Volksgemeinschaft"
- Technokratisch-bürokratische Strukturen innerhalb der NS-Verwaltung, die für eine Distanz der Befehlsgeber zu den Ausführenden der Massenmorde sorgten
- „Banalität des Bösen" (Hannah Arendt): Unreflektierte Unterordnung unter den Willen der NS-Obrigkeit
- Beseitigung bürgerlichen Wertebewusstseins im Laufe der Etablierung einer „Volksgemeinschaft"
- Druck auf eine zunehmende Entsolidarisierung gegenüber jüdischen Mitbürgern seit 1933
- Aussicht auf Bereicherung und Karriere

Sachkompetenz

Zu Aufgabe 1, S. 155
Der Völkermord an den europäischen Juden:
1939–1941: Übergang von der Verfolgung zum Völkermord: Eroberung von Gebieten mit einem größeren Anteil an jüdischer Bevölkerung. Seit Kriegsbeginn in Polen („Blitzkrieg"): Massaker, spontane Mordaktionen durch Einsatzkommandos der SS und Polizeieinheiten im Gefolge der Wehrmacht. Errichtung des Generalgouvernements. Pläne zur Errichtung von „Judenreservaten" im Osten, Madagaskar-Plan (parallel dazu: Euthanasiemorde im Reich). Einrichtung von Gettos, erste Deportationen aus dem Reich seit 1941.
1942–1943: Systematisierung der Mordaktionen, Wannsee-Konferenz im Januar 1942, Errichtung der Vernichtungslager in den eroberten polnischen Gebieten, weitere Massaker im Rahmen des Russland-Feldzuges (Kommissar-Befehl, Barbarossa-Erlass); Einsatz von Zyklon B in Auschwitz.
1944–1945: „Evakuierungen" der Häftlinge aus dem Generalgouvernement in das Reich mit dem Vorrücken der Sowjetarmee. Todesmärsche, katastrophale Situation (Hunger, Krankheit, Kälte) in den Konzentrationslagern im Westen, besonders in Bergen-Belsen.

Methodenkompetenz

Zu Aufgabe 3, S. 155
Siehe Erläuterungen zu M 2, S. 155.

Zu Aufgabe 4, S. 155
Literaturtipp: Peter Reichel, Erfundene Erinnerung. Weltkrieg und Judenmord in Film und Theater, Fischer, Frankfurt/M. 2007.

Urteilskompetenz

Zu Aufgabe 5, S. 155
Das Verhalten der nichtjüdischen Deutschen gegenüber ihren jüdischen Mitbürgern ist innerhalb der Kategorien Hilfe und Unterstützung (geringe Zahl), Teilnahme und schlechtes Gewissen, Gleichgültigkeit und Desinteresse sowie aktive Verfolgung und Ausbeutung zu beschreiben. Eine Beurteilung des Verhaltens wird sich entsprechend moralisch-ethischer Maßstäbe, aber auch unter Berücksichtigung existenzieller Bedrohungen vornehmen lassen. Die Schüler sollten berücksichtigen, dass sie ihr Urteil aus heutiger Perspektive fällen. Sie sollten in diesem Zusammenhang die Bedeutung der Menschenrechte würdigen.

VISUALISIERUNG

Kriterien und Kategorien zur Beurteilung des Verhaltens der Deutschen

Normative Werte	Grundrechte: Menschenwürde, Gleichheitsprinzip, Freiheitsprinzip
Wertbestimmungen der Philosophie	Etwa die platonische „Idee des Guten", die Vernunftidee der Aufklärung etc.
Dimensionen des Wissens und Verstehens	Kenntnisse über Ausgrenzung, Entrechtung, Verfolgung und Ermordung sowie über die geringere Durchsetzungskraft der Euthanasie aufgrund des Protestes im Reich; Verstehen der Zusammenhänge zwischen Ideologie und Umsetzung; Verstehen der Motive von Menschen, die geholfen oder nicht geholfen haben
Perspektivität	Sichtweise eines heutigen Betrachters, Sichtweise und Erfahrungshorizont der Zeitgenossen damals
Emotionen	Analyse der eigenen Emotionen und deren Bedingtheit gegenüber den Inhalten von Verfolgung und Völkermord

Zu Aufgabe 6, S. 155

Vgl. zur moralischen Dimension der Beschäftigung mit dem Holocaust folgende *Literaturtipps*:

Wolfgang Meseth und Mathias Proske, Riskantes Lernen. Moralische Erwartungen und der Geschichtsunterricht über den Nationalsozialismus und Holocaust (http://lernen-aus-der-geschichte.de/Lernen-und-Lehren/content/9438).

Phil C. Langer, Daphne Cisneror, Angela Kühner, Aktuelle Herausforderungen der schulischen Thematisierung von Nationalsozialismus und Holocaust. In: Themenheft „Holocaust Education" der Bayerischen Landeszentrale für politische Bildung 1/2008.

Aleida Assmann, Der lange Schatten der Vergangenheit. Erinnerungskultur und Geschichtspolitik, C. H. Beck, München 2006.

„Dass die schulische und außerschulische Auseinandersetzung mit der Geschichte des Nationalsozialismus und dem Massenmord an den europäischen Juden und anderen Bevölkerungsgruppen nicht nur auf das bloße Lernen historischer Daten, Hintergründe und Zusammenhänge zielt, scheint unmittelbar einleuchtend. Mündigkeit, Autonomie und Urteilsbildung gehören zu den konstitutiven Aufgabenstellungen und Zielsetzungen moderner Pädagogik, die seit und mit Theodor W. Adornos berühmtem Vortrag ‚Erziehung nach Auschwitz' auch für den pädagogischen Umgang mit der NS-Geschichte in Geltung sind. Es gehört zum erinnerungspädagogischen *common sense,* dass es im Geschichtsunterricht oder in Führungen an Erinnerungs- und Gedenkorten immer auch darum gehe, die Schüler/-innen bzw. Teilnehmer/-innen pädagogisch so anzusprechen, dass die moralische Verurteilung der nationalsozialistischen Ausschließungen, Deportationen und Morde als Verbrechen gegen die Menschlichkeit als eigenständiges Urteil selbst mit vollzogen wird, dass also das Lernen aus der Geschichte auch die historisch-moralische Urteilsbildung der Lernenden erreicht. Lernen im Themenfeld Nationalsozialismus und Holocaust müsse in diesem Sinne immer *historisches* und *moralisches* Lernen sein. Während sich historisches Lernen an der Leitfrage ‚Was ist unter welchen Voraussetzungen wie und warum geschehen?' orientiert, ist moralischem Lernen die Frage unterlegt ‚Wie beurteile ich das historische Geschehen auf der Folie moralischer Kriterien wie Schuld, Verantwortung und Achtung und mit Blick auf mögliche moralische Konflikte in der Gegenwart?'"

Wolfgang Meseth/Mathias Proske: Riskantes Lernen, zit. nach: http://lernen-aus-der-geschichte.de/Lernen-und-Lehren/content/9438.

In der schulischen Praxis wird es beim Thema Holocaust darum gehen, die moralische Dimension zwar nicht zu vernachlässigen, sie aber auch nicht mit überdeutlich mahnendem Gestus in den Vordergrund zu stellen. Ernsthaftigkeit und eine authentische Haltung des Lehrers bilden dafür eine gute Basis. Es gilt, dem Bedürfnis der Lernenden, die die Zusammenhänge verstehen wollen, nachzukommen. Also sollten Aufklärung, Wissensvermittlung und die Beantwortung von Fragen an erster Stelle stehen.

Zusatzmaterial ZM 8.1 zu Aufgabe 1, S. 139	Etappen der nationalsozialistischen Verbrechen an den Juden

Verbrechen an den deutschen und europäischen Juden

Entrechtung und Verfolgung	Boykott der Geschäfte, 1.4.1933 Entfernung aus den Beamtenstellen, 7.4.1933 rechtliche und rassistische Diskriminierung in den Nürnberger Gesetzen, 15.9.1935 weitere schrittweise Entrechtung, bis 1939 organisierter Terror in der „Reichskristallnacht“, 9.11.1938 Verdrängung aus den meisten Berufen, „Arisierung“ der Vermögen Pläne zur staatlich verordneten Auswanderung, seit 1939	***„Territoriale Endlösung“***
Ermordung aller europäischen Juden	Vernichtungsankündigung Hitlers, 30.1.1939 Massenerschießungen polnischer Juden nach dem Sieg über Polen, Herbst/Winter 1939 Deportationen in polnische Gettos, 1939/40 Pläne zur Deportation nach Madagaskar, 1940, nach Sibirien, 1941 Massenerschießungen von Juden in den eroberten Gebieten der Sowjetunion 1941/42 Wannsee-Konferenz zur „Endlösung der europäischen Judenfrage“, 21.1.1942 Deportation der Juden aus dem deutschen Herrschaftsbereich in Vernichtungslager im Osten, bis Herbst 1944	***„Physische Endlösung“***
	Tötung von ca. 6 Mio. Juden, bis 1945	

Zusatzmaterial ZM 8.2 zu Aufgabe 3, S. 143	Erhaltenes Gebäude am Rande des einstigen Warschauer Gettos

Fotografie: *Dagmar Bäuml-Stosiek, 2010*

Nur wenige Häuser des einstigen Warschauer Gettos sind heute noch erhalten. Sie befinden sich am Rande des früheren Kleinen Gettos und verfallen zunehmend. In der Umgebung werden zahlreiche moderne Hochhäuser mit Glas und Betonfassaden gebaut.

1 Stellen Sie begründete Vorschläge zusammen, was mit diesen Gebäuden geschehen soll.

Zusatzmaterial ZM 8.3 zu M 1, S. 152	Handlungsebenen im Film „Am Ende kommen Touristen“

Beziehungsgeschichte	Der Protagonist Sven (Zivildienstleistender aus Deutschland) soll den Auschwitz-Überlebenden Krzeminski chauffieren und betreuen. Zunächst wohnt er neben ihm, der ihm abweisend und unfreundlich begegnet. Er lernt allmählich den Menschen hinter dem „Zeitzeugen“ kennen und schätzen. Zuletzt engagiert sich Sven für Krzeminski in der Angelegenheit der Koffer der Ermordeten, die Krzeminski repariert anstatt sie zu konservieren, wie es die Verwaltung der Gedenkstätte will. Er vermittelt Krzeminski unerlaubt weitere Koffer von Ermordeten, obwohl die Verwaltung der Gedenkstätte dagegen ist.
Liebesgeschichte	Ania, die polnische Dolmetscherin, führt als Expertin durch die Gedenkstätte, die für sie in erster Linie ein Arbeitsplatz ist. Es findet eine Annäherung zwischen der jungen deutsch sprechenden Polin und dem Zivildienstleistenden statt. Sie zeigt ihm den Ort aus ihrer Sicht, der Perspektive einer jungen Frau, die ihre Heimatstadt verlassen und Europa kennen lernen will. Das Liebesverhältnis beginnt, als Sven eher zufällig in Anias Wohnung ein Zimmer bekommt. Offen bleibt die Frage, wie es weitergeht, als Ania sich erfolgreich um ein Stipendium in Brüssel beworben hat.
Geschichte einer persönlichen Reifung	Sven, der gar nicht nach Auschwitz wollte, sondern nach Amsterdam, findet sich in dem Ort nur langsam zurecht. Allmählich lernt er die besonderen Bedingungen in Auschwitz verstehen und kann trotz weiterer Schwierigkeiten zunehmend besser mit den Bedingungen einer solchen Gedenkstätte umgehen. Die Rüge, die er wegen seines Einsatzes für Krzeminski erhält, und das Zerwürfnis mit Ania veranlassen Sven, seine Koffer zu packen. Am Bahnhof trifft er auf eine Schulklasse, die seine Hilfe braucht: Er weist der Gruppe den Weg. Ob er zurückkehrt, bleibt offen.
Deutsch-polnisches Verhältnis	Am Anfang stehen die Verständigungsschwierigkeiten und Vorurteile: Sven sind das Land und die Sprache fremd. Polnische Jugendliche sowie Krzeminski und seine Freunde machen sich über „den Deutschen“ lustig. Aber im Handlungsverlauf werden mögliche Bezüge angedeutet: Krzeminski hört auf den Autofahrten mit Sven gerne Schuberts romantische Wilhelm-Müller-Vertonungen. Zwischen Sven und Ania beginnt eine Liebesgeschichte.
Umgang mit der Vergangenheit in der Gegenwart	Zunächst begegnet Sven den standardisierten Formen der Gedenkarbeit: Gespräch über emotionale Eindrücke des Gedenkstättenbesuchs, Führung durch Auschwitz I, Zeitzeugengespräch, Errichtung eines Denkmals auf dem Gelände von Auschwitz III. Svens Verhältnis zu dem Ort wandelt sich mit seinem zunehmenden Verständnis für den Menschen Krzeminski und mit dem Beginn seiner Liebesbeziehung zu Ania. Anstatt einer pflichtgemäßen Gedenkarbeit stehen bei ihm schließlich Verständnis und Authentizität.

Kapitel 9
Die deutsche Außenpolitik 1933–1939

Zu Aufgabe 1, S. 158

Die Doppelstrategie der NS-Außenpolitik (hier kann auch mit Blick auf M6, S. 162 f. gearbeitet werden):

Öffentliche Friedensbeteuerungen und Signale von Verhandlungsbereitschaft	*Aufrüstung, taktische Vorbereitung des Krieges, gewaltsames Vorgehen*
– Konkordat mit dem Vatikan, Juli 1933 – Nichtangriffspakt mit Polen, Jan. 1934 – Flottenabkommen mit England, Juni 1935 – Jan. 1935: Rückgliederung des Saarlandes durch Volksabstimmung nach den Regeln des Völkerbundes (aber: massive NS-Propaganda) – Ausrichtung der Olympischen Spiele (Olympischer Friede) in Berlin, 1936 – Ausnutzung der Appeasementpolitik GBs: Münchener Abkommen, 1938	– Austritt aus dem Völkerbund, Okt. 1933 – Einführung der allgemeinen Wehrpflicht, März 1935 – Einmarsch in das Rheinland, März 1936 – Unterstützung Francos im Span. Bürgerkrieg ab 1936 (Testeinsatz für dt. Luftwaffe) – Bündnis zwischen dem Dt. Reich und Italien, Okt. 1936 (Achse Berlin–Rom) – Antikominternpakt mit Japan, Nov. 1936 – Annexion Österreichs, März 1938 – Annexion des Sudetenlandes, Sept. 1939 – Besetzung Tschechiens, März 1939 – Überfall auf Polen, Sept. 1939

Zu Aufgabe 2, S. 158

Für die Bewertung der NS-Außenpolitik als langfristige Strategie spricht:

Durchweg blieb erkennbar, dass das NS-Regime zunächst eine Revision, dann eine völlige Beseitigung der Bedingungen des Versailler Vertrages anstrebte. Alle Schritte in den Jahren 1933–38 dienten diesem Ziel. Auch der Aufrüstung lag eine langfristige Strategie zugrunde (vgl. Kap. 5 des Schülerbandes). Das Ziel der „Eroberung von Lebensraum" war bereits im Programm von 1920 (vgl. S. 30, Artikel 3, Schülerband) formuliert. Es handelte sich also um ein langfristiges Ziel, das in den Jahren seit 1933 verfolgt wurde. Fraglich ist allerdings, ob man tatsächlich von einer Strategie, also von einem langfristig planvollen Vorgehen sprechen kann.

Gegen die Bewertung der NS-Außenpolitik als langfristige Strategie spricht:

Ereignisse wie die Rückgliederung des Saarlandes waren durch völkerrechtliche Absprachen nach den Pariser Friedensverträgen bedingt. Gleichwohl führte der Einsatz propagandistischer Mittel zu einem eindeutigen Votum der Wähler bei der vorgesehenen Volksabstimmung. Das NS-Regime nützte hier also eine Situation, die durch Rahmenbedingungen vorgegeben war, die außerhalb seines Einflussbereiches lagen. Gerade die Vertragspolitik zwischen 1933 und 1939 zeigt, wie sehr situativbedingtes Kalkül hier bestimmend wirkte: Das Flottenabkommen mit Großbritannien und der Nichtangriffspakt mit Polen dienten dem Zweck, die gemeinsame Linie der Weltkriegs-Alliierten Großbritannien und Frankreich aufzubrechen. Der Nichtangriffspakt mit Polen erschütterte die Festigkeit des französisch-polnischen Bündnisses und das Flottenabkommen förderte die Verhandlungsbereitschaft der Briten mit dem Deutschen Reich. Ähnlich verhält es sich mit der Festigung des Bündnisses mit Italien, Spanien, Japan, die sich ab 1936 vor allem aufgrund des Spanischen Bürgerkrieges vollzog.

Fazit: Zwar folgte die Außenpolitik des NS-Regimes grundlegenden programmatischen Zielen, die lange vor der Machtübernahme bereits formuliert wurden (Revision bzw. Aufhebung der Bestimmungen von Versailles, „Eroberung von Lebensraum"). Aber die tatsächlichen Maßnahmen belegen eine geschickte Ausnutzung bestehender außenpolitischer Situationen, Konstellationen und Spielräume. Insbesondere nutzte das NS-Regime das Verständnis, das vor allem in Großbritannien für eine Veränderung der durch die Pariser Friedensverträge geschaffenen europäischen Ordnung vorhanden war. Diese Ordnung wurde auch von der britischen Politik als ungerecht und gescheitert angesehen. Die Forderung nach einer Gleichberechtigung Deutschlands war schon im Vertrag von Locarno (1925) und im Beitritt Deutschlands zum Völkerbund (1926) akzeptiert worden.

M 1, S. 159
Aus der Reichstagsrede Adolf Hitlers vom 17. Mai 1933
Die Quelle, ein sogenanntes externes, für die Öffentlichkeit bestimmtes Dokument, beteuert die friedlichen Absichten der Nationalsozialisten in der Außenpolitik. Im Einzelnen werden folgende zentrale Thesen formuliert:
- Europa wird von der kommunistischen Sowjetunion bedroht.
- Die gewaltsame Änderung des europäischen Status quo stört das Gleichgewicht der Mächte und zieht immer neue kriegerische Auseinandersetzungen nach sich.
- Neue Kriege bedeuten neue Opfer und große wirtschaftliche Not.
- Neue Kriege führen zum Zusammenbruch der europäischen Gesellschafts- und Staatenordnung.
- Deutschland will den Frieden erhalten.

M 2, S. 159
Aus Hitlers sogenanntem „Friedensprogramm" im Reichstag, 21. Mai 1935
Die Reichstagsrede reiht einzelne Beteuerungen friedlicher Außenpolitik aneinander und wirkt aus heutiger Perspektive lügenhaft und in extremer Weise verschleiernd.
Folgende Forderungen werden aufgestellt:
- Betonung der Souveränität unabhängiger und freier Nationalstaaten in Europa
- Recht auf eigenes „Innenleben" (Z. 14 f.) für jedes Volk in Europa
- Keine Handlungsmotivation des NS-Regimes bei Eingrenzung des Bolschewismus auf das russische Territorium
- Revision des Versailler Vertrages auf friedlichem Weg
- Kein Anspruch auf Angliederung Österreichs an das Deutsche Reich

Die Rede richtet sich an den Reichstag, der zu diesem Zeitpunkt bereits als reines Akklamationsforum für die propagandistischen Äußerungen des Regimes bestand. Hier verkündeten Hitler und die Paladine des „Führerstaates" Parolen, die für eine größere Öffentlichkeit und das Ausland bestimmt waren. Zum Zeitpunkt dieser Reichstagsrede war die Wiedereinführung der Wehrpflicht bereits vollzogen worden (März 1935) und das deutsch-britische Flottenabkommen wurde vorbereitet. Es handelt sich also um eine einerseits beschwichtigende und andererseits taktisch lancierte Rede, die die Doppelstrategie Hitlers belegt.

M 3, S. 160
Niederschrift des Obersten Hoßbach über eine Besprechung Hitlers mit führenden Militärs und einigen Regierungsvertretern am 5. November 1937
Zum Quellenwert: Der vollständige Text stellt eine Gedächtnisnotiz von mehreren Druckseiten dar, welche fünf Tage nach der Unterredung angefertigt wurde. Damit handelt es sich natürlich nicht um eine wörtliche Wiedergabe der Ausführungen Hitlers. Aber wie die historische Debatte über den Quellenwert des „Hoßbach-Protokolls" ergeben hat, gibt es ein erstaunlich genaues Bild von Hitlers Plänen. Dabei ist allerdings nicht zu entscheiden, ob diejenige Fassung des Textes, die beim Nürnberger Prozess verwendet wurde, auch in jedem Satz mit dem von Hoßbach ursprünglich verfassten Text identisch ist (vgl. Bernd Jürgen Wendt, Großdeutschland. Außenpolitik und Kriegsvorbereitung des Hitler-Regimes, dtv, München ^{2}1993, S. 1 ff.).
Zur Quelle: Der Text, ein sogenanntes internes, nur für einen ausgewählten Kreis und nicht für die Öffentlichkeit bestimmtes Dokument, lässt folgende wesentliche Ziele Hitlers erkennen:
- Das deutsche Volk benötigt mehr Siedlungs- bzw. „Lebensraum" für seine Erhaltung und Sicherung.
- Die Erhaltung und Sicherung des deutschen Volkes kann weder mit (außen-)wirtschaftlichen Mitteln auf liberal-kapitalistischer Grundlage noch durch die Ausbeutung von Kolonien garantiert werden.
- Die Gewinnung von „Lebensraum" für das deutsche Volk ist nur mit Gewalt, also durch Krieg durchzusetzen.

M 4, S. 160 f.
Aus Hitlers Rede vor der deutschen Presse über die Aufgabe der Propaganda für die deutsche Außenpolitik, 10. November 1938
Diese Rede soll nach dem Anschluss Österreichs im März 1938 und nach dem Münchener Abkommen im September 1938 die Presse auf eine gezielte und massive Propagierung von Kriegsbereitschaft innerhalb der deutschen Bevölkerung hinfüh-

ren. Zu Beginn begründet Hitler seine Strategie der Friedensbeteuerungen, die nötig gewesen sei, um die Aufrüstung voranzutreiben und dem „deutschen Volk" – tatsächlich der NS-Politik – die Freiheit zu verschaffen, weitere Schritte der Ausweitung und Eroberung von Macht vorzunehmen (Z. 5–9).
Nun aber fürchtet Hitler, dass ein defätistischer Geist in der Bevölkerung des Deutschen Reiches die kriegerischen Ziele seiner Führung konterkarieren könnte. Die Presse wird dazu aufgefordert,

- erstens die Kriegsbereitschaft innerhalb der Bevölkerung durch entsprechende (auf Gewaltbereitschaft abzielende) Artikel und Formulierungen zu fördern,
- und zweitens die außenpolitische Lage so darzustellen, dass die Bevölkerung den Eindruck gewinnt, andere Nationen versuchten das Deutsche Reich zu unterdrücken oder in seinem Freiheitswillen zu beschränken.

Letztlich ergeht die Aufforderung Hitlers an die deutsche Presse, eine „fanatisch[e]" (Z. 45, 48) Geschlossenheit und Überzeugung innerhalb der deutschen Bevölkerung für den künftigen Krieg herzustellen.

Zu Aufgabe 1 a–c, S. 161
Siehe Erläuterungen zu M 1–M 4, S. 159–161.

M 5, S. 161
Staatsformen in Europa und die Expansion des Deutschen Reiches 1933–1939

Die Karte verdeutlicht zum einen, dass autoritäre und antidemokratische Bewegungen in den 20er- und 30er-Jahren in zahlreichen Ländern, vor allem im Süden und Südosten des Kontinents an die Macht gekommen sind, dass also der Faschismus ein gesamteuropäisches Phänomen war. Dabei ist jedoch auf die Singularität des Nationalsozialismus hinzuweisen, der allein ein umfassendes Vernichtungsprogramm besaß („Kampf um Lebensraum im Osten", „Endlösung der Judenfrage"). Zum anderen kann die Karte zur Veranschaulichung der Stationen nationalsozialistischer Aggression vor Beginn des Zweiten Weltkrieges dienen; insofern ergänzt die Karte die ausführliche Darstellung im Schülerband, S. 156–158.

M 6, S. 162 f.
NS-Außenpolitik 1933–1939

Die Übersicht lässt grobe Entwicklungslinien erkennen, etwa die Doppelstrategie Hitlers, die in einer vordergründig friedlich orientierten Propaganda und einer tatsächlich insgeheim vorangetriebenen Aufrüstung und Kriegsvorbereitung bestand (siehe Erläuterungen zu Aufgabe 1, S. 158).
Die Schülerinnen und Schüler können diese Übersicht genauer betrachten, wenn sie dazu aufgefordert werden, die Außenpolitik des NS-Regimes zwischen 1933 und 1939 in bestimmte Phasen einzuteilen. Die folgende Gliederung ist möglich:

Zeitraum	*Ziele und Inhalte der Außenpolitik*	*Hintergründe*
1933–1934	Friedenspropaganda und Signale von Verhandlungsbereitschaft	Festigung der Diktatur im Inneren des Reiches
1935–1936	Revision des Versailler Vertrages, Aufrüstung und Friedensbekundungen	Fortschreitende Umsetzung der NS-Ideologie angesichts unangefochtener Herrschaft über das Reich
1937–1938	Kriegsvorbereitungen, Ausweitung des „Lebensraumes"	Fortschritt der Aufrüstung, Ausschöpfen der Verhandlungsspielräume bis an die äußersten Grenzen
1939	Maßnahmen zum Zweck der Förderung des Krieges	Ende der Verhandlungsbereitschaft des Auslandes

M 7, S. 163
Der Historiker Hans-Ulrich Wehler über die NS-Außenpolitik (2009)

Wehler stellt fest, dass die deutsche Außenpolitik vornehmlich ab 1935/36 die innere „Erfolgsbilanz" übertraf, zumal im Inneren des Reiches durch die forcierte Aufrüstung neue Versorgungsschwierigkeiten entstanden.
Zwecke der NS-Außenpolitik:

- Absicherung der Konsolidierung des Systems und Streben nach außenpolitischer Absicherung angesichts des bestehenden Rüstungsdefizits

- Forcierte Revision des Versailler Vertrages
- Vorbereitung der Expansion des NS-Reiches
- Erhöhung des inneren Konsenses in der Bevölkerung des Deutschen Reiches durch Fixierung auf außenpolitische Ziele

Zu Aufgabe 1, S. 163
Siehe Erläuterungen zu M7. Die Wirkung der deutschen Außenpolitik entsprach weitgehend den Zwecken, die Wehler formuliert.

Zu Aufgabe 2, S. 163
Siehe Erläuterungen zu M5 und M6. Die „vier Zwecke" Wehlers entsprechen den vier Phasen, die in den Erläuterungen zu M6 beschrieben wurden.

M8, S. 163 f. Aus den Tagebucheintragungen Victor Klemperers über die innenpolitischen Wirkungen der Wiederbesetzung des Rheinlandes (1936)

Zur Person: Victor Klemperer (1881–1960) wurde als achtes Kind in einer jüdischen Familie in Landsberg an der Warthe geboren. Sein Vater war Rabbiner in der dortigen jüdischen Reformgemeinde. Später zog die Familie nach Berlin. Nach einer kaufmännischen Ausbildung und dem Abitur studierte er Philosophie, Germanistik und Romanistik in München, Genf, Paris und Berlin. 1906 heiratete er Eva Schlemmer, eine junge Pianistin. 1912 konvertierte Klemperer zum Protestantismus. Nach seiner akademischen Ausbildung arbeitete er als Lektor in Neapel. 1915 meldete er sich als Kriegsfreiwilliger. 1920 übernahm er den Lehrstuhl für Romanistik an der Technischen Hochschule Dresden. Bis 1935 lehrte Klemperer an dieser Hochschule, dann wurde er aufgrund der nationalsozialistischen Rassengesetze aus seinem Lehramt vertrieben. Er versuchte außerhalb der Hochschule zunächst weiter wissenschaftlich zu arbeiten. Die ständig zunehmenden Repressionen gegen Juden verhinderten nun auch seinen Zutritt zu öffentlichen Bibliotheken. Victor Klemperer musste seine wissenschaftliche Arbeit aufgeben. Er hielt seine Eindrücke des Alltags im nationalsozialistischen Deutschland in täglichen Notizen fest. Seine nichtjüdische Ehefrau Eva hielt in der ganzen Zeit der Entrechtung und Bedrohung zu ihm und verhinderte so seine Deportation. Sie sorgte für sein Leben und sicherte auch seine Aufzeichnungen. So blieben seine Tagebuchnotizen erhalten und wurden 1995 postum unter dem Titel „Ich will Zeugnis ablegen bis zum letzten" veröffentlicht. Sie sind eine kritische Chronik des nationalsozialistischen Deutschlands aus der Perspektive eines verfolgten Juden.
1940 musste die Familie Klemperer ihr Haus in Dresden-Dölzschen verlassen. Sie lebte in verschiedenen Unterkünften und wohnte dann bis zu den Bombenangriffen vom 13./14. Februar 1945 im sogenannten „Judenhaus" in Dresden. Nach Kriegsende kehrte das Ehepaar in sein Haus in Dresden-Dölzschen zurück. Victor Klemperer wurde KPD-Mitglied. Seit 1947 bis zu seinem Tod am 11. Februar 1960 lehrte er an den Universitäten in Greifswald, Halle und Berlin. Er wurde ordentliches Mitglied der Akademie der Wissenschaften der DDR. Als Vertreter des Kulturbundes zog er 1950 als Abgeordneter in die Volkskammer der DDR ein. Neben den Tagebüchern vermittelte seine Schrift LTI (*Lingua Tertii Imperii,* Sprache des Dritten Reichs) den Blick eines ausgegrenzten und bedrohten jüdischen Intellektuellen auf Alltag und Sprache der deutschen Gesellschaft in den Jahren der nationalsozialistischen Herrschaft.
Zum historischen Hintergrund:
Nach der letzten – bereits manipulierten – Wahl am 5. März 1933 rief das NS-Regime die deutsche Bevölkerung noch weitere vier Male zu den Urnen, und zwar immer dann, wenn es eine neue Machtkonstellation bzw. eine außenpolitische Maßnahme nachträglich zu legitimieren galt: Am 12. November 1933 wurde über den Austritt des Deutschen Reiches aus dem Völkerbund abgestimmt, am 19. August 1934 folgte die Akklamation zur Vereinigung des Reichspräsidentenamtes mit dem des Reichskanzlers nach dem Tod Paul von Hindenburgs. Am 29. März 1936 wurde das Regime zur Besetzung des Rheinlandes ermächtigt und am 10. April 1938 wurde die massenhafte Zustimmung zum Anschluss Österreichs eingeholt.
Im Ausland sollten diese Abstimmungen die Einheit zwischen „Führer" und Volk demonstrieren, im Inland war es das Ziel, durch diese Abstimmungen die Solidarität der „Volksgemeinschaft" zu betonen.
Zum Text: Victor Klemperer vermerkt eine überschwängliche Zustimmung zur Rheinlandbesetzung in der deutschen Bevölkerung und äußert sich persönlich sehr bedrückt und resigniert. Er hat angesichts der allgemeinen Euphorie in der deutschen

Bevölkerung keine Hoffnung mehr darauf, dass das Regime auf absehbare Zeit wieder an Macht verlieren könnte.

Zu Aufgabe 1, S. 164 (zu M 8)

Reaktionen auf die Rheinlandbesetzung durch deutsches Militär:

- Allgemeine Zustimmung der deutschen Bevölkerung
- Ablenkung von innenpolitischen Schwierigkeiten und von der Ausgrenzung und Entrechtung der jüdischen Bevölkerung
- Polarisierung zwischen dem „bösen“ Bolschewismus und dem „guten“ Nationalsozialismus
- Akzeptanz des Vorgehens der NS-Machthaber durch das Ausland als Aufwertung des Erfolges

M 9, S. 164
Hitler erläutert Carl J. Burckhardt sein Lebensraum-Programm, 11. August 1939

Carl J. Burckhardt war seit 1929 Dozent für Geschichte an der Universität Zürich und seit 1932 Professor in Genf. 1937 wurde er Diplomat als Hoher Kommissar für den Freistaat Danzig, der seit dem Ende des Ersten Weltkrieges unter der Verwaltung des Völkerbundes stand. In dieser Eigenschaft sprach Burckhardt am 11. August 1939 auf Hitlers Berghof (Obersalzberg) vor und überlieferte die Äußerung Hitlers, die in der Schülerausgabe abgedruckt ist (Carl J. Burckhardt, Meine Danziger Mission 1937–1939, München 1960).

Zur Biografie Burckhardts, insbesondere zu seiner Tätigkeit und Verantwortung als Hoher Kommissar des Völkerbundes und als leitender Funktionär des Internationalen Roten Kreuzes, siehe die Website des Historischen Lexikons der Schweiz: www.hls-dhs-dss.ch/textes/d/D11624.php.

Wenn die Aussage von Hitler in der zitierten Weise gemacht wurde, so bekundet er hier seine alleinige Absicht, das kriegerische Handeln des Deutschen Reiches gegen Russland zu richten. Will man dieser Argumentation folgen, so könnte eine Schlussfolgerung sein, dass Hitler den Vorwurf erhoben hat, der Krieg mit Großbritannien und Frankreich sei durch die Uneinsichtigkeit des Westens verursacht worden.

Zu Aufgabe 1, S. 164 (zu M 9)

Siehe Erläuterungen zu M 9.

M 10, S. 164 f.
Geheimes Zusatzprotokoll zum deutsch-sowjetischen Nichtangriffspakt vom 23. August 1939

Zum historischen Hintergrund: Die Unterzeichnung des Hitler-Stalin-Paktes am 23. August 1939 war eine wichtige Etappe auf dem Weg zum Zweiten Weltkrieg: Für Hitler bedeutete das Abkommen mit seinem ideologischen Todfeind keineswegs die Aufgabe seiner umfassenden Pläne zur Gewinnung von „Lebensraum im Osten“. Umgekehrt gab ihm erst die Einigung mit Stalins Sowjetunion „freie Fahrt“ für den lange geplanten Überfall auf Polen, wobei durch den Nichtangriffspakt mit der Sowjetunion der in Deutschland gefürchtete Zweifrontenkrieg vermieden werden sollte. Das Abkommen wurde also von Hitler lediglich als erster Schritt zur Verwirklichung des von der Ideologie geforderten Vernichtungskriegs gegen Juden und „slawische Untermenschen“ und für den „Endkampf“ mit der „bolschewistisch-jüdischen Weltverschwörung“ und ihrem Zentrum Moskau angesehen.

Für Stalin bedeutete der Nichtangriffspakt mit Hitler-Deutschland – neben dem durch ihn ermöglichten und erwünschten territorialen Zugewinn – eine Art Sicherheitsgarantie, die einen (nach den Erfahrungen ausländischer Interventionen im Bürgerkrieg 1918–1921) erwarteten kapitalistischen Überfall auf die Sowjetunion verhindern oder zumindest verzögern sollte. Wichtig ist dabei, dass Stalin zur Verhinderung der „kapitalistischen Einkreisung“ eine Doppelstrategie verfolgte und auch mit Frankreich und England über ein gemeinsames Bündnis gegen Nazi-Deutschland verhandelte; die Verhandlungen scheiterten aber – nicht zuletzt am gegenseitigen Misstrauen – und die UdSSR intensivierte dann die Gespräche mit Deutschland über die Normalisierung der gegenseitigen Beziehungen.

Die für die damalige Weltöffentlichkeit und die Aktivitäten der nationalsozialistischen und kommunistischen Parteien überraschende Übereinkunft der ideologischen Todfeinde Hitler und Stalin diente – nicht zufällig – immer wieder als Bestätigung der Totalitarismustheorie: Zwei gleichermaßen antidemokratische und aggressiv-expansionistische, von einer allumfassenden Ideologie bestimmte Ein-Parteien-Systeme mit totalitärem Führer hätten sich auf Kosten ihrer Nachbarn geeinigt und die territoriale „Beute“ aufgeteilt.

Auf jeden Fall wurden die westlichen Teile des deutschen Einflussbereichs am 1. November 1939 als

„Warthegau“ und „Reichsgau Danzig-Westpreußen“ mit dem Deutschen Reich vereint, die polnische Bevölkerung dieser Provinzen in das am 12. Oktober gegründete „Generalgouvernement“ ausgewiesen, in dem Gestapo-, SD-, SS- und Polizeieinheiten „Sonderaufgaben“ (Terror- und Vernichtungsaktionen an Polen und Juden) durchführten. Die UdSSR ihrerseits annektierte nach Truppeneinmarsch in Ostpolen (17. September) und systematischer „Säuberung“ durch Einheiten der Geheimpolizei von „klassenfremden Elementen“ dieses Gebiet am 1. und 2. November 1939; die Westukraine wurde der Ukrainischen Sowjetrepublik, Westweißrussland der Weißrussischen Sowjetrepublik angegliedert. Schließlich wurden nach der Besetzung der Republiken Estland, Lettland und Litauen durch sowjetische Truppen vom 15. bis zum 17. Januar 1940 die Baltenrepubliken bis zum 6. August als nunmehr sozialistische Sowjetrepubliken in die UdSSR eingegliedert.

Zur Quelle: Die zentralen Bestimmungen des geheimen Zusatzprotokolls lauten:

- Finnland, Estland, Lettland sowie das rumänische Bessarabien werden der sowjetischen Interessensphäre zugeordnet.
- Der Fortbestand Polens wird infrage gestellt, eine Aufteilung Polens zwischen Deutschland und der Sowjetunion angestrebt.

Zu Aufgabe 1, S. 165 (zu M 10)

Siehe Erläuterungen zu M 10.

M 11, S. 165
„Mal sehen, wie lange die Flitterwochen dauern werden!“, englische Karikatur, September 1939

Schon die Bildunterschrift liegt Zweifel daran, ob die hier noch einträchtig und verliebt scheinenden „Ehepartner“ Hitler und Stalin auch in Zukunft so friedlich miteinander umgehen werden. Ein zukünftiger Ehekrach scheint wahrscheinlich.

Zu Aufgabe 1, S. 165 (zu M 11)

Die Schülerinnen und Schüler stellen die unterschiedlichen Reaktionen der europäischen Großmächte auf den deutschen Kriegskurs dar:

- Italien – deutscher Bündnispartner,
- Frankreich – stärkste Bedrohungslage,
- Großbritannien – „Appeasement“-Politik,
- Sowjetunion – nach Konfrontationspolitik ab Sommer 1939 Hitler-Stalin-Pakt.

M 12, S. 165
Joseph Goebbels über die politischen Ziele der NSDAP, 5. April 1940

Goebbels spricht zu einem Zeitpunkt, als der Frankreichfeldzug begann und binnen kurzer Zeit zur Besetzung Nordfrankreichs führte. Er äußert sich in siegesgewisser Pose vor der Presse und wertet die französische Haltung gegenüber dem Deutschen Reich als ein für den Bestand der eigenen Nation unkluges Verhalten ab:

- Man habe Hitlers Ziele in „Mein Kampf“ nachlesen können.
- Man habe seitens der französischen Politik aber auf eine Abwehr verzichtet.
- Nun sei das Deutsche Reich rüstungstechnisch überlegen.

Zu Aufgabe 1, S. 165 (zu M 12)

Im Zusammenhang der Rede von Joseph Goebbels bezeichnet das Zitat eine radikale Konfrontation zwischen dem demokratischen Frankreich und dem diktatorischen Deutschen Reich. Ein friedliches Nebeneinander kann es für Goebbels nicht geben, vielmehr geht er von einer kriegerischen Eskalation aus, für die er Deutschland zum gegebenen Zeitpunkt gut gerüstet sieht. Losgelöst aus dem Kontext der Rede des Propagandaministers und aus heutiger Perspektive kann sich eine Diskussion über die zögerliche und abwartende Haltung des Auslandes gegenüber dem Deutschen Reich unter NS-Herrschaft entwickeln. Die Frage lautet dann: Hat die internationale Politik der Dreißigerjahre versagt angesichts der aggressiven Haltung des „Dritten Reiches“? Für die Berechtigung dieses Vorwurfes spricht:

- Tatsächlich sind die kriegerischen Ziele Hitlers in „Mein Kampf“ bereits formuliert.
- Die Aufrüstung im Deutschen Reich blieb auch für das Ausland unverkennbar, zumal mit dem Austritt aus dem Völkerbund, der Wiedereinführung der Wehrpflicht und der Besetzung des Rheinlandes vor der Weltöffentlichkeit Maßnahmen in diese Richtung getroffen wurden.
- Vertragsbrüche wie der Bruch mit dem Vertrag von Locarno im Zusammenhang mit der Besetzung des Rheinlandes signalisierten deutlich die zunehmende Unberechenbarkeit des Deutschen Reiches.
- Die Friedensbeteuerungen konnten angesichts der martialischen Formierung und Selbstdarstel-

lung der „Volksgemeinschaft“ nur wenig überzeugen.
Gegen den Vorwurf des kompletten Versagens der internationalen Politik spricht:
- Die „Legalitätstaktik“ des Regimes suggerierte eine neue und andere Politik und die Einhaltung rechtsstaatlicher Prinzipien.
- Eine (friedliche) Revision des Versailler Vertrages wurde von der britischen Politik durchaus akzeptiert, da dessen harte Bedingungen keine Stabilität gewähren konnten. (Die Hinnahme des Bruches von Locarno durch die Garantiemächte mag dieser Einsicht geschuldet gewesen sein.)
- Die außenpolitischen Erfolge Hitlers basierten bis 1937 auf der Vermeidung einer kriegerischen Konfrontation und die Bündnispolitik des Reiches suggerierte auch für die Zukunft Verhandlungslösungen.

Fazit: Proteste und warnende Stimmen internationaler Beobachter weisen sehr wohl daraufhin, dass die Gefahr eines Krieges überdeutlich wurde. Andererseits akzeptierte das westliche Ausland prinzipiell die von Hitler lautstark geforderte Revision des Versailler Vertrages und glaubte an eine mäßigende Wirkung von Zugeständnissen. Hinzu kommen innenpolitische Schwierigkeiten Frankreichs und Großbritanniens, die verhinderten, dass beide Nationen die internationale Lage konzentriert und mit großer Präsenz verfolgen konnten.
Siehe auch Zusatzmaterial ZM 9.1, S. 141.

Erarbeiten Sie Präsentationen

Thema 1, S. 166

Literaturtipp:
Rainer Rother, Riefenstahls Olympia. Die Olympischen Sommerspiele 1936 als filmisches Event, in: Gerhard Paul (Hg.), Das Jahrhundert der Bilder, Bd. I, Vandenhoeck, Göttingen 2009, S. 506–513.

Thema 2, S. 166

Literaturtipp:
Erica J. Fischer und Heinz D. Fischer (Hg.), Die Entlarvung Hitler-Deutschlands. Das Dritte Reich in Karikaturen von Pulitzer-Preisträgern, Lit-Verlag Berlin, 2008.

M 1, S. 166
Werbeplakat der deutschen Fremdenverkehrszentrale für die Olympischen Spiele 1936 in Berlin

Historischer Hintergrund: Die Entscheidung für Berlin als Austragungsort der Olympischen Spiele war bereits 1931 gefallen, als in Deutschland noch ein demokratisches System bestand. Unter der NS-Diktatur gab es sowohl Stimmen in Deutschland wie auch im Ausland, die die Durchführung der Spiele nicht wünschten. Während sich aber in Deutschland vor allem Stimmen aus dem nationalsozialistischen Lager gegen einen sportlichen Wettbewerb mit „niederen Rassen“ regten, gründete die Skepsis des Auslandes auf den diskriminierenden und rassistischen Maßnahmen, die seit 1933 seitens des NS-Regimes ergriffen wurden. Letztlich nutzten die Machthaber das Ereignis, um die neue Herrschaft des Nationalsozialismus wirksam in Szene zu setzen. Das Propagandaministerium besorgte eine werbewirksame Inszenierung der internationalen Großveranstaltung.

Zum Plakat: Das abgedruckte offizielle Werbeplakat des Berliner Grafikers Franz Würbel wurde nach einem Wettbewerb unter zahlreichen Entwürfen deutscher Grafiker ausgewählt. Im Bild ragt von rechts unten die Quadriga des Brandenburger Tores dunkel in das sonst hell erleuchtete, in Gelbtönen gehaltene Bild des Olympioniken mit Siegerkranz und den fünf Ringen im Hintergrund. Der olympische Sieger, ein den „nordischen“ Kriterien entsprechender Typus, hat den rechten Arm zum Gruß erhoben.

Aussage: Im Bild wird der Austragungsort Berlin symbolisch angedeutet durch die Quadriga auf dem Brandenburger Tor. Diese dient auch der Herstellung eines Bezuges zwischen antiken Formen des sportlichen Wettbewerbes (Quadriga: zweirädriger Streitwagen, gezogen von vier Zugtieren) und dem nationalsozialistischen auf Körperkult und biologistisch determinierten Rassismus ausgerichteten Menschenbild. Das Plakat zeigt die Indienstnahme der Olympischen Spiele für die ideologischen Ziele des Nationalsozialismus.

M 2, S. 166
US-Karikatur aus „The Nation", New York, zur Rede Hitlers am 17. Mai 1933
Zum Bild: Die Darstellung zeigt von unten links bis in den Horizont (Bildmitte) hinein Soldatenreihen, über die im Vordergrund (Boden mit Hakenkreuz) ein großes Kanonenrohr ins Bild ragt. Am Ende des Kanonenrohres ist das Gesicht Hitlers zu sehen, die Öffnung des Kanonenrohres ist sein Mund und aus diesem strömen eine Rauchwolke und eine Friedenstaube.
Aussage: Die Friedensbeteuerungen sind lediglich ein vordergründiges Manöver, während tatsächlich eine massive Aufrüstung stattfindet.

M 3, S. 167
„Der Mann mit dem Doppelgesicht und den sich widersprechenden Erklärungen", französische Karikatur aus „Le Rempart", November 1933
Bildsymbolik: Frack, Friedenstaube, geschlossener Mund signalisieren einerseits Friedfertigkeit und zivilisierte Haltung, Stahlhelm, Gewehr, Gasmaske bzw. Totenkopf, Handgranaten am Gürtel, Säbel und zum Stechschritt weit nach vorne gestrecktes Bein weisen überdeutlich auf kriegerische Absichten hin.

M 4, S. 167
„Adolf in the Lookingglas", britische Karikatur aus dem „Punch" vom 2. Dezember 1934
Bildbeschreibung: Die Karikatur stellt Adolf Hitler dar, der in einer theatralischen Pose vor einem großen Spiegel steht. Der aus seitlicher Perspektive zu sehende Hitler ist zivil gekleidet, trägt neben einer Armbinde mit dem Hakenkreuz auf seiner linken Hand eine weiße Taube und in seiner rechten Hand eine Blume mit einem langen Stängel und mehreren Blüten. Das dem Betrachter zugewandte Spiegelbild Hitlers ist mit einer Uniform bekleidet, ergänzt durch einen Helm und Stiefel. Statt der Blume trägt das Spiegelbild einen Säbel, statt der weißen Taube befindet sich ein großer schwarzer Adler auf seinem Arm. Die Mimik des Spiegelbildes verrät einen entschlossenen und unfreundlichen Menschen. Am oberen Ende des Spiegels befindet sich die Aufschrift „*Foreign Opinion*" (Ansicht/Meinung von außen).
Deutung: Der Titel der Karikatur bietet einen Einstieg in die Analyse des Bildes: Der mit dem Vornamen angeredete Hitler wird in einer privaten Sphäre gezeigt. Er betrachtet sein Spiegelbild, das ihn demaskiert. Der durch eine Blume und die Friedenstaube friedliche Absichten suggerierende Hitler wird im Spiegelbild mit seinen nationalen (Reichsadler) und kriegerischen (gezückter Säbel) Zielen dargestellt. Die englische Zeitung „Punch" macht darauf aufmerksam, dass den nach außen vorgetragenen Friedensbekundungen (Nichtangriffspakt mit Polen, Friedensreden) kein Glauben geschenkt werden darf, dass stattdessen der Austritt aus dem Völkerbund und der absehbare Bruch des Versailler Friedensvertrages zusammen mit der Militarisierung Deutschlands eindeutige Hinweise dafür sind, dass der aggressive Hitler seine außenpolitischen Ziele mit kriegerischen Mitteln zu erreichen sucht. Im Spiegel der ausländischen Meinung (Presse) wird der Friedenspolitiker Hitler als Kriegspolitiker entzaubert.

Sachkompetenz

Zu Aufgabe 1, S. 167
Motive für die Friedensbeteuerungen Hitlers nach 1933:
- Verschleierung der aggressiven und expansiven Ziele
- Streben nach Verminderung des Misstrauens und der Vorbehalte des Auslandes gegen seine Regierung
- Folglich: Verhinderung einer internationalen Bündnispolitik gegen das Deutsche Reich

Zu Aufgabe 2, S. 167
Zur Revision des Versailler Vertrages wurden folgende Maßnahmen ergriffen:
- Austritt aus dem Völkerbund (Verminderung internationaler Aufsicht und Kontrolle)
- Vertragsbruch (z. B. Bruch des Vertrages von Locarno und Bruch des Versailler Vertrages durch Rheinlandbesetzung und Einführung der Allgemeinen Wehrpflicht)
- Vorgebliche Berufung auf das Selbstbestimmungsrecht der Völker im Rahmen der Annexionen seit 1938
- Festigung des Bündnisses mit weiteren faschistischen Mächten (Achse Berlin–Rom)

Zu Aufgabe 3, S. 167
Methoden der deutschen Außenpolitik:
- Manipulation (Presse, Propaganda, Inszenierung)
- Provokation (Vertragsbrüche, Grenzüberschreitung)
- Absicherung durch Aufrüstung (Vierjahresplan, Wiedereinführung der Wehrpflicht)
- Abkehr vom System kollektiver Sicherheit, Nutzung bilateraler Absprachen

Methodenkompetenz

Zu Aufgabe 4, S. 167
Siehe Erläuterungen zu M 2 bis M 4.
Gemeinsam ist allen drei Karikaturen, dass sie auf die Doppelstrategie Hitlers hinweisen. Übereinstimmend trägt Hitler in allen drei Karikaturen die Friedenstaube auf der Hand bzw. diese fliegt ihm voraus. Unterschiede bestehen in der stilistischen Konzeption: Die französische Karikatur betont den janusköpfigen Charakter Hitlers, die britische zielt eher auf Selbst- und Fremdbild ab und die US-Karikatur rückt die friedliche Maske ganz deutlich in den Fokus. Diese Maske verliert vor den enormen Rüstungsanstrengungen jegliche Glaubhaftigkeit.

Urteilskompetenz

Zu Aufgabe 5, S. 167
Der Hitler-Stalin-Pakt war die Folge eines situativ bedingten Kalküls der deutschen Außenpolitik:
- Denn langfristig hatte Hitler stets den ideologischen Widerspruch zwischen der NS-Weltanschauung und dem Kommunismus betont.
- Die Mitglieder der KPD waren die Ersten, die nach der Machtübernahme im Januar 1933 verfolgt wurden.
- Auch die Vertragspolitik des NS-Regimes war durch eine antisowjetische Haltung geprägt (Antikominternpakt).

Die Garantieerklärungen, die Großbritannien und Frankreich nach der Einnahme Tschechiens für Polen abgaben, zwangen Hitler zum Bündnis mit dem ideologischen Todfeind, damit der Zweifrontenkrieg vermieden werden konnte.

Zu Aufgabe 6, S. 167
Die These von Marie-Luise Recker bezieht sich auf das sogenannte Liebmann-Protokoll, das nach dem protokollführenden Generalleutnant benannt ist, der die Ansprache Hitlers vor einem kleinen Kreis von Befehlshabern des Heeres am 3. Februar 1933 in Berlin aufgezeichnet hat. Gemäß diesen Aufzeichnungen schlug der erst vor wenigen Tagen ernannte Reichskanzler genau diese Maßnahmen vor.
Die weitere Entwicklung zeigt, dass das hier sehr früh skizzierte Vorhaben vollständig umgesetzt wurde. Mit Blick auf das Liebmann-Protokoll könnte durchaus von einer langfristigen Strategie Hitlers gesprochen werden. Allerdings gehört zu einem solchen risikoreichen Vorgehen auch, dass jeweils situationsbedingt taktiert werden musste (Beispiel: Hitler-Stalin-Pakt, 1939).
Siehe hierzu die beiden wesentlichen Beiträge von Thilo Vogelsang und Andreas Wirsching in den Vierteljahresheften für Zeitgeschichte 2 (1954, Heft 4, S. 397–436) und 49 (2001, Heft 3, S. 517–550); online unter: www.ifz-muenchen.de/heftarchiv.html.

Zusatzmaterial ZM 9.1
zu Aufgabe 1, S. 165

Europäische Mächte und USA – innenpolitische Lage und Politik gegenüber Hitler-Deutschland

Großbritannien
- Wirtschaftliche Schwierigkeiten (Folgen der Weltwirtschaftskrise)
- Beginnender Zerfall des Kolonialreiches
- Orientierung nach Übersee
- Interesse an einem Mächtegleichgewicht in Europa
- Interesse an einem mächtigen Deutschen Reich als Puffer gegen eine befürchtete Expansion des Kommunismus

Frankreich
- Wirtschaftskrise
- Innenpolitische Krise („Volksfrontregierung“ aus Sozialisten und Kommunisten: Streit wegen Nichteinmischung in den Spanischen Bürgerkrieg)
- Militärische Schwäche
- Bündnispolitik als Schutz gegen die Aggressionen des Deutschen Reiches

Deutsches Reich unter NS-Herrschaft

Doppelstrategie Hitlers: Friedensreden und Kriegsvorbereitung

USA
- Bekämpfung der Wirtschaftskrise unter Präsident F. D. Roosevelt (1933–45): „New Deal“
- Ausbau der wirtschaftlichen Beziehungen zu Süd- und Mittelamerika
- Votum des Kongresses für einen isolationistischen Kurs (Nichteinmischung in europäische Angelegenheiten)

Sowjetunion
- Propagierung des „Sozialismus in einem Land“ unter Stalin
- Forcierte Industrialisierung
- Radikale Durchsetzung der Diktatur durch Terror und Säuberungen (Hinrichtung von 80 Prozent der sowjetischen Korps- und Divisionskommandeure sowie 90 Prozent der Stabsoffiziere in den Jahren 1936–38)
- Hohes Interesse an der Sicherheit der Westgrenze und gleichzeitig Versuche der Expansion nach Westen (Polen)

Kapitel 10
Der Zweite Weltkrieg 1939–1945

M 1, S. 169
Deutsche Heereseinheiten beim Vormarsch während des Polenfeldzuges, Fotografie, September 1939
Den Auftrag zur Vorbereitung einer Offensive gegen Polen erteilte Hitler bereits Ende März 1939. Die deutsche Wehrmachtführung konnte von einer beträchtlichen quantitativen und qualitativen Überlegenheit ausgehen. Dass der Feldzug gegen Polen siegreich enden würde, stand außer Frage. Schwieriger zu lösen war das Problem der Haltung Englands und Frankreichs im Falle des Krieges. Hitler kalkulierte allerdings bewusst einen neuen großen europäischen Krieg ein.
Grenzprovokationen wie etwa der fingierte „Überfall“ angeblich polnischer Freischärler auf den Radiosender Gleiwitz und letztlich der Beschuss der polnischen Garnison durch die Besatzung des Linienschiffes Schleswig-Holstein auf der Westerplatte bei Danzig eröffneten den Krieg. Rasch wurde das Land besetzt. Die NS-Propaganda sprach vom „Feldzug der 18 Tage“, tatsächlich kapitulierte Warschau am 28. September 1939. Am 6. Oktober gestanden die letzten polnischen Truppen ihre Niederlage ein.
Der Sieg der Wehrmacht war einerseits der Taktik des „Blitzkrieges“ geschuldet: Geschlossene Panzerverbände und Sturzkampfbomber sorgten zunächst für eine massive Brechung des Widerstandes polnischer Truppen, danach rückte eine große Zahl von Militäreinheiten (siehe Foto) nach und überwältigte den Gegner in wenigen großen Kesselschlachten. Andererseits waren es die technische Überlegenheit der deutschen Wehrmacht und die Isolation Polens zwischen dem Deutschen Reich und der Sowjetunion, die diese rasche Niederlage begründeten.

M 2, S. 170
Hiroshima nach dem Atombombenabwurf, Fotografie, 1945
Der Abwurf der Atombombe über Hiroshima beendete zwar den Zweiten Weltkrieg, aber er ist darüber hinaus auch das Ereignis, das die neue Epoche des Kalten Krieges nach 1945 einleitete. Der Atompilz und Aufnahmen der zerstörten Städte Hiroshima und Nagasaki wurden zum Symbol des Atomzeitalters und zur Mahnung gegen den Krieg. Noch vor Pearl Harbour, im Oktober 1941, traf Präsident Roosevelt die Entscheidung für den Bau der Bombe. Das *Manhattan-Projekt,* ein US-Programm zur Entwicklung der Bombe wurde begründet, zahlreiche emigrierte Wissenschaftler – unter ihnen Robert J. Oppenheimer – arbeiteten an diesem Projekt mit. Nach einem Test am 16. Juli 1945 in der Wüste von New Mexico wurde die Hiroshima-Bombe („Little Boy“) bis Ende Juli einsatzbereit montiert. Am 6. August 1945 um 8.15 Uhr warf eine US-amerikanische Bomberstaffel auf Befehl des Präsidenten Truman die Bombe ab. Sie explodierte etwa eine Minute später 580 Meter über Bodennull. Vermutlich starben in Hiroshima etwa 140 000 Menschen bis Dezember 1945 an den unmittelbaren Folgen des Atombombenabwurfs. Man schätzt, dass an den Spätfolgen allein in Hiroshima nochmal 350 000 Menschen zu Tode kamen.
Literaturtipp:
Florian Coulmas, Hiroshima. Geschichte und Nachgeschichte, C. H. Beck München 2005.

Zu Aufgabe 1, S. 171
Zum Kriegsbeginn und Verlauf:
- Am 1. September 1939 überfällt Deutschland Polen und erreicht Mitte September die im Hitler-Stalin-Pakt markierte Interessenlinie.
- Nach deutschen Blitzkriegen gegen die nördlichen und westlichen Nachbarstaaten wird der Krieg 1941 auf den Balkan und Nordafrika ausgedehnt.
- Ausweitung zum wirklichen Weltkrieg nach dem deutschen Überfall auf die Sowjetunion und der Kriegserklärung an die USA sowie nach Kriegseintritt Japans an der Seite der Achsenmächte (bis Ende 1941).

Der Kriegsverlauf lässt sich auch nach Art der Kriegsführung unterscheiden:
- Phase einzelner „Blitzkriege“ September 1939 bis Juni 1941;
- ununterbrochene, lang andauernde Kriegsführung seit dem Überfall auf die Sowjetunion.

Diese zweite Phase des Krieges war durch eine grundsätzliche deutsche Fehleinschätzung geprägt: Die deutsche Kriegsplanung und Rüstung war primär auf „Blitzkriege“ eingestellt. Für einen länger andauernden Krieg verfügten Deutschland und seine Verbündeten über ein deutlich geringe-

res Gesamtpotenzial als die Mächte der Anti-Hitler-Koalition und deren Bündnispartner.
Siehe die Übersicht im Zusatzmaterial ZM 10.1, S. 153, sowie die beigefügten Arbeitsaufträge. Folgende Zusammenfassung des Kriegsverlaufes kann an der Tafel visualisiert werden:

VISUALISIERUNG

Zweiter Weltkrieg – Kriegsverlauf

1939–1941	„Blitzkriege“: rasche Eroberung fast ganz Europas mit Ausnahme Großbritanniens
1941	Schlüsseljahr: Beistand des Deutschen Reiches für Italien in Afrika; Kriegserklärungen des Deutschen Reiches an SU und USA – Beginn des Weltkrieges – Mehrfrontenkrieg – Zusammenschluss der Alliierten – Beginn des Genozids
1942/43	Kriegswende: Niederlage bei Stalingrad
1943–1945	„Totaler Krieg“ und Ende des Krieges: – enger Zusammenschluss der Alliierten – Bombenangriffe auf Deutschland – Rückzug der deutschen Wehrmacht und Landung der Alliierten in der Normandie

Zu Aufgabe 2, S. 171

Die Ursache für den Zweiten Weltkrieg lag ganz wesentlich in der Weltanschauung und Ideologie der Nationalsozialisten:
- Rassismus
- Sozialdarwinismus
- Lebensraumideologie

Zwar ging es auch um Land und Rohstoffe, aber die zentrale Motivation beruhte auf einem Willen, die Welt nach den eigenen Vorstellungen neu zu ordnen. Gerade für die im Osten eroberten Räume wurden Besiedlungs- und Umsiedlungspläne entworfen. Slawischen Völkern war – wenn überhaupt – eine dienende, sklavische Rolle zugedacht. Der Genozid an den europäischen Juden entwickelte sich aus diesem Denken heraus.

M 3, S. 172 f.
Aus der Führerbesprechung „Barbarossa“ vom 30. März 1941

Entstehungshintergrund des Dokuments:
Der Textausschnitt ist den Kriegstagebüchern des Generalobersten Franz Halder (1884–1972) entnommen: Franz Halder, Kriegstagebuch. Tägliche Aufzeichnungen des Chefs des Generalstabes des Heeres 1939–1942, Stuttgart 1962–1964.
Halder wurde 1938 der Nachfolger von Generaloberst Ludwig Beck, der wegen seiner kritischen Haltung gegenüber den Kriegsplänen Hitlers zurücktrat und später als Mitglied der Männer des 20. Juli 1944 nach einem gescheiterten Selbstmordversuch erschossen wurde. Halder hielt ebenfalls lose Verbindungen zu diesem Kreis. 1942 war er aus dem Oberkommando der Wehrmacht entlassen und nach Kriegsende von der US-Armee als Leiter der deutschen Sektion der „Historical Division“ berufen worden. Bereits unmittelbar nach 1945 war die „Historical Division“ von der US-Armee als ein Projekt begründet worden, in dem höchste deutsche Offiziere an einer Beschreibung des militärischen Geschehens während des Zweiten Weltkrieges mitwirken sollten. Halder, der – so Militärhistoriker Wolfram Wette – „sich übrigens während seiner 15-jährigen Tätigkeit für die ‚Historical Division‘ von seinen Offizierskameraden immer noch als ‚Herr Generaloberst‘ anreden ließ und sich im Umgang mit deren Manuskripten als Vorgesetzter gerierte“, prägte das Bild der Wehrmacht in der Nachkriegszeit entscheidend. Seine Intention bestand darin, die Wehrmacht von verbrecherischer Verantwortung freizusprechen und alle Schuld bei einem dämonisierten „Führer“ zu verorten. Wolfram Wette zitiert Halders Grundsatz für die Abfassung der kriegsgeschichtlichen Studien: „Es werden die deutschen Taten, vom deutschen Standpunkt gesehen, festgelegt und dadurch unseren Truppen ein Denkmal gesetzt.“ (Wolfram Wette, Die Wehrmacht. Feindbilder, Vernichtungskrieg, Legenden, Fischer, Frankfurt/M. 2002, S. 225–228.)
Historischer Hintergrund der Besprechung:
Die Vorbereitungen für den Krieg gegen die Sowjetunion hatten bereits im Herbst 1941 begonnen. In der von Halder berichteten Besprechung legte Hitler vor den Generälen der Wehrmacht offen, dass der künftige Krieg einen besonderen Charakter haben sollte. Aufgrund dieser Besprechung erließ die Führung der Wehrmacht daraufhin im Mai und im Juni 1941 wichtige Befehle, die zu ex-

tremen Maßnahmen beim bevorstehenden Feldzug in Russland aufriefen.

Zu Aufgabe 1, S. 173

Die Besprechung findet statt nach dem gescheiterten Luftkrieg gegen Großbritannien und zu einem Zeitpunkt, als der Afrika-Feldzug der deutschen Wehrmacht zur Unterstützung der gegen die Briten in die Defensive geratenen italienischen Truppen gerade begonnen hatte (24. März 1941).

Zu Aufgabe 2, S. 173

Motive und Ziele des deutschen Vorgehens gegenüber Russland:

1. Motive
- Eroberung Russlands, um binnen zwei Jahren die Herrschaft auf die Luft und die „Weltmeere" auszuweiten (Kolonien)
- Zunichtemachen aller britischen Hoffnungen auf die Hilfe Russlands

2. Ziele
- Auflösung des russischen Militärs
- Ende des sowjetischen Staates
- „Vernichtungskampf": Abwertung und Inkriminierung der russischen Armee und Bevölkerung
- Bildung von Protektoraten nach der Eroberung
- Degradierung der russischen Bevölkerung auf reinen Sklavenstatus
- Gleichsetzung von politischen Kommissaren (d. h. der politischen Führungselite) und Verbrechern
- Forderung nach brutaler Härte im Vorgehen gegen Kommissare und Armee

M 4, S. 173
Aus dem „Geiselmordbefehl" für die besetzten sowjetischen Gebiete vom 16. September 1941

Charakteristisch für den alle Regeln des Kriegsvölkerrechts Hohn sprechenden sogenannten Geiselmordbefehl sind seine Begründung und Umsetzung:
- Bei jedem Widerstand „muss auf kommunistische Ursprünge geschlossen werden" (Z. 3 f.).
- Brutaler und öffentlicher Massenmord als Reaktion auf Widerstand gegen die deutschen Besatzer.

M 5, S. 173 f.
Befehl des Oberbefehlshabers der 6. Armee, Generalfeldmarschall von Reichenau, über das „Verhalten der Truppe im Ostraum" vom 10. Oktober 1941

Generalfeldmarschall Walter von Reichenau (1884 bis 1942) war überzeugter Nationalsozialist und konnte auf eine beispiellose militärische Karriere seit 1933 zurückblicken. Der Text seines Befehls vom 10. Oktober belegt den „Schulterschluss zwischen Hitler und der Wehrmachtsführung" (Wette, S. 100, vgl. Kommentar zu M 3, S. 171) und damit die Verantwortung der Wehrmachtsführung für die Verbrechen des Regimes und die Kriegsverbrechen.

Reichenau fordert:
- „völlige Zerschlagung der Machtmittel und die Ausrottung des asiatischen Einflusses im europäischen Kulturkreis" (Z. 6–8)
- Deutsche Soldaten im Osten als „Träger einer unerbittlichen völkischen Idee und Rächer für alle Bestialitäten, die deutschem und artverwandtem Volkstum zugefügt wurden" (Z. 13–16)
- „Sühne am jüdischen Untermenschentum" (Z. 18 f.)
- Keine Gleichbehandlung von „heimtückische[n] grausame[n] Partisanen" und „entartete[n] Weiber[n]" mit dem Soldaten (Z. 26 f.), also keine Einhaltung des Kriegsrechts
- Beanspruchung aller Versorgung durch Lebensmittel und Genussmittel ausschließlich für die deutschen Truppen
- „völlige Vernichtung" und „Ausrottung" der Angehörigen der Roten Armee und der Anhänger des Sowjetstaates (Z. 46–52)
- Beseitigung der „asiatisch-jüdischen Gefahr" (Z. 55)

M 6, S. 174
Öffentliche Hinrichtung in Minsk, der heutigen Hauptstadt Weißrusslands, Fotografie vom 26. Oktober 1941

Das Foto gehört zu einer Serie von Aufnahmen über diese öffentliche Hinrichtung, die im Belorussischen Staatsarchiv für Kino-, Foto- und Phonodokumente, Dzershinsk, aufbewahrt werden. Die Perspektive des Fotografen lässt die Vermutung zu, dass es sich bei diesem um einen Wehrmachtsangehörigen handelte. Die Stadt Minsk unterstand zu diesem Zeitpunkt der 707. Infanteriedivision der deutschen Wehrmacht. Bei den Ermordeten handelte es sich um acht Männer und vier Frauen.

M 7, S. 174
Frauen in Leningrad (St. Petersburg) bei der Trinkwasserbeschaffung während der deutschen Belagerung, Foto, 1942

Nur wenige Tage nach dem erfolgreichen Angriff auf Frankreich setzte Hitler die Vorbereitungen für das „Unternehmen Barbarossa" in Gang. Unter Missachtung des am 23. August 1939 geschlossenen deutsch-sowjetischen Nichtangriffspaktes („Hitler-Stalin-Pakt") griffen deutsche Truppen am 22. Juni 1941 ohne vorherige Kriegserklärung die Sowjetunion an. Große Teile Weißrusslands und der Ukraine sowie das Baltikum waren bereits im Herbst 1941 besetzt worden. Am 8. September 1941 hatte die deutsche Wehrmacht Leningrad fast vollständig eingekreist. Die Not der eingeschlossenen Bevölkerung war groß, da die deutschen Besatzer die Ressourcen, insbesondere die Getreidevorräte, erbarmungslos ausbeuteten. In ihrer Verzweiflung waren die Menschen gezwungen, u. a. Hunde, Ratten und Baumrinde zu essen.
Nach sowjetischen Angaben starben während der Belagerung bis zum 18. Januar 1943 insgesamt 630 000 Einwohner, westliche Schätzungen beziffern die Zahl der Hungertoten mit über einer Million.
Literaturtipp:
Anna Reid, Blokada. Die Belagerung von Leningrad 1941–1944, Berlin 2011.

M 8, S. 174
Pogrom in Kowno/Litauen, Foto, 1941

Im besetzten Kowno (russ.) oder Kaunas (lit.), das vor Beginn des Zweiten Weltkriegs die Hauptstadt Litauens war, kam es im Juni 1941 immer wieder zu spontanen Gewaltaktionen gegen Juden. Der Sicherheitsdienst ließ in der Folge zahlreiche Pogrome durchführen, die etwa 10 000 Todesopfer forderten. Die überlebende jüdische Bevölkerung fasste man in einem Stadtviertel zusammen. Am 28. Oktober 1941 wurden in einer „Großen Aktion" weitere 10 000 Menschen erschossen. Zwangsarbeit, ständige Übergriffe und Hunger bestimmten den Alltag im Getto. Der jüdische Ältestenrat unter Leitung von Dr. Elchanan Elkes versuchte vergeblich gegen die herrschenden Zustände anzukämpfen. Ab September 1943 setzten Deportationen arbeitsfähiger Juden nach Estland und in benachbarte Vernichtungslager ein. Am Ende des Krieges war die jüdische Bevölkerung Kownos nahezu gänzlich ausgelöscht. Nur 90 der über 40 000 Juden hatten die Grauen der Verfolgung überlebt.

Zu Aufgabe 1, S. 174

Vorgehen der deutschen Truppen im Rahmen der Durchführung des „Weltanschauungs- und Vernichtungskrieges":
- Unterordnung des Generalstabes der Wehrmacht und der Befehlshaber der Truppen unter die Weisungen Hitlers und aktive Umsetzung und Verschärfung dieser Weisungen (M 5)
- Besatzungsregime nach den rassenideologischen Positionen der Nationalsozialisten; Aufruf zur „Vernichtung" und „Ausrottung" der slawischen und jüdischen Bevölkerung
- Außerkraftsetzung des Kriegsrechtes (Haager Landkriegsordnung, 1907)
- Durchführung eines „Ernährungskrieges" (radikale Ausplünderung der besetzten Gebiete auf Kosten der dort lebenden Bevölkerung: M 7)
- Öffentliche Hinrichtungsaktionen bei bloßem Verdacht auf Partisaneneinsatz (M 6)
- Rekrutierung von einheimischen „Hilfstruppen" zur Durchführung von Mordaktionen (M 8)

Zu Aufgabe 2, S. 174

Die Wehrmacht war sowohl auf der obersten Befehlsebene (M 4, M 5) wie auch auf der Ebene der kämpfenden Truppen (M 6) an den Verbrechen in der Sowjetunion beteiligt. Abgewickelt wurden die Massenmorde in der Regel über die Feldkommandanturen der Wehrmacht.

M 9, S. 175 f.
Der Historiker Wolfgang Michalka über den „Weltanschauungs"- und „Vernichtungskrieg" des NS-Regimes (2003)

Der Historiker Wolfgang Michalka kennzeichnet den Vernichtungskrieg im Osten als geplante, aus der Verknüpfung der nationalsozialistischen Rassenideologie, der Lebensraumeroberung (Generalplan Ost) und der angestrebten Weltmachtposition erwachsende Operation. Weder Wehrmachtsführung noch andere staatliche Einrichtungen stellten sich, von Ausnahmen abgesehen, prinzipiell gegen diese völkerrechtswidrigen Praktiken. Sie beteiligten sich interessengeleitet mehr oder weniger intensiv an der Umsetzung dieser Politik.

Zu Aufgabe 1, S. 176
Siehe Erläuterungen zu M 9.
Folgen für die Menschen in der Sowjetunion:
- Tod von 3,3 Millionen Kriegsgefangenen (d. i. mehr als die Hälfte der Kriegsgefangenen insgesamt)
- Hunger und Krankheiten unter der Zivilbevölkerung der belagerten Städte und Regionen (M 7)

Zu Aufgabe 2, S. 176
Zusammenhang von Krieg und Rassenideologie:
- Kriegsverbrechen
- Verbrechen gegen die Menschlichkeit

Siehe Erläuterungen zu M 9.

Zu Aufgabe 3, S. 176
Filmtipp: Michael Verhoeven, Der unbekannte Soldat (Dokumentarfilm), Deutschland 2007.

M 10, S. 176 f.
Der Historiker Wolfgang Wippermann über die deutsche Besatzungspolitik in Polen und den Niederlanden (1999)

a) Polen:
Der Text lässt folgende wesentliche Strukturen der deutschen Besatzungsherrschaft in Polen erkennen:
- Die westpolnischen Gebiete werden annektiert und ins Deutsche Reich eingegliedert.
- Restpolen wird zum Generalgouvernement und von der deutschen Besatzung wie eine Kolonie behandelt.
- Große Teile der polnischen Führungsschicht werden ermordet, viele Polen enteignet und zugunsten von Auslandsdeutschen umgesiedelt.
- Die deutsche Besatzung führt planmäßige Massendeportationen von Juden und Polen durch.
- Aus ganz Polen werden Zwangsarbeiter rekrutiert.
- Der polnische Widerstand wird brutal bekämpft, der Aufstand des Warschauer Gettos niedergeschlagen.

b) Niederlande:
Die Quelle verdeutlicht folgende zentrale Maßnahmen gegen die besiegten Niederlande:
- Die Niederlande werden zunächst kurz der deutschen Militärverwaltung, danach deutscher Zivilverwaltung unterstellt, wobei die niederländische Verwaltung intakt bleibt.
- Zunächst übt die NS-Verwaltung eine zurückhaltende Besatzungsherrschaft aus, weil sie hofft, dass die Niederländer mit den Nationalsozialisten freiwillig zusammenarbeiten.
- Nach dem Ausbleiben der Selbstnazifizierung und Widerstand gegen die Besatzungsherrschaft schaltet die Besatzungsmacht mithilfe der niederländischen Nationalsozialisten Parteien und Gewerkschaften aus. Die niederländische Wirtschaft wird ausgebeutet, niederländische Zwangsarbeiter werden nach Deutschland deportiert.
- Niederländischer Widerstand wird brutal niedergeschlagen, wobei ganze Dörfer als Vergeltungsmaßnahme ausgelöscht werden.
- Die holländischen Juden werden fast alle deportiert und ermordet.

M 11, S. 177
Deutsche räumen in Amsterdam die Wohnungen deportierter Juden leer, Fotografie, um 1943

Das Foto dokumentiert den Willen des NS-Regimes, nicht nur die deutschen, sondern auch die Juden in den besetzten Gebieten zu deportieren und anschließend zu vernichten. Das Hab und Gut der Juden eigneten sich die deutschen Besatzer an.

Zu Aufgabe 1 a und b, S. 177
Siehe Erläuterungen zu M 10 und M 11, S. 176 f.

Zu Aufgabe 2, S. 177
Literaturtipp:
Timothy Snyder, Bloodlands. Europa zwischen Hitler und Stalin, München 2011.
Snyder, Professor für Geschichte an der Yale University, geht der blutigen Besatzungsherrschaft durch die Wehrmacht und durch die Rote Armee in Polen, der Ukraine, Weißrussland und den heutigen baltischen Staaten nach.

M 12, S. 178
„Totaler Krieg"

Unter dem Eindruck des Zusammenbruches der 6. Armee bei Stalingrad rief Propagandaminister Goebbels öffentlich die Deutschen zum totalen Krieg auf. Darunter verstanden er und Hitler die

Mobilisierung sämtlicher materieller und personeller Ressourcen zur Sicherung des „Endsieges". Das führte in der Folgezeit zu zahlreichen Maßnahmen: Einführung der Arbeitspflicht für Männer und Frauen, Steigerung des Einsatzes von Fremdarbeitern, Bildung des Volkssturms, Einrichtung von mobilen Standgerichten gegen sogenannte Wehrkraftzersetzer, Einführung der Sippenhaft für Angehörige von Soldaten, die sich „kampflos" dem Gegner ergaben, Propaganda-Kampagnen über den angeblich bevorstehenden Einsatz von „Wunderwaffen".

Zu Aufgabe 1, S. 178 (zu M 12)
Siehe Erläuterungen zu M 12.

M 13, S. 178
Das Ende des Nationalsozialismus – eine Erklärung des britischen Historikers Ian Kershaw (2011)

Kershaws zentrale These lässt sich folgendermaßen zusammenfassen:
- Noch in der Niederlage erhielten sich die Strukturen charismatischer Herrschaft in der deutschen Bevölkerung, obwohl Hitlers Ansehen verfiel.
- Im Bewusstsein einer unabänderlichen Bindung an Hitler, wenn man an eine Abwendung der bevorstehenden Niederlage glauben wollte, hielten viele Menschen noch am „Führerstaat" fest.
- Eine zusätzliche Wirkung entfaltete der Terrorapparat, dessen Unberechenbarkeit in den letzten Monaten immer größer wurde.
- Das Zusammenbrechen der obersten Führungsebene gab den mittleren und untergeordneten Chargen eine tödliche Machtfülle, und diese steht für die zunehmende Irrationalität der Schlussphase.

Das Ansbacher Beispiel, auf das Kershaw sich in Z. 41 bezieht, macht deutlich, dass noch in den letzten Kriegstagen defätistisches Verhalten (in diesem Fall durch einen jungen Ansbacher, der die Telegrafenleitungen durchtrennt hatte, um den Vormarsch der Alliierten zu erleichtern) mit dem Tode bestraft wurde.

Zu Aufgabe 1, S. 178 (zu M 13)
Siehe Erläuterungen zu M 13.

Zu Aufgabe 2, S. 178 (zu M 13)
Für die These Kershaws, der den Erhalt des „Führerstaates" bis zum Ende als Gegebenheit darstellt, spricht:
- Der Glaube an den „Endsieg" war direkt mit dem Glauben an die charismatische Kraft des „Führers" verbunden.
- Der Ansbacher Kampfkommandant suchte, obwohl die amerikanische Armee vor den Toren der Stadt stand, mit dem Todesurteil und seiner Vollstreckung „dem Führer entgegen[zu]arbeiten".

Einwände gegen eine Verabsolutierung dieser These können mit Kershaw durch Verweis auf den bis zuletzt funktionierenden Terrorapparat erhoben werden.
Zu bedenken ist auch, dass die Verstrickung in die verbrecherischen Handlungen bis in die mittlere Verwaltungsebene hinein hoch war und dass damit das Ende des Nationalsozialismus unweigerlich eine Auseinandersetzung mit Fragen von Schuld und Verantwortung bedeutete. Diesen Fragen suchte man im irrationalen Glauben an einen „Endsieg" auszuweichen.

Vertiefung: Das Gedenken an den 8. und 9. Mai 1945

M 1, S. 180
Bundespräsident Richard von Weizsäcker bei seiner Rede vor dem Bundestag am 8. Mai 1985

Von Weizsäcker entstammt einer bedeutenden württembergischen evangelischen Theologen- und Juristenfamilie. Sein Großvater, Karl Hugo von Weizsäcker (1853–1926), war württembergischer Ministerpräsident. Sein Vater, Ernst Heinrich von Weizsäcker (1882–1951), war von 1938 bis 1943 Staatssekretär im Auswärtigen Amt in Berlin, seit 1943 fungierte er als deutscher Botschafter beim Vatikan. Nach dem Krieg wurde Ernst Heinrich von Weizsäcker vor dem Nürnberger Gerichtshof 1949 wegen Verbrechen gegen die Menschlichkeit verurteilt. Richard von Weizsäcker, sein Sohn, der als 19-Jähriger bereits in Polen gekämpft hatte und über Axel von dem Bussche mit den Männern des 20. Juli verbunden war, assistierte dem Rechtsanwalt Hellmut Becker bei der Verteidigung des Vaters vor dem Nürnberger Tribunal. Nach Kriegsende hatte er begonnen, Jura und Geschichte in Göttingen zu studieren (Promotion zum Dr. jur. 1954). Seit 1954 war er Mitglied der CDU, 1966 wurde er in den CDU-Bundesvorstand und 1969 in das bundesdeutsche Parlament gewählt. Vor seinem Wechsel in die Politik war Richard von Weizsäcker in der Wirtschaft als Gesellschafter und im oberen Management tätig. Daneben war er zweimal Präsident des Deutschen Evangelischen Kirchentages (1964–1970; 1979–1981). 1981–1984 war er Regierender Bürgermeister in Berlin.

M 2, S. 180
Richard von Weizsäcker, Bundespräsident, zum 40. Jahrestag des 8. Mai 1945 (1985)

Zweimal betont Weizsäcker in diesem Redeausschnitt, dass der 8. Mai 1945 für Deutsche kein Tag zum Feiern ist. Zu Beginn leitet diese Feststellung über zur Beschreibung der schwierigen Situation der Deutschen in Ungewissheit unter alliierter Besatzung. Aber nach der Anerkennung dieser schwierigen Ausgangslage nennt er den 8. Mai doch einen „Tag der Befreiung", der das menschenverachtende NS-System beendet habe.
Noch einmal betont er, dass für viele deutsche Menschen die Leiden mit diesem Tag erst begannen, aber er mahnt zur Einsicht in die grundlegende Ursache für all dieses Leid, das im Unrechtsstaat der Nationalsozialisten begründet war. Zentral ist der Satz:
„Wir dürfen den 8. Mai 1945 nicht vom 30. Januar 1933 trennen."

Danach betont der Bundespräsident nochmals, dass für die Deutschen eine Beteiligung an Siegesfeiern unpassend sei, dass aber die Wahrnehmung des 8. Mai als Tag der Befreiung von der Gewaltherrschaft bestimmend sein müsse.

Zu Aufgabe 1, S. 180

Siehe Erläuterungen zu M 1.
Eine Diskussion unter den Lernenden wird erleichtert, wenn auch andere Bezeichnungen für den 8. Mai 1945 in ihrer Angemessenheit und Perspektivität geprüft werden.
Möglicher Tafelanschrieb siehe Visualisierung „8. Mai 1945".

M 3, S. 181
Der Journalist Heribert Prantl (geb. 1953) schreibt in der Süddeutschen Zeitung (1995)

Prantl kritisiert eine in seinen Augen 1995 immer noch mangelnde Einsicht in die Verantwortung der deutschen Politik seit 1933 für das Leiden der deutschen Bevölkerung, das vor allem in den östlichen Gebieten mit Flucht und Vertreibung nach dem 8. Mai 1945 erst begann.
Eine Aufrechnung der „deutschen Schuld" gegen die „Schuld der anderen" vereinfache zu sehr.
Schließlich deutet er den Begriff der „Befreiung" als Voraussetzung für die demokratische Entwicklung, die nach 1945 beginnen konnte.

VISUALISIERUNG

8. Mai 1945

Niederlage
Perspektive: Soldaten, Heimatfront;
Konnotation: Ungleichgewicht zwischen Sieger und Besiegten

Untergang
Perspektive: Anhänger des Nationalsozialismus;
Konnotation: Verhängnis, Schicksal

Befreiung
Perspektive: Unterdrückte, Opfer, Gegner des Systems
Konnotation: Hoffnung, Neubeginn

Kapitulation
Ende kriegerischer Handlungen, Entwaffnung, Gefangennahme der unterlegenen Partei (kriegsrechtlicher Begriff)

M 4, S. 181
Leserbriefantwort des Historikers und Professors an der Bundeswehr-Hochschule Franz W. Seidler (geb. 1933)
Seidler betont, dass die Mehrheit der Deutschen, die den 8. Mai 1945 bewusst erlebt hätten, anderes fühlten („Niedergeschlagenheit", „Ohnmacht") als Befreiung, Freiheit und Erleichterung.
Er betont dies besonders mit Verweis auf die von der Roten Armee besetzten Gebiete. Gleichzeitig verweist er auf bedrückende Maßnahmen der Besatzer auch in den westlichen Zonen (Demontage, Entnazifizierung usw.), die in seinen Augen dem Begriff der „Befreiung" hohnsprechen.
Er beginnt seinen Leserbrief mit dem Vorwurf, die „Enkel" hätten nicht das „Recht, den Großeltern vorzuschreiben, was sie [...] zu denken und zu fühlen hatten". (Heribert Prantl könnte allenfalls Seidlers Sohn sein.)

Zu Aufgabe 1, S. 181
Siehe Erläuterungen zu M 2 und M 3.
Der wesentliche Unterschied zwischen diesen beiden Einstellungen beruht tatsächlich auf der Zugehörigkeit zur Generation der Väter bzw. zu derjenigen der Söhne. Ein weiterer Unterschied besteht darin, dass der Leitartikler, Jurist und Kenner des Grundgesetzes Prantl primär die demokratische Entwicklung der Bundesrepublik im Auge hat, während Franz W. Seidler als Zeitzeuge spricht.
Ergebnis einer Diskussion der Einstellungen könnte eine Synthese im Sinne von „Befreiung *und* Zusammenbruch" sein. Eine solche Synthese entspricht womöglich durchaus der Befindlichkeit der Zeitgenossen von 1945, auch wenn der Zeitzeuge Seidler nur eine Seite wahrgenommen hat.
Vgl. die Neujahrsbetrachtung von Ricarda Huch 1945/46: „Wir haben Menschen zur Regierung kommen lassen, denen wir misstrauen mussten. Wir sahen bald Gewalttaten geschehen, die uns Grauen einflößen mussten. Viele unter uns entsetzten sich über diese Untaten, und manche versuchten, im Stillen zu helfen, ungeachtet der Gefahr, die sie dadurch liefen; das aber macht die Verbrechen, die geschahen, nicht ungeschehen. [...] Betrachten wir uns nicht als Opfer, sondern als solche, die mit der Hölle im Bunde waren und wunderbar gerettet sind. Diese Rettung mag uns hoffen lassen, dass uns künftig reinere, lichtere Tage beschieden sind."
Ricarda Huch, In einem Gedenkbuch zu sammeln ...: Bilder deutscher Widerstandskämpfer, hg. u. eingeleitet von Wolfgang Matthias Schwiedrzik, Leipziger Universitäts-Verlag, Leipzig 1997, S. 242.
Die Aussage von Ricarda Huch kann im Unterricht gezielt besprochen werden, wenn das Augenmerk auf das Personalpronomen („wir", „uns") und die unbestimmten Numeralia („viele", „manche") gerichtet wird. Begriffe wie „Opfer", „Rettung" und „Bund mit der Hölle" sollten in diesem Zusammenhang ebenfalls genauer erläutert werden.

Zu Aufgabe 2, S. 181
Weiterer Literaturtipp:
Peter Reichel, Schwarz-Rot-Gold. Kleine Geschichte deutscher Nationalsymbole, München 2005, darin: Der 8. Mai – erlöst und vernichtet in einem, S. 76–88.

Zu Aufgabe 3, S. 181
Die Diskussion ließe sich im Sinne einer kompetenzorientierten Aufgabenstellung vorbereiten, indem eine Gruppe von Schülerinnen und Schülern eine Gedenkrede entwirft, eine andere Gruppe überlegt sich das Veranstaltungsprogramm und den Ablauf des Tages. Weitere Gruppen setzen den Ort fest, an dem die Feierlichkeiten stattfinden sollen, und sie begründen ihre Auswahl.

Erarbeiten Sie Präsentationen

M 1, S. 182
Russische Zwangsarbeiterin in einer deutschen Rüstungsfabrik, Fotografie, um 1943
Angesichts der auf vollen Touren laufenden Rüstungsproduktion im Deutschen Reich und der Einziehung vieler arbeitsfähiger Männer an die Front wurden seit Kriegsbeginn Arbeitskräfte aus den eroberten Gebieten eingesetzt. Manche kamen anfangs noch freiwillig, beispielsweise aus dem verbündeten Italien, aus Frankreich oder Dänemark. Im Osten ging die Beschaffung von Arbeitskräften bald in Zwangsrekrutierungen über.
Historiker vermuten, dass zwischen acht und zwölf Millionen Menschen zur Zwangsarbeit in das Deutsche Reich deportiert wurden, allein aus der Sowjetunion kamen 2,5 Millionen Menschen. Es gab mehr als 20 000 Fremdarbeiterlager im Reich.

Literaturtipps:
Ulrich Herbert, Fremdarbeiter. Politik und Praxis des „Ausländereinsatzes“ in der Kriegswirtschaft des Dritten Reiches, Berlin 1985.
Mark Spoerer, Zwangsarbeit unter dem Hakenkreuz. Ausländische Zivilarbeiter, Kriegsgefangene und Häftlinge im Deutschen Reich und im besetzten Europa 1939–45, Stuttgart 2001.

M 2, S. 182
Sowjetisches Ehrenmal in Berlin-Treptow, Fotografie von 1999

Ulrich Schlie, Die Nation erinnert sich. Die Denkmäler der Deutschen, C. H. Beck, München 2002, S. 132: „Bereits 1946 war ein Wettbewerb für ein sowjetisches Ehrenmal ausgeschrieben worden. Prämiert wurde der Entwurf eines Kollektivs um den Architekten J. B. Belopolski. Der gekürte Entwurf schuf im Volkspark Treptow auf einem zehn Hektar großen Territorium eine monumentale Anlage, die von einem 900 Meter langen Bronzezaun begrenzt wurde. Ihren Kern bildet ein mausoleumsartig überkuppelter Rundbau mit einer 11,6 Meter hohen Bronzefigur des Befreiers, eines knienden Rotarmisten. An seiner Hand hält er ein gerettetes deutsches Kind, auf das er herabblickt. Das zu seinen Füßen platzierte zerschmetterte Hakenkreuz symbolisiert den Ruin des Dritten Reiches. Die Aussage des gesenkten Schwertes erschließt sich dem Betrachter ebenfalls unschwer: Die friedliebende Sowjetunion habe mit der Befreiung Deutschlands von der nationalsozialistischen Diktatur ihre historische Mission erfüllt. Das Schwert kann in der Scheide verschwinden. Es braucht nicht für neue militärische Eroberungen gezückt werden. Die allegorische Granitstatue der trauernden Mutter Erde auf dem Vorplatz, umgeben von einem an die Vegetation von Tundra und Taiga erinnernden Tannenhain, die spiegelbildlich angeordneten Fahnenmonumente, Kalkstein mit Reliefszenen des Großen Vaterländischen Krieges und eingravierten Stalin-Zitaten vermitteln den Eindruck bemühter Erhabenheit.
Über drei Jahre benötigte das Architekten- und Bildhauerteam, bis die Anlage fertiggestellt und schließlich zum Jahrestag der Wehrmachtskapitulation am 9. Mai 1949 vom sowjetischen Stadtkommandanten seiner Bestimmung übergeben werden konnte. Zeitweise waren bis zu zweihundert Steinmetze und neunzig Bildhauer an dem Projekt beschäftigt. Der Bedarf an Granit – über vierzigtausend Kubikmeter – stellte die Erbauer des Denkmals [...] vor Beschaffungsschwierigkeiten.“
Ulrich Schlie bezieht sich in seiner Beschreibung auf den Architektenentwurf. In der tatsächlichen Ausführung nimmt die Bronzestatue des Rotarmisten keine kniende, sondern eine stehende Haltung ein. Das Kind trägt der Soldat nun auf dem Arm.

M 3, S. 183
Nandor Glid, Skulptur in der Gedenkstätte Yad Vashem in Jerusalem

Zu Person und Werk: Nandor Glid (1924–1997), ein in Jugoslawien geborener jüdischer Künstler, stellte in seinen zahlreichen Werken Leid und Widerstand der Opfer nationalsozialistischer Gewalt- und Kriegspolitik dar. Seine Familie wurde in Auschwitz ermordet und er von den Nazis zur Zwangsarbeit gepresst. Er floh zu den jugoslawischen Partisanen und kämpfte mit ihnen bis zu seiner Verwundung im März 1945. Nach dem Krieg studierte er in Belgrad an verschiedenen Kunsteinrichtungen, wurde 1972 zum Professor an die Akademie für angewandte Kunst berufen und 1985 zum Rektor der Belgrader Universität der Künste gewählt. Sein bekanntestes Werk ist das Mahnmal in der Gedenkstätte des KZ Dachau. Von dieser Bronze-Skulptur von 1968 mit ihren beträchtlichen Ausmaßen (Breite: 14,6 m, Höhe: 5,8 m, Tiefe: 4,5 m) wurde 1979 eine Replik für die Gedenkstätte Yad Vashem gefertigt. Die Skulptur verknüpft ausgemergelte Menschen mit dünnen Gliedmaßen und übergroßen Köpfen fließend mit dem Stacheldrahtverhau. Stacheldraht, Arme und Beine gehen dabei eine fast unterschiedslose Verbindung ein. Nur die Hände und Köpfe treten aus dem Bronzegewirr deutlich hervor. Die beiden tragenden Säulen sollen an die Pfosten des Lagerzauns erinnern. Mit der Skulptur wird anklagend und erinnernd an die unzähligen Opfer in den Konzentrations- und Vernichtungslagern des nationalsozialistischen Deutschlands gemahnt.

Sachkompetenz

Aufgabe 1, S. 183

Die zentralen Ziele bestanden in der Expansion zu einem „Großgermanischen Reich“ und in der Eroberung von „Lebensraum“ im Osten. Da der Krieg aus weltanschaulichen, rassistischen Gründen geführt wurde, ergaben sich Unterschiede in der Besatzungspolitik zwischen Ost und West.

Deutsche Besatzung in West und Ost

Westen/Norden	Osten
Weltanschauliche Hintergründe: Rassismus, Errichtung eines „Großgermanischen Reiches“, Eroberung von „Lebensraum“	
– Besetzung von Belgien, Nord- und Westfrankreich (dt. Militärverwaltung) – Kollaboration des Vichy-Regimes in Frankreich unter Marschall Petain – Zivilregierungen im besetzten Norwegen, Dänemark, Holland (Abhängigkeit von dt. Reichskommissaren und dt. Militär)	– „Germanisierung“: Besiedlung und Umsiedlung, Auswahl von bestimmten Gebieten für dt. Bevölkerung – Durchsetzung des rassenbiologisch begründeten Prinzips von der Überlegenheit der germanischen Rasse: Entrechtung, Vertreibung, Ermordung von Juden, Polen und Bürgern der Sowjetunion (Kommissarbefehl) – Wirtschaftliche Ausbeutung („Ernährungskrieg“)

Zu Aufgabe 2, S. 183
Siehe Erläuterungen zu Aufgabe 1.
Das Leid der Bevölkerung im Osten war ungleich größer, obwohl auch in den westlichen besetzten Ländern brutal durchgegriffen wurde, sobald sich Widerstand regte. Beispielhaft sei hier der Fall der Rettung der dänischen Juden erwähnt: Dänemark hatte nach dem Einfall der deutschen Truppen rasch kapituliert, also ließen die deutschen Besatzer die Kopenhagener Regierung im Amt. Das Kriegsrecht wurde erst 1943 in Dänemark ausgerufen. Sobald dies geschehen war, drängte der deutsche Statthalter in Kopenhagen, Werner Best, auf die Deportation der dänischen Juden. Diese sollte in der Nacht vom 1. auf den 2. Oktober stattfinden. Einer der Mitarbeiter der deutschen Botschaft in Kopenhagen, Georg F. Duckwitz, warnte daraufhin den einstigen Parteichef der dänischen Sozialdemokraten, Hans Hedtoft, der sogleich Kontakt aufnahm zum jüdischen Gemeindevorsteher C. B. Henriques. In einer beherzt durchgeführten Aktion versteckten die Dänen die Verfolgten, Fischer brachten sie ins neutrale und aufnahmebereite Schweden. Von 7800 dänischen Juden überlebten 7200 (vgl. Saul Friedländer/Orna Kenan, Das Dritte Reich und die Juden 1933–1945. Gekürzte Ausgabe, München 2010, S. 405 f.). Dieses Ereignis belegt, dass in den westlichen und nördlichen Ländern trotz deutscher Besatzung Hilfen für Verfolgte eher möglich waren und erfolgreich sein konnten. In den besetzten Ostgebieten bestand dazu aufgrund des brutalen Besatzungsregiments, das auch durch die berüchtigten Polizeibataillons und SS-Truppen ergänzt wurde, keine Möglichkeit. Die Zivilbevölkerung in Deutschland litt vor allem durch die seit 1943 massiv zunehmenden Bombenangriffe sowie durch die Einschränkung der Lebensmittelversorgung. Der Tod vieler Ehemänner und Väter, die als Soldaten an der Front kämpfen mussten, erhöhte das Leid.

Zu Aufgabe 3, S. 183
Die bedingungslose Kapitulation für das Deutsche Reich wurde auf der Konferenz von Casablanca im Januar 1943 gefordert. Offenbar ging diese Politik auf einen Vorschlag von einem Unterausschuss im US-Außenministerium zurück, Roosevelt gewann dafür den anfangs widerstrebenden britischen Premier. Nur in seltenen Fällen war in der Vergangenheit bei kriegerischen Auseinandersetzungen eine solche Forderung gestellt worden. Noch im August 1941 hatten sich Großbritannien und die USA in der Atlantik-Charta auf das Selbstbestimmungsrecht der Völker berufen, eineinhalb Jahre später hatte sich das Verhalten der Westalliierten gegenüber dem Reich radikal gewandelt. Der Historiker Frederick Taylor erklärt die Haltung der Alliierten im Januar 1943: „Was hätten die Alliierten im Übrigen [...] in Verhandlungen über einen Friedensschluss anbieten können? Und wem? Hätten sie, wenn das NS-Regime erhalten geblieben wäre, mit Hitler oder einem möglichen nationalsozialistischen Nachfolger, wie Himmler, Goebbels oder Göring, die Bedingungen ausgehandelt? Dies wäre nach all dem Blutvergießen und dem Leid sicherlich unerträglich gewesen. Darüber hinaus wäre ein im Kern auf Krieg ausgerichtetes politisches System bestehen geblieben. Und wenn das NS-Regime gestürzt worden wäre, etwa durch die Verschwörer des 20. Juli?

Waren dies nicht Männer (und einige Frauen), die Hitler lange Zeit unterstützt hatten, bis sich sein Scheitern abzeichnete? Und so anständig sie persönlich zumeist waren, repräsentierten sie nicht jene Schicht von Grundbesitzern, Offizieren und Industriellen, die, wie die meisten amerikanischen Beobachter übereinstimmend meinten, den Nährboden des ‚deutschen Problems' gebildet hatte, schon bevor Hitler an die Macht kam?" (Frederick Taylor, Zwischen Krieg und Frieden. Die Besetzung und Entnazifizierung Deutschlands 1944–1946, Berlin Verlag, Berlin 2011, S. 19).

Politische Folgen der Forderung nach bedingungsloser Kapitulation:

- Radikalisierung im Deutschen Reich: Goebbels löst mit dem Aufruf zum „Totalen Krieg" Zustimmung aus.
- Mangelnde Unterstützung für Aktionen des Widerstandes in Deutschland: Die Attentäter des 20. Juli 1944 konnten nicht auf einen Verständigungsfrieden hoffen.
- Bestimmender Einfluss der Besatzer in den jeweiligen Zonen nach dem 8. Mai 1945.

Methodenkompetenz

Zu Aufgabe 4, S. 183

Siehe Erläuterungen zu M 2 und M 3.

Unterschiede bestehen in vielerlei Hinsicht:

- Die Sowjetunion rückt die Leistung des Kommunismus und der Roten Armee in den Vordergrund. In der DDR folgt man diesem Beispiel, etwa mit der Errichtung des Buchenwald-Denkmals.
- Das Denkmal von Nandor Glid thematisiert das Leiden der Häftlinge.
- Mit zunehmendem Abstand zu Holocaust und „Vernichtungskrieg" entstehen Denkmäler (etwa der Holocaust-Turm, Jüdisches Museum in Berlin), die eine emotionale Erfahrung vermitteln wollen.

Urteilskompetenz

Zu Aufgabe 5, S. 183

Bei Himmlers Ausführungen handelt es sich um Allmachtsfantasien, die auf Geschichtskonstruktionen und Mythen ebenso basieren wie auf rassenbiologischem Denken. Rassenreinheit und Lebensraumkonzept waren die zentralen Inhalte des nationalsozialistischen Größenwahns, der eine radikale Form eines bereits übersteigerten Nationalismus darstellte. Gerade die biologistische Komponente greift allerdings über den Begriff eines „Radikalnationalismus" hinaus. Vgl. hierzu Siegfried Weichlein, Nationalbewegungen und Nationalismus in Europa, WBG, Darmstadt 2006, S. 144: „Nicht nur für den Nationalismus, auch für den Antisemitismus bedeutete der Erste Weltkrieg eine Zäsur. Nationalismus und Antisemitismus gingen bei den Mittelmächten eine verhängnisvolle Allianz ein. Der Rassenantisemitismus erhielt durch den Krieg einen gewaltigen Schub und wurde zum festen Bestandteil des nationalistischen Weltbildes. Das unterstrichen die Judenzählung im deutschen Heer 1916 und die antisemitisch akzentuierte Legende von den Novemberverbrechern genauso wie die einsetzende Identifikation von Bolschewismus und Judentum. In die Zukunft deutete auch der deutsche Militärstaat ‚Oberost' (Abkürzung für ‚Oberbefehlshaber der gesamten deutschen Streitkräfte im Osten') mit seinen hochfliegenden Plänen deutscher Vorherrschaft in Osteuropa. Der Militärstaat ‚Oberost' wurde von den deutschen Besatzungstruppen in den besetzten Gebieten Russlands zwischen 1915 und 1918 eingerichtet. Er erstreckte sich über die heutigen Staatsgebiete Estlands, Lettlands, Litauens und Teile Weißrusslands. Die deutsche Generalität verfolgte hier ein Programm der Ressourcenausbeutung und des Kulturstaates. Von ‚Oberost' führen verschlungene, aber auch gerade Linien zur nationalsozialistischen Herrschaft in Osteuropa zwanzig Jahre später. Anders als Mussolini wollten die Nationalsozialisten die Nationalstaatsgründung nach dem Erlebnis des Scheiterns im Ersten Weltkrieg nicht wiederholen, sondern durch das Konzept des ‚Lebensraumes' und der ‚Rassenation' ersetzen."

Zusatzmaterial ZM 10.1 zu Aufgabe 1, S. 171	Kriegsverlauf 1939–1945

1.9.1939	Kriegsbeginn: deutscher Überfall auf Polen
17.9.1939	Einmarsch sowjetischer Truppen in Ostpolen
27.9.1939	Kapitulation Polens; Einrichtung des Generalgouvernements
9.4.1940	Besetzung Dänemarks und Norwegens
10.5.1940	Besetzung der Niederlande
11.5.1940	Besetzung Belgiens und Luxemburgs, Beginn des Frankreichfeldzuges
22.6.1940	Waffenstillstand mit Frankreich; Besatzungsherrschaft in Nord- und Westfrankreich; Kooperation mit dem Vichy-Regime
13.8.1940	Beginn der Luftangriffe auf England (Höhepunkt der Bombardements: 15.9.1940); Winston Churchill seit 10.5.1940 Premierminister
27.9.1940	Dreimächtepakt Deutschland – Italien – Japan: Achse Berlin–Rom–Tokio
Januar 1941	Beginn der Unterstützung für GB seitens der USA durch *lend and lease*
24.3.1941	Beginn des Afrikafeldzuges der Wehrmacht, Hilfe für Italien
6.4.1941	Beginn des Feldzuges gegen Jugoslawien und Griechenland
22.6.1941	Beginn des Russlandfeldzuges („Unternehmen Barbarossa“)
12./14.8.1941	Unterzeichnung der Atlantik-Charta durch GB und USA
8.9.1941	Einkreisung von Leningrad durch die deutsche Wehrmacht
2.–12.10.1941	Angriff auf Moskau, Kesselschlachten von Brjansk und Wjasma
7.12.1941	Japanischer Angriff auf den Stützpunkt der US-Pazifikflotte Pearl Harbour
11.12.1941	Kriegserklärung Deutschlands und Italiens an die USA
2.6.1942	Angriff auf Stalingrad und Vordringen in den Kaukasus
14.–26.1.1943	Konferenz von Casablanca: Verkündigung der Formel von der „bedingungslosen Kapitulation“ Deutschlands
2.2.1943	Kapitulation und Gefangenschaft der 6. Armee bei Stalingrad
5.7.1943	Beginn der letzten deutschen Offensive im Osten
8.9.1943	Waffenstillstand der italienischen Armee
28.11.–1.12.43	Konferenz von Teheran: Gespräche u. a. über eine Aufteilung Deutschlands nach dem Krieg
Mai 1944	Räumung der Krim von deutschen Truppen
6.6.1944	Alliierte Invasion in der Normandie
9.6.1944	Beginn der sowjetischen Sommeroffensive
25.8.1944	Einzug Charles de Gaulles in Paris
4.–11.2.1945	Konferenz von Jalta: Einigung über die Aufteilung Deutschlands in vier alliierte Besatzungszonen
2.5.1945	Kapitulation des Deutschen Reichs
8.5.1945	Unterzeichnung des Waffenstillstandes in Berlin-Karlshorst
6./9.8.1945	Abwurf der Atombomben auf Hiroshima und Nagasaki

1 Unterscheiden Sie anhand der Chronologie der Ereignisse einzelne Verlaufsphasen des Krieges zwischen 1939 und 1945.

2 Benennen und begründen Sie Schlüssel- und Wendejahre im Verlauf des Krieges (Schlüsseljahr: gekennzeichnet durch mehrere Ereignisse, die eine Wende vorbereiten; Wendejahr: gekennzeichnet durch Ereignisse, die eine Wende offensichtlich machen).

Kapitel 11
Opposition gegen Hitler – „Widerstand ohne Volk“?

M 1, S. 186
Claus Graf Schenk von Stauffenberg (1907–1944), Fotografie, um 1934

Stauffenberg entstammte einer süddeutsch-katholischen Adelsfamilie, sein Vater war Oberhofmarschall bei König Wilhelm II. von Württemberg. Seine militärische Laufbahn war damit vorgezeichnet. Anfangs gehörte Stauffenberg zu den Befürwortern Hitlers, der Sieg über Frankreich fand seinen Beifall. Erst ab 1942 – bereits als Major – distanzierte er sich vom Regime aufgrund des erbarmungslosen Krieges und der Gräuel der nachfolgenden Besatzung im Osten. Schwer verwundet und danach behindert infolge eines Tiefffliegerangriffs an der Afrika-Front wurde Stauffenberg Stabschef beim Befehlshaber des Ersatzheeres, Generaloberst Fromm. In dieser Funktion hatte Stauffenberg unmittelbar Zugang zu Hitler bei Lagebesprechungen. Aufgrund seiner Behinderung (ihm fehlten ein Auge, die rechte Hand und zwei Finger der linken Hand) gelang es ihm am entscheidenden 20. Juli nicht, den zweiten Sprengsatz zu montieren.

M 2, S. 186
Johann Georg Elser (1903–1945), Fotografie, um 1930

Der Möbelschreiner aus dem Schwäbischen, geboren als Sohn eines Holzhändlers und einer Kleinbäuerin, war ein Einzeltäter. Nach der Unterzeichnung des Münchner Abkommens im September 1938 entschloss er sich zur Vorbereitung des Attentats, da er den baldigen Ausbruch des Krieges fürchtete. Der Sprengstoffanschlag fand statt am 8. November 1939 im Münchner Bürgerbräukeller. (Das Gebäude steht heute nicht mehr, an seiner Stelle befindet sich jetzt das Hilton Hotel in der Nähe des Rosenheimer Platzes.) Hitler hielt im Bürgerbräukeller wie jedes Jahr am 8. November eine Gedenkrede zur Erinnerung an den Putsch im Jahr 1923. Doch er verließ den Saal früher, als Elser berechnet hatte. Der Zeitzünder verursachte die Explosion erst, als Hitler bereits fort war. Acht Menschen fanden bei dem Anschlag den Tod, Elser wurde gefasst und bis 1945 in Dachau inhaftiert. Nach dem Krieg sollte ihm ein Schauprozess gemacht werden. Als sich die Niederlage abzeichnete, wurde er noch in den letzten Kriegstagen ermordet.

M 3, S. 186
Sophie Scholl (1921–1943), undatierte Fotografie

Sophie Scholl ist die jüngere Schwester von Hans Scholl (1918–1943), der zusammen mit Alexander Schmorell (1917–1943) als Begründer der Widerstandsgruppe „Weiße Rose“ gilt. Die Geschwister Scholl stammten aus Forchtenberg in Baden-Württemberg, beide waren Mitglieder des BDM bzw. der HJ. Sophie Scholl studierte Biologie und Philosophie an der Münchner Universität. Hans Scholl war dort bereits als Medizinstudent immatrikuliert. Sophie besuchte philosophische Vorlesungen des Dozenten Kurt Huber (1893–1943) und stellte den Kontakt zwischen Hans Scholl und Kurt Huber her. Die „Weiße Rose“ verfasste zwischen 1942 und 1943 sechs Flugblätter gegen das Regime. Bei der Verteilung des sechsten Flugblattes wurden die Geschwister am 18. Februar 1943 in der Münchner Universität verhaftet und vor dem „Volksgerichtshof“ durch Richter Roland Freisler zum Tod verurteilt.

Zu Aufgabe 1, S. 186

Unabhängig von dem Schaubild M 11, S. 191, können nach folgenden Kriterien Haltungen und Organisationen des Widerstandes und der Opposition definiert werden:
- Frühe Organisation von Widerstand gegenüber Formierung von Widerstand zu einem späten Zeitpunkt: KPD- und SPD-Mitglieder waren von Beginn an Gegner des Regimes, sie wurde verfolgt und in den Untergrund gezwungen. Ihr Weg in den Widerstand war vorgezeichnet. Militärische Eliten, Adel und Konservative standen der Diktatur mehrheitlich positiv gegenüber, Widerstand aus diesen Kreisen formierte sich erst spät.
- Votum für den Einsatz von Gewalt zur Beseitigung der Diktatur: Militärischer Widerstand, Georg Elser
- Gegner einer gewaltsamen Beseitigung Hitlers: Kreisauer Kreis
- Einzelgänger: Georg Elser, Pater Rupert Mayer, Bischof Clemens Graf von Galen, Landesbischof Theophil Wurm

- Konspirierende Gruppen: Kreisauer Kreis, Goerdeler-Kreis, Männer des 20. Juli, Geschwister Scholl
- Junge Menschen: Geschwister Scholl, Walter Klingenbeck und sein Kreis, „Edelweißpiraten"
- Gemeinsame Motive: Widerstand aus einer Haltung des christlichen Glaubens heraus (Dietrich Bonhoeffer, Pater Rupert Mayer, Jesuitenpater Alfred Delp); Widerstand aus einer kommunistischen bzw. sozialdemokratischen Haltung heraus (Julius Leber, Ernst Thälmann)

Eine Einteilung in passiven und aktiven Widerstand führt nicht weit, da jeder Widerstand und jede Opposition gegen das NS-Regime einer aktiven Haltung bedurfte.

M 4, S. 187
Anpassung oder Widerstand?

Die Quelle verdeutlicht folgende Haltungen in der Arbeiterschaft:
- Arbeiterwiderstand war kein Massenphänomen: Die Mehrheit der Arbeiter fand sich mit dem NS-System ab, da es Arbeitsplätze bot. Man verhielt sich nach Möglichkeit unauffällig.
- In der Arbeiterschaft hielten sich Reste von Klassenbewusstsein: Hitler-Reden wurde kein Beifall gespendet, der Hitler-Gruß wurde vermieden und man ließ sich in die Deutsche Arbeitsfront hineinzwingen.
- Angesichts der allgemeinen Einschüchterung wagten es nur Einzelne, offen ihre Kritik am NS-Regime zu äußern.

Zu Aufgabe 1, S. 187 (zu M 4)

Der Mut zum Widerstand hatte eine deutliche Grenze in den Terrormaßnahmen des Regimes. Grenzen waren ebenfalls gesetzt durch die Sorge für die eigene Familie und die eigene Existenzsicherung, die viele nicht gefährden wollten.

Dennoch belegen die Erinnerungen Willi Zahlbaums ein Gruppengefühl, das für die Entstehung oppositionellen Verhaltens nicht unwichtig war.

M 5, S. 187
Illegaler Handzettel der KPD aus dem Jahr 1936

Auf satirische Weise karikiert der Handzettel, der keinen Verweis auf die KPD enthält und sich an keinen spezifischen Adressatenkreis wendet, staatliche Zwangsmaßnahmen und kritisiert damit scharf die nationalsozialistische Diktatur. Mit einfachen Darstellungsmitteln erzielt er ein Maximum an Aussagekraft und an Allgemeinverständlichkeit: Ausgehend von dem Begriff der „Freiheit" werden durch die ironische Kontrastierung von Bild und Text wesentliche Stationen der Pervertierung dieser Kategorie im NS-Staat dargestellt. Als Hintergrundinformation ist wichtig, dass die Grundrechte „Meinungsfreiheit" (1. Bild) und „Koalitionsfreiheit" (2. Bild) durch die Reichstagsbrandverordnung vom 28. Februar 1933 außer Kraft gesetzt wurden. Es sollte auch darauf hingewiesen werden, dass die Nationalsozialisten die „Wahlfreiheit" (3. Bild) nicht ausdrücklich aufhoben, jedoch mit dem Verbot der Parteien und der Einführung der Volksabstimmung zur bloßen Akklamation der NS-Politik dieses Grundrecht zu einer Farce wurde. Die Unterdrückung der „Kulturfreiheit" (4. Bild) wird auf dem Handzettel mit den Bücherverbrennungen der Nationalsozialisten vom 10. Mai 1933 (und der Berieselung mit Propaganda über einen Lautsprecher) bebildert. In diesem Zusammenhang sollte auch auf die Diskreditierung und Verfolgung „entarteter Kunst" durch das NS-Regime eingegangen werden. Durch das Ermächtigungsgesetz (23. März 1933) wurde die „Rechtsfreiheit" (5. Bild) im Sinne der Unabhängigkeit der Gesetzgebung zur Fiktion: Übergang der legislativen Befugnisse auf die Exekutive. Die Unabhängigkeit der Justiz, deren Aufhebung die Karikatur in Anspielung auf den Volksgerichtshof kritisiert, wurde ad absurdum geführt durch systemkonforme Stellenbesetzungen, die Entfernung nicht linientreuer Richter aus ihrem Amt und durch die Festlegung der Judikative auf die unrechtsstaatlichen Gesetze, die man beschloss (Nürnberger Gesetze usw.). Das letzte Bild zeigt die Konsequenz der „braunen Freiheit", die durch die Verhaftung und Ermordung politischer Gegner u. a. traurige Realität war.

Zu Aufgabe 1, S. 187 (zu M 5)

Siehe Erläuterungen zu M 5.

M 6, S. 188
Landesbischof Theophil Wurm an Reichsinnenminister Wilhelm Frick in einem Brief vom 19. Juli 1940

Landesbischof Wurm wendet sich gegen die Tötung von Behinderten vor allem mit der Begründung, dass durch die staatlicherseits vollzogene Tötung ein allgemeiner Sittenverfall und Autoritätsverlust des Staates eingeleitet werde. In seiner an traditionellen und staatsgläubigen Ordnungsvorstellungen orientierten Argumentation tritt die Empörung angesichts der Ermordung von Behinderten zwar zutage, aber vielmehr beunruhigt Wurm, dass das Christentum als eine „das individuelle und Gemeinschaftsleben des deutschen Volkes bestimmende [...] Lebensmacht" (Z. 15 ff.) aus Deutschland verschwinden könnte.

Zu Aufgabe 1, S. 188

Die Schülerinnen und Schüler erkennen die aus christlicher Ethik erwachsene und an traditionelle, staatsgläubige Ordnungsvorstellungen gebundene Protesthaltung des Bischofs. Die Schülerinnen und Schüler erkennen die zwiespältige Haltung der kirchlichen Amtsträger und Gemeindemitglieder. Der Verbindung von Christentum und Nationalsozialismus unter dem Einfluss der „Deutschen Christen" stand die regimekritische „Bekennende Kirche" gegenüber. Wurm selbst vertrat einen protestantischen Konservatismus mit gemäßigtem Nationalismus und einigen antisemitischen Positionen.

M 7 a und b, S. 188 f.
Das Attentat vom 20. Juli 1944

a) Aus dem Gestapo-Bericht über Stauffenbergs politische Pläne vom 2. August 1944:

In dem Gestapo-Bericht werden 13 Tage nach der Hinrichtung Stauffenbergs (21. Juli 1944) dessen wahrscheinliche Kontakte zur britischen Seite erwähnt und seine Ziele nach der Beseitigung Hitlers aufgelistet.

b) Der Historiker Ludolf Herbst zum deutschen Widerstand des 20. Juli 1944 (1996):

Der Historiker Ludolf Herbst äußert sich skeptisch über den Widerstand der Männer des 20. Juli. Diese hätten sich in den frühen Jahren der Nazi-Diktatur nicht gegen das brutale und allen abendländischen Traditionen hohnsprechende Vorgehen der Nationalsozialisten gegen Juden, Kommunisten und Sozialdemokraten gewandt. Zudem sei die späte Tat angesichts der Millionen Opfer lediglich ein moralisches Zeichen kurz vor dem Untergang gewesen, als „niemand mehr davon überzeugt war, dass die Machtstellung des Reichs noch zu bewahren war" (Z. 38 ff.).

Zu Aufgabe 1, S. 189 (zu M 7)

Die Kursteilnehmer erkennen das Argumentationsmuster Stauffenbergs für den „Tyrannenmord":

- moralisch-humanitäre Argumente:
  - Vermeiden weiterer Kriegsopfer,
  - Wiederherstellung der Ehre,
  - eigene deutsche Abrechnung mit Nazi-Verbrechern;
- machtpolitische Argumente (für Deutschland retten, was noch zu retten ist):
  - Reichsgrenze von 1914 im Osten,
  - Verbleib Österreichs und der Sudeten beim Deutschen Reich,
  - Vermeidung der Besetzung Deutschlands,
  - Räumung der besetzten Gebiete im Norden, Westen und Süden,
  - im Osten Erhalt der Verteidigungsfähigkeit gegen die UdSSR (trotz des Vernichtungskrieges im Osten).

Bei der Erörterung der Motive Stauffenbergs gehen die Kursteilnehmer von seiner nationalen, konservativen und elitären Weltsicht aus. Seine Verbindungen mit dem „Kreisauer Kreis", die drohende militärische Niederlage und die Verbrechen des Nationalsozialismus veranlassten Stauffenberg aus Sorge um die Zukunft Deutschlands zum Attentat auf Hitler.

Für den Historiker Ludolf Herbst besteht das Dilemma der Männer des 20. Juli in deren Absicht, die Macht des Reiches zu erhalten und die Verbrechen zu beenden, mit denen diese Macht errungen wurde. Damit war aber auch die „Macht" erledigt. Diese objektiv unlösbare Situation bestimmte ihr Tun. Für Ludolf Herbst ist der Widerstand des 20. Juli ein später Aufstand des Gewissens, eine moralisch hoch anzuerkennende Tat, aber ohne ein damals durchsetzbares politisches Konzept.

Zu Aufgabe 2, S. 189 (zu M 7)

Zum Vergleich des militärischen Widerstandes mit dem Arbeiterwiderstand und dem Widerstand der „Weißen Rose" siehe die Visualisierung S. 157.

Zu Aufgabe 3, S. 189 (zu M 7)

Die Kursteilnehmer beziehen in ihre Diskussion die verschiedenen Kräfte des deutschen Widerstands ein. Sie stellen deren Positionen den Kriegszielen der Alliierten und der Mehrheitsmeinung der Völker Europas gegenüber.

Der Widerstand gegen das NS-Regime

Gruppen	*Motive*	*Aktionen*	*Ziele*
Kommunisten	Ideologische Überzeugung, marxistische Prägung	Sabotageakte, Flugblätter	Überwindung des Faschismus zugunsten sozialistischer Ordnung
Sozialdemokraten und Gewerkschafter	Menschenrechte, Humanitätsdenken	Solidarische Hilfeleistung im Untergrund	Überwindung des Faschismus zugunsten einer demokratischen Ordnung
20. Juli	Tyrannei Hitlers; drohende Katastrophe durch den Krieg	Attentat	Beseitigung des Unrechtssystems
Weiße Rose	Tyrannei, Sinnlosigkeit des Krieges, Ansehen Deutschlands	Flugblattaktionen	Rechtsstaat

M 8, S. 189
Aus dem letzten Flugblatt der „Weißen Rose“ vom Februar 1943

Zur Gruppe um die Münchner Studenten Hans und Sophie Scholl, Alexander Schmorell, Christoph Probst (1919–1943), Willy Graf (1918–1943) und Kurt Huber siehe Erläuterungen zu M 3, S. 186.

Die „Weiße Rose“ war primär konservativ-humanistischem Gedankengut verhaftet, ihre Vertreter kamen aus dem Bildungsbürgertum. Im beginnenden „totalen Krieg“ fand sie weit über München hinaus Anziehungskraft und Nachahmer im akademisch-intellektuellen, jugendbewegten Milieu in Süddeutschland.

Zur Namensgebung vgl. Detlev Bald, Die Weiße Rose. Von der Front in den Widerstand, Aufbau, Berlin 2003, S. 18 f.: Im Verhör durch die Gestapo erklärte Hans Scholl am 20. Februar 1943, er habe den Namen „gefühlsmäßig […] gewählt“, weil er einen „guten Klang“ besessen und weil sich hinter dem Namen „ein Programm“ verborgen habe. Scholl ergänzte, er habe damals unter dem Eindruck der *Spanischen Romanzen* von Clemens Brentano mit dem Titel „Die Rosa Blanca“ gestanden.

Das sechste Flugblatt geht auf einen Entwurf von Kurt Huber zurück. Aus diesem Entwurf hatten Hans Scholl und Alexander Schmorell allerdings den Absatz Hubers über „unsere herrliche Wehrmacht“ gestrichen. Huber war der Überzeugung, dass der studentische Widerstand sich mit einem starken Partner – der Wehrmacht eben – verbinden müsse. Hans Scholl und Alexander Schmorell misstrauten dagegen der Fähigkeit zum Widerstand in der Wehrmacht, sie hatten als Sanitätsfeldwebel an der Ostfront grausame Einsätze der Wehrmacht mitverfolgt und im Gespräch mit der russischen Zivilbevölkerung (Alexander Schmorells Mutter war Russin) von Misshandlungen erfahren.

Kurt Huber war lange skeptisch gegenüber den Flugblattaktionen, denn er meinte, dass die Gefährdung der Verfasser im Vergleich zum Ergebnis zu hoch sei. In den Gesprächen, die die Studenten mit Professor Huber führten, plädierte er für illegale Propaganda, Sabotage und Attentate als einzige Möglichkeit wirksamen Widerstandes, er setzte vielmehr alle Hoffnungen auf einen Putsch durch die Wehrmacht.

Zum Textauszug: Motiv für die Veröffentlichung des Flugblattes war die katastrophale Niederlage der 6. Armee in Stalingrad 1943. Das Ziel des Appells bestand in der Distanzierung der Bevölkerung von dem unmenschlichen und grausamen NS-Regime sowie in der Wiedererrichtung eines freiheitlichen Nationalstaates.

Zu Aufgabe 1, S. 189 (zu M 8)

Motive:

- Niederlage bei Stalingrad
- Verantwortungslosigkeit der politischen Führung des NS-Regimes

- Sorge um das Überleben der deutschen Soldaten an der Front

Ziele:
- Besinnung auf die Werte der deutschen Nation: Freiheit, Ehre, „sittliche [...] Substanz [...]"
- Errichtung eines „neue[n] geistige[n] Europa".

Zu Aufgabe 2, S. 189 (zu M 8)

Wirkung:
- Erschrecken, Furcht vor Entdeckung bei der Lektüre oder Weitergabe
- Motivation zum Widerstand
- Gegenwehr

M 9, S. 190
„Einst wird kommen der Tag ...", Flugblatt der „Edelweißpiraten", undatiert

Die „Edelweißpiraten" waren eigentlich unpolitische Jugendliche, die sich außerhalb der HJ einen Freiraum für ihre eigene Jugendkultur schaffen wollten. Dadurch gerieten sie mit dem umfassenden Machtanspruch des Nazi-Regimes in Konflikt. Erst die Verfolgung durch Gestapo und andere Kräfte des Staates und der NSDAP führten einzelne Gruppen der „Edelweißpiraten" in einen bewussten Protest gegen das Regime und politisierte sie. Nach ihrem gemeinsamen Kennzeichen, dem Edelweiß, wurden die verschiedene „Cliquen" von der Gestapo als „Edelweißpiraten" bezeichnet. Gruppen dieser unangepassten Jugendlichen existierten im Rhein-Ruhr-Gebiet und in verschiedenen deutschen Großstädten, darunter auch in Leipzig. Sie lehnten den Drill und die Militarisierung in der HJ ab und versuchten ein selbstbestimmtes Jugendleben zu organisieren. Dabei gingen Jungen und Mädchen gemeinsam auf Wanderfahrten. Die strenge Trennung nach Geschlechtern in der HJ (und in der Schule) lehnten sie ab.

Bildbeschreibung: Über dem Text ist in jeder Ecke ein Edelweiß gezeichnet. In der Mitte ist eine große Lilie, das Pfadfindersymbol, zu erkennen. Zeichnungen, Text und Schriftbild lassen auf junge Leute schließen, die nicht das Gymnasium besuchten und wahrscheinlich aus dem Arbeitermilieu stammten.

Zu Aufgabe 1, S. 190 (zu M 9)

Siehe Erläuterungen zu M 9, S. 190.

M 10, S. 190
Der Historiker Gerd Ueberschär über die Bewertung des deutschen Widerstandes nach dem Krieg (2006)

Ueberschär nennt folgende Aspekte:
- Amtliche Anerkennung und öffentliches Gedenken
- Teilweise Distanz oder gar Ablehnung aus verschiedenen Gründen: Desinteresse der Siegermächte an einer Hervorhebung des „anderen, besseren" Deutschland; schlechtes Gewissen der einstigen „Volksgenossen", die eben keinen Widerstand geleistet hatten
- Unterschiedliche Bewertung einzelner Widerstandskreise in Ost und West

Zu Aufgabe 1, S. 190 (zu M 10)

Siehe Erläuterungen zu M 10.

Zu Aufgabe 2, S. 190 (zu M 10)

Das geringe Interesse der Alliierten an einer Würdigung des deutschen Widerstandes lässt sich folgendermaßen belegen:
- Inkonsequenz bei der Durchführung der Entnazifizierungsmaßnahmen im Westen (bürokratische Überforderung, Amnestie von Nationalsozialisten aufgrund des Bedarfs an fähigen Fachleuten und Beamten)
- Indienstnahme der Entnazifizierung bei der Umgestaltung der Gesellschaft im Osten (Entlassungen, Enteignungen)
- Diskreditierung des konservativen Widerstandes unter sowjetischer Besatzungsherrschaft
- Diskreditierung sozialistischen und kommunistischen Widerstandes unter britischer oder US-amerikanischer Besatzung

Literaturtipps:

Eine gute zusammenfassende Übersicht zum Thema bietet: Felicitas von Aretin, Die Enkel des 20. Juli 1944, Faber und Faber, Leipzig 2004, S. 36–45.

Grundlegend: Norbert Frei, Vergangenheitspolitik. Die Anfänge der Bundesrepublik und die NS-Vergangenheit, dtv, 2. Aufl., München 2003.

Für den schnellen Zugriff: Norbert Frei, Der Widerstand gegen den Widerstand, in: Der deutsche Widerstand gegen Hitler, Zeit Geschichte 4/2009, S. 79–83.

Zu Aufgabe 3, S. 190 (zu M 10)
Lernende können in diesem Zusammenhang aufgefordert werden, die Konzeption von entsprechenden Denkmälern zu recherchieren und zu bewerten.

M 11, S. 191
Die Typologie des Historikers Detlev Peukert, 1982

Der Autor gliedert den Widerstandsbegriff in vier idealtypische Stufen und ordnet sie in einem Koordinatensystem mit zwei variablen Parametern: der Systemkritik und der Öffentlichkeit des systemkritischen Handelns. Eine Problematik des Schemas besteht darin, dass je nach Auffassung der beiden Parameter als
a) „abhängig variabel" oder
b) „unabhängig variabel voneinander"
zwei mögliche Lesarten bestehen:
a) Je höher der Öffentlichkeitsgrad, umso höher auch das Ausmaß der Systemkritik bzw. umgekehrt. Daraus folgt: Nonkonformität als partielle Kritik im privaten Handlungsraum, Widerstand als generelle Kritik im öffentlichen Handlungsraum.
b) Die Kategorien bestimmen sich entweder nach Ausmaß der Systemkritik oder nach Ausmaß der Öffentlichkeit des Handlungsraumes. Daraus folgt: Nonkonformität könnte generelle Kritik im privaten Handlungsraum sein, Widerstand könnte partielle Kritik im öffentlichen Handlungsraum sein.
Die Annahme der Lesart a) bedeutet danach die Reservierung des Begriffes Widerstand für die bewusste, möglichst generelle und öffentliche politische Kritik. Gleichwohl gilt, dass Nonkonformität im privaten Raum qualitativ etwas anderes als im öffentlichen Raum darstellt.

M 12, S. 191
Die Historiker Martin Broszat und Elke Fröhlich über den Begriff der „Resistenz" (1987)

Der Text plädiert für eine Erweiterung der Widerstandsforschung: Nicht nur der politische Widerstand, der sich in Aktionen gegen das NS-Regime niedergeschlagen hat (Beispiel: Attentat vom 20. Juli 1944), und die politische Opposition etwa der Arbeiterbewegung oder der Weißen Rose sollen in das Blickfeld der Historiker geraten. Auch die vielfältigen Formen von Nonkonformität und Antihaltungen müssen bei der Betrachtung des Widerstandes erfasst werden. Für die unterschiedlichen Arten der wirksamen Abwehr, Begrenzung, Eindämmung der NS-Herrschaft oder ihres Anspruches – unabhängig von ihren Motiven, Gründen und Kräften – wird der Begriff der Resistenz vorgeschlagen.

Zu Aufgabe 1, S. 191
Siehe Erläuterungen zu M 12.

Zu Aufgabe 2, S. 191
Generell schlecht erfassbar sind der private Handlungsraum und verdeckte Handlungen. Konspiration kann zwar mittelbar erschlossen werden, aber die Nachrichten, die man einander zukommen ließ, wurden nur mit großer Vorsicht weitergegeben und oft auch vernichtet. Ein Beispiel: In den Briefen an seine Frau Ilse verschlüsselte der Diplomat Ulrich von Hassell (deutscher Botschafter in Rom 1932 bis 1938, hingerichtet nach dem 20. Juli 1944) seine Nachrichten: „Inge" war Adolf Hitler, „Inges Familie" die NSDAP, „Hertha" war Rudolf Heß, mit „Sektglasmann" und „Sepps Bruder" war Hermann Göring gemeint und von Joseph Goebbels war die Rede, wenn Ulrich von Hassell schrieb: „Je ne veux pas et je ne peux pas". Vgl. Ulrich Schlie (Hg.), Ulrich von Hassell, Römische Tagebücher und Briefe 1932–1938, F. A. Herbig, München 2004, S. 19 f.

Erarbeiten Sie Präsentationen

M 1, S. 192
Harro Schulze-Boysen (1909–1942) mit seiner späteren Ehefrau Libertas Haas-Heye (1913–1942), Fotografie, 1935

Harro Schulze-Boysen war der Großneffe des Admirals Alfred von Tirpitz und seit 1934 als Oberleutnant im Reichsluftfahrtministerium tätig. Zusammen mit Arvid Harnack (1901–1942), der sich nach Teilnahme an Freikorpsaktionen der kommunistischen Idee angenähert hatte, leitete Schulze-Boysen die Widerstandsgruppe „Rote Kapelle", der auch die Ehefrauen Mildred Harnack und Libertas Schulze-Boysen angehörten. Die „Rote Kapelle" unterrichtete im ersten Halbjahr 1941 sowjetische Stellen über den bevorstehenden Angriff durch die deutsche Wehrmacht. Hans Scholl hatte noch 1942 Kontakt zu Harnack aufgenommen, als die Gruppe

an die Gestapo verraten und ihre führenden Mitglieder (fast 50) noch Ende 1942 hingerichtet wurden. Libertas war die Enkelin des Kaiser-Vertrauten Fürst Eulenburg. Sie arbeitete in der Kulturfilmzentrale des Reichspropagandaministeriums und sammelte vertrauliches Filmmaterial über die Morde der Einsatzgruppen in der Sowjetunion und in Polen.
Literaturtipp: Silke Kettelhake, Erzähl allen, allen von mir! Das schöne kurze Leben der Libertas Schulze-Boysen 1913–1942, München 2008.

M 2, S. 192
Hitler besichtigt zusammen mit Mussolini den zerstörten Konferenzraum im Führerhauptquartier, Fotografie vom 20. Juli 1944

Zum Attentat siehe Erläuterungen zu M 1, S. 186.
Die Tasche mit der scharf gemachten Sprengstoffpackung stellte Stauffenberg bei der Lagebesprechung in der Führerbaracke in der Nähe Hitlers ab, danach verließ er den Raum und trat mit seinem Adjutanten van Haeften die Rückfahrt nach Berlin an. Die Bombe detonierte mittags um ca. 12.45 Uhr und richtete beträchtlichen Schaden an. Vier Männer starben, die Lagerbaracke war völlig verwüstet. Obwohl General Fellgiebel, der Verbündete der Attentäter im Führerhauptquartier, die vereinbarte Nachrichtensperre verhängte, damit von Berlin aus Weisungen für den geplanten Staatsstreich „Walküre“ erfolgen konnten, blieben die Telefonverbindungen der SS davon unberührt. Über diese Leitung wurde Berlin informiert, dass Hitler überlebt hatte. Gleichzeitig wurde mit großem Presseaufwand der angekündigte Besuch Mussolinis vor der Öffentlichkeit dargestellt, um eindeutig zu vermitteln, dass Hitler überlebt hatte.

M 3, Szenenbild aus dem Spielfilm „Sophie Scholl – Die letzten Tage“ (2005)

Siehe Erläuterungen zu M 3, S. 186, und M 8, S. 189. Die Regie zu diesem Film führte Marc Rothemund, Drehbuchautor war der Grimme-Preisträger Fred Breinersdorfer. Die Hauptrolle spielte Julia Jentsch, Fabian Hinrichs stellte Hans Scholl dar.
Literaturtipps:
- www.bpb.de/shop/zeitschriften/filmhefte/34099/sophie-scholl-die-letzten-tage
- Fred Breinersdorfer (Hg.), Sophie Scholl – Die letzten Tage, Frankfurt/M. 2005 (enthält u. a. das Drehbuch und die Verhörprotokolle, die die Basis für das Drehbuch bildeten)

Sachkompetenz

Zu Aufgabe 1, S. 193
Siehe Zusatzmaterial ZM 11.1, S. 162.

Zu Aufgabe 2, S. 193

Terrorapparat:
Verhaftungen, Überwachung, Verfolgung

Kontrolle durch das Prinzip der *„Volksgemeinschaft“*

„Widerstand ohne Volk“

Unterordnung unter das Prinzip der *charismatischen Führung*

Monistische Gesellschaftsordnung:
Konspiration statt Organisation, Misstrauen und Angst vor Entdeckung

Methodenkompetenz

Zu Aufgabe 3, S. 193
Siehe Erläuterungen zu M 3, S. 193.
Der Film enthält Elemente verschiedener Genres:
- Kriminalgeschichte
- Biografie
- Gerichtsfilm

Die Handlung wird linear erzählt und beschränkt sich fast ausschließlich auf die Innenräume. Das Verhörzimmer ist wenig ausgeleuchtet, das Licht spielt im Zusammenhang mit der Entwicklung der Filmfigur der Sophie Scholl eine besondere Rolle.
Obwohl das Drehbuch auf Quellentreue und geschichtliche Authentizität geachtet hat, spielt das Setting eine bedeutende Rolle für die ikonografische Stilisierung der Figur der Sophie Scholl. Der Fokus ist zentral auf sie gerichtet, ihre heldenhafte Ablehnung des Angebotes, das ihr der Gestapobeamte Robert Mohr macht, lassen den Mut und die

Tapferkeit der jungen Männer – allen voran Christoph Probst – in den Hintergrund treten.

Urteilskompetenz

Zu Aufgabe 4, S. 193

Vereinfacht sagt Kißener, dass die widerständigen Handlungen und Personen für Geschichtsschreibung, Gedenken und Erinnerungspolitik eine größere Bedeutung gewinnen, als sie tatsächlich hatten, und dass einer solchen Verzerrung von Maßstäben entgegengearbeitet werden müsse.

Argumente für dieses Phänomen:

Kißener spricht von einem „menschliche[n] Bedürfnis", gerade diese Taten und Menschen in ein besonderes Licht zu stellen.

Die Debatte sollte sich im Kern auf die Frage beziehen, inwiefern, ob und wann eine politische Instrumentalisierung und Überhöhung zulässig ist. Überhöht wird die Geschichte der Sophie Scholl in dem Film von Marc Rothemund insofern, als die Darstellung ihrer „letzten Tage" die Wahrnehmung für die Bedeutung von Hans Scholl, Christoph Probst, Alexander Schmorell und Kurt Huber vermindert. Ist die Überhöhung deshalb unzulässig?

Eine Überhöhung und Stilisierung der Leistungen des Widerstandes findet in den öffentlichen Gedenkfeiern, in der Errichtung von Denkmälern (beispielsweise Aufnahme der Büste der Sophie Scholl in der Walhalla bei Regensburg) und in der Stiftung von Preisen statt. All diese im Grunde politischen Handlungen dienen der Manifestierung von Werten, die die Basis eines demokratischen Staatswesens bilden (Recht, Freiheit, Menschenwürde, Mitmenschlichkeit).

Problematisch wird es im privat-persönlichen Bereich, wenn das Erbe des Widerstandes bei einer Gruppe einen höheren Stellenwert einnimmt als bei vergleichbaren anderen Gruppen. Dieser Fall war in der Zeit des Kalten Krieges durchaus gegeben, als in der DDR der antifaschistische Widerstand verabsolutiert und der militärische Widerstand als reaktionär abqualifiziert wurde. Umgekehrt verhielt es sich in der Bundesrepublik, für die der kommunistische Widerstand keine Bedeutung hatte und wo einem Willy Brandt 1960 von Konrad Adenauer vorgeworfen wurde: „Wenn er sich vorstelle, dass Brandt als Kanzlerkandidat der SPD infrage komme [...] und dass Brandt jedenfalls Mitglied der norwegischen Armee gewesen ist, und man fände nichts daran, dann müsse er schon sagen, dass er erschüttert sei über den Mangel an National- und Selbstgefühl des deutschen Volkes." *(Zit. nach: Carola Stern, Willy Brandt, Rowohlt, Hamburg 2002, S. 77.)*

Zusatzmaterial ZM 11.1
zu Aufgabe 1, S. 193

Motive, Organisation und Wirkung verschiedener Widerstandsgruppen

Widerstands-gruppe	Motive	Organisation	Wirkung
Kreisauer Kreis	Ende des Unrechtsstaates, überzeugtes Christentum	Weit verzweigte Konspiration, drei Treffen in Kreisau 1942 und 1943; Denkschriften: Entwürfe für eine demokratische, föderale Verfassung	Erfolgreiche Hilfe für einzelne Verfolgte; kein Erfolg gegen das Regime, Impulse für die Nachkriegsordnung der Bundesrepublik. Kreisau heute: Jugendbegegnungsstätte (Förderung des dt.-poln. Verhältnisses)
Militärische Opposition	Beendigung des Krieges, Ende des Mordens im Osten, Wiederherstellung des Ansehens für Deutschland	Konspiration; Planung eines Attentates mit nachfolgendem Staatsstreich durch Generalmajor Henning von Tresckow und Oberst Stauffenberg	Trotz des faktischen Scheiterns: Beweis des „anderen, besseren" Deutschland; Radikalisierung der Verfolgungsaktionen gegen Regimekritiker nach dem 20. Juli 1944; neue Impulse für die charismatische Herrschaft Hitlers. Heute: regelmäßige Gedenkfeiern am 20. Juli
Studentischer Widerstand „Weiße Rose"	Ende des Unrechtsstaates; Wiederherstellung der Freiheit und des deutschen Ansehens vor der Welt	Konspiration, Abfassen und Verteilen von Flugblättern, Anbringen von Parolen „Nieder mit Hitler" an Häuserwänden	Vermehrung der Anhängerschaft auch an anderen Universitäten, faktisches Scheitern, aber bis heute: Wachhalten der Erinnerung durch die „Stiftung Weiße Rose", alljährlich Verleihung des Geschwister-Scholl-Preises (Preisträger u. a. Joachim Gauck)
Sozialdemokratische und sozialistische Gruppen	Verhinderung der Machtübernahme Hitlers; Bekämpfung der Diktatur von Beginn an	Aufbau eines Untergrundnetzes; Fluchthilfe; Verbreitung von Flugblättern und Broschüren; Versuch, über den Exilvorstand der SPD (SoPaDe) die Weltöffentlichkeit aufzuklären	Vereinzelt erfolgreiche Hilfe für Verfolgte, teilweise erfolgreiche Öffentlichkeitsarbeit, Weitertragen der Ideen und der Verantwortung durch die einstigen Emigranten (z. B. Willy Brandt, Herbert Wehner)
„Rote Kapelle" (Intellektuelle, Kulturschaffende, Marxisten)	Regimekritik, freiheitsliebende Einstellung	Sammlungsbewegung, Meinungsaustausch unter Künstlern, Intellektuellen Marxisten, Christen; Hilfe für politisch Verfolgte, Dokumentation von NS-Gewaltverbrechen	Erfolgreiche Hilfe für einzelne Verfolgte; faktisches Scheitern, aber die Überlebenden (Falk Harnack, Günter Weisenborn) wirken mit am Aufbau des Kulturlebens nach 1945

Kapitel 12
Aufarbeitung der NS-Vergangenheit nach 1945

Aufgabe 1, S. 194
„Vergangenheits*bewältigung*" suggeriert, man könne zu einem bestimmten Zeitpunkt ein feststehendes abgeschlossenes Verhältnis zu den Geschehnissen zwischen 1933 und 1945 haben.
„*Auseinandersetzung mit*" und „*Aufarbeitung*" der NS-Vergangenheit spielt dagegen eher auf eine sich kontinuierlich wandelnde Beschäftigung mit den Geschehnissen zwischen 1933 und 1945 an.

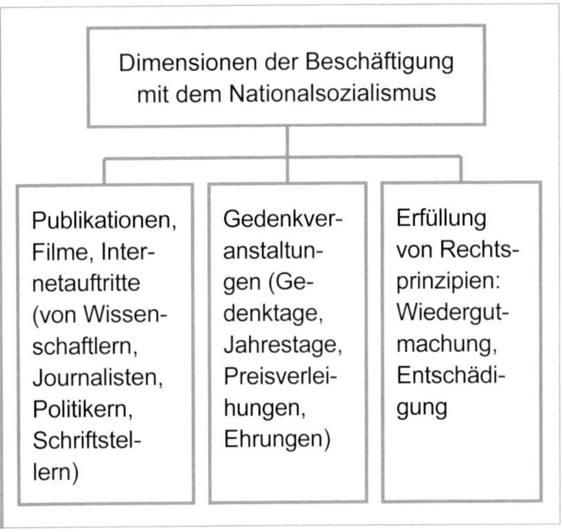

M 1, S. 195 f.
Der Philosoph Karl Jaspers über Schuld und Schuldbegriffe (1996, zuerst 1946)
Jaspers (1883–1969) ist einer der Hauptvertreter der deutschen Existenzphilosophie. Mit einer jüdischen Frau verheiratet, war er trotz Berufs- und Publikationsverbots in Deutschland geblieben, hatte jedoch nicht mit dem NS-Regime kollaboriert. Das verschaffte ihm in der Nachkriegszeit eine hohe geistig-moralische Autorität.
Der Text unterscheidet folgende Schuldbegriffe:
- kriminelle Schuld: objektiv nachweisbare Verbrechen;
- politische Schuld: Haftung für staatliches Handeln (sie ergibt sich aus gemeinsamer Staatsbürgerschaft, d. h. aus der Tatsache, dass Menschen der Gewalt des Staates unterstellt sind und durch dessen Ordnung ihr Dasein haben);
- moralische Schuld: Verantwortung des Menschen für alles, was er selbst tut, auch im politischen und militärischen Bereich;
- metaphysische Schuld: Verletzung der grundsätzlichen zwischenmenschlichen Solidaritätspflicht.

Zur Verdeutlichung der verschiedenartigen Schuldbegriffe sollten die Instanzen erwähnt werden, vor denen jene Schuldarten bekannt werden und von denen sie als Vorwurf erhoben werden können: Das Gericht klagt kriminelle Schuld an, der Sieger fordert die politische Haftung der Besiegten ein, das eigene Gewissen oder liebende Mitmenschen können einen moralischen Schuldvorwurf erheben und die Instanz metaphysischer Schuld ist Gott allein.

Zu Aufgabe 1, S. 196
Siehe Erläuterungen zu M 1, S. 195.

Zu Aufgabe 2, S. 196
Didaktisch-methodischer Hinweis: Bei der Überprüfung der Schuldkategorien von Jaspers unter der Fragestellung, ob sie einer nachträglichen Aneignung der Opfergeschichte durch die Überlebenden gerecht werden können, lassen sich folgende Überlegungen in den Vordergrund stellen:
- Bei der Ermittlung der kriminellen Schuld durch Gerichte stehen zwar die Täter im Vordergrund. Aber ohne den Ernst juristischer Prozesse mit drohenden Strafen wäre es in der Bundesrepublik Deutschland weder zur Erhebung wichtiger Fakten noch zu engagierten Debatten über NS-Verbrechen gekommen. Dabei haben die oft unter großen seelischen Qualen geäußerten Zeugenaussagen der Opfer des NS-Regimes viel über deren Leiden und Geschichte bekannt gemacht. Die Berichte in den Medien über diese Prozesse haben eine breitere Öffentlichkeit zum Hinsehen gezwungen und das Beschweigen der Opfer erschwert.
- Die Anerkennung einer politischen Schuld und damit auch einer politischen Haftung lenkt den Blick besonders auf die Opfer und deren Geschichte. Ob es um die Wiedergutmachung und Entschädigung zwischen Privatpersonen, die Entschädigung oder Rückerstattung von Privatpersonen durch den Staat oder Vereinbarungen von Globalentschädigungen zwischen Staaten bzw. internationalen Organisationen geht, immer stehen die Opfer im Vordergrund, denen Unrecht geschehen ist. Diese Tatsache lässt sich auch

nicht dadurch relativieren, dass Wiedergutmachungen oder Entschädigungen in der bundesrepublikanischen Entwicklung zum Teil außerordentlich unpopulär waren.

- Das Abwägen moralischer Schuld durch das individuelle Gewissen ist zuerst eine Entscheidung darüber, ob eigenes Handeln gut oder böse war. Ein Eingeständnis moralischer Schuld bedeutet das Bekenntnis zum Verstoß gegen sittliche Prinzipien. Ob und inwieweit dabei auch das Leiden des oder der Opfer intensiv reflektiert wird, hängt von der Persönlichkeit des Einzelnen ab und von den Rahmenbedingungen, unter denen die Gewissensentscheidung getroffen wird.
- Ganz besonders schließt das Bekenntnis zu metaphysischer Schuld das Gedenken an die Opfer und ihre Leidensgeschichte ein, geht es doch um die Anerkennung der Solidarität zwischen Menschen.

M 2, S. 196
Aus einer Rede von Bundespräsident Theodor Heuss (FDP, 1952)

Theodor Heuss (1884–1963) war Publizist, Historiker und Politiker. In den Jahren der Weimarer Republik war er Mitglied und Abgeordneter der Deutschen Demokratischen Partei und der Deutschen Staatspartei, in der die DDP 1930 aufgegangen war. Als Abgeordneter hatte er 1933 für das Ermächtigungsgesetz gestimmt. Nach 1945 gehörte Heuss zu den Begründern der FDP und wirkte als Kultusminister unter amerikanischer Besatzung in Württemberg-Baden. Am 12. September 1949 wurde er zum ersten Bundespräsidenten der neu gegründeten Bundesrepublik gewählt.

Im Zentrum dieser Rede steht das Schamgefühl, das Theodor Heuss als Deutscher angesichts des Massenmordes und der Rechtlosigkeit unter den Nationalsozialisten empfindet. Er begegnet dem stereotypen Argument, auch „die anderen“ hätten Verbrechen begangen – eine Anspielung auf die Lager in der frühen DDR – mit dem Verweis, eine solche Ablenkung von der eigenen Verantwortung könne nur unternehmen, wer kein oder kaum moralisches Empfinden habe.

M 3, S. 196 f.
Aus einer Rede des SED-Generalsekretärs Walter Ulbricht (1953)

Ulbricht (1893–1973) war Tischler, seit 1912 Mitglied der SPD, trat dann aber 1919 in die neu gegründete KPD ein. Bereits in den Jahren der Weimarer Republik war er für die Komintern in Moskau tätig, nach 1933 ging er nach Frankreich, kämpfte aufseiten der Republikaner im Spanischen Bürgerkrieg und wirkte schließlich in der Sowjetunion seit 1943 mit am Aufbau eines Nationalkomitees Freies Deutschland. Er besaß das Vertrauen Stalins und kehrte mit der „Gruppe Ulbricht“ gleich nach Kriegsende in die sowjetisch besetzte Zone zurück, um dort die deutsche KPD wieder zu begründen und für den Aufbau eines sozialistischen Staates zu arbeiten. Von 1949 bis 1960 war Ulbricht stellvertretender Ministerpräsident der neu gegründeten Deutschen Demokratischen Republik; ab 1949 war er zugleich Mitglied des Politbüros, ab 1950 Generalsekretär und ab 1953 Erster Sekretär und damit Chef der SED.

In seiner Rede setzt Ulbricht polemisierend das im Streit der Ideologien typische Vokabular ein. Der Kalte Krieg ist die Folie, vor deren Hintergrund diese Aussagen gemacht werden. Es werden einerseits die Verbundenheit mit der Sowjetunion und die antifaschistische Leistung der ostdeutschen Kommunisten und Sozialisten bekräftigt und andererseits die Gleichsetzung zwischen dem Nationalsozialismus („faschistische[r], deutsche[r] Imperialismus“) und dem Westen („amerikanische […] und westdeutsche […] Imperialisten“) behauptet. Die politischen und wirtschaftlichen Eliten der Bundesrepublik rekrutieren sich – laut Ulbricht – aus ehemaligen Nationalsozialisten. Der Westen häufe die alten Schulden an und mache neue, während die DDR frei von Schulden aus dem vergangenen Krieg sei. Die Verantwortung als deutscher Nachfolgestaat des Deutschen Reiches für die Verbrechen, die zwischen 1933 und 1945 von Deutschen verübt wurden, wird durch eine solche Sichtweise abgespalten und ausschließlich der Bundesrepublik angelastet.

M 4, S. 197 f.
Aus einem Gespräch Bundeskanzler Konrad Adenauers (CDU) mit dem amerikanischen Journalisten G. Bailey (1960)
Konrad Adenauer (1876–1967) war mit 73 Jahren der erste und bislang älteste Bundeskanzler der Bundesrepublik Deutschland. Bereits in der Weimarer Republik war der Jurist als Mitglied der katholischen Zentrumspartei Oberbürgermeister von Köln. 1933 wurde er von den Nationalsozialisten entlassen. Adenauer blieb in Deutschland und wurde 1944 für einige Monate verhaftet. Nach dem Krieg setzte er sich in der britischen Besatzungszone für den Aufbau der CDU ein, übernahm dort 1946 den Vorsitz und 1950 den Gesamtvorsitz für die Bundespartei. Mit einer Stimme Mehrheit (seiner eigenen) wurde Adenauer im September 1949 zum Kanzler der ersten Koalitionsregierung gewählt.
Adenauer vertritt in dem Interview mit einem amerikanischen Journalisten die Auffassung, dass von einer Kollektivschuld der Deutschen nicht gesprochen werden könne, auch gegen den Begriff der „Kollektivscham“ hat er vage Vorbehalte, gesteht aber dennoch seine Scham für die Taten zwischen 1933 und 1945 ein. Gleichzeitig räumt er ein, es habe auch „anständige und harmlose“ Mitglieder der NSDAP gegeben, die sich hinterher schämten. Indirekt spricht Adenauer sich hier dafür aus, dass gerade diese Gruppe zu ihrer Parteimitgliedschaft stehen sollte. Grundsätzliches Ziel Adenauers ist es, ein Stück weit positive nationale Identität bei seinen Landsleuten zu fördern, und zwar mit Blick auf die Leistungen der Deutschen in der Vergangenheit vor 1933. Nationales Selbstbewusstsein sieht er als eine zentrale Kategorie, vermutlich vor dem Hintergrund einer verlässlichen Westbindung und doch eigenständigen Position Westdeutschlands.

M 5, S. 198
Bundeskanzler a. D. Helmut Schmidt (SPD) über den deutschen Umgang mit der Vergangenheit (1990)
Schmidt (geb. 1918) war der fünfte Bundeskanzler der Bundesrepublik und Nachfolger Willy Brandts nach dessen Rücktritt aufgrund der Guillaume-Affäre. Schmidt war Soldat im Zweiten Weltkrieg und studierte nach seiner Rückkehr aus dem Krieg Staatswissenschaften und Volkswirtschaft in Hamburg. Seit 1953 arbeitete er in mehreren politischen Funktionen für die SPD. 1961–1965 erwarb er sich als Hamburger Innensenator großes Ansehen und Anerkennung als Krisenmanager in der Flutkatastrophe 1962. Verantwortungsbewusstsein und Entscheidungsfähigkeit musste er als Bundeskanzler und Leiter des Krisenstabes anlässlich der Entführung des Arbeitgeberpräsidenten Hanns Martin Schleyer durch die RAF ebenfalls beweisen.
Schmidt akzentuiert in diesem Textausschnitt „Moral und Gesittung“ (Z. 14 und 32), die ihm eine ganz wesentliche Voraussetzung für die heutige deutsche nationale Identität insofern sind, als sie einem selektiven Gedächtnis vorbeugen, das Schuld und Verantwortung für die Verbrechen zwischen 1933 und 1945 ausklammern will. Kein Deutscher könne sich der Verantwortung für diese Geschichte entziehen, so Schmidt. Gleichwohl sei die deutsche Geschichte nicht nur und ausschließlich ein „Verbrecheralbum“.

Zu Aufgabe 1 a–c, S. 198
Siehe Erläuterungen zu M 2 bis M 5.

Zu Aufgabe 1 d, S. 198
Die Rede von Theodor Heuss (1952) ist noch unter dem unmittelbaren Eindruck der Verbrechen gehalten und sie wurde geschrieben, um eine der ersten Gedenkstätten für die Verbrechen des Nationalsozialismus zu eröffnen. Hier spielt der Schambegriff eine zentrale Rolle.
Die Rede Ulbrichts (1953) ist nur ein Jahr später gehalten worden. Sie steht aber ganz im Zeichen der Abspaltung von Verantwortung für die Verbrechen des Nationalsozialismus und im Zeichen der Vereinnahmung der DDR durch den sowjetischen „großen Bruder“.
Adenauer, dessen Ziele außenpolitisch in einer stabilen Westintegration und innenpolitisch in einer wirtschaftlichen Aufbaupolitik lagen, vertritt 1960 die von ihm selbst gelebte Haltung eines selbstbewussten Deutschen. Diese Haltung hatte eine große Bedeutung nicht nur in der Europapolitik der Fünfziger- und Sechzigerjahre.
Schmidt schreibt 1990 aus der reflektierten Position des Altkanzlers und Elder Statesman. Für seine Forderung nach einer dem Nationalbewusstsein integrierten Verantwortung für die verbrecherischen Taten der Deutschen in der Zeit des Nationalsozialismus ist auch maßgeblich der Wandel, der im Oktober des Jahres 1990 die Wiedervereinigung der beiden deutschen Staaten herbeiführte.

Zu Aufgabe 2, S. 198
Im Gespräch werden die Lernenden ihre Erkenntnis darüber formulieren, dass die Aufarbeitung der NS-Vergangenheit über einen langen Zeitraum andauerte und einem merklichen Wandel unterworfen war. Folgende Aspekte können als bedeutsam für die Auseinandersetzung mit der Geschichte des Nationalsozialismus benannt werden:
- Abhängigkeit der Haltung zur NS-Vergangenheit vom politischen Standort des Betrachters
- Abhängigkeit von der jeweiligen Zeit und den sie prägenden Ereignissen und Phänomenen, in der die Position formuliert wurde
- Abhängigkeit von der politischen Einstellung des Einzelnen

M 6, S. 199 f.
Aus den Verhandlungen des Auschwitz-Prozesses (1964)
Historischer Hintergrund: Der Auschwitz-Prozess wurde am 20. Dezember 1963 vor dem Schwurgericht am Landgericht Frankfurt am Main eröffnet. Der offizielle Aktentitel lautete: „Strafsache gegen Mulka u. a.“ (Aktenzeichen: 4 Ks 2/63). Über eine Dauer von 20 Monaten prägte der Auschwitz-Prozess den öffentlichen Dialog der Jahre 1963 und 1964. Angeklagt waren 22 SS-Verbrecher, vernommen wurde 356 Zeugen, darunter waren 211 Auschwitz-Überlebende. Am 19. und am 20. August wurde das Urteil verkündet: Die Verlesung dauerte mehr als elf Stunden. Der Journalist Bernd Naumann hielt die Ereignisse jedes Verhandlungstages in der *Frankfurter Allgemeinen Zeitung* fest. Dabei enthielt er sich weitgehend der Kommentare, sodass sich die Leser aufgefordert fühlten, die berichteten Vorgänge selbst zu reflektieren und zu bewerten.
Der Auschwitz-Prozess stellte in der bundesdeutschen Justizgeschichte das größte Schwurgerichtsverfahren dar, die Initiative zu diesem Prozess ging ganz wesentlich auf Fritz Bauer, den hessischen Generalstaatsanwalt, zurück. Bauer (1903–1968) stammte aus einer jüdischen Kaufmannsfamilie, 1936 gelang ihm die Flucht nach Kopenhagen. Von dort konnte er im Herbst 1943 durch die Hilfe dänischer Fischer nach Schweden gelangen. Nach dem Zweiten Weltkrieg kehrte er zurück und widmete sein Leben dem Wiederaufbau einer demokratischen deutschen Justiz und der Reform des Strafrechts.
Der Angeklagte Robert Mulka war bei Prozessbeginn 68 Jahre alt. Er war verheiratet und hatte drei Kinder. Mitglied der Waffen-SS war er von 1941 bis 1945 gewesen, in Auschwitz war er von 1941 bis 1943, zuletzt als Adjutant des Lagerkommandanten. Nach dem Krieg hatte er seine Import-Exportfirma in Hamburg wiederaufgebaut.
Literaturtipps:
Irmtrud Wojak, Fritz Bauer 1903–1968. Eine Biografie, München 2009.
Irmtrud Wojak (Hg.) i. A. des Fritz Bauer Instituts, Auschwitz Prozess 4 Ks 2/63 Frankfurt/M., Köln 2004.
Monica Kingreen, Der Auschwitz-Prozess 1963–65. Geschichte, Bedeutung und Wirkung. Materialien für die pädagogische Arbeit, Frankfurt/M. 2004.

Zu Aufgabe 1, S. 200, zu M 6, S. 199 f.
Mulka behauptet, er habe nur Befehle ausgeführt und vom Massenmord in Auschwitz nichts gewusst und auch nicht gefragt. Auf Nachfrage gibt er zu, mit dem Begriff „Sonderbehandlung“ sei Mord gemeint gewesen. Befehle zum Mord habe er nicht gegeben, so Mulka, und auf der Rampe bei den Selektionen habe er nie Dienst gehabt.
Mulka liefert mit dieser Aussage ein Beispiel für das Bestreben der Täter, ihre Schuld und Verantwortung zu verdrängen. Seine Aussage wirkt, als wolle er die Tragweite seines Verbrechens gar nicht wahrhaben. Sein Verhalten löst Empörung aus.
Siehe auch das Gedicht von Heimrad Bäcker (Zusatzmaterial ZM 12.1, S. 171) zur Unfähigkeit der Täter, zu ihrer Schuld zu stehen. Bäcker wollte bei der Sprache der Täter bleiben und dem Dokumentarischen das Entsetzen erneut gegenüberstellen. Im Nachruf auf den 2003 verstorbenen Künstler betonte Paul Jandl in der „Neuen Züricher Zeitung“: „Dass das Verbrechen der Sprache den tatsächlichen Verbrechen vorausgeht, hat der 1925 in Wien geborene Heimrad Bäcker in einem wachsenden und prinzipiell unabschliessbaren Œuvre zu zeigen versucht. Die Literatur wollte Bäcker nie zu einer Harmonisierung des Unverständlichen missbraucht sehen.“ (Zit. nach: www.nzz.ch/2003/05/10/fe/article8UIT7.html; download vom 18. April 2012)

Zu Aufgabe 2, S. 200, zu M 6, S. 199 f.
Das Urteil lautete auf 14 Jahre Zuchthaus, wegen Beihilfe zum hundertfachen Mord. Drei Selektionen und damit die Einleitung der Ermordung von jeweils

geschätzten 750 Menschen habe Mulka nachweislich mitverantwortet. Nachgewiesen wurde auch die Beschaffung von Zyklon B durch Mulka.
Insgesamt ist zu erkennen, dass das Gericht nur Taten verurteilt, die zu hundert Prozent nachgewiesen wurden. Bei Unklarheiten gilt, dass im Sinne des Angeklagten entschieden wurde. Insofern hat man Mulka positiv angerechnet, dass er sich um eine baldige Ablösung bemüht habe.

M 8, S. 200
Der Historiker Wolfgang Jäger über die Interpretation des Holocaust in der DDR (2012)

In der DDR wurde der Holocaust zwar als eines der schwersten Verbrechen des NS-Systems verurteilt, aber gleichwohl aufgrund der Fokussierung auf die antikommunistische und antibolschewistische Komponente der NS-Ideologie und -Verfolgung relativiert. Eine offizielle Erinnerung an den Holocaust gab es nicht, vielmehr standen im Mittelpunkt der offiziellen Gedenkfeiern die Verfolgung und Ermordung der kommunistischen Widerstandskämpfer, die man als die ersten und wichtigsten Gegner des NS-Systems betrachtete.

Vertiefung: Der 27. Januar als Gedenktag

M 1, S. 201 f.
Aus der Ansprache von Bundespräsident Roman Herzog zum Gedenktag für die Opfer des Nationalsozialismus im Deutschen Bundestag, 19. Januar 1996

Roman Herzog ist promovierter und habilitierter Jurist, er lehrte als Professor in Berlin und Speyer. 1970 trat er der CDU bei und wechselte 1973 in die Politik. Er war Staatssekretär unter Ministerpräsident Helmut Kohl in Rheinland-Pfalz, später wurde er in den ersten Senat des Bundesverfassungsgerichtes gewählt. Das Amt des Bundesverfassungsgerichtspräsidenten übernahm Herzog 1987, nachdem er bereits 1983 Vize geworden war. Als Bundespräsident folgte er Richard von Weizsäcker nach.
Er plädiert aus folgenden Gründen für einen offiziellen Gedenktag zur Erinnerung an die Opfer der NS-Herrschaft:

- Verhinderung von Vergessen und Verblassen der Geschichte des Nationalsozialismus, je weiter diese Vergangenheit sich von der Gegenwart entfernt
- Verdeutlichung des Wertes von Rechtsstaatlichkeit und Demokratie

Zu Aufgabe 1, S. 202
Siehe Erläuterungen zu M 1.

Zu Aufgabe 2, S. 203, zu M 1, S. 201 f.

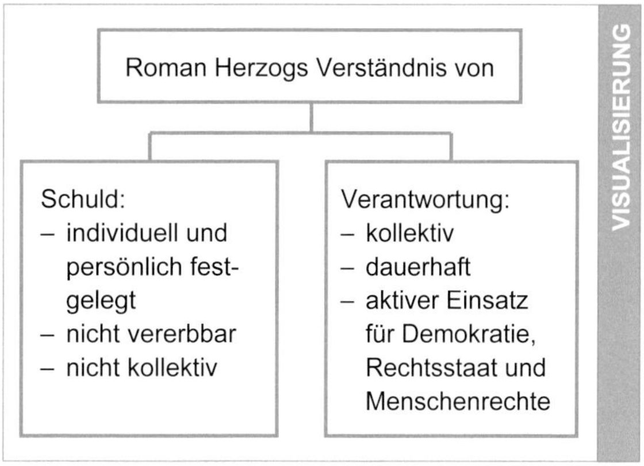

Zu Aufgabe 3, S. 203
Aufgaben und Ziele des Holocaust-Gedenktages:
- Verhinderung von antidemokratischen oder gleichgültigen Haltungen gegenüber der Demokratie
- Verankerung im Alltag: Förderung von Nachdenklichkeit und Erinnerung an die NS-Verbrechen
- Veranschaulichung der Folgen antidemokratischer Haltungen

M 2, S. 203
Die Anglistin und Literaturwissenschaftlerin Aleida Assmann über den neuen Gedenktag (2010)

Assmanns kritische Einwände beziehen sich auf folgende Aspekte:
- Gedacht wird eines Ereignisses – nämlich der Befreiung von Auschwitz durch die Sowjetarmee –, das die meisten Deutschen selbst nicht miterlebt haben, also nicht erinnern.
- Fraglich ist für Assmann überdies, ob die Deutschen sich daran erinnern wollen. Aus beiden Feststellungen folgt, dass der Gedenktag als Ermahnung dient.

- Während sich der 27. Januar als Gedenktag für den Holocaust in Europa und auf der ganzen Welt zunehmend durchsetze, beschränke sich die Erinnerung und das Gedenken weitgehend auf die jüdischen Opfer und nicht mehr – wie von Roman Herzog gefordert – auf alle Opfer des NS-Systems.
- Fehlende Würdigung der Akteure von damals: Das Gedenken schließe die Armee Stalins aus.
- Die Fixierung auf Auschwitz als Symbol für den Genozid führe allmählich zu einer „Verdünnung“ der Erinnerung an den Völkermord und an die NS-Verbrechen insgesamt.
- Ein von anderen Nationen übernommenes und politisch verordnetes Gedenken wird von den Menschen, die dieses Gedenken tragen sollen, nicht belebt und gelebt.
- Ein Bekenntnis zur Verantwortung für ein dauerhaftes Gedenken an den Holocaust verhindert in manchen Nationen die Auseinandersetzung mit den eigenen nationalen Verbrechen (Belgien: Kolonialherrschaft im Kongo).

Zu Aufgabe 1, S. 203
Siehe Erläuterungen zu M 2, S. 203.

Zu Aufgabe 2, S. 203, zu M 2, S. 203
Mögliche Aktionen wären Lesungen, Vorträge, Einladung von Zeitzeugen bzw. Kindern von Zeitzeugen, Gesprächsrunden, Gestaltung eines Erinnerungszeichens (fächerübergreifende Zusammenarbeit mit dem Kunstunterricht), Besuch einer Gedenkstätte, Einladung eines Experten usw.
Die Diskussion ließe sich möglicherweise auch zugespitzt führen, indem man die Gründe für die Einladung eines Referenten oder für die Teilnahme an einer offiziellen Veranstaltung auslotet und demgegenüber nach den Motiven, Gründen und der Bedeutung von Aktionen fragt, die auf der Eigenaktivität der Lerngruppe basieren.

Erarbeiten Sie Präsentationen

M 1, S. 204
Bundeskanzler Willy Brandt vor dem Mahnmal im ehemaligen Warschauer Getto, Fotografie, 1970

Bei seinem Warschau-Besuch am 7. Dezember 1970 kniete Bundeskanzler Willy Brandt, protokollarisch nicht vorgesehen, vor dem Ehrenmal für die Opfer des Warschauer-Getto-Aufstandes nieder und brachte dadurch zum Ausdruck, dass sich die Bundesrepublik für die im deutschen Namen begangenen Untaten verantwortlich fühle und um Versöhnung bitte. Brandt suchte zusammen mit seinem Außenminister Walter Scheel den Ausgleich mit dem Osten. In den Verträgen von Moskau (August 1970) und Warschau (Dezember 1970) wurde die neue Ostpolitik der sozialliberalen Koalition völkerrechtlich abgesichert. Das Vier-Mächte-Abkommen über Berlin (September 1971) zwischen den Siegermächten des Zweiten Weltkrieges regelte den Rechtsstatus der geteilten Stadt und wurde zu einem Schlüsseldokument in der beginnenden Ost-West-Entspannung. Im März 1970 trafen in Erfurt Bundeskanzler Willy Brandt und DDR-Ministerpräsident Willi Stoph zu einem ersten deutsch-deutschen Gipfeltreffen zusammen. Der Gegenbesuch fand im selben Jahr in Kassel statt („Williade“). Diese Treffen mündeten nach langwierigen Verhandlungen zwischen Egon Bahr und Michael Kohl im Dezember 1972 in einem Grundlagenvertrag zwischen der Bundesrepublik und der DDR, der eine weitere Zusammenarbeit in Aussicht stellte, die Position Berlins absicherte und die bestehenden Grenzen anerkannte. Im Dezember 1973 wurden schließlich auch ein entsprechender Vertrag mit der ČSSR in Prag unterzeichnet.

M 2, S. 204
Die KZ-Ärzte Holzlöhner und Rascher bei einem Unterkühlungsexperiment im KZ Dachau, Fotografie 1942

Die Menschenversuche in Dachau wurden v. a. für die Luftwaffe durchgeführt. Da viele über dem Atlantik abgeschossene Piloten der deutschen Luftwaffe im eisigen Meerwasser starben, sollten die Unterkühlungsversuche Rettungsmöglichkeiten eruieren. Außerdem wurden in Dachau Malaria-Versuche, „biochemische“ und Sulfonamidversuche sowie luftmedizinische Versuche zur Erforschung der Überlebensmöglichkeit in großen Höhen durchgeführt. Einer der zwölf Prozesse, der Medizinerprozess, die auf den Nürnberger Hauptkriegsverbrecherprozess folgten, behandelte diese Verbrechen.
Sigmund Rascher, ein Günstling Himmlers, hatte bis 1939 als Assistenzarzt am Schwabinger Krankenhaus in München gearbeitet. Mit seinem Wech-

sel von der SA zur SS im gleichen Jahr vollzog sich auch die Einziehung Raschers in die Luftwaffe. Vgl. Wolfgang Benz, Medizinische Versuche im KZ Dachau, in: Wolfgang Benz und Angelika Königseder (Hg.), Das Konzentrationslager Dachau. Geschichte und Wirkung nationalsozialistischer Repression, Metropol Verlag, Berlin 2008, S. 89–102, hier S. 95, 98 und 102: „Im Frühjahr 1941 hatte Rascher Himmler mitgeteilt, dass er zu einem ärztlichen Auswahlkurs abkommandiert sei, bei dem Höhenflugforschung eine große Rolle spiele, und gefragt, ob nicht ‚Berufsverbrecher' für Versuche, bei denen sie ‚selbstverständlich sterben' könnten, zur Verfügung gestellt werden könnten. Himmler folgte der Anregung umgehend und genehmigte die Versuche in Dachau. Damit erlangte sein Günstling Rascher eine Schlüsselstellung im Programm. [...] Die geheimen Berichte, die Rascher an Himmler schrieb, zeigten unverhüllt die Skrupellosigkeit, ja Mordlust, auf denen die Experimente basierten, und das mag als Motiv des Experimentators zur Erklärung seines Tuns ausreichen, zumal er ja irgend etwas entdecken wollte, um darauf eine medizinisch-wissenschaftliche Karriere zu gründen. [...] Raschers Aktivitäten endeten jäh. Ende März 1944 wurde seine Frau wegen mehrfacher Kindesentführung verhaftet, schließlich in das KZ Ravensbrück eingeliefert und dort exekutiert, nachdem sie eine Aufseherin angegriffen hatte. Dr. Rascher, der in Dachau an einem blutstillenden Medikament arbeitete, mit der Entwicklung eines Rostschutzmittels und der Konservierung von Kartoffeln beschäftigt war sowie von der Habilitation träumte, wozu er die Ergebnisse seiner Experimente verwerten wollte, wurde zunächst in der SS-Kaserne München-Freimann arretiert, dann wegen Korruption aus der SS ausgeschlossen und in das KZ Buchenwald eingeliefert, schließlich nach Dachau evakuiert und dort am 26. April 1945 auf Befehl Himmlers erschossen."

M 3, S. 205
Denkmal für die ermordeten Juden Europas in Berlin, errichtet 2005, Teilansicht, Fotografie, 2009

Das vom amerikanischen Architekten Peter Eisenman entworfene Denkmal besteht aus 2711 Betonstelen (die Zahl hat keine symbolische Bedeutung) in unterschiedlicher Höhe und einem unterirdischen Museum, dem „Ort der Information", der unter anderem eine Namenliste aller bekannten jüdischen Holocaustopfer enthält. Denkmal und Museum halten die Erinnerung und das Gedenken an die bis zu sechs Millionen jüdischen Opfer der Shoah wach. Die schmalen Gänge zwischen den Stelen sind für die Besucher begehbar, bieten allerdings nicht genügend Platz, um zu zweit nebeneinander zu gehen. Die Stelen erinnern an Grabsteine. Der Förderkreis um Lea Rosh erklärt das Denkmal zum Kenotaph und vergleicht es mit Kriegerdenkmälern und Soldatenfriedhöfen: Es sei notwendig, weil die meisten ermordeten Juden kein eigenes Grab hätten. Die graue Farbe der Stelen soll an die Asche der verbrannten Juden erinnern, die meistens in Gewässer oder auf Felder gestreut wurde. Die Stiftung sieht in der kaum merklichen Neigung der Pfeiler und dem scheinbar schwankenden Boden die Möglichkeit, ein „Gefühl der Verunsicherung" zu erzeugen.

Jedes Opfer hat einen Namen, ein Gesicht, ein Schicksal. Das wird im virtuellen Raum der Namen durch die audiovisuelle Darstellung der Namen, Geburts- und Sterbedaten der Ermordeten dokumentiert. Einige Themenräume werden fortwährend vervollständigt – so der Raum der Orte und das virtuelle Portal zu den Erinnerungsstätten in ganz Europa. Über 5000 Einzelschicksale können in Bild und Ton gezeigt werden. Bis heute sind ca. 3,2 Millionen Namen und Schicksale zugänglich.

Die Idee eines Denkmals für die von Deutschen ermordeten Juden Europas im Land der Täter entstand laut der Vorsitzenden des Förderkreises Lea Rosh 1987/88 während der Aufzeichnungen für eine Fernsehdokumentation mit dem Historiker Ernst Jäckel in der israelischen Gedenkstätte Yad Vashem in Jerusalem. Von einer Bürgerinitiative 1988 initiiert, beschloss der Deutsche Bundestag 1999 mit großer Mehrheit den Bau des Denkmals. In der Nähe der ehemaligen Reichskanzlei, des „Führerbunkers" und des Todesstreifens an der früheren Mauer zwischen Ost- und Westberlin gelegen, war das Mahnmal lange heftig umstritten: Nach über zehnjähriger Debatte um seine Errichtung wurde es am 10. Mai 2005 eingeweiht.

Methodisch-didaktischer Hinweis: Sechs Millionen ermordete Menschen sind eine Dimension, die sich niemand wirklich vorstellen kann. Der Raum der Namen im Museum gibt den Schülerinnen und Schülern die Möglichkeit, Einzelschicksalen nachzugehen und sie sich mithilfe von Ton- und Bilddokumenten vor Augen zu führen.

Sachkompetenz

Zu Aufgabe 1, S. 205

Aspekte der „Vergangenheitsbewältigung" bzw. der „Aufarbeitung der NS-Vergangenheit":

- Erforschung und Überprüfung von Kenntnissen über die Geschichte der NS-Vergangenheit
- Einflussnahme auf die Geschichtskultur der Gegenwart, Pflege eines öffentlichen Dialoges
- Ständige Reflexion geschichtskultureller und -politischer Anliegen in diesem Zusammenhang
- Wahrnehmung von Gedenktagen und Pflege von Gedenkorten
- Entwicklung neuer Gedenkstätten
- Lehrplankonzeption für Schule und Unterricht
- Reflexion der Bedingtheit der außenpolitischen Haltung der Bundesrepublik in diesem Kontext

Zu Aufgabe 2, S. 205

Siehe Erläuterungen zu M 8, S. 200.

In der DDR war die Berufung auf den Antifaschismus zentrales Element sowohl der Legitimation des Staates einerseits wie auch der Geschichtspolitik andererseits. Die staatliche Identität der DDR baute auf der Erinnerung an den Widerstand der Kommunisten und Sozialisten gegen das NS-Regime auf. Nach dessen Ende wurde die Begründung eines sozialistischen Staates als Sieg über den Faschismus gefeiert. Eine solche geschichtspolitische Festlegung verhinderte allerdings eine differenzierte Reflexion und Erforschung der vielfältigen systemkritischen Haltungen in der deutschen Bevölkerung. Auch der Blick auf die Unfähigkeit der Kommunisten am Ende der Weimarer Republik, tragfähige, demokratische Koalitionen zu unterstützen, blieb unscharf. In der frühen Bundesrepublik war aufgrund einer mangelhaft durchgeführten Entnazifizierung die Neigung zur Tabuisierung der NS-Vergangenheit ausgeprägter als in der DDR. Erst der Lernprozess, der durch die Studentenrevolte in der Bundesrepublik angestoßen wurde, führte zu einer kritischen Auseinandersetzung mit der eigenen Vergangenheit.

Methodenkompetenz

Zu Aufgabe 3, S. 205

Siehe Erläuterungen zu M 2, S. 204.

Zu Aufgabe 4, S. 205

Siehe Erläuterungen zu M 1 und M 3.

Zu definieren sind die Begriffe *Geschichtsbewusstsein* (Verarbeitung historischen Wissens, die zwar über dieses Wissen stattfindet, aber von Positionen der Gegenwart geprägt ist), *Geschichtskultur* (gesellschaftlicher Umgang mit Vergangenheit) und *Geschichtspolitik* (politischer Anspruch auf eine Deutungshoheit von Geschichte und Geschichtskultur).

Urteilskompetenz

Zu Aufgabe 5, S. 205

Belege für die Verdrängung nach 1945:

- Mangelhafte Entnazifizierung
- Einfluss der Blockbildung und Konfrontation im Kalten Krieg auf die Verweigerung der Aufarbeitung der NS-Vergangenheit
- Ablenkung durch das „Wirtschaftswunder"
- Ablenkung durch das Bewusstsein, selbst Opfer (als Vertriebene/Ausgebombte) gewesen zu sein

Belege für die Nachwirkungen bis heute:

- Heftige Diskussion um die Wehrmachtsausstellung 1995/99 und 2001/05 des Hamburger Instituts für Sozialforschung
- Heftige Diskussion um das Zentrum für Vertreibungen

Gegen die These Giordanos, diese Verdrängung präge die politische Kultur der Bundesrepublik bis heute, ist einzuwenden, dass seit den Sechzigerjahren eine Aufarbeitung der Vergangenheit in der Bundesrepublik stattfand. Belegt wird dies durch:

- die Auschwitz-Prozesse 1963–68 (M 6, S. 199),
- den Kniefall Willy Brandts in Warschau, 1970, und den Grundlagenvertrag, 1972 (M 2, S. 204),
- durch die Rede Richard von Weizsäckers am 8. Mai 1985 (M 1 und M 2, S. 180).
- Nicht zuletzt ist das Denkmal für die ermordeten Juden Europas in Berlin ein Zeichen für eine verantwortliche Haltung der Bundesrepublik Deutschland im Hinblick auf die deutsche Geschichte vor der Welt (M 3, S. 205).

Als weitere Beispiele aus der Gegenwart könnten angeführt werden: Dokumentationszentrum Reichsparteitagsgelände Nürnberg, Dokumentationsstätte Obersalzberg, Gedenkstätte Nordhausen (Mittelbau-Dora), Dokumentation auf der Wewelsburg bei Paderborn usw.

Zusatzmaterial ZM 12.1
zu Aufgabe 1, S. 200

Literarische Verarbeitung der Eindrücke aus dem Auschwitz-Prozess

Ein „konkreter Text“ von Heimrad Bäcker[1], 1986

ich kann darauf keine antwort geben
darauf kann ich keine antwort geben
ich erinnere mich nicht
ich habe das nicht erklärt
ich muß sagen ich kann mich nicht erinnern
ich kann mich nicht mehr erinnern
nein
ich hatte nichts mit häftlingen zu tun
ich kann mich dunkel erinnern
zahlen dieser größe sind nicht zu meiner kenntnis
nein es handelt sich nicht um meine unterschrift
einzelne fälle kann ich nicht mehr zitieren
ich erinnere mich nicht
ich habe niemals am Tor gestanden
diese aussage entspricht nicht der wahrheit
nein ich bin nicht an der rampe gewesen
ich erinnere mich an keinen transport
ich weiß nicht wer die geschäfte geführt hat
ich kann mich nicht erinnern
das kann ich jetzt nicht sagen
was für Maßnahmen durchgeführt wurden kann ich nicht sagen
ich habe an der rampe keinen dienst versehen
das sonderkommando ist mir nicht bekannt
ich habe keinen befehl ausgegeben und ich glaube auch nicht
ich kann mich aber nicht erinnern
ich erinnere mich auch nicht
ich habe niemals rücksprache geführt
ich erinnere mich auch nicht
ich habe nie behauptet daß ich
ich kann mich nicht ganz positiv daran erinnern
das ist mir niemals zur kenntnis gekommen
ich habe so etwas niemals erfahren
dieser begriff ist mir nicht bekannt
ich kann mich nicht erinnern

Heimrad Bäcker, nachschrift, hg. und mit einem Nachwort von Friedrich Achleitner, edition neue texte/Literaturverlag Droschl, Graz/Wien [2]1993, S. 111.

1 *Heimrad Bäcker (1925–2003), österreichischer Schriftsteller, verarbeitete im dokumentarischen Stil Zeugnisse über die Verbrechen des Nationalsozialismus.*

1 Erläutern Sie die Bedeutung des Prinzips von Wiederholung und Variation in diesem Gedicht.
2 Bilden Sie Gruppen mit vier oder fünf Mitgliedern:
a) Überlegen Sie in Ihren Gruppen, wie Sie das Gedicht gemeinsam vortragen wollen (welche Zeile soll nur einer sprechen, welche Zeilen werden von einem Chor gesprochen, soll es einen Hauptsprecher geben oder sprechen alle zu gleichen Teilen?).
b) Überlegen Sie, wie der Text an sich vorgetragen werden soll (anklagend, monoton, langsam und getragen, hastig usw.) und welche Wirkung Sie erzielen wollen.
c) Tragen Sie den Text in der Klasse vor und vergleichen Sie Ihren Vortrag mit dem der anderen.
d) Erörtern Sie die unterschiedlichen Wirkungen, die von Ihren Vorträgen ausgehen, und überlegen Sie, welche Wirkung die tatsächlichen Aussagen im Prozess hatten.

Zusatzmaterial ZM 12.2

Die Deutschen und der Holocaust – ein nationales Projekt?

M 1 Der Politikwissenschaftler Daniel Jonah Goldhagen, 1996

Die antisemitischen Auffassungen der Deutschen waren die zentrale Triebkraft für den Holocaust. […] Nicht wirtschaftliche Not, nicht die Zwangsmittel eines totalitären Staates, nicht sozialpsychologisch wirksamer Druck, nicht unveränderliche psychische Neigungen, sondern die Vorstellungen, die in Deutschland seit Jahrzehnten über Juden vorherrschten, brachten ganz normale Deutsche dazu, unbewaffnete, hilflose, jüdische Männer, Frauen und Kinder zu Tausenden systematisch und ohne Erbarmen zu töten. […] Es ist klar, dass der in der NS-Zeit allgegenwärtige eliminatorische Antisemitismus nicht wie aus dem Nichts entsprungen kam. Dass sich das eliminatorische Programm der Dreißiger- und Vierzigerjahre verwirklichen ließ, verweist auf bereits existierende antisemitische Muster, die Hitler nur freisetzen und dann immer weiter anheizen musste. […]

Es waren also die immer gleichen Vorstellungen, die bereits zum Zeitpunkt der Machtübernahme Hitlers den Deutschen eigen waren und diese dazu brachten, den antisemitischen Maßnahmen der Dreißigerjahre zuzustimmen und sie zu unterstützen. Mehr noch: Sie bereiteten nicht nur all jene, die durch die Umstände, durch Zufall oder in freier Entscheidung zu Tätern wurden, auf ihre Aufgabe vor, sondern sie veranlassten auch die große Mehrheit der Deutschen, die totale Vernichtung des jüdischen Volkes zu verstehen, ihr beizupflichten und sie nach Möglichkeit zu fördern. Man muss den Tatsachen ins Auge sehen: Die deutsche Politik und Kultur hatte sich bis zu einem Punkt entwickelt, an dem die meisten Deutschen hätten werden können, was eine ungeheure Zahl ganz gewöhnlicher Deutscher tatsächlich wurde: Hitlers willige Vollstrecker.

Daniel Jonah Goldhagen, Hitlers willige Vollstrecker. Ganz gewöhnliche Deutsche und der Holocaust, Übers.: Klaus Kochmann, Siedler, Berlin 1996, S. 22, 29 f., 40, 517 f. und 531.

M 2 Der Historiker Ulrich Herbert, 2001

[Z]ur Hinnahme oder gar Akzeptanz der sich anbahnenden nationalsozialistischen Vernichtungspolitik [bedurfte es] eines so weitgreifenden ideologischen Fanatismus, einer Massenhysterie, eines ‚nationalen Projekts' gar nicht […]. Das verbreitete Desinteresse, der ausgeprägte Mangel an einem Wertekanon, in welchem der Schutz von Minderheiten als zentrale ethische Norm einer zivilisierten Gesellschaft angesehen wurde, Gleichgültigkeit, Abstumpfung und Verdrängung erwiesen sich hierbei vielmehr als völlig ausreichend. In gewisser Weise ist dieser Befund der eskalierenden Gleichgültigkeit […] zur nationalsozialistischen Vernichtungspolitik viel alarmierender, als wenn wir eine durch und durch antisemitische, hasserfüllte Bevölkerung erkennen könnten, für die die Politik gegenüber den Juden im Mittelpunkt ihrer Erwartungen und Forderungen stand. Denn die Einhegung der Voraussetzungen für den Genozid auf den deutschen Sonderfall […] hat ja auch etwas Beruhigendes; erscheint doch auf diese Weise Völkermord in Zukunft ausgeschlossen, solange nur sichergestellt ist, dass dieser deutsche Wahn entweder unterdrückt wird oder, wie jüngst postuliert wurde, in den Nachkriegsjahren ganz verschwunden ist. Wenn aber nicht so sehr ein aktives, ideologisch motiviertes, fanatisches Verhalten […] die Haltung der deutschen Gesellschaft in ihrer Breite prägten, sondern Gleichgültigkeit, Desinteresse und ein eklatantes Defizit an moralisch fundierten Normen, dann verweist der Völkermord eben nicht nur auf jene historisch einmalige Situation und jene spezifische deutsche Gesellschaft der 30er und 40er Jahre, sondern wird auf eine beklemmende Weise aktuell und brisant […].

Ulrich Herbert, Vernichtungspolitik. Neue Antworten und Fragen zur Geschichte des „Holocaust", in: ders. (Hg.), Nationalsozialistische Vernichtungspolitik 1939–1945. Neue Forschungen und Kontroversen, © Fischer Taschenbuch Verlag GmbH, Frankfurt/M. 1998, S. 64–66.

1 Vergleichen Sie M 1 und M 2 miteinander.

Kapitel 13
Lernen aus der Geschichte? – Deutschlands Selbstverständnis nach 1945

Zu Aufgabe 1, S. 208

Bis in die Zeit der Weimarer Republik hinein hingen Intellektuelle und mit ihnen ein Teil der Öffentlichkeit im Deutschen Reich einer positiv konnotierten Theorie eines deutschen Sonderweges an: Man stellte eine spezifisch „deutsche Kultur" einer sogenannten „französischen Zivilisation" gegenüber und behauptete, die deutsche Geschichte entwickle sich in den Dimensionen von „Staat" und „Volk", während die französische Entwicklung durch die Faktoren „Gesellschaft" und „Individuum" geprägt sei. Unter dem Begriff „Ideen von 1914" wurde so eine Gegenposition zu den Ideen der Französischen Revolution (Ideen der Aufklärung und des Liberalismus) formuliert.

Nach den Erfahrungen einer zwölfjährigen Diktatur, unter der eklatante Menschheitsverbrechen verübt wurden, war eine solche positiv bewertete Berufung auf die Ideen von 1914 einigermaßen diskreditiert. Wissenschaftler, Publizisten und Intellektuelle überprüften die These vom „deutschen Sonderweg" und versuchten in diesem Zusammenhang die Entstehung der NS-Diktatur zu erklären. Im Vergleich mit der Geschichte Englands und Frankreichs konzentrierte man sich eher auf die Defizite der deutschen Geschichte und kam zu einer nun negativ konnotierten These vom deutschen Sonderweg: Den Weg in die Diktatur suchte man nun durch die im Vergleich zu England und Frankreich verspätete Nationalstaatsgründung, durch die verhinderte Parlamentarisierung des Deutschen Kaiserreiches sowie durch antiliberales und obrigkeitsstaatliches Denken zu erklären (Karl-Dietrich Bracher).

Seit den 1970er-Jahren mehrten sich die Stimmen gegen eine These vom deutschen Sonderweg. Historiker aus dem In- und Ausland sprachen sich dafür aus, die deutsche Geschichte differenzierter zu betrachten und nicht nur auf einen Sonderweg zuzuspitzen.

Heinrich August Winkler nennt Deutschland heute einen „postklassischen" Nationalstaat und meint damit einen Staat, der auf einen Teil seiner nationalen Souveränitätsrechte verzichtet und außerdem zwei unterschiedliche deutsche Sonderwege nach 1945 beendet habe.

VISUALISIERUNG

Der „deutsche Sonderweg"

Geschichtsbewusstsein in Deutschland:

„Deutsche Kultur"		„Französische Zivilisation"
– antirevolutionär		– revolutionär
– „Ideen von 1914"	⟺	– Ideen der Französischen Revolution
– Streben nach einer Fortentwicklung von Staat und Volk		– Streben nach einer Fortentwicklung von Gesellschaft und Individuum

Zäsur:
NS-Herrschaft
1933–45

Karl Dietrich Bracher u. a.: Suche nach Defiziten des „deutschen Sonderweges" im Vergleich zu England und Frankreich:
- Verspätete Nationalstaatsgründung
- Verhinderte Parlamentarisierung des Kaiserreiches
- Obrigkeitsstaatliches Denken
- Antiliberalismus

Seit Ende 1970er-Jahre,
besonders nach der Wiedervereinigung:

Abschied von „deutschen Sonderwegen" (Heinrich August Winkler):
- Provisorischer Charakter der Bundesrepublik nach 1945 („postnationale Demokratie", Bracher)
- Internationalistisches Staatsverständnis der DDR nach 1945

⬇

„Postklassischer" Nationalstaat nach 1990 (Winkler):
Abgabe von Souveränitätsrechten an die EU

M 1, S. 209 f.

Der deutsche Politikwissenschaftler und Zeithistoriker Karl Dietrich Bracher über den „Sonderweg" Deutschlands (1979, zuerst 1969)

Bracher (geb. 1922), hatte zunächst in Alter Geschichte promoviert, sich aber im Rahmen seiner Habilitation umorientiert und über die Geschichte der Weimarer Republik geschrieben. Seine Habilitationsschrift „Die Auflösung der Weimarer Republik. Eine Studie zum Problem des Machtverfalls in der Demokratie" erregte 1955 großes Aufsehen und trug ihm von vielen Seiten Anerkennung ein. Bracher lehrte in Bonn und baute dort das Seminar für politische Wissenschaften auf.

Er unterscheidet vier Basiskomponenten und Entwicklungsphasen für den „deutschen Sonderweg":

- *Grundsätzlich andersartige Ausgangslage des Reiches Ende des 18. Jahrhunderts im Vergleich zu Frankreich:* Lage in der Mitte Europas, Zersplitterung in viele – mehr oder weniger mächtige – Territorialstaaten, Tradition einer besonderen Führungsmacht in Europa seit dem Mittelalter.
  Folge: Begründung eines romantisch grundierten „nationalen Sonderbewusstseins" im Zuge der Ablehnung der Schreckensherrschaft und der imperialen Expansion Napoleons.
- *Zäsur des Scheiterns der Revolution von 1848/49:* Die Niederlage der nationalliberalen Bewegung führte zu einer Trennung in nationale Bestrebungen und liberale Haltungen, diese Trennung ging einher mit einer gegenüber Frankreich und dem Westen andersartigen Ausprägung deutschen Staatsdenkens. Im Bürgertum reüssierte zunehmend das Bismarck'sche Diktum einer machtvollen Reichseinigung „durch Eisen und Blut" statt einer konsensbasierten Nationalstaatsgründung durch „Reden und Majoritätsbeschlüsse".
- *Strukturfehler des durch Bismarck gegründeten Reiches:* Verhinderung einer Parlamentarisierung und Modernisierung der Reichsverfassung, Exklusion der Arbeiterbewegung, die im Laufe der Industrialisierung immer größere Bevölkerungsgruppen hinter sich versammeln konnte, Ablenkungsmanöver im Sinne eines „Sozialimperialismus" legten das Ziel einer deutschen Nation mit imperialem Anspruch fest.
- *Begrenzung dieser Vision durch die Niederlage im Ersten Weltkrieg und durch den Versailler Vertrag:* Überbewertung des nationalen Machtstrebens vor demokratischer Weiterentwicklung bereits in der Weimarer Zeit („nationalistische[r] Revisionismus"), wenngleich hier widerstreitende Tendenzen erkennbar waren;
  Verschmelzung dieses Machtstaatsdenkens mit „älteren Vorstellungen von der deutschen Sonderstellung in Europa" durch den Nationalsozialismus („Doktrin einer kultur- und rassenpolitischen Führungsrolle" des Hitler-Reiches).

Bracher betont, die deutsche Entwicklung sei nicht zwangsläufig dem Nationalsozialismus entgegengetrieben, aber er nennt antiwestliches Staatsdenken und deutsches Sonderbewusstsein in diesem Zusammenhang als wesentliche Voraussetzung für den Weg zur Diktatur.

Zu Aufgabe 1, S. 210

Übersicht für die Gruppenarbeit:

Ausgangslage Ende 18. Jahrhundert: – Mittellage – Territoriale Zersplitterung – Ablehnung der *terreure* und der Expansion Napoleons ↓ Romantisch geprägtes „deutsches Sonderbewusstsein"	Scheitern der Revolution 1848/49: Trennung zwischen Liberalismus und Nationalismus (analog: zwischen französisch-westlichem und deutschem Staatsdenken) ↓ Votum für Reichsgründung „von oben" statt „von unten"
Prägung des Kaiserreiches von 1871: – Verhinderung einer parlamentarischen Verfassung – Ausschluss der Arbeiterbewegung ↓ Ablenkung von verfassungsrechtlichen Defiziten durch „Sozialimperialismus" und Machtstaatsgedanken	Mentalitäten und Haltungen 1918–33: – Erfahrung der Kriegsniederlage – Protest gegen Versailles ↓ Überbewertung nationalen Machtstrebens vor demokratischer Weiterentwicklung; Berufung auf Reichstradition

Zentrale Strukturen und Prozesse, die das Scheitern der Weimarer Demokratie verursachten:
- Abgrenzung von westlichem Staatsdenken, das sich auf die Werte von Aufklärung und Liberalismus berief
- Überbewertung der nationalen Komponente im Zuge der Ablenkung von undemokratischer Verfassung und Politik im Kaiserreich durch imperiale Ansprüche („Sozialimperialismus")
- Überbewertung nationalen Ansehens und nationaler Größe nach Kriegsniederlage und Versailler Vertrag
- Vermischung zwischen dem Anspruch, Traditionen des Alten Reiches fortführen zu wollen, und einem biologisch-rassistisch definierten imperialen Prinzip

Zu Aufgabe 2, S. 210
Argumente, die für eine positive Beantwortung der Frage sprechen:
- Förderung des „Weges nach Westen" durch die Verarbeitung der Erfahrungen aus der Diktatur (Aufnahme entscheidender Veränderungen im Grundgesetz, Entwicklung eines „Verfassungspatriotismus", Dolf Sternberger, in der Bundesrepublik)
- Dauerhafte Stabilität dieser neuen Westorientierung durch Einbindung in die EU (vgl. Westintegration, Zusammenhang zwischen Wiedervereinigung und dem Vertrag von Maastricht)
- Große Vorsicht heute auf internationaler Ebene gegenüber radikalen Formen von Nationalismus

M 2, S. 211
Die Kritik des Historikers Jürgen Kocka an der Sonderwegs-These (1998)

Jürgen Kocka (geb. 1941) war Professor in Bielefeld und Berlin. Zusammen mit Hans-Ulrich Wehler begründete er in Bielefeld die „Bielefelder Schule", die Geschichte als historische Sozialwissenschaft der klassischen politischen Geschichtsschreibung gegenüberstellte. Kocka lehnt es aus folgenden Gründen ab, die Pervertierung des Deutschen Reichs in eine nationalsozialistische Diktatur durch die „Sonderwegs-These" zu erklären:
- Modernität des Faschismus
- Teil eines europäischen Phänomens

Er gesteht aber ein, dass die „Sonderwegs-These" herangezogen werden kann, wenn man nach den Gründen für die besondere „Anfälligkeit" der Deutschen für faschistische Ideen fragt. Kocka plädiert daher für eine „kritische Sonderweg-Perspektive".

Zu Aufgabe 1, S. 211
Siehe Erläuterungen zu M 2.

Zu Aufgabe 2, S. 211
Siehe Erläuterungen zu M 2.

M 3, S. 211 f.
Der deutsche Historiker Heinrich August Winkler über das nationale Selbstverständnis des wiedervereinigten Deutschland (1994 und 2000)

Winkler (geb. 1938) promovierte in Tübingen bei Hans Rothfels über die Geschichte der Deutschen Fortschrittspartei. Nach seiner Habilitation lehrte er in Berlin und Freiburg. Seit 2007 ist er emeritiert.

a) 1994 stellt Winkler fest, die These von einem „deutschen Sonderweg" sei herangezogen worden, um den Wandel der ersten deutschen Demokratie zur Diktatur infolge obrigkeitsstaatlicher Orientierungen zu erklären. Der Widerspruch zwischen demokratischem Männerwahlrecht und der Einsetzung der Regierung durch den Kaiser (also einer monarchisch legitimierten Exekutive) habe der Diktatur den Weg bereitet: Hitler habe sich nach 1930 sowohl auf demokratische Zielsetzungen wie auch autoritäre Strukturen berufen können. Für die Gegenwart von 1994 konstatiert er ein Ende aller deutschen Sonderwege – gemeint sind auch der „postnationale der alten Bundesrepublik" und der „internationalistische [...] der DDR" – und nennt Deutschland einen „Nationalstaat", der „fest in den Westen integriert" sei. Die Folgen dieses Wandels:
- Ansprüche an die Bundesrepublik nach 1990 seitens der östlichen Nachbarn (Bundesrepublik als Mittler zwischen Ost und West)
- Angleichung der Lebensverhältnisse in Ost- und Westdeutschland
- Integration der in Deutschland lebenden Ausländer

b) Sechs Jahre später nennt Winkler die Bundesrepublik Deutschland einen „demokratische[n], postklassische[n] Nationalstaat unter anderen". Er regt an, die Identität der Deutschen müsse sich auf der Auseinandersetzung mit der deutschen Geschichte zwischen 1933 und 1945 bilden. Aber Winkler betont auch, dass der Fokus nicht nur auf diese Jahre gerichtet bleiben müsse. Es gelte, den

Ort der NS-Diktatur im Verlauf der deutschen Geschichte zu bestimmen und gleichzeitig die Bemühungen um die Herausbildung einer europäischen Identität zu forcieren.

Zu Aufgabe 1, S. 212
Siehe Erläuterungen zu M 3.

Zu Aufgabe 2, S. 212
Im Zuge der zunehmenden Europäisierung erscheint eine These, die von einem „deutschen Sonderweg" ausgeht, eher unangemessen. Tatsächlich – Winkler betont dies auch (a, Z. 55–60 und b, Z. 47–51) – ist es die Aufgabe der europäischen Staaten, an einer supranationalen Identität und auch Demokratie zu arbeiten. Eine Fokussierung auf Sonderentwicklungen kann dabei hinderlich sein. Andererseits hat jeder der postklassischen Nationalstaaten Europas eine eigene Entwicklung durchlaufen. Wenn auch Frankreich und Großbritannien eine Staatenbildung auf der Basis westlicher Werte deutlicher und früher erfahren haben als Deutschland, so zeigt doch der Blick auf die Entwicklung im ersten Jahrzehnt des 21. Jahrhunderts, dass auch Großbritannien auf eine besondere Geschichte zurückblickt, die diesem Land eine Sonderrolle mit Blick auf die Euro-Länder zuweist. Ein Gespräch sollte zu dem Ergebnis kommen, dass das Wissen um die Unterschiede in der Geschichte der europäischen Länder und um die daraus resultierenden unterschiedlichen Identitäten Verständnis schafft, dass aber die Behauptung einer Sonderrolle und die Fixierung darauf eher hinderlich für die europäische Zusammenarbeit ist.

M 4, S. 213
Karikatur zur deutschen Wiedervereinigung, Nicholas Garland (Großbritannien), 1994

Das Bild zeigt eine Germania, die bei dem Psychoanalytiker Dr. Freud in Behandlung ist. In einer Denkblase wird gezeigt, dass sie unter dem Albdruck der verbrecherischen Herrschaft Hitlers und Himmlers leidet. Die Karikatur spielt darauf an, dass mit der Wiedervereinigung seit 1990 die Auseinandersetzung mit der gemeinsamen deutschen Geschichte sowohl in Deutschland wie auch gegenüber den Nachbarstaaten eine noch größere Bedeutung gewonnen hat.

Sachkompetenz

Zu Aufgabe 1, S. 213
Siehe Erläuterungen und Visualisierung zu Aufgabe 1, S. 208.

Methodenkompetenz

Zu Aufgabe 2, S. 213
Siehe Erläuterungen zu M 4 und M 3 a.

Urteilskompetenz

Zu Aufgabe 3, S. 213
Der Abschied von den deutschen Sonderwegen bedeutet für die Deutschen nach Winkler eine Neuorientierung nach innen (Integration) und außen (Absprache und Einheit mit den europäischen Partnern). Siehe Erläuterungen zu M 3.

Zu Aufgabe 4, S. 213
Die Diskussion sollte folgende Aspekte berühren:
- Zentrale Bedeutung der Kenntnis der eigenen Geschichte für ein reflektiertes Bewusstsein nationaler Identität
- Definition eines gegenwärtigen Selbstverständnisses der Deutschen (Bewusstsein der Verantwortung für den Genozid und den Mord an Behinderten und Regimegegnern, Bedeutung des Grundgesetzes, bedeutender Staat in der Mitte Europas mit hoher Wirtschaftskraft und daher Mittlerrolle zwischen Ost und West)
- Zusammenhang zwischen Geschichte und Gegenwart (z. B. Integration der Ausländer, Bildungspolitik, Sozialpolitik)